OB WOLFSBURG ODER
GELSENKIRCHEN,
DU BLEIBST IN UNSEREN
HERZEN !!!
DANKE FELIX
VFL
BUNDES LIGA
WOLFSBURG

Wolfsburg
EIN HERZ FÜR KINDER
BUNDES LIGA

POLO
POLO
POLO
43
DEUTSCHER
MEISTER
2009
BUNDES
LIGA
BUNDES
LIGA

DANKE FÜR 17 MAL GÄNSEHAUT !

Das offizielle Saisonbuch BUNDESLIGA 2009

Die Chronik der Saison

2. Bundesliga

Seestrasse 473
CH-8038 Zürich
Telefon 0041-43-3050560
Telefax 0041-43-3050566
E-Mail info@sportverlageuropa.com
www.sportverlageuropa.com

Herausgeber:
DFL Deutsche Fußball Liga GmbH
Guiollettstraße 44-46
60325 Frankfurt/M.
Telefon 069/65005-0
Telefax 069/65005-555
E-Mail info@bundesliga.de
www.bundesliga.de

Projektleitung: Tom Bender (DFL)

Konzeption: Sportverlag Europa Medien AG, Zürich

Chefredaktion:
Christian Pfennig (DFL),
Ulrich Kühne-Hellmessen,
Michael Novak (beide SVE)

Redaktionelle Mitarbeit:
Alex Jacob, Markus Schmidt (beide DFL), Tobias Schild (SVE)

Autor:
Ottmar Hitzfeld

Weitere Autoren: Ulli Brünger, Gregor Derichs, Ralph Durry, Karsten Kellermann, Horst Konzok, Friedrich-Wilhelm Kröger, Babak Milani, Norbert Neubaum, Frank Noack, Nic Richter, Torsten Rumpf, Thorsten Schabelon, Tobias Schächter, Hartmut Scherzer, Mathias Sonnenberg, Oliver Trust, Karlheinz Wild, Hans-Joachim Zwingmann

Art Direktion:
Ueli Signer, Marc Weber (SVE)

Grafik: Alexandra Eggenberger, Steffen Mroß, Michael Müller, Andy Suter

Koordination:
Inge Borries (DFL)

Fotoredaktion:
Witters Sport-Presse-Fotos GmbH, Hamburg
Valeria Witters (Ltg.), Lars Gebhardt, Ulrich Winkelmann

Fotonachweis: Alle Fotos Witters Sport-Presse-Fotos GmbH: Tim Groothuis, Matthias Hangst, Tay Duc Lam, Nadine Rupp, Uwe Speck, Valeria Witters;
Zusatzfotos: DFL, GES Sportfoto, Premiere, René Schulz, Team2 Sportphoto, Topps Ltd. Europe

Lektorat/Schlussredaktion:
Dr. Harro Schweizer, Berlin

Anzeigen:
Björn Conrad (DFL)
Katja Beck (DFL Sports Enterprises GmbH)

Druck:
pva,
Druck und
Medien-Dienstleistungen GmbH
Industriestraße 15
D-76829 Landau/Pfalz
ISBN 978-3-905698-40-4

Statistik:
IMPIRE AG, Ismaning
Jörn Wendland
Sämtliche statistischen Daten haben den Stichtag 1. Juni 2009

POLO
BUNDES LIGA
Wolfsbur
7

Liebe Fußball-Freunde,

die Bundesliga ist ein Wettbewerb voller Tradition. Seit 1963 jubeln die Menschen in den Stadien über die Tore ihres Clubs, erfreuen sich an den tollen Aktionen der großen Stars und hoffen, dass ihre Mannschaft am Ende ganz oben steht. Die abgelaufene 46. Bundesliga-Saison hat aber deutlich gemacht, dass neben den etablierten Teams immer auch Platz für Newcomer ist. Zunächst stieg 1899 Hoffenheim als 50. Club in die höchste deutsche Spielklasse auf und faszinierte in der Hinrunde mit großartigem und erfolgreichem Offensivfußball. Die Mannschaft von Ralf Rangnick wurde sogar Herbstmeister und stellte das Kräfteverhältnis in der Liga auf den Kopf.

Damit nicht genug. Mit dem VfL Wolfsburg gewann ein Club die Deutsche Meisterschaft, dem dies zuvor noch nicht gelungen war. Die Grün-Weißen aus dem östlichen Niedersachsen sind damit in der imponierenden Bundesliga-Geschichte der zwölfte Verein, der die Schale gewinnt. Felix Magath hat beim VfL eine herausragende Mannschaft geformt. Leistungsträger wie Torhüter Diego Benaglio, Mittelfeld-Regisseur Zvejzdan Misimovic und das geniale Sturmduo Edin Dzeko und Grafite haben in dieser Spielzeit Highlights gesetzt – obwohl erst die Leistung des Kollektivs den Erfolg ermöglichte. Der erfahrene Coach Magath, der in Doppelfunktion auch als Manager die sportlichen Geschicke in Wolfsburg leitete, hat eine einzigartige Erfolgsstory geschrieben. Zwölf Jahre nach dem Aufstieg in die Bundesliga steht der VfL Wolfsburg ganz oben – dazu allen Verantwortlichen, Spielern und natürlich den VfL-Fans meinen herzlichen Glückwunsch.

Umso bemerkenswerter ist der Gewinn der Deutschen Meisterschaft, weil die Wolfsburger noch in der Winterpause einen erheblichen Rückstand hatten: neunter Tabellenplatz, neun Punkte hinter Herbstmeister 1899 Hoffenheim. Wolfsburg wollte gerne ins internationale Geschäft, durfte von der Schale aber nur träumen. Mit einer phantastischen Rückrunde hat Felix Magath sein Team jedoch an die Spitze geführt – 15 Siege in der Rückrunde legten die Basis für den größten Erfolg der Clubgeschichte. Und dazu entwickelte sich in Sichtweite des weltbekannten VW-Werkes eine bemerkenswerte Torfabrik: Dzeko und Grafite erzielten alleine 54 der 80 Wolfsburger Saisontore.

Auch in Europa haben die deutschen Clubs für Aufsehen gesorgt. Zwar war für den FC Bayern München im Viertelfinale der Champions League der FC Barcelona das Maß aller Dinge, aber im UEFA-Cup war ein deutscher Club erst im Endspiel zu schlagen. Nach dem rein deutschen Halbfinale zwischen Werder Bremen und dem Hamburger SV blieb den Bremern in Istanbul leider der große Wurf verwehrt. Gegen Schachtjor Donezk aus der Ukraine hätte ich Werder eine bessere Tagesform gewünscht, um den UEFA-Cup zu gewinnen.

In der Bundesliga fielen alle wesentlichen Entscheidungen einmal mehr erst am 34. Spieltag. Die Bundesliga dokumentierte auch in der Saison 2008/09 ihr Gütesiegel als die spannendste aller europäischen Topligen. Was aber nicht nur für das Titelrennen gilt. Erst am letzten Spieltag war klar, dass der Karlsruher SC und der DSC Arminia Bielefeld in die 2. Bundesliga absteigen müssen, die der FC Energie Cottbus begleitet. Für zusätzliche Spannung sorgten die wieder eingeführten Relegationsspiele.

Mit dem SC Freiburg, dem 1. FSV Mainz 05 und dem 1. FC Nürnberg kehren drei Clubs in die Bundesliga zurück, die schon über jahrelange Erstliga-Zugehörigkeit verfügen. Zu diesen Aufstiegserfolgen gratuliere ich herzlich.

Allen Lesern wünsche ich viel Vergnügen mit dem vorliegenden Saisonbuch 2009. Es wird Sie an faszinierende Momente und aufregende Spiele einer großartigen Spielzeit erinnern. Mit den vielen emotionalen Fotos holen Sie sich ein Stück der ansteckenden Atmosphäre in den Stadien auch nach Hause. Denn die

Fans waren in dieser Spielzeit einmal mehr herausragend. Mehr als 40.000 Zuschauer sahen im Schnitt ein Spiel der Bundesliga – so viele wie nie zuvor. Mir hat imponiert, dass die Atmosphäre von großer Begeisterung und Fairplay geprägt war. Ebenfalls nicht fehlen darf natürlich auch in diesem Jahr der umfangreiche Statistikteil, der den Verlauf dieser Saison exakt nachzeichnet.

Dr. Reinhard Rauball
Präsident des Ligaverbandes

„Ein Fußballwunder als Ansporn für andere Clubs"

Meistertrainer
Ottmar Hitzfeld über den Weg
des VfL Wolfsburg zum Titel

BUNDES
LIGA
F50
ASC

Ottmar Hitzfeld (60) hat als Trainer mit Borussia Dortmund und dem FC Bayern München unter anderem sieben Mal die Deutsche Meisterschaft und drei Mal den DFB-Pokal gewonnen, zwei Mal die UEFA Champions League und einmal den Weltpokal geholt. Als Spieler war er neben seiner Bundesliga-Zeit beim VfB Stuttgart zwei Mal Meister und einmal Cupsieger sowie Torschützenkönig 1973 in der Schweiz, wo Hitzfeld nun seit 2008 Coach des Nationalteams ist.

Von Ottmar Hitzfeld

Einige Male schon bin ich seit Saisonende der Bundesliga gefragt worden, ob ich dem VfL Wolfsburg die Deutsche Meisterschaft zugetraut habe oder ob dieser Titelgewinn auch für mich eine echte Überraschung gewesen ist. Sicherlich wäre es sehr mutig gewesen, bei den üblichen Voraussagen zu Saisonbeginn auf die Mannschaft von Felix Magath zu setzen. Auch ich selbst hatte andere Favoriten auf dem Zettel. Und nach dem Ende der Hinrunde durfte man in der Winterpause zumindest mit Blick auf den VfL Wolfsburg von der Richtigkeit seiner Aussage überzeugt gewesen sein. Bei neun Punkten Rückstand auf den bis dahin so grandios auftretenden Neuling 1899 Hoffenheim an der Tabellenspitze war nicht abzusehen, in welche Richtung der Zug für den VfL weiterfahren würde: vielleicht sogar in Richtung der zweiten Tabellenhälfte oder vielleicht doch noch ran an die Plätze für die zukünftige UEFA Europa League, was ja das von Felix Magath propagierte Saisonziel war? Aber mit Sicherheit nicht ganz nach oben. So viel war für mich eigentlich klar.

Dieses Bild hat sich im Verlauf der Rückserie jedoch völlig geändert. So sehr und nachdrücklich, dass der Titelgewinn der Wolfsburger letztendlich für mich längst nicht mehr ohne jede Vorwarnung realisiert worden ist. Im Gegenteil: Wer die Entwicklung dieser Mannschaft seit der Winterpause verfolgt hat, den konnte dieser überragende Verlauf nicht mehr wirklich überraschen. Felix Magath ist es in einer ganz offensichtlich sehr guten Rückrundenvorbereitung optimal gelungen, bis dahin noch bestehende Defizite entscheidend abzubauen. Die Abwehr zeigte sich nach meinem Dafürhalten zuvor noch ein wenig anfällig. In der Offensive war der VfL Wolfsburg schon während der Hinrunde außergewöhnlich schlagkräftig besetzt. Und in dieser Hinsicht wurde im zweiten Saisonabschnitt überhaupt nicht nachgelassen – im Gegenteil. Mit ihrem Dreigestirn, den Torjägern Grafite und Edin Dzeko sowie Zvjezdan Misimovic als ausgezeichnetem Ideengeber und Vorbereiter, besaß die Mannschaft außergewöhnliche Individualisten in einer fast durchweg überragenden Form.

Aber gerade auch im Defensivverbund hat es im weiteren Saisonverlauf eine enorme Steigerung gegeben. Auch in puncto Organisation war der VfL Wolfsburg jetzt hervorragend aufgestellt. Mit unserem Schweizer Nationaltorhüter Diego Benaglio als großem Rückhalt. Als Trainer einer Auswahlmannschaft hofft man beim Blick in die anderen Ligen für seine eigenen Kandidaten doch immer sehr, dass sie Stammspieler bleiben, im Fall des Torhüters die Nummer eins im Verein. Diego hat nach meiner Ansicht in der abgelaufenen Saison erst recht den Durchbruch als Leistungsträger in einem Topteam geschafft. Natürlich habe ich ihm direkt nach dem großen Saisonfinale eine SMS mit Glückwünschen zur Deutschen Meisterschaft geschickt.

Diego Benaglio hat davon berichtet, wie einzigartig die Gruppe der Profis beim

„Mit ihrem Dreigestirn besaß die Mannschaft außergewöhnliche Individualisten."

Nach dem 1:0 gegen Werder feiert Zvjezdan Misimovic mit Edin Dzeko (links) und Makoto Hasebe (verdeckt).

BUNDESLIGA IN ZAHLEN

ABSCHLUSSTABELLE

Rang	Club	Sp.	g	u	v	Tore	Diff.	Pkt.
1	VfL Wolfsburg	34	21	6	7	80:41	39	69
2	FC Bayern München	34	20	7	7	71:42	29	67
3	VfB Stuttgart	34	19	7	8	63:43	20	64
4	Hertha BSC Berlin	34	19	6	9	48:41	7	63
5	Hamburger SV	34	19	4	11	49:47	2	61
6	Borussia Dortmund	34	15	14	5	60:37	23	59
7	1899 Hoffenheim	34	15	10	9	63:49	14	55
8	FC Schalke 04	34	14	8	12	47:35	12	50
9	Bayer 04 Leverkusen	34	14	7	13	59:46	13	49
10	Werder Bremen	34	12	9	13	64:50	14	45
11	Hannover 96	34	10	10	14	49:69	-20	40
12	1. FC Köln	34	11	6	17	35:50	-15	39
13	Eintracht Frankfurt	34	8	9	17	39:60	-21	33
14	VfL Bochum	34	7	11	16	39:55	-16	32
15	Bor. Mönchengladbach	34	8	7	19	39:62	-23	31
16	FC Energie Cottbus	34	8	6	20	30:57	-27	30
17	Karlsruher SC	34	8	5	21	30:54	-24	29
18	DSC Arminia Bielefeld	34	4	16	14	29:56	-27	28

DIE BESTEN TORSCHÜTZEN

Name	Club	Tore	11er
Grafite	VfL Wolfsburg	28	8
Edin Dzeko	VfL Wolfsburg	26	0
Mario Gomez	VfB Stuttgart	24	0
Patrick Helmes	Bayer 04 Leverkusen	21	3
Vedad Ibisevic	1899 Hoffenheim	18	2
Claudio Pizarro	Werder Bremen	17	0
Milivoje Novakovic	1. FC Köln	16	2
Demba Ba	1899 Hoffenheim	14	0
Luca Toni	FC Bayern München	14	0
Kevin Kuranyi	FC Schalke 04	13	0
Artur Wichniarek	DSC Arminia Bielefeld	13	1
Diego	Werder Bremen	12	2
Alexander Frei	Borussia Dortmund	12	6
Stefan Kießling	Bayer 04 Leverkusen	12	0
Mladen Petric	Hamburger SV	12	0
Andrej Voronin	Hertha BSC Berlin	11	0
Miroslav Klose	FC Bayern München	10	1
Ivica Olic	Hamburger SV	10	0
Hugo Almeida	Werder Bremen	9	0
Jefferson Farfan	FC Schalke 04	9	2
Sebastian Freis	Karlsruher SC	9	0
Paolo Guerrero	Hamburger SV	9	0
Nikos Liberopoulos	Eintracht Frankfurt	9	2
Dimitar Rangelov	FC Energie Cottbus	9	1
Franck Ribery	FC Bayern München	9	1
Stanislav Sestak	VfL Bochum	9	0

ZUSCHAUER

Club	gesamt	Schnitt
Borussia Dortmund	1.272.078	74.828
FC Bayern München	1.173.000	69.000
FC Schalke 04	1.043.580	61.387
Hamburger SV	931.165	54.774
Hertha BSC Berlin	886.668	52.157
VfB Stuttgart	882.750	51.926
1. FC Köln	838.300	49.312
Borussia Mönchengladbach	805.397	47.376
Eintracht Frankfurt	800.100	47.065
Hannover 96	711.616	41.860
Werder Bremen	686.306	40.371
1899 Hoffenheim	477.300	28.076
Karlsruher SC	477.113	28.065
VfL Wolfsburg	465.929	27.408
Bayer 04 Leverkusen	448.837	26.402
VfL Bochum	433.762	25.515
DSC Arminia Bielefeld	398.900	23.465
FC Energie Cottbus	284.047	16.709

VfL Wolfsburg funktioniert hat. Was, wie ich als Trainer auch nur zu gut weiß, im Falle des Erfolges natürlich von Grund auf wesentlich leichter fällt. Eine kompakte Einheit auch außerhalb der neunzig Minuten hat große Bedeutung. Das meint wohl auch Felix Magath, wenn er die Wichtigkeit seines Kapitäns Josue heraushebt und ihn – ohne die geringste Abwertung aller anderen Profis aus seinem Kreis – als „Spieler der Saison" für sich persönlich nennt: Weil er aus seiner Warte die beste Nummer sechs der gesamten Bundesliga verkörpert hat. Aber auch, weil es ungemein wichtig ist, solche Leader in seinem Team zu haben. Erst recht, wenn man etwas Großes bewerkstelligen will. Und sicher auch eine Einschätzung mit sozialem Bezug, entstanden durch den direkten Einblick, den letztlich nur der sportlich Verantwortliche durch seine tägliche Arbeit mit den Spielern hat und der sich einem Außenstehenden so nicht unbedingt eröffnet.

Mit 28 Treffern Gewinner der Torjägerkanone: Grafite, am Ende der Saison um zwei Tore erfolgreicher als Teamkollege Edin Dzeko.

Auch italienische Weltmeister feiern gerne den Gewinn weiterer Titel: Andrea Barzagli (links) und Cristian Zaccardo.

Verliebt in die Meisterschale: Torhüter Diego Benaglio, in der Schweizer Nationalelf bei Ottmar Hitzfeld Nummer eins.

Es hat einfach alles gepasst in dieser Saison 2008/09 beim VfL Wolfsburg. Auch und gerade für Felix Magath und seine Arbeitsweise. Durch die Konstellation als Trainer, Sportdirektor und Geschäftsführer konnte er sich vor allem bei der Zusammenstellung seines Kaders alle Wünsche selbst nach seinen eigenen Vorstellungen erfüllen.

„Felix Magath geht seit jeher seinen Weg und hat ein klares Konzept."

Felix Magath geht seit jeher seinen Weg und hat ein klares Konzept. Er ist absolut überzeugt von sich und von seiner Arbeitsweise – und das gibt er seiner Mannschaft vor. Dass der VfL Wolfsburg körperlich in einer Topzustand durch die Saison gegangen ist, war gerade in der Schlussphase der Meisterschaft deutlich zu erkennen. Wesentlich für das so eindrucksvolle Gelingen des Titel-

BUNDESLIGA IN ZAHLEN

KARTEN

Club	Rot	G/R	Gelb
Eintracht Frankfurt	3	0	77
VfL Bochum	3	4	75
Hamburger SV	1	2	75
1899 Hoffenheim	3	3	71
Borussia Mönchengladbach	0	0	71
1. FC Köln	2	2	70
FC Energie Cottbus	1	2	70
VfB Stuttgart	0	0	69
DSC Arminia Bielefeld	1	3	65
Karlsruher SC	0	2	64
FC Bayern München	1	2	63
Hertha BSC Berlin	1	0	62
FC Schalke 04	2	4	60
Hannover 96	3	1	58
Bayer 04 Leverkusen	1	4	57
VfL Wolfsburg	1	1	56
Werder Bremen	4	0	55
Borussia Dortmund	3	2	48

BESTE VORBEREITER

Spieler	Club	Torvorlagen
Zvjezdan Misimovic	VfL Wolfsburg	22
Mesut Özil	Werder Bremen	15
Arnold Bruggink	Hannover 96	14
Marko Marin	Bor. Mönchengladbach	13
Bastian Schweinsteiger	FC Bayern München	13
Martin Fenin	Eintracht Frankfurt	12
Edin Dzeko	VfL Wolfsburg	11
Christian Gentner	VfL Wolfsburg	11
Tamas Hajnal	Borussia Dortmund	11
Franck Ribery	FC Bayern München	11
Markus Steinhöfer	Eintracht Frankfurt	11
Demba Ba	1899 Hoffenheim	10
Tranquillo Barnetta	Bayer 04 Leverkusen	10
Alexander Frei	Borussia Dortmund	10
Mario Gomez	VfB Stuttgart	10
Sejad Salihovic	1899 Hoffenheim	10
Renato Augusto	Bayer 04 Leverkusen	9
Stefan Kießling	Bayer 04 Leverkusen	9
Marcel Schäfer	VfL Wolfsburg	9
Piotr Trochowski	Hamburger SV	9

ELFMETER

	für		gegen	
	verhängt	verwandelt	verhängt	verwandelt
VfL Wolfsburg	11	10	2	0
1899 Hoffenheim	10	8	1	1
Borussia Mönchengladbach	7	5	6	5
FC Bayern München	7	5	4	4
Borussia Dortmund	6	6	3	3
FC Schalke 04	5	2	4	3
Bayer 04 Leverkusen	4	4	4	3
Hannover 96	4	3	6	4
Werder Bremen	4	3	4	3
1. FC Köln	3	2	5	4
DSC Arminia Bielefeld	3	2	3	3
Hertha BSC Berlin	3	1	3	3
Eintracht Frankfurt	2	2	11	8
FC Energie Cottbus	2	1	7	5
Hamburger SV	2	2	6	5
Karlsruher SC	2	1	0	0
VfB Stuttgart	1	1	4	2
VfL Bochum	1	1	4	3

Für Ihren Brief
geben wir
täglich alles.
Schlüter
Deutsche Post

unternehmens war nun, dass zur Fitness auch noch die spielerische Klasse der Wolfsburger hinzu kam – ebenso eindrucksvoll.

Für Felix Magaths Professionalität, aber auch für die seiner Mannschaft spricht, dass das Bekanntwerden seines Wechsels zum FC Schalke 04 zur kommenden Saison eigentlich keinerlei negative Auswirkungen

„Für Partner wie VW ist es erfreulich, durch den Erfolg weltweit Werbung zu erhalten."

Felix Magath mit dem offiziellen Wimpel für den Deutschen Meister 2009 – eingerahmt von Ligapräsident Dr. Reinhard Rauball (rechts) und DFL-Chef Christian Seifert.

gezeigt hat. Vielmehr hatte er sein Team auch in dieser öffentlich sehr stark diskutierten Angelegenheit absolut hinter sich, belegt auch durch eine imponierende Nervenstärke.

Natürlich bin ich in dieser entscheidenden Phase der Bundesliga auch danach gefragt worden, wie meine Meinung zum Weggang von Felix Magath zum FC Schalke 04 ist. Dorthin wechselt Felix Magath aus einem sicheren Hafen mit meiner Ansicht nach mehr Ruhe, bei dem der VW-Konzern als starker Hauptsponsor bekannt ist, zumindest nach außen aber im Hintergrund agiert. Den Vorstandsvorsitzenden des Unternehmens, Prof. Dr. Martin Winterkorn, kenne ich aus meiner Zeit in München persönlich, weil er einen Sitz im Aufsichtsrat des FC Bayern hat. Er ist eine so erfahrene Persönlichkeit, die weiß, wie die Wechselwirkung von Fußball und Wirtschaft funktioniert.

Für einen solchen Partner, der sich in dieser Form engagiert, ist es natürlich auch von Bedeutung und sehr erfreulich, durch den Erfolg der Mannschaft weltweit so positive Werbung zu erhalten. Dadurch werden sicher auch wieder andere Unternehmen dazu ermuntert, ihr Engagement beizubehalten oder ein solches im Fußball anzustreben, der davon in der Zukunft sehr profitieren kann.

Aber auch in sportlicher Hinsicht. Der Erfolg des VfL Wolfsburg wird auch ein Ansporn für andere Clubs sein. Vor elf Jahren hatte schon der 1. FC Kaiserslautern ein ungewöhnliches Meisterstück geschafft, als Otto Rehhagel mit dem damali-

Triumphmarsch mit der Meisterschale durch den Konfettiregen: Christian Gentner (rechts) und Sascha Riether.

gen Aufsteiger gleich zum Titelgewinn durchmarschiert ist – vielleicht sogar noch einen Tick höher zu bewerten als der jetzige Wolfsburger Erfolg, weil Kaiserslautern nicht über die finanziellen Mittel verfügt hatte wie jetzt Felix Magath bei seinem Team.

Das soll die Wolfsburger Leistung aber in überhaupt keiner Weise schmälern. Die Deutsche Meisterschaft des VfL bleibt eine riesengroße Sensation, auch von der Art und Weise, wie dies geschah. Und dieser Erfolg wird auch ein Ansporn sein für andere Clubs, ein solches Fußballwunder zu schaffen, das zudem natürlich den Wettbewerb in der Bundesliga von der Dominanz einzelner Clubs in anderen Ligen abhebt. Ein Ansporn ist aber auch für den FC Bayern gegeben: es in der kommenden Saison wieder besser zu machen.

Sehr beeindruckend war es für mich auch zu beobachten, wie durch den erfolgreichen Weg eines Clubs eine Fankultur entstehen kann, wo nun in der Stadt und in einer ganzen Region plötzlich eine nie gekannte Euphorie herrscht. In der Gewissheit, selbst Teil eines Vorzeigeclubs zu sein,

Christian Gentner (links) und Marcel Schäfer freudetrunken bei der Meisterparty.
Foto links: Im Cabrio (von links) Felix Magath und Kapitän Josue mit VW-Konzernchef Prof. Dr. Martin Winterkorn (rechts) und Bernd Osterloh, VfL-Aufsichtsrats- und Präsidiumsmitglied sowie VW-Betriebsratschef.

Mit der Schale und in Schale: Vor dem Wolfsburger Rathaus zeigen die VfL-Profis das Meisterstück, das Kapitän Josue in seinen Händen hält, den feiernden Fans.

Natürlich auch in Feierlaune: Meistertrainer Felix Magath mit seiner Ehefrau Nicola.

der Tolles vollbracht hat. Es gibt viele unterschiedliche Facetten, die den Titelgewinn des VfL Wolfsburg zu einem besonderen Ereignis machen. Und dabei ist es überhaupt keine Frage, dass ein solch spannungsgeladenes Traumfinale der gesamten Bundesliga guttut.

ALLE SPIELE

Hinrunde									Rückrunde	
1	16.08.	H	2:1	(0:1)	1. FC Köln	1:1	(1:0)	A	31.01.	18
2	24.08.	A	2:2	(1:0)	VfL Bochum	2:0	(1:0)	H	07.02.	19
3	30.08.	H	2:2	(1:1)	Eintracht Frankfurt	0:2	(0:1)	A	14.02.	20
4	13.09.	A	2:2	(0:1)	Hertha BSC Berlin	2:1	(0:0)	H	21.02.	21
5	21.09.	H	3:0	(3:0)	Hamburger SV	1:3	(0:2)	A	01.03.	22
6	28.09.	A	2:1	(0:0)	Karlsruher SC	1:0	(1:0)	H	07.03.	23
7	05.10.	A	2:2	(1:0)	FC Schalke 04	4:3	(2:1)	H	13.03.	24
8	18.10.	H	4:1	(2:0)	DSC Arminia Bielefeld	0:3	(0:1)	A	21.03.	25
9	25.10.	A	4:2	(1:2)	FC Bayern München	5:1	(1:1)	H	04.04.	26
10	28.10.	H	3:0	(1:0)	Borussia Mönchengladbach	1:2	(0:1)	A	11.04.	27
11	31.10.	A	2:0	(0:0)	Bayer 04 Leverkusen	2:1	(1:0)	H	18.04.	28
12	08.11.	H	3:0	(1:0)	FC Energie Cottbus	2:0	(0:0)	A	26.04.	29
13	15.11.	A	3:2	(2:2)	1899 Hoffenheim	4:0	(0:0)	H	02.05.	30
14	22.11.	H	4:1	(0:1)	VfB Stuttgart	4:1	(2:1)	A	09.05.	31
15	30.11.	A	0:0		Borussia Dortmund	3:0	(1:0)	H	12.05.	32
16	07.12.	H	2:1	(1:0)	Hannover 96	0:5	(0:3)	A	16.05.	33
17	13.12.	A	2:1	(1:1)	Werder Bremen	5:1	(3:1)	H	23.05.	34

VFL WOLFSBURG AUF EINEN BLICK

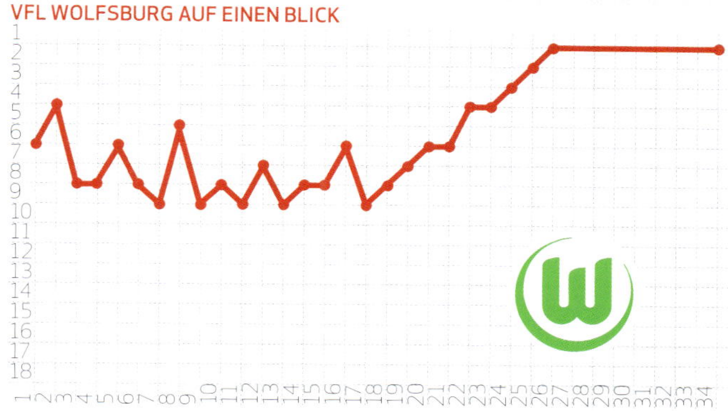

ALLE SPIELER

Name	Vorname	Geburtsdatum	Nationalität	Position	Rücken-Nr.	Einsätze	Auswechslungen	Einwechslungen	Gelbe Karten	Gelb-Rote Karten	Rote Karten	Tore	Elfmeter	Eigentore
Adlung	Daniel	01.10.1987	D	M	15	-	-	-	-	-	-	-	-	-
Alvim	Rodrigo	25.11.1983	BRA	A	3	2	-	2	-	-	-	-	-	-
Baier	Daniel	18.05.1984	D	M	8	-	-	-	-	-	-	-	-	-
Barzagli	Andrea	08.05.1981	ITA	A	43	34	-	-	3	-	-	-	-	-
Benaglio	Diego	08.09.1983	SUI	T	1	31	2	-	-	-	-	-	-	-
Boakye	Isaac	26.11.1981	GHA	S	28	-	-	-	-	-	-	-	-	-
Caiuby		14.07.1988	BRA	S	11	9	1	9	1	-	-	1	-	-
Costa	Ricardo	16.05.1981	POR	A	5	11	1	1	3	-	1	3	-	-
Dejagah	Ashkan	05.07.1986	D	M	24	27	11	14	7	-	-	3	-	-
Dzeko	Edin	17.03.1986	BIH	S	9	32	3	3	4	-	-	26	1	-
Esswein	Alexander	25.03.1990	D	S	27	4	-	4	-	-	-	-	-	-
Gentner	Christian	14.08.1985	D	M	25	34	18	2	3	-	-	4	-	-
Grafite		02.04.1979	BRA	S	23	25	11	-	4	1	-	28	8	-
Hasebe	Makoto	18.01.1984	JPN	M	13	25	11	9	1	-	-	-	-	-
Hitz	Marwin	18.09.1987	SUI	T	35	-	-	-	-	-	-	-	-	-
Josue		19.07.1979	BRA	M	7	33	2	1	5	-	-	-	-	1
Karimow	Sergej	21.12.1986	D	A	37	1	1	-	-	-	-	-	-	-
Korzynietz	Bernd	08.09.1979	D	A	31	-	-	-	-	-	-	-	-	-
Krzynowek	Jacek	15.05.1976	POL	M	18	4	1	4	-	-	-	-	-	-
Laas	Alexander	05.05.1984	D	M	31	-	-	-	-	-	-	-	-	-
Lenz	Andre	19.11.1973	D	T	12	5	-	2	1	-	-	-	-	-
Madlung	Alexander	11.07.1982	D	A	17	24	2	11	3	-	-	3	-	-
Marcelinho		17.05.1975	BRA	M	30	-	-	-	-	-	-	-	-	-
Misimovic	Zvjezdan	05.06.1982	BIH	M	10	33	12	-	5	-	-	6	2	-
Munteanu	Vlad	16.01.1981	ROM	M	19	-	-	-	-	-	-	-	-	-
Niang	Mame	31.03.1984	SEN	S	36	-	-	-	-	-	-	-	-	-
Okubo	Yoshito	09.06.1982	JPN	S	8	9	1	8	-	-	-	-	-	-
Pekarik	Peter	30.10.1986	SVK	A	19	16	5	3	2	-	-	-	-	-
Platins	Patrick	19.04.1983	D	T	21	-	-	-	-	-	-	-	-	-
Radu	Sergiu	10.08.1977	ROM	S	29	-	-	-	-	-	-	-	-	-
Reiche	Daniel	14.03.1988	D	A	33	1	-	1	-	-	-	-	-	-
Riether	Sascha	23.03.1983	D	A	20	28	7	2	3	-	-	2	-	-
Saglik	Mahir	18.01.1983	TUR	S	16	8	1	8	1	-	-	1	-	-
Santana	Jonathan	19.10.1981	PAR	M	14	6	2	3	1	-	-	-	-	-
Schindzielorz	Sebastian	21.01.1979	D	M	32	6	1	3	2	-	-	-	-	-
Schäfer	Marcel	07.06.1984	D	A	4	34	1	-	1	-	-	-	-	-
Simunek	Jan	20.02.1987	CZE	A	6	17	-	3	3	-	-	-	-	-
Wolze	Kevin	09.03.1990	D	M	22	-	-	-	-	-	-	-	-	-
Zaccardo	Cristian	21.12.1981	ITA	A	2	14	5	6	3	-	-	1	-	-

Sebastian Hellmann (41) ist als Moderator der Fußballsendungen bei Premiere bekannt und beliebt, vor allem durch die Bundesliga am Samstag. 2005 wurde der in Bielefeld geborene und in Köln lebende Journalist für die Präsentation des Programms mit dem Deutschen Fernsehpreis ausgezeichnet, den er zwei Jahre zuvor schon für die Bundesliga-Konferenz des Münchner Senders erhalten hatte. Inzwischen hat Hellmann seinen Vertrag bis 2014 verlängert.

Mein Bundesliga-Jahr

Von Sebastian Hellmann

Einmal mehr hat sich mein Beruf als Traumjob erwiesen. Hautnah dabei zu sein, wenn die Entscheidungen fallen, wenn die großen Stars die Akzente setzen, und dabei die Stimmung aus den Stadien bis ins Premiere-Studio einatmen – mehr Bundesliga-Erlebnis geht nicht. Das war klasse und hat in dieser Saison 2008/09 wieder Spaß gemacht. Die Bundesliga hat sich für mich persönlich in den vergangenen Monaten von ihrer besten Seite gezeigt.

Obwohl gerade für mich als gebürtigem Bielefelder eine der größten Überraschungen am Schluss stattfand. Neunzig Minuten vor dem Ende einer Bundesliga-Saison die Trennung vom Trainer zu vollziehen, wie bei der Arminia mit Michael Frontzeck, das passiert selbst in der Bundesliga, die ja viele Geschichten schreibt, nicht alle Tage.

Im Formel-1-Tempo ist 1899 Hoffenheim durch die Bundesliga gesaust. Zwar nur bis zur Mitte des Rennens, aber mit überragender Technik. Dann gab es schon die eine oder andere Panne. Konstante Klasse muss sich ein Newcomer über Jahre hinweg erarbeiten – die Möglichkeiten in Hoffenheim sind auf Sicht ideal.

Und dann Edin Dzeko und Grafite, die Torgaranten des VfL Wolfsburg. Die beiden dorthin zu holen – Dzeko aus Teplice in Tschechien, Grafite nach einem Kreuzbandriss aus Le Mans in Frankreich: Hut ab! Das gilt natürlich dem, der das bewerkstelligt hat: Felix Magath. Alles in einer Hand – vieles machbar. Ein gewisses Risiko, das sich aber voll ausgezahlt hat.

Felix Magath, der Diametraltrainer, der Umkehrschluss zu Jürgen Klinsmann, dessen Demission mich doch sehr enttäuscht hat. Aufbruch, Umbruch, Einbruch – und das bei dem Potenzial des FC Bayern.

Und dann der „ewige" Thomas Schaaf, inzwischen schon mehr als zehn Jahre Cheftrainer in Bremen und nun mit Werder wieder DFB-Pokalsieger geworden. Hier der etablierte Fußballlehrer, dort ein junger Mann, der sich vorerst nur Teamchef nennen durfte: Markus Babbel. Ganz ehrlich: Hätte ich ihm in dieser Form nicht zugetraut. Kompliment!

Franck Ribéry hat mich auch in dieser Saison wieder begeistert, ebenso Diego bei Werder Bremen. Sie haben das Offensivspiel ihrer Teams entscheidend geprägt. Solche Ausnahmefußballer live in der Bundesliga zu erleben, ist auch für mich ein Genuss. Technik in höchstem Tempo – beide sind auf ihre Art Extraklasse. Gestört hat allenfalls mal ein Nebengeräusch aus der Gerüchteküche.

Es fehlte auch nicht an Emotionen in dieser spannenden Saison: Wie bei Manuel Neuers Tanz mit der Eckfahne – ganz wie Oliver Kahn. Der FC Bayern wird es dem jungen Schalke-Keeper nachsehen, dass er ein wenig den anhaltenden Schmerz bei „Königsblau" nach der verpassten Meisterschaft von 2001 lindern wollte.

Bleibt noch das Tor der Saison. Nein, nicht Grafites Solo mit Abschluss per Hacke gegen den FC Bayern, sondern: per Zufall, erzielt von Sebastian Langkamp für den Karlsruher SC bei Bayer 04 Leverkusen. Ein Abwehrschlag als Volltreffer – in hohem Bogen über René Adler hinweg ins Netz. Versuch zwecklos, da von Absicht zu sprechen. Langkamp hat's auch gar nicht erst probiert.

Eine unvergessliche von vielen klasse Szenen einer Saison, die es vor allem in puncto Spannung wieder mal bis zum Finale in sich hatte. Nicht zuletzt deshalb hoffe ich, dass die Sommerpause schnell vorbeigehen wird. Ich freue mich schon jetzt auf das Eröffnungsspiel zur neuen Saison 2009/10 am 7. August. Die 76 Tage ohne Bundesliga kriegen wir schon irgendwie rum...

PREMIERE
PREMIERE
citibank
Kappa
citibank
PREMIERE
www.premiere.de
citibank
BELUGA

BOSS
HUGO BOSS

Die Köpfe der Saison

Kaum jemand stand so im Mittelpunkt des Interesses wie Jürgen Klinsmann. Als Trainer des FC Bayern gehörte er zu den bedeutenden Persönlichkeiten der Spielzeit 2008/09. Aber auch anderen galt besondere Aufmerksamkeit.

Krombacher
EINE PERLE DER NATUR.
Krombacher
Krombacher
Pils
KROMBACHER PRIVATBRAUEREI KREUZTAL
Eines der besten Biere
nach Pilsener Brauart
Krombache
Pils
EINE PERLE DER NA
Gebraut nach dem deutschen Reinheitsgebot in der Krombacher Privatbrauerei
57215 Kreuztal · Am Rothaargebirge · Internet: www.krombacher.de

Der GTS und sein Erfolgsmodell

Felix Magath vor seinem Arbeitsplatz beim VfL Wolfsburg, den er nach zwei Jahren und dem großartigen Meisterschaftsgewinn wieder verlässt – in Richtung FC Schalke 04.

Es war an einem heißen Tag im Sommer 2008, als Felix Magath im Fünfsternehotel The Ritz-Carlton in Wolfsburg formulierte: „Allen Verantwortlichen ist bewusst, dass es nur um die Wiederholung des letzten Saison-Ergebnisses gehen kann. Eine Garantie haben wir nicht. Aber es ist das Ziel." Zur Erinnerung: In der damals abgelaufenen Spielzeit war Magath mit dem VfL Wolfsburg in letzter Minute durch Tabellenplatz fünf noch auf den Zug in Richtung Europa gesprungen. Und schon machten sich im Umfeld Hoffnungen breit, dass es in diesem rasanten Tempo weitergehen würde in der VW-Stadt. Solchen Gedankenspielen erteilte Magath zwar eine klare Absage, er merkte aber auch an: „Eine neue Dimension wäre für mich, in zwei oder drei Jahren in die Saison zu gehen und sagen so können: Jetzt wollen wir um die Deutsche Meisterschaft mitspielen."

Knapp ein Jahr später ist nicht nur das geschehen, sondern der VfL Wolfsburg hat sogar den Titel gewonnen als zwölfter Club in der Bundesliga-Geschichte. Erst sehr spät gab Macher Magath seine eher defensiv ausgerichtete Grundhaltung auf, erst kurz vor dem großen Triumph sprach er selbst vom Titelgewinn, dann aber im Brustton der Überzeugung. „Ein Traum, der verdientermaßen in Erfüllung geht", sagte Magath nach dem abschließenden 5:1-Erfolg gegen Werder Bremen und vor Übergabe der Schale auf dem Rasen der Volkswagen Arena. Und damit war dieser Abschnitt seiner bewegten Laufbahn bereits zu Ende – viel früher als eigentlich gedacht. Denn der Meistertrainer hat in der kommenden Saison beim FC Schalke 04 das Sagen.

Ein großer Reiz in seiner Wolfsburger Zeit war für Magath, der zuvor mit dem FC Bayern München zwei Mal das „Double" aus Meisterschaft und DFB-Pokal gewonnen hatte, „von Grund auf eine eigene Mannschaft zusammenstellen zu können, mit eigenen Ideen und Vorstellungen". Für Magath nach all seinen Erfahrungen „etwas Besonderes", natürlich auch mit einer sehr ordentlichen wirtschaftlichen Basis durch den Automobilkonzern und Hauptsponsor im Rücken. Dort ließen sie ihn machen, den neuen Wolfsburger GTS (Geschäftsführer, Trainer, Sportdirektor), der den VfL zu einem Erfolgsmodell der gehobenen Klasse entwickelte – ein Verkaufsschlager auch und gerade für das Unternehmen an seiner Seite.

In dieser Dreifachrolle gab Felix Magath (55) mächtig Gas. Und er nahm sich auch noch immer die Zeit, seinen Club und Arbeitgeber bei werbewirksamen Auftritten zu repräsentieren, bei Talkrunden und vergleichbaren Veranstaltungen: Magath, der Medienprofi, der so gerne fein und noch lieber hintergründig formuliert und dabei nicht frei von einem Ausrutscher ist. Doch es macht ihn dann auch sympathisch, einen Fehler einzugestehen. So der Fall, als er sich zu einem Fernsehinterview auf dem Rathausbalkon am Münchner Marienplatz hinreißen ließ. Weil das ziemlich dumm gelaufen war und in der Öffentlichkeit jede Menge Staub aufwirbelte, trat Magath auf die Bremse: Sorry, keine gute Aktion von mir! Für ihn selbst und seine Wolfsburger Sensationsmannschaft gab es nur ein paar Tage später nach vollendetem Coup Komplimente aus allen Richtungen, auch aus München vom FC Bayern. Es war halt auch für Felix Magath das persönliche Meisterstück.

BUNDES LIGA

Doppelter Einsatz

Sie waren im funktionierenden Getriebe des VfL Wolfsburg die großen Antriebsräder, die für das gesorgt haben, was den Fußball ausmacht und die Fans immer wieder gerne sehen: Tore, Tore, Tore. Mit links, mit rechts, mit dem Kopf oder auch per Elfmeter: Der Brasilianer Grafite (30) und sein bosnischer Nebenmann Edin Dzeko (23) waren – wie das gesamte Team – einfach nicht mehr aufzuhalten, ihr Torhunger nicht zu bremsen. 28 Treffer hat Grafite erzielt, dafür völlig zu Recht die Torjägerkanone gewonnen, die freilich auch Dzeko, er traf 26 Mal, zugestanden hätte. Denn er hat, so die Meinung vieler Experten, im Verlauf einer einzigartigen Saison der Wolfsburger den allergrößten Sprung nach vorne gemacht.

Einem großen Kreis war das unwiderstehliche Duo sicherlich nicht bekannt, als Felix Magath beide nach seinem Amtsantritt in Wolfsburg zum VfL lotste: Grafite, der in seiner südamerikanischen Heimat bei Goiás EC sowie beim FC Sao Paulo gespielt und ein Länderspiel für die „Selecao" absolviert hatte, aus Frankreich von UC Le Mans; und Dzeko, über FC Zeljeznicar Sarajevo und Usti naded Labem nach Tschechien zu FK Teplice gekommen, wo der schlaksige Angreifer die Aufmerksamkeit von Magath erregte.

Das großartige Tor, mit dem Grafite beim 5:1-Sieg gegen den FC Bayern den Schlusspunkt setzt – in vier Akten: Der Brasilianer lässt Torwart Michael Rensing aussteigen (ganz oben), passt nicht auf Sturmpartner Edin Dzeko, sondern überlistet Andreas Ottl, Christian Lell, Breno und Philipp Lahm (von links) mit einem Hackentrick.

In dieser Saison hat Edin Dzeko einen riesigen Sprung nach vorne gemacht und ist am Wolfsburger Triumph ganz maßgeblich beteiligt gewesen.

Dzeko hat mit seiner Familie auch schon die Schattenseiten des Lebens kennen gelernt. Seine schwerste Erfahrung: der Krieg in Bosnien. Trotz dieser Eindrücke spielte der Fußball frühzeitig eine prägende Rolle für den talentierten Stürmer, der gerne Cevapcici isst und Coca-Cola als „mein Laster" bezeichnet und der vor allem von der Teilnahme mit dem Nationalteam von Bosnien-Herzegowina an einem großen Turnier träumt – vielleicht schon im nächsten Jahr bei der Weltmeisterschaft 2010 in Südafrika. Der ukrainische Topstar Andrey Shevchenko vom AC Mailand hatte es Dzeko früher angetan. Auf einer anderen Ebene ist Schauspieler Brad Pitt derjenige, mit dem Dzeko gerne einmal für 24 Stunden tauschen würde.

In dieser Hinsicht nennt Grafite, der in seiner Karriere im Jahr 2005 einen Kreuzbandriss überwinden musste, schlitzohrig seinen Trainer Felix Magath – vielleicht, weil er dann das Kommando über seine Teamkollegen hätte. Doch er bezeichnet sich gleichzeitig auch als „oft zu gutmütig". Das werden seine drei Kinder wohl genießen, von denen Maria Sofia als das jüngste Familienmitglied von Ehefrau Grace Kelly mitten im Wolfsburger Rennen um die Deutsche Meisterschaft zur Welt gebracht wurde.

Wie „Die Zwei" auf dem Rasen unterschiedliche Stürmertypen sind, so heben sich auch ihre Lieblingslieder ziemlich voneinander ab. Dzeko bevorzugt Musik aus seiner bosnischen Heimat, Grafite singt gerne den Titel „We are the world". Auf dem Platz geben sie gemeinsam den Ton an – vor allem im Zusammenspiel mit dem Wolfsburger Dirigenten „Zwetschge" Misimovic.

Der Gigant der Hinrunde

Niemand wird die Frage je beantworten können. Es bleibt offen, bewegt sich nur im Bereich der Spekulation. Dreißig haben ihm einige zugetraut, vielleicht sogar noch ein paar mehr. Und ganz besonders Mutige sahen ihn schon in der Nähe des Torrekordes mit vierzig Saisontreffern von Gerd Müller. Aber Vedad Ibisevic konnte das Trikot des Aufsteigers 1899 Hoffenheim nur in der Hinrunde der Bundesliga tragen. Aber bis dahin hatte er exakt 18 Mal getroffen. „Mit einer Leichtigkeit, mit nahezu einer Selbstverständlichkeit", wie sein Trainer Ralf Rangnick erklärt, „die ich so noch nicht gesehen habe. Denn Vedad war auch im Training vor dem Tor überragend."

Dann kam La Manga, das Winter-Trainingslager des Aufsteigers in Südspanien, und das Testspiel gegen den Hamburger SV. Bei Ibisevic, Nationalspieler Bosnien-Herzegowinas, riss das Kreuzband im rechten Knie – die Schock-Diagnose bedeutete das sofortige Saison-Aus. Bitter für den 24-Jährigen, schlimm für Hoffenheim: Schließlich waren seine Tore auch Teil der Erfolgsgarantie für die sensationelle Herbstmeisterschaft der Kraichgauer. In allen 17 Hinrundenspielen am Ball, traf Vedad Ibisevic in 13 Begegnungen – nur vier Mal ging er leer aus. Beeindruckend für einen Newcomer, der im Aufstiegsjahr nicht zur Stammformation der Hoffenheimer gehört hatte und zuvor bei Alemannia Aachen nicht annähernd so aufgetreten war.

Dass er den Weg nach Deutschland fand, lag an Jörg Schmadtke. Der ehemalige Sportdirektor der Alemannia, nun bei Hannover 96 in der Verantwortung, scoutete an einem tristen, regnerischen Freitagabend im Winter 2006 in der zweiten französischen Liga und fand Gefallen am Stürmer von Dijon Football. „Ich habe mich dann schnell entschlossen, es in Deutschland zu versuchen", erzählt Ibisevic. „Mein festes Vorhaben war, es in die Bundesliga zu schaffen und auch dort Tore zu schießen." Bislang ist ihm das eindrucksvoll gelungen und viele Fans, nicht nur in Hoffenheim, wünschen ihm, dass er es in der kommenden Saison erneut zeigen wird. Das Knie ist wieder in Ordnung. Die wesentliche Voraussetzung für einen neuen Anlauf.

Viel Spaß am eigenen Spiel in der Hinserie: Vedad Ibisevic von 1899 Hoffenheim, der in der gesamten Rückrunde verletzt fehlte.

Glänzend in Schuss, auch beim Gastspiel des Neulings beim FC Bayern München, wo Vedad Ibisevic – hier gegen Daniel van Buyten (links) und Lucio (rechts) – beim 1:2 das Hoffenheimer Tor gelingt.

KÖPFE

BUNDESLIGA

Zeigen auch Sie
TEAMGEIST UND SOLIDARITÄT:

Bestellen Sie das Joachim-Deckarm-Buch!

Der Reinerlös aus dem Verkauf geht in voller Höhe an den Joachim-Deckarm-Fonds.

Die Stiftung Deutsche Sporthilfe, der Deutsche Handballbund und die Handball-Bundesliga geben im Herbst ein Buch mit dem Titel „TEAMGEIST – die zwei Leben des Joachim Deckarm" heraus. Autor Rolf Heggen schildert den sportlichen Höhenflug von Joachim Deckarm, den dramatischen Unfall vor 30 Jahren (30. März 1979) und die Bewältigung der schrecklichen Unfallfolgen mit Hilfe eines Teams von Betreuern und Helfern. Im dritten Kapitel des Buches – „Handball als Schule des Lebens" – wird das Fazit aus den ersten beiden Kapiteln gezogen: Warum Teamgeist gerade im Handball eine überragende Rolle spielt und warum dieses Mannschaftsspiel die Menschen ganz besonders prägt – auch für die Zeit nach dem Sport.

Der Vorverkauf hat am dreißigsten Jahrestag des Unfalls begonnen: Unter www.joachim-deckarm.de (Onlineshop) oder schriftlich bei der Stiftung Deutsche Sporthilfe, Joachim-Deckarm-Fonds, Burnitzstraße 42, 60596 Frankfurt am Main, kann das Buch zum Preis von 19,90 € (incl. MWSt. und Versandkosten) bestellt werden. Bei schriftlicher Bestellung Vorkasse: Joachim-Deckarm-Fonds, Dresdner Bank, Kto.Nr. 932 103 02, BLZ: 500 800 00.

Der „Torero" bleibt dran

Den Ball und das gegnerische Tor zugleich im Blick und bereit zu einem nächsten Streich: Mario Gomez, Goalgetter des VfB Stuttgart und Nationalstürmer mit großen Ambitionen.

Bei Luca Toni ist es der „Ohr-Schrauber", bei Mladen Petric der Abschuss mit Pfeil und Bogen, Miroslav Klose setzt auf den Salto. Torjäger in der Bundesliga haben ihre Eigenart entwickelt, um ihre Treffer zu feiern. Individuell, ausgelassen, spektakulär. Nicht anders ist das bei Mario Gomez. Der Stürmer des VfB Stuttgart hat in dieser Saison seine Bundesliga-Tore 39 bis 63 erzielt – das ist herausragend für einen 23-Jährigen. Und zumeist gibt er nach seinen Treffern den Torero als Zugabe. Elegant schwingt Gomez dann die imaginäre Muleta, das rote Tuch des Stierkampfes. Mario Gomez – eben der Matador in der Arena.

Ohne Zweifel ist der Nationalspieler einer der besten Stürmer der Bundesliga. Das hat nicht zuletzt die abgelaufene Spielzeit bestätigt. Gomez sorgte mit seinen 24 Treffern dafür, dass der VfB Stuttgart bis kurz vor Saisonschluss sogar vom Titel träumen durfte. Für ihn, der alleine in den letzten sieben Spielen sieben Mal traf, wäre es nach 2007 die zweite Deutsche Meisterschaft gewesen. Den aktuellen Titelträger VfL Wolfsburg hat er am 31. Spieltag noch einmal richtig ins Schwitzen gebracht. 4:1 schlug der VfB die „Wölfe", vier Tore machte Gomez. Zum ersten Mal in einem Spiel als Profi. „Das ist mir sonst nur in der Jugend gelungen, dort allerdings mehrfach", wusste er direkt nach Abpfiff zu berichten.

In erster Linie ist es die Hartnäckigkeit, die ihn so stark macht. Mario Gomez kommt auch nach Rückschlägen zurück. Ist er mal verletzt, findet er sehr schnell seine Topform wieder. Läuft es mal nicht für den Torjäger, was vorkommt, setzt er mit Konzentration alles auf das nächste Spiel. Und das ist dann zumeist in der Bundesliga, denn die ganz großen Leistungen in der Nationalmannschaft ist Gomez bislang noch schuldig geblieben. Manchmal glücklos, viel zu häufig torlos – bei Bundestrainer Joachim Löw hat Gomez noch deutlich Luft nach oben. Er wird dranbleiben, denn dass er es auch in den anderen Wettbewerben kann, hat er in den vergangenen Monaten nachgewiesen: sechs Tore im UEFA-Cup, drei weitere im DFB-Pokal. Zumeist mit entsprechender Jubelgeste, die auch die Fans lieben.

Strahlender Mario Gomez nach einem seiner 24 Tore in der Bundesliga-Saison.

KÖPFE

BUNDES LIGA

Der Reformer

Es sollte ein neuer Zeitabschnitt werden. Eben eine neue Ära. Die erfolgreich wird, alle begeistert, dem Selbstverständnis des Clubs entspricht und die Handschrift des neuen Trainers Jürgen Klinsmann trägt. Soweit das Vorhaben, das letztlich aber nicht einmal eine ganze Spielzeit lang hielt.

Statt einer langfristigen Zusammenarbeit frühe Trennung des FC Bayern von Jürgen Klinsmann.

Nach dem 29. Spieltag entschieden sich die Verantwortlichen des FC Bayern München für die vorzeitige Trennung von Klinsmann. Dies galt auch für die Assistenztrainer Martin Vasquez und Nick Theslof. In der Allianz Arena hatte der Deutsche Meister von 2008 zuvor 0:1 gegen den FC Schalke 04 verloren. Wieder einmal stimmte das Ergebnis nicht. Zu oft erlitten die Bayern beim Angriff auf die Tabellenspitze Rückschläge. Der Vorstand mit Karl-Heinz Rummenigge, Uli Hoeneß und Karl Hopfner sah deshalb die Mindestziele für die Saison gefährdet, und hatte sich deshalb zu diesem Schritt entschlossen.

Ein Mindestziel hieß Qualifikation für die Champions League. Rang zwei sollte es wenigstens sein für den FC Bayern, der über die gesamte Saison hinweg kein einziges Mal Tabellenführer war. Schon dieser Fakt stand im krassen Gegensatz zum Vorjahr, als der „Double"-Gewinner an allen 34 Spieltagen die Spitzenposition innehatte.

Jürgen Klinsmann, der mit dem FC Bayern in der Champions League im Viertelfinale am übermächtigen FC Barcelona scheiterte, erlebte auf der Bank aber auch große Spiele – zumeist allerdings auf internationaler Bühne. So waren das 5:0 beziehungsweise das 7:1 gegen Sporting Lissabon im Achtelfinale ausgewiesene Höhepunkte, ebenso der 3:2-Auswärtssieg bei Olympique Lyon.

Allein in der Liga stotterte zu häufig der Motor: 2:5 gegen Werder Bremen, 3:3 gegen den VfL Bochum 1848, 1:2 gegen den 1. FC Köln, 1:5 beim VfL Wolfsburg. Diese Ergebnisse verunsicherten das Team und lösten natürlich stets große mediale Diskussionen rund um die Säbener Straße aus. Die Kritik fokussierte sich zumeist nur auf Jürgen Klinsmann. So ausgeprägt wie selten zuvor in der Bundesliga-Geschichte wurde das Wohl und Wehe eines Clubs an der Person des Trainers festgemacht. Jürgen Klinsmann verließ schließlich am 27. April 2009 den FC Bayern München.

Sein Nachfolger für fünf Spiele wurde der ehemalige Meistermacher Jupp Heynckes, assistiert von Hermann Gerland. 13 Punkte holte Heynckes mit der Mannschaft in den verbleibenden fünf Spielen. Gut genug, um den zweiten Platz zu sichern – allerdings nicht gut genug, um doch noch Meister zu werden. Das Unternehmen „22. Deutsche Meisterschaft" gehen die Bayern in der kommenden Saison mit Louis van Gaal an.

Der 90-Minuten-Trainer

Der Titel hat was. Für sein Buch ohnehin, aber auch für sein Engagement beim DSC Arminia Bielefeld. „Meine zwei Halbzeiten" heißt die Biografie von Jörg Berger, die im Frühjahr erschienen und seitdem ein Verkaufsschlager ist. Schildert sie doch eindrucksvoll seine Erinnerungen an „ein Leben in Ost und West". Der erfolgreiche Trainer, vor dreißig Jahren aus der DDR in den Westen geflüchtet, berichtet anschaulich und emotional über seine Beweggründe und Erfahrungen sowie seine Erfolge im Profifußball.

Nur zu gerne hätte Jörg Berger auch in Bielefeld ein Erfolgskapitel geschrieben. Vor dem 34. Spieltag verpflichtet ihn der Club aus Ostwestfalen, der vom Abstieg bedroht ist und sich zuvor von seinem Coach Michael Frontzeck getrennt hat. Berger hat nur dieses eine Spiel, eben zwei Halbzeiten, um mindestens die Relegation zu erreichen. Am Ende reicht es für Bielefeld und Berger nicht ganz. „Es wäre einfach fantastisch gewesen, noch einmal erfolgreich zu sein", sagt Berger nach dem Spiel. Die Arminia spielt nur 2:2 gegen Hannover 96, der FC Energie Cottbus und auch der Karlsruher SC ziehen noch vorbei.

Statt als Premiere-Experte für ein Spiel wieder auf der Trainerbank: Jörg Berger.

Der Kämpfer

Hellwacher Blick nach Übernahme der Rolle als Teamchef beim VfB Stuttgart: Markus Babbel, Nachfolger von Armin Veh.

Dass er ein Kämpfer ist, wird niemand bestreiten. Niemand, der die Geschichte von Markus Babbel kennt. Als junges Talent schafft er aus dem eigenen Nachwuchs den Sprung in das Bundesliga-Team des FC Bayern, entwickelt sich beim Hamburger SV weiter und kehrt nach München zurück. Er wird ein erfolgreicher Profi, gewinnt vier Mal die Deutsche Meisterschaft, drei Mal den Ligapokal, zwei Mal den DFB-Pokal, mit der Nationalmannschaft den EM-Titel.

Im November 2001 dann der Rückschlag für den Bayern aus Gilching: Die Ärzte diagnostizieren bei ihm eine lebensbedrohliche Nervenkrankheit. Er hatte gerade das Pfeiffersche Drüsenfieber auskuriert, da stoppt das Guillain-Barré-Syndrom die Karriere des Abwehrspielers, damals beim FC Liverpool unter Vertrag. Babbel wird wieder gesund, kämpft sich zurück, um 2007 mit dem VfB Stuttgart die Meisterschale zu gewinnen.

In dieser Saison schließlich wird er Nachfolger von Armin Veh, am 23. November wird der Co-Trainer zum Teamchef befördert. Noch fehlt die notwendige Lizenz als Fußballlehrer, für den kommenden Lehrgang in Köln ist er aber bereits angemeldet. Beeindruckend war, wie sich Babbel mit dem VfB zurück nach oben kämpfte. Am Ende ist es Rang drei, zwischendrin träumten die Schwaben sogar wieder vom Titel. Dabei war „der Kämpfer" mit einem ganz einfachen Ziel angetreten: „Der VfB stand immer für Offensivfußball. Dahin wollen wir wieder kommen." Das ist ihm mit seiner Mannschaft eindrucksvoll gelungen.

BUNDES LIGA

Servus, „Poldi"

Der Abschied fiel würdig aus. Und vielleicht ein bisschen spektakulärer als es Lukas Podolski selbst erwartet hatte. In der Allianz Arena erhoben sich wenige Augenblicke vor dem Abpfiff des letzten Saisonspiels des FC Bayern gegen den VfB Stuttgart die Fans von ihren Sitzen und applaudierten. Zum letzten Mal trug Podolski das Bayern-Trikot, zum letzten Mal wurde er ausgewechselt – und fast schien es, als würden ihn die Ovationen überwältigen. Gute Wünsche über das Mikrofon von Stadionsprecher Stefan Lehmann begleiteten die herzliche Umarmung von Manager Uli Hoeneß für den Nationalspieler nach drei Spielzeiten beim deutschen Rekordmeister. Ab Sommer steht „Poldi" wieder beim 1. FC Köln unter Vertrag. Eben dort, wo sein kometenhafter Aufstieg begann.

„Ich halte Lukas für einen charakterlich einwandfreien Spieler", hatte Uli Hoeneß schon zuvor erklärt, nachdem der FC Bayern ihm die vorzeitige Freigabe für einen Wechsel zurück nach Köln erteilt hatte. „Deswegen sind wir auch seinem Wunsch nachgekommen, nach Köln zurückzukehren." Podolskis Arbeitsnachweis seit 2006 in München stellte unter dem Strich den Profi und seinen Arbeitgeber dennoch nicht zufrieden: 71 Bundesliga-Spiele, 15 Tore. Alle Experten sind sich sicher, dass der 24-Jährige mehr kann. Er wird den Beweis nur zu gerne in der alten Heimat antreten wollen.

Manager Uli Hoeneß nimmt Lukas Podolski nach dessen letztem Einsatz im Bayern-Trikot in Empfang.

Comeback von Jaissle

In der Hinrunde war er eine der Defensiv-Stützen beim Aufsteiger 1899 Hoffenheim: Matthias Jaissle. Der 20-jährige Innenverteidiger zeigte überragende Leistungen und musste im März einen schweren Rückschlag in seiner noch jungen Karriere verkraften. Jaissle erlitt einen Kreuzbandriss und konnte nach seiner Operation von Cheftrainer Ralf Rangnick bis Saisonende nicht mehr eingesetzt werden. Für strahlende Gesichter sorgte der Youngster bei seinen Fans dennoch.

Am 16. Mai überreichte Jaissle den Pokal für den ersten Deutschen Match Attax Meister an Sebastian Baré. Der 16-Jährige gewann vor dem Bundesliga-Spiel 1899 Hoffenheim gegen den FC Bayern München das „Match-Attax-Finale" von Topps. Seit dem vergangenen Jahr ist Topps neuer DFL-Lizenznehmer für Bundesliga-Sticker und Trading Cards. Zu Beginn der Rückrunde im Januar wurden die Match Attax Sammelkarten mit dazu gehörendem Spiel auf den deutschen Markt gebracht. Match Attax ist das weltweit meistverkaufte Trading Card Spiel und verbindet die Leidenschaft für das Sammeln, Tauschen und Spielen.

Das Comeback

Dass er noch einmal in die Bundesliga zurückkehren würde, war lange Zeit offen. Doch dann einigte sich Jens Lehmann (39) im vergangenen Sommer nach der EURO 2008 mit dem VfB Stuttgart auf einen Vertrag über eine Saison. Und der erfahrene Keeper, zuletzt fünf Jahre beim FC Arsenal in der englischen Premier League zu Hause, war sicherlich ein wichtiger Teil des Erfolgs, den die Schwaben vor allem in der zweiten Saisonhälfte einheimsten. Seine professionelle Einstellung beeindruckt, herausgestellt wird von den Verantwortlichen vor allem auch, wie bedeutend der Routinier als Leitfigur für die jungen Spieler im Team ist. Dass sich der Verein für Bewegungsspiele (VfB) für die nächste Spielzeit die Chance erarbeitete, in der Champions League mitzumischen, ist für den unverändert sehr ehrgeizigen früheren Nationaltorhüter eine Bestätigung dafür, dass er sein Engagement in Stuttgart noch um ein weiteres Jahr bis 2010 verlängert hat.

Nach seiner Rückkehr in die Bundesliga ein Leistungsträger beim VfB Stuttgart: der frühere Nationaltorhüter Jens Lehmann.

Der Abschied

Seit 1991 hat Michael Tarnat (39) in der Bundesliga gespielt, viel erlebt auf den Stationen beim MSV Duisburg, beim Karlsruher SC, beim FC Bayern München, in England bei Manchester City und zuletzt bei Hannover 96. Einige Male hatte „Tanne" die Absicht, seine erfolgreiche Laufbahn zu beenden, noch einmal überdacht und weitergemacht. Nun geht seine Karriere zu Ende, und es fehlt wahrlich nicht an Erfolgen: 19 Länderspiele mit WM-Teilnahme 1998 in Frankreich, Weltpokalsieger 2001, Champions-League-Sieger 2001, Deutscher Meister 1999, 2000, 2001 und 2003, DFB-Pokalsieger 1998, 2000 und 2003.

Im Gedächtnis bleiben wird beim Namen Tarnat vor allem die Urgewalt seiner Schusskraft im linken Fuß. Und dadurch, dass er als Feldspieler in einem Bundesliga-Spiel auch im Tor stand. Nachdem die beiden eigentlichen Keeper, Oliver Kahn und Bernd Dreher, in Frankfurt gegen die Eintracht in der Saison 1999/2000 Verletzungen erlitten hatten, musste Tarnat zwischen die Pfosten und rettete dem FC Bayern kurz vor Schluss sogar den 2:1-Erfolg.

In seiner letzten Bundesliga-Saison im Zweikampf mit Roberto Hilbert (links) vom VfB Stuttgart: Michael Tarnat, Ex-Nationalspieler von Hannover 96.

Der Senior

Nicht Jens Lehmann oder Michael Tarnat waren in der vergangenen Saison die ältesten Profis der Bundesliga. Denn während die beiden früheren Nationalspieler diese runde Zahl erst im Herbst erreichen, feierte Tomislav Piplica vom FC Energie Cottbus seinen 40. Geburtstag schon am 5. April 2009. Zwar rückte der aus dem jetzigen Bosnien-Herzegowina stammende Keeper durch die Rolle der Nummer eins für Gerhard Tremmel ein wenig in den Hintergrund. Doch der Mann mit Mähne und Stirnband als Markenzeichen genießt in der Lausitz, wo er seit inzwischen mehr als einem Jahrzehnt zu Hause ist und 117 Bundesliga-Einsätze bestritt, unverändert Kultstatus.

Hinter Piplica liegt eine bewegte Vergangenheit: Einerseits durch die Kriegswirren in den Neunzigerjahren im ehemaligen Jugoslawien, für das er andererseits 1987 einen großartigen Erfolg gefeiert hatte. Zusammen mit späteren Weltstars wie Zvonimir Boban, Robert Prosinecki oder Davor Suker wurde „Pipi" in Chile U20-Weltmeister, auch wenn er beim Finale gegen die deutsche Mannschaft um Andreas Möller nur auf der Ersatzbank saß.

Nicht mehr Nummer eins, aber weiter Kult: Tomislav Piplica vom FC Energie Cottbus.

Das Vorbild

Den Zuschauern vor dem Fernseher stockte an jenem Freitagabend im September 2008 ebenso der Atem wie den Fans im Karlsruher Wildparkstadion. Kapitän Ümit Özal (32) vom 1. FC Köln sackte in sich zusammen und blieb regungslos auf dem Rasen liegen. Durch das rasche Eingreifen der Ärzte, Betreuer und Sanitäter war der türkische Nationalspieler schon recht bald wieder bei Bewusstsein. Zunächst wurde vermutet, Flüssigkeitsmangel habe zu der bedrohlichen Situation geführt. Noch am selben Wochenende konnte der FC-Kapitän die Karlsruher Klinik wieder verlassen, freilich nur, um genauere Untersuchungen folgen zu lassen. Und der Befund war wesentlich gravierender, denn bei Ümit Özat wurde eine Herzmuskelentzündung diagnostiziert. Monatelang hoffte der vorbildliche Profi dennoch auf eine Fortsetzung seiner Karriere. Doch schlussendlich rieten die Mediziner von der Rückkehr zum Hochleistungssport ab. Ümit Özat musste schweren Herzens seinen Rücktritt bekannt geben.

So wird Kapitän Ümit Özat den Kölner Fans als Fußballer in der Erinnerung bleiben: als Abwehrspieler mit offensiven Qualitäten.

Das Aushängeschild

Ein wehmütiger Moment für Willy Sagnol, der vom FC Bayern München zum Saisonende vor dem Spiel gegen den VfB Stuttgart verabschiedet wurde.

Anhaltende Achillessehnenprobleme haben Willy Sagnol (31) zur Beendigung seiner aktiven Laufbahn gezwungen. Der Franzose hatte in seiner Geburtsstadt bei AS St. Etienne und beim AS Monaco gespielt, bevor er zur Saison 2000/01 zum FC Bayern kam. In München, wo er eigentlich noch einen Vertrag bis 2010 besaß, gewann Sagnol den Weltpokal, die Champions League, fünf Mal die Deutsche Meisterschaft und vier Mal den DFB-Pokal. Bei der WM 2006 in Deutschland unterlag er mit seinem Team erst im Finale gegen Italien.

„Jetzt ist einfach Schluss", sagte Sagnol bei der Verkündung seines schweren Entschlusses im Februar 2009. „Wegen der Schmerzen ist es mir nicht mehr möglich, Fußball zu spielen. Das muss ich akzeptieren. Aber mein Herz bleibt hier." Eine Odyssee durch Arztpraxen in ganz Europa hatten nicht für die erhoffte Besserung gesorgt. „Er war einer der besten Transfers, die wir je gemacht haben", erklärte Bayern-Manager Uli Hoeneß. „Er war immer ein perfekter Profi, ein Vorbild für die jungen Spieler, ein Aushängeschild in ganz Europa." Hoeneß wie Sagnol selbst werden das langgezogene „Willyyyyy" vermissen, mit dem die Fans vor allem in der Allianz Arena den Rechtsverteidiger bei seinen Aktionen anfeuerten.

Der Umsteiger

Vier Tage vor dem DFB-Pokalfinale gegen Bayer 04 Leverkusen hat Frank Baumann (33) am 26. Mai 2009 im Rahmen einer Pressekonferenz das Ende seiner erfolgreichen Laufbahn bekannt gegeben. Der frühere Nationalspieler, 2002 mit dem DFB-Team Vizeweltmeister in Japan und Südkorea, wird ab Anfang 2010 seine Arbeit als Assistent des Geschäftsführers Profifußball, Klaus Allofs, aufnehmen. Baumann hat einen entsprechenden Vertrag mit einer Laufzeit bis zum 30. Juni 2012 unterschrieben.

„Ich habe mir diese Entscheidung nicht leichtgemacht, sie ist in den vergangenen Monaten gereift", sagte der Abwehr- und Mittelfeldspieler, der vor zehn Jahren vom 1. FC Nürnberg an die Weser gewechselt und dort neun Jahre lang Kapitän war. „Ich danke Werder Bremen und allen Fans für die jahrelange Unterstützung", so Baumann weiter. „Ich habe hier ein Umfeld vorgefunden, mit dem wir einiges erreichen konnten und Titel geholt haben." Mit den Bremern gewann er 2004 das „Double" aus Deutscher Meisterschaft und DFB-Pokal, in diesem Jahr stand er mit seinem Team in dem gegen Schachtjor Donezk in Istanbul verlorenen UEFA-Cup-Endspiel und im DFB-Pokalfinale gegen Bayer 04. Zum Abschied gab es für ihn den „Pott".

Den Wechsel in einen anderen Bereich des Fußball sieht Baumann „als eine große Chance und einen wichtigen Schritt ins Berufsleben nach meiner Zeit als Spieler", und er ergänzte: „Wir haben vereinbart, dass ich einen Einblick in den Arbeitsbereich von Klaus Allofs bekomme und auch meine Erfahrungen dort einbringen kann, um ihn zu unterstützen. Die sechsmonatige Pause zuvor möchte ich nutzen, um Abstand zum Bundesliga-Alltag als Spieler zu bekommen und zur Mannschaft etwas Distanz aufzubauen, die mir in meiner neuen Funktion helfen wird. Außerdem werde ich die Zeit nutzen, um mich auf diese neue Aufgabe vorzubereiten."

Neun Jahre Kapitän in Bremen und auch nach dem Karriereende bei Werder aktiv: Frank Baumann.

Wegweisendes Jahr für den Profifußball

Die Saison 2008/09 bot bis zum Abschluss ein faszinierendes sportliches Spektakel. Und auch mit Blick auf die Liga-Organisation fällt das Fazit positiv aus. Das Jahr der DFL war von vielen Erfolgen geprägt. Ein Meilenstein war der Abschluss des neuen Fernsehvertrags am 28. November 2008.

Trotz der weltweiten Finanz- und Wirtschaftskrise schaffte es die DFL, einen neuen TV-Vertrag zur audiovisuellen Verwertung der Bundesliga-Spiele mit leicht erhöhten Einnahmen abzuschließen. „Optimaler Abschluss in schwierigen Zeiten" – so kommentierte der Sport-Informations-Dienst (SID) das Ergebnis der Ausschreibung der nationalen Medienrechte: „Dieses Ergebnis verdient Respekt. Nachdem das Kartellamt der DFL den einfachen Weg faktisch untersagt hatte, musste sie den Kärnerweg gehen und Stück für Stück verhandeln. Sie hat die Aufgabe bravourös gelöst." Lob kam auch aus vielen Zeitungsredaktionen wie unter anderem der „Welt": „Der Erhalt des Status quo wird heutzutage ja gern zum Rückschritt verschrien, der neue, bis Sommer 2013 laufende Fernsehvertrag der DFL ist jedoch positiv zu bewerten. Das Beste aus der Situation gemacht zu haben, ist den Verhandlungsführern getrost zu attestieren."

Nach dem Beginn der Ausschreibung am 31. Oktober wurde in Rekordzeit ein Abschluss (für vier statt wie bisher für drei Spielzeiten) ausgehandelt und ein Gesamterlös von 1,65 Milliarden Euro erzielt. 20 Bieter hatten sich um insgesamt 39 Pakete beworben. „Ein vorzeigbares Ergebnis", befand Ligapräsident Dr.

Der neue Fernsehvertrag, den DFL-Chef Christian Seifert (Foto links) mit seinem Team verhandelt hatte, ist ein „optimaler Abschluss" in wirtschaftlich schwierigen Zeiten. Für die Proficlubs bildet er in den kommenden vier Jahren die Basis ihrer Einnahmen.

Mit Spannung erwartet: Die Vergabe der Medienrechte wird während einer Pressekonferenz Ende November 2008 in Frankfurt verkündet.

Reinhard Rauball. „Unter den gegebenen Umständen halte ich die erzielten Ergebnisse der DFL-Geschäftsführung für ausgezeichnet", erklärte Karl-Heinz Rummenigge, der Vorstandsvorsitzende der Bayern München AG. Insgesamt beträgt der Durchschnitt über vier Jahre 412,5 Millionen Euro und liegt damit pro Saison um sieben Millionen höher als in der ausgelaufenen Spielzeit.

Für die Zuschauer im TV, IPTV und Web-TV wird es ab August 2009 nur wenige Veränderungen am Fernseh-Wochenende geben. Die Liga hatte sich schließlich für bewährte Medienpartner entschieden. Mit Premiere, der ARD, der Deutschen Telekom, dem ZDF und dem DSF bleibt es bei der Zusammenarbeit mit „alten Bekannten". Markanteste Neuerung ist das Bundesliga-Spiel um 18.30 Uhr am Samstag.

Herausragend ist das wirtschaftliche Ergebnis des deutschen Profifußballs, das die DFL-Geschäftsführung mit ihrem Vorsitzenden Christian Seifert sowie Holger Hieronymus, Tom Bender und Christian Müller im März mit dem Bundesliga Report 2009 präsentierte. Die 36 Clubs der Bundesliga und der 2. Bundesliga erlösten in der Saison 2007/08 einen Rekordertrag in Höhe von 1,93 Mrd. Euro und damit ein Plus von 10,7 Prozent gegenüber dem Vorjahreszeitraum (1,75 Mrd. Euro). Dabei erwirtschaftete die Bundesliga 81 Prozent des Umsatzes und die 2. Bundesliga 19 Prozent.

Insgesamt erreichte der Profifußball mit 24,7 Mio. Euro ein deutlich positives Ergebnis nach Steuern. Beim Eigenkapital gelang eine erneute Steigerung von 16,7 Prozent auf 505,3 Mio. Euro (Vorjahr: 433,1 Mio. Euro). Die Eigenkapitalquote der 18 Bundesliga-Clubs lag bei 34,2 Prozent, die der Zweitligisten bei knapp 25 Prozent. Der Profifußball bietet 37.684 Menschen in Deutschland Arbeit (Vorjahr: 34.805; das bedeutet ein Plus von 8,2 Prozent) und beschert dem Staat Einnahmen

aus Steuern und Abgaben in Höhe von 665,6 Mio. Euro.

Die Marke Bundesliga kann erneut bei allen bedeutenden Imagewerten punkten: So liegt die Markenbekanntheit bei 99 Prozent, und als Wettbewerb zieht die Bundesliga mit 94 Prozent auch weiterhin das größte Interesse unter den Fußballinteressierten auf sich (im Vergleich: DFB-Pokal 77 Prozent, Champions League 76 Prozent).

Neben dem TV-Vertrag und den Kennzahlen im Bundesliga Report konnte die DFL einige weitere Erfolge im Bereich des Lizenzvertriebs ausweisen. Das augenfälligste Beispiel ist die Vergabe des offiziellen Spielballs der Bundesliga und 2. Bundesliga an adidas ab 2010. Das von dem Sportartikelhersteller aus Herzogenaurach erworbene Rechtepaket umfasst neben der Bereitstellung des Spielgeräts auch die Möglichkeit zur Produktion bestimmter Lizenzprodukte sowie die

Quelle: Bundesliga Report 2009

Die wirtschaftliche Leistungsfähigkeit der Clubs ist beeindruckend: zum Beispiel der Abbau der Verbindlichkeiten in der Bundesliga (Grafik oben rechts).

Erneut konnte die DFL-Geschäftsführung im Bundesliga Report 2009 imponierende Zahlen und Daten für den Profifußball präsentieren: Christian Seifert (Zweiter von links), Vorsitzender der DFL-Geschäftsführung, mit seinen Kollegen Tom Bender, Christian Müller und Holger Hieronymus (von links).

werbliche Einbindung auf den Plattformen der Liga. Durchgeführt wurde das Bieterverfahren, an dem insgesamt neun Unternehmen teilnahmen, von der im September 2008 gegründeten DFL-Tochter DFL Sports Enterprises mit ihren Geschäftsführern Dr. Robert Niemann (Vorsitzender) und Jörg Daubitzer. Sie hob auch die internationale Vermarktung der Bundesliga-Rechte ab der neuen Saison auf ein höheres Niveau. Die Einnahmen aus dem weltweiten Geschäft haben sich im Vergleich zur Saison 2005/2006 mittlerweile verdreifacht.

Die DFL-Tochter SPORTCAST GmbH produziert die TV-Bilder aller Spiele in der Bundesliga und in der 2. Bundesliga: immer live dabei, wenn die Stars in Aktion treten.

DFL Sports Enterprises ist ein gutes Beispiel dafür, dass die DFL mit ihren Tochter-Unternehmen in vielen Bereichen für die Herausforderungen der Zukunft gut aufgestellt ist. Neben der DFL Sports Enterprises ist hier die in Köln beheimatete SPORTCAST GmbH mit Geschäftsführer Josef Nehl an der Spitze zu nennen. Das TV-Produktionsunternehmen ist verantwortlich für die Erstellung der Fernsehbilder von allen 612 Spielen der Bundesliga und 2. Bundesliga. Darüber hinaus nimmt der Reise- und Eventdienstleister Liga Travel, mit seinen Geschäftsführern Götz Bender und Wolfgang Wirthmann in verantwortlicher Position, eine erfreuliche Entwicklung. 28 Clubs der Bundesliga und 2. Bundesliga zählten 2008/09 zum Kundenstamm.

Ein wesentlicher Schritt für die Liga ist zudem der neue Grundlagenvertrag mit dem DFB. Dieser tritt am 1. Juli 2009 in Kraft und regelt das Zusammenspiel beider Säulen im Profifußball. „Die Partnerschaft auf Augenhöhe" kann erfolgreich fortgesetzt werden.

Die Liga zeigt Flagge

Mit Gründung der Bundesliga-Stiftung bekennt sich der Profifußball zu seiner gesellschaftlichen Verantwortung. Die neue Einrichtung engagiert sich auf vier Feldern: Neben den Spitzenathleten anderer Sportarten fördert sie Kinder, unterstützt Menschen mit Behinderungen und setzt sich für Integration und gegen Rassismus ein.

Gelungenes Zusammenspiel zwischen Spitzenathleten und Bundesliga-Profis für die viel beachtete Aktion „Sportler für Sportler“: Britta Heidemann und Bernd Schneider (links), Lena Schöneborn mit Felix Magath (oben) sowie Matthias Steiner mit Diego Benaglio und Clemens Fritz.

Samstag, 7. Februar 2009. Über 345.000 Stadionbesucher und 9 Millionen TV-Zuschauer erleben am 19. Bundesliga-Spieltag Begegnungen der besonderen Art: Begegnungen, die nicht den Wettbewerb, sondern die Verbundenheit zwischen Sportlern betonen. Spitzenathleten der Stiftung Deutsche Sporthilfe tragen an diesem Tag in den Stadien den Spielball zum Anstoß und begrüßen die Kapitäne der Bundesliga-Clubs. Die Aktion versinnbildlicht die Kernbotschaft der Initiative „Sportler für Sportler“, die auch mit Hilfe von zahlreichen TV-Spots einer großen Öffentlichkeit bekannt wurde. Die Aktion versinnbildlicht aber auch den Daseinszweck der Anfang 2009 gegründeten Bundesliga-Stiftung, die diese Initiative in Zukunft engagiert mit Leben füllen wird.

Dabei möchte die Liga vor allem die hohe Popularität des Profifußballs zum Wohle anderer nutzen. Das beginnt mit dem Projekt „Sportler für Sportler“, endet dort aber noch lange nicht. Die von der DFL und Ligaverband gegründete Stiftung setzt sich außer für die Athleten anderer Disziplinen auch für Kinder, für Menschen mit Behinderung und für die Integration von Migranten beziehungsweise gegen Rassismus ein.

An der Spitze der Stiftung steht der Vorstand, zu dessen Vorsitzenden der DFL-Geschäftsführer Tom Bender berufen wurde. Sein Stellvertreter ist DFL-Aufsichtsrat Roland Kentsch, weitere Mitglieder des Vorstandes sind Christian Müller (DFL-Geschäfts-

Führungscrew der neu gegründeten Bundesliga-Stiftung mit Tom Bender, Vorstandsvorsitzender, und Dr. Reinhard Rauball, Vorsitzender des Stiftungsrates (vordere Reihe von links) sowie den Vorstandsmitgliedern Christian Müller und Kurt Gaugler, gleichzeitig Geschäftsführer der Stiftung, und Christian Seifert (stellvertretender Vorsitzender des Stiftungsrates), Harald Strutz (Stiftungsrat), Dr. Anna-Lisa Schwarz (stellvertretende Geschäftsführerin), Peter Peters und Roland Kentsch (jeweils Stiftungsrat). Im Porträt: Dr. Theo Zwanziger (Stiftungsrat).

führer) und Kurt Gaugler, der gleichzeitig auch Geschäftsführer der Stiftung ist. Unterstützt wird das Gremium vom Stiftungsrat, dem angehören: Ligapräsident Dr. Reinhard Rauball als Vorsitzender, Christian Seifert (Vorsitzender der DFL-Geschäftsführung) als stellvertretender Vorsitzender sowie Peter Peters, Harald Strutz (jeweils Vizepräsidenten des Ligaverbandes) und DFB-Präsident Dr. Theo Zwanziger.

Die Umsetzung dieser Idee, gesellschaftliche Verantwortung zu übernehmen, gewährleisten Stiftungs-Geschäftsführer Kurt Gaugler, Ex-Manager von Wacker Burghausen, und seine Stellvertreterin Dr. Anna-Lisa Schwarz.

Dass der deutsche Profifußball über den Spielfeldrand hinausschaut, ist zunächst nichts Neues – die Clubs der Bundesliga und der 2. Bundesliga engagieren sich schon seit geraumer Zeit für die Gesellschaft, auf verschiedenen Feldern und auf verschiedene Weisen. Freilich beschränken sie ihre Aktivitäten in der Regel auf die jeweilige lokale bis regionale Umgebung. Die Bundesliga-Stiftung indes versteht sich als national – und in Einzelfällen international – tätige Fördereinrichtung, die diese Aktivitäten unterstützt und ergänzt. In diesem Sinne vertritt die Stiftung nicht allein die Liga als Gesamtes, sondern auch die am Spielbetrieb beteiligten Vereine und Kapitalgesellschaften.

Die neue Einrichtung behält sich die Entwicklung eigener Aktionen vor, sucht aber vor allem die Zusammenarbeit mit anderen Organisationen und Projekten. Die Größe der potenziellen Partner ist dabei laut Stiftungs-Geschäftsführer Kurt Gaugler ebenso nebensächlich wie die Frage, ob diese einen Bezug zum Fußball haben oder nicht. Vielmehr kommt es darauf an, dass der Einsatz einer der vier genannten Gruppen zugutekommt – und zwar langfristig, wie Gaugler betont: „Die Bundesliga-Stiftung hat sich zum Ziel gesetzt, Werte zu vermitteln und durch die Platzierung wichtiger Themen nachhaltige Veränderungen in der Gesellschaft zu erreichen." Zum Teil kann seine Organisation auf Vorleistungen der Liga aufbauen. Das gilt für das Projekt „Sportler für Sportler", aber beispielsweise auch für die Integration von Menschen mit Behinderungen. Gibt die DFL bereits seit 2006 einen jährlichen Bundesliga-Reiseführer für Fans mit Handicap heraus, hält die Stiftung nach Projekten Ausschau, die Behinderten

den Zugang zum Sport insgesamt erleichtern. Beim Thema Integration und Antidiskriminierung wiederum setzt die Stiftung einen seit Jahren von Liga und Clubs geführten, intensiven Kampf fort.

Die Homepage für den Fan

Ein kurzer Blick auf die aktuelle Torschützen-Liste, ausführlich im Historienteil schmökern oder sich das Tor des Spieltags anschauen: Bei www.bundesliga.de, dem offiziellen Internet-Portal der Bundesliga, findet der Fan alles, was er braucht – zuverlässig und schnell.

Das aktuelle, umfangreiche Angebot von bundesliga.de auf einen Blick: kompakt und userfreundlich.

Die Mediathek wird mit informativen Berichten und Interviews ständig erweitert.

Diese Plattform bietet nicht nur brandaktuelle Interviews, Hintergrundberichte und Reportagen aus der Bundesliga-Welt, sondern auch ein Multimedia-Angebot, das seinesgleichen sucht. Zu den Bewegtbild-Highlights zählt eine ausführliche Nachbereitung der Spieltage. Bundesliga-Größen von einst und heute stellen zudem in der neuen Mediathek Woche für Woche ihre schönsten und bedeutendsten Treffer vor. Auch ein Blick hinter die Kulissen oder in die Vergangenheit der Bundesliga kommt in der Videowelt nie zu kurz.

Zum Hinhören gibt es mehrmals täglich aktualisierte Audio-News bei bundesliga.de. Und: Schon kurz nach den Spielen sind O-Töne der Stars aus den Stadien abrufbar.

Als besonderen Höhepunkt präsentiert bundesliga.de nach jedem Wochenende die „Tore des Spieltags". Da Interaktivität bei bundesliga.de ein wesentlicher Bestandteil ist, haben alle User nicht nur die Möglichkeit, die Tore noch einmal zu genießen, sondern in einer Wahl das „Tor des Spieltags" auch selbst zu bestimmen. Doch nicht nur das: Auch der „Spieler des Spieltags" und die „Elf des Spieltags" stehen bei bundesliga.de zur Wahl. Und immer entscheiden die User über die Gewinner.

Gewinnen kann der Fan aber auch selbst – beim Offiziellen Tippspiel sowie beim Offiziellen Bundesliga Manager. Team aufstellen, die richtige Taktik wählen, das ideale Training austüfteln – und rein ins Spielgeschehen! Seien Sie Augenzeuge, wenn Ihre Stars mit künstlicher Intelligenz um die Meistertrophäe spielen. Über 120.000 angemeldete Manager können nicht irren!

Seit kurzem neu online: der Historienbereich. Alle Spielzeiten im Rückblick, die spannendsten Titelrennen, die größten Namen des Bundesliga-Fußballs, die Geschichte aller 50 Clubs, die jemals in der Bundesliga gespielt haben – hier kann man noch einmal alles nachlesen.

Im großen Historienteil finden sich alle Daten und Fakten zu den Clubs und den Ereignissen in den bisherigen 46 Spielzeiten der Bundesliga.

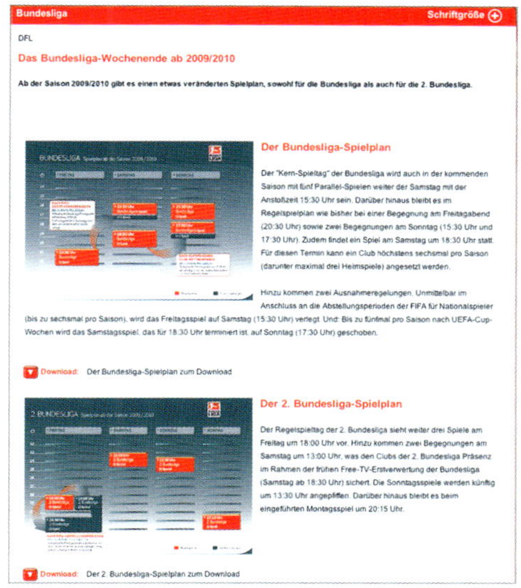

Anschauliche News mit Grafiken liefern für die Fans wertvolle Informationen aus erster Hand.

Aber das ist noch längst nicht alles! Über die Livebox tauchen die Fußballfans ins Geschehen der Bundesliga und 2. Bundesliga ein: Live-Ticker, Liga-Radio, Vor- und Spielberichte, die Bilder der Bundesliga-Begegnungen – eine zentrale Stelle, alle wichtigen Infos auf einen Blick! Im Liga-Radio wird jedes Bundesliga-Spiel 90 Minuten lang live übertragen.

Der umfassende Statistikteil macht die offizielle Bundesliga-Seite zum perfekten Nachschlagewerk für jeden Fan. Nirgendwo sonst gibt es derart detaillierte Fakten zur Bundesliga. So können etwa während der Ticker-Übertragungen umfangreiche Live-Daten abgerufen werden. Aber auch die Analyse kommt nicht zu kurz. Nach jedem Spiel gibt es eine umfassende Datenseite, auf der die unterschiedlichsten Spielinformationen mit anschaulichen Grafiken visualisiert werden können.

Beispielsweise ist eine prozentuale Darstellung der bestrittenen Zweikämpfe genauso abrufbar wie alle Latten- und Pfostentreffer des Spiels oder die genaue Passverteilung. Zwei offensive Außenverteidiger, Doppel-Sechs im Mittelfeld oder hängende Spitze – in der tatsächlichen Aufstellung sieht man, wo sich die Spieler während der Partie wirklich überwiegend aufgehalten haben. Kurzum: Wer mehr über die Bundesliga erfahren möchte, kommt an www.bundesliga.de nicht vorbei!

Nach jedem Wochenende abstimmen: Das „Tor des Spieltags" wählen die User.

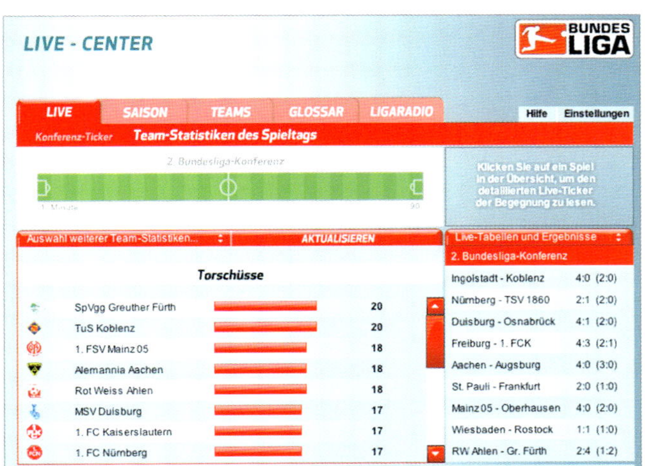

Die Team-Statistiken der einzelnen Clubs zeigen im Überblick, wer am entsprechenden Spieltag vorne liegt.

Aufschlussreiche Analysen der Bundesliga-Datenbank sind nach jedem Spiel auf www.bundesliga.de verfügbar.

Die Bilanzen der Saison

Das Nordderby zwischen dem Hamburger SV und Werder Bremen ist zweimal in der Saison der emotionale Höhepunkt für Verantwortliche, Spieler und Fans. Lesen Sie im folgenden Kapitel alles über den Verlauf der Spielzeit bei den einzelnen Clubs – mit großem Jubel und tiefer Enttäuschung.

„Eine höchst

Mit dem direkten Erreichen der UEFA Champions League fand die Saison 2008/09 für den Serienmeister auch ohne Titel noch einen versöhnlichen Abschluss.

Immerhin, Vizemeister. Kanalisiert hätte das vereinte Aufatmen beim FC Bayern nach dem letzten Saisonspiel Orkanstärke erreichen können, so froh waren sie alle über den zweiten Platz. Deshalb drückte Uli Hoeneß nach getaner Arbeit Jupp Heynckes ebenso dankbar wie zufrieden die Hand. Der Manager durchlebte in seinem letzten Jahr auf der Bank am Spielfeldrand noch einmal allen Frust und am Schluss alle Freuden. Wenigstens die direkte Zulassung zur UEFA Champions League 2009/10 war nach einer „höchst turbulenten Spielzeit", so Hoeneß-Nachfolger Christian Nerlinger, geschafft, „hochzufrieden" zeichnete Hoeneß selbst diese Bilanz ab: „Wir sind noch einmal mit einem blauen Auge davongekommen".

Es hätte auch Rang vier und der Sturz in die internationale Zweitklassigkeit der künftigen UEFA Europa League sein können. Bis zum Showdown am letzten Spieltag war alles möglich, sogar noch der totale Triumph, die Last-Minute-Meisterschaft wie 1986, 2000 oder 2001. Aber das wäre nach den 33 Etappen zuvor des Guten und des Glücks zu viel gewesen, war es dem Rekordmeister doch kein einziges Mal gelungen, sich auf Platz eins zu hieven. In der Saison zuvor hatten die Münchner einen Start-Ziel-Sieg hingelegt, 34 Mal hieß da der Spitzenreiter FC Bayern.

Damals war Ottmar Hitzfeld der verantwortliche Trainer gewesen, für ihn kam nun spektakulär Jürgen Klinsmann. Mit dem

Der Autor: **Karlheinz Wild** ist Chefreporter der Fachzeitung „Kicker-Sportmagazin" und seit vielen Jahren ein exzellenter Kenner des FC Bayern München.

turbulente Spielzeit"

Von gleich drei Spielern von 1899 Hoffenheim verfolgt: Franck Ribéry gegen Tobias Weis (links), Andreas Ibertsberger und Isaac Vorsah (von rechts).

14 Saisontore erzielt: Italiens Weltmeister Luca Toni.

vormaligen Bundestrainer sollte eine neue Ära beginnen: Viele Veränderungen wurden von ihm eingebracht und umgesetzt, um auch international wieder an große Erfolge anzuknüpfen. Das von Klinsmann inspirierte neue Leistungszentrum mit Hightech-Geräten weist in der Tat in die Zukunft, doch mit dem Transfer auf den Fußballplatz wollte es nicht so klappen. Sein Vorhaben, sein Team zu formen und insgesamt voranzubringen, konnte er nicht einlösen. Klinsmann ging offenbar davon aus, dass er mit dem „Projekt FC Bayern" und der „Entwicklung" seiner Mannschaft deutlich mehr Zeit hat.

Und so probierte er taktische Varianten aus: Die bewährte Viererkette verschmälerte er zur Drei-Mann-Abwehr, die er dann bei der 2:5-Heimniederlage gegen Werder Bremen am fünften Spieltag zur Pause wieder auf vier Spieler verbreiterte. Im Höchsttempo sollte der von ihm propagierte Fußball interpretiert werden und immer auf der Einbahnstraße schnurstracks nach vorne. „Wir haben zu viel Wert darauf gelegt, Hurrafußball zu spielen", sagt Philipp Lahm, „und hinten zu viele Kontertore bekommen."

Als der Topfavorit am siebten Spieltag sogar auf den elften Tabellenrang absank, nach einem 3:3 zu Hause gegen den VfL Bochum 1848, schwoll die interne wie externe Kritik an. Die erfahrenen Kräfte im Team mahnten mehr kollektive Defensivtreue an, ebenso die Rückkehr zur jahrzehntelangen Tradition, vor Heimspielen im Hotel und nicht, wie von Klinsmann verordnet, zu Hause zu nächtigen. So wurde manche Klinsmann-Reform bald reformiert, das frühzeitige Verschwinden der auf dem Dach und im Wellnessbereich aufgestellten Buddhas stand dafür nur als äußeres Zeichen.

Mark van Bommel:

„Jupp Heynckes hat uns korrigiert und stimuliert."

Im Herbst schien sich alles zu regeln, die Systemfrage war mit dem Rückgriff auf das frühere Hitzfeld-Modell beantwortet, der FC Bayern überstand in der Liga elf Spiele niederlagenfrei und überwinterte auf dem zweiten Platz, nur vier Tore trennten ihn vom Herbstmeister 1899 Hoffenheim. Alles wird gut, dachten sich die Verantwortlichen, und sie sahen der Rückrunde und der Titelverteidigung optimistisch entgegen. Als obendrein der VfB Stuttgart im Januar im DFB-Pokal mit 5:1 bezwungen wurde, drängte sich berechtigt die Frage auf, wer diese forschen, feinen und fitten Bayern mit ihrem so mitreißend dribbelnden Superstar Franck Ribéry fortan stoppen sollte.

Sie taten es selbst. Drei von vier Bundesliga-Spielen verloren sie zum Start in die Rückserie, allein der 5:1-Sieg gegen Hannover hielt Klinsmann im Amt, denn drei Tage zuvor war der Titelverteidiger von Bayer 04 Leverkusen aus dem DFB-Pokal mit 2:4 aus diesen Träumen gerissen worden. Weitere Rückschläge, wie sie diesem Club sonst fremd sind, folgten: beim 1:5 in Wolfsburg wie beim 0:4 im Viertelfinale der UEFA Champions League beim FC Barcelona – und dann das für Klinsmann fatale 0:1 gegen den FC Schalke 04. Die Bayern-Chefetage zog nach knapp einem Jahr die Notbremse.

Die kurze „Ära Klinsmann" wurde frühzeitig beendet. Der Vorstand des FC Bayern handelte konsequent. „Wir haben alle wichtigen Spiele verloren", begründete Hoeneß den Trainerwechsel von Klinsmann zu Jupp

Bei einer Pressekonferenz vermittelt der Vorstand des FC Bayern München – Karl-Heinz Rummenigge, Uli Hoeneß und Karl Hopfner (von links) – die Gründe für die Entscheidung, sich von Trainer Jürgen Klinsmann (Foto ganz oben) zu trennen und als Nachfolger Jupp Heynckes (Foto rechts) zurück zum deutschen Rekordmeister zu holen.

Heynckes, und bei aller Geduld für den Entwicklungsprozess einer Mannschaft sei ein Trainer „auch angestellt, um eine Mannschaft auf dem Platz so zu trainieren, dass sie Spiele gewinnt".

Heynckes erfüllte diesen Auftrag in den ihm verbleibenden fünf Spielen, in denen der FC Bayern 13 Punkte erntete. „Er hat uns deutlich gesagt, was wir machen müssen", so Kapitän Mark van Bommel. „Er hat uns korrigiert und stimuliert." Der Vorstandsvorsitzende Karl-Heinz Rummenigge sprach von der „Wende zum Positiven in taktischen Dingen, er hat die Mannschaft schnell in die Erfolgskurve zurückgeführt". Auf Platz zwei.

Bei seiner ersten Tätigkeit in München, von Juli 1987 bis Oktober 1991, hatte Heynckes den FC Bayern zwei Mal auf Platz eins und zwei Mal auf Platz zwei dirigiert und erfahren müssen, „dass früher Vizemeister gar nichts war". Die Zeiten haben sich da geändert, wegen der sportlichen und wirtschaftlichen Perspektive in der UEFA Champions League; und vor allem „nach dieser Saison", wie van Bommel einsichtig zugab: „Wir sind selbst schuld, wir haben die Meisterschaft selbst vergeigt."

Also erklärte man sich beim FC Bayern bescheiden mit dem Minimalziel zufrieden. „Wir müssen nicht in jedem Jahr Meister werden", sagte Karl-Heinz Rummenigge. „Wir möchten es zwar, aber wenn es nicht gelingt, ist es kein Beinbruch." Dann muss auch der Trostpreis reichen.

Versöhnlicher Abschluss: Die Mannschaft des FC Bayern, schon in ihrem künftigen Trikot, verabschiedet sich nach dem Saisonfinale.

ALLE SPIELE

Hinrunde										Rückrunde
1	15.08.	H	2:2	(2:1)	Hamburger SV	1:0	(1:0)	A	30.01.	18
2	23.08.	A	1:1	(1:0)	Borussia Dortmund	3:1	(1:1)	H	08.02.	19
3	31.08.	H	4:1	(1:0)	Hertha BSC Berlin	2:1	(1:0)	A	14.02.	20
4	13.09.	A	0:3	(0:0)	1. FC Köln	1:2	(0:2)	H	21.02.	21
5	20.09.	H	2:5	(0:2)	Werder Bremen	0:0		A	01.03.	22
6	27.09.	A	1:0	(1:0)	Hannover 96	5:1	(3:1)	H	07.03.	23
7	04.10.	H	3:3	(2:1)	VfL Bochum	0:3	(0:1)	A	14.03.	24
8	18.10.	A	0:1	(0:0)	Karlsruher SC	1:0	(1:0)	H	21.03.	25
9	25.10.	H	4:2	(1:2)	VfL Wolfsburg	5:1	(1:1)	A	04.04.	26
10	29.10.	A	1:2	(0:0)	Eintracht Frankfurt	4:0	(3:0)	H	11.04.	27
11	01.11.	H	3:1	(1:1)	DSC Arminia Bielefeld	0:1	(0:0)	A	18.04.	28
12	09.11.	A	1:2	(1:2)	FC Schalke 04	0:1	(0:1)	H	25.04.	29
13	15.11.	A	2:2	(0:1)	Borussia Mönchengladbach	2:1	(2:1)	H	02.05.	30
14	22.11.	H	4:1	(2:1)	FC Energie Cottbus	1:3	(1:1)	A	09.05.	31
15	29.11.	A	0:2	(0:0)	Bayer 04 Leverkusen	3:0	(0:0)	H	12.05.	32
16	05.12.	H	2:1	(0:0)	1899 Hoffenheim	2:2	(2:2)	A	16.05.	33
17	13.12.	A	2:2	(1:0)	VfB Stuttgart	2:1	(1:0)	H	23.05.	34

FC BAYERN MÜNCHEN AUF EINEN BLICK

ALLE SPIELER

Name	Vorname	Geburtsdatum	Nationalität	Position	Rücken-Nr.	Einsätze	Auswechslungen	Einwechslungen	Gelbe Karten	Gelb-Rote Karten	Rote Karten	Tore	Elfmeter	Eigentore
Altintop	Hamit	08.12.1982	TUR	M	8	11	4	6	-	-	-	2	-	-
Badstuber	Holger	13.03.1989	D	M	28	-	-	-	-	-	-	-	-	-
Borowski	Tim	02.05.1980	D	M	24	26	3	20	5	-	-	5	-	-
Breno		13.10.1989	BRA	A	33	4	-	2	-	-	-	-	-	-
Butt	Jörg	28.05.1974	D	T	22	8	-	-	-	-	-	-	-	-
Demichelis	Martin	20.12.1980	ARG	A	6	29	1	-	7	-	-	4	-	1
Donovan	Landon	04.03.1982	USA	S	13	6	-	6	-	-	-	-	-	-
Jansen	Marcell	04.11.1985	D	A	23	-	-	-	-	-	-	-	-	-
Klose	Miroslav	09.06.1978	D	S	18	26	9	3	2	-	-	10	1	-
Kraft	Thomas	22.07.1988	D	T	35	-	-	-	-	-	-	-	-	-
Kroos	Toni	04.01.1990	D	M	39	7	1	5	1	-	-	-	-	-
Lahm	Philipp	11.11.1983	D	A	21	28	2	-	3	-	-	3	-	-
Lell	Christian	29.08.1984	D	A	30	20	9	1	4	-	-	-	-	-
Lucio		08.05.1978	BRA	A	3	32	2	-	3	-	-	1	-	-
Müller	Thomas	13.09.1989	D	M	25	4	-	4	-	-	-	-	-	-
Niedermeier	Georg	26.02.1986	D	A	32	-	-	-	-	-	-	-	-	-
Oddo	Massimo	14.06.1976	ITA	A	23	18	2	5	4	-	1	-	-	-
Ottl	Andreas	01.03.1985	D	M	16	22	3	13	2	-	-	-	-	-
Podolski	Lukas	04.06.1985	D	S	11	24	9	10	1	-	-	6	3	-
Rensing	Michael	14.05.1984	D	T	1	26	-	-	3	-	-	-	-	-
Ribéry	Franck	07.04.1983	FRA	M	7	25	3	2	4	1	-	9	2	-
Sagnol	Willy	18.03.1977	FRA	A	2	-	-	-	-	-	-	-	-	-
Schweinsteiger	Bastian	01.08.1984	D	M	31	31	18	-	3	-	-	5	1	-
Sosa	José Ernesto	19.06.1985	ARG	M	20	17	5	8	2	-	-	2	-	-
Toni	Luca	26.05.1977	ITA	S	9	25	11	-	4	-	-	14	-	-
van Bommel	Mark	22.04.1977	NED	M	17	29	-	-	10	1	-	2	-	-
van Buyten	Daniel	07.02.1978	BEL	A	5	18	2	4	1	-	-	3	-	-
Yilmaz	Deniz	26.02.1988	TUR	S	27	-	-	-	-	-	-	-	-	-
Zé Roberto		06.07.1974	BRA	M	15	29	7	2	4	-	-	4	-	-

Zwei Vanille, ein Schoko,

drei Punkte

Auf dem Sprung nach 24 Toren für den VfB Stuttgart in der abgelaufenen Saison: Mario Gomez, völlig losgelöst und den Erfolg im Auge, im Hintergrund vom Bielefelder Markus Bollmann bestaunt.

Der Trainer-Novize Markus Babbel ist abergläubisch. Mit Eiscreme motiviert er sich und führt den VfB von Platz 11 auf Platz 3. Das Saisonziel wurde durch eine starke Rückrunde noch übertroffen. Auch dank der 24 Tore von Mario Gomez.

Die Erfolgsformel von Markus Babbel klingt nicht nur süß, sie schmeckt auch so.

„Ich nehme immer drei Kugeln Eis für drei Punkte", sagt der 36 Jahre alte Teamchef des VfB Stuttgart. Angesichts dieser Vorlieben kann Babbel froh sein, nicht jeden Tag ein Spiel zu haben. Der Europameister von 1996 und Heavy-Metal-Fan wäre kaum so schlank. Aber wie viele Spieler pflegt Babbel seinen Aberglauben. „Man macht verrückte Dinge, um seinen Aberglauben zu bedienen. Danach denkt man, hast du sie noch alle? Aber ein Eis ist immer gut. Zwei Vanille, ein Schoko", sagt er und lacht.

Die Saison endete mit einer 1:2-Niederlage beim FC Bayern München und der Ungewissheit, als Dritter im August die Qualifikation zur Champions League spielen zu müssen. Aber es gibt am Neckar keinen Widerspruch, wenn von einem Happyend die Rede ist. Denn der Einzug in die europäische „Königsklasse" ist für den VfB möglich. Als die Stuttgarter den als Profi international erfahrenen Assistenten Babbel zum Nachfolger von Meistertrainer Armin Veh machen, stecken die „Roten" tief im Mittelmaß.

Am 21. November setzt es beim späteren Meister Wolfsburg eine 1:4-Niederlage, der VfB liegt auf Platz 11. Die Clubführung traut Meistercoach Veh die Wende nicht mehr zu und setzt auf Wandel und frischen Wind. Plötzlich sitzt der ehemalige Verteidiger Babbel, 2007 noch im meister-

Der Autor: **Oliver Trust** berichtet als freier Journalist über die Bundesliga aus dem Südwesten, vor allem auch über den VfB Stuttgart, und schreibt unter anderem für die „Frankfurter Allgemeine Zeitung", den Berliner „Tagesspiegel", die „Stuttgarter Zeitung" und den Zürcher „Tages-Anzeiger".

Kapitän in Aktion: Thomas Hitzlsperger und Sejad Salihovic (am Boden) von 1899 Hoffenheim in einem spannenden Derby, das mit einem 3:3 endet.

Viel Grund zur Freude: Teamchef Markus Babbel und Sportdirektor Horst Heldt.

lichen Profikader, vor den Mikrofonen und gibt ein ehrgeiziges Ziel aus: „Wir wollen in den UEFA-Cup." Er schaut in die Gesichter seiner Zuhörer und sieht deren Skepsis. Es scheint gerade das zu sein, was ihn besonders anstachelt.

Vom ersten Tag an verkauft sich der „Bauchmensch" (Babbel über Babbel) als verlässliche Größe, die emotionslos und selbstbewusst den Aufstieg verdaut, was

Markus Babbel:

„Ottmar Hitzfeld hat mich am meisten geprägt."

bei Spielern gut ankommt. „Ich hab immer dran geglaubt", sagt er, und man hat den Eindruck, es wehe ein Hauch seiner Münchner Vergangenheit durch die Geschäftsräume des VfB in Bad Cannstatt: „Ein bisschen mehr der Bayern-Arroganz könnte der VfB von Zeit zu Zeit schon brauchen. Es muss das Ziel sein, dauerhaft unter den ersten Fünf zu sein." Teamplayer Babbel eröffnet nicht nur seinem Club nach einer schwierigen Vorrunde neue Horizonte, er redet seine Mannschaft stark und widmet sich jedem einzelnen Spieler. „Ich hab den Spielern gesagt, sie spielen hier, weil sie Qualität haben." Mit und durch Markus Babbel, der nach Saisonende seine Lizenz als Fußballlehrer in einem zehnmonatigen Lehrgang in Köln nachholt, entdeckt der VfB das Gemeinschaftsgefühl einer Mannschaft. „Wir sind wieder eine Familie geworden", sagt Sami Khedira.

Nie scheint der Neue die Fassung zu verlieren. Oft wiederholt er, „dass man immer eine Chance hat", und greift auf Erfahrungen als Profi in München, Hamburg, Liverpool, Blackburn und eben beim VfB sowie 51 Länderspiele zurück, wobei er wirkliche sportliche Krisen noch durchstehen muss. Aber auch die kennt er aus seinem Sportlerleben. Eine kleine, die des VfB, löst er im Stile seines besonnenen Vorbildes Ottmar Hitzfeld. „S`Ottmarle" wird Babbel liebevoll am Neckar genannt. „Hitzfeld hat mich am

Asien-Reise mit der deutschen Nationalelf: Cacau, brasilianischer Stürmer des VfB.

Erhoffter Rückhalt des VfB Stuttgart und jetzt mit einem Vertrag bis 2010: Ex-Nationaltorhüter Jens Lehmann.

meisten geprägt", sagt er. „Ausgewogen zu sein, das ist der Schlüssel zum Erfolg", sagt Babbel. Der Jungtrainer traute sich, „nach Leistung" aufzustellen und gab jedem auf die Bank Verbannten danach eine zweite Chance. Er rotiert wie Hitzfeld in besten Zeiten. Der junge Christian Träsch wird zum Stammspieler und landet sogar im Nationalteam. Auch Stürmer Cacau, der im Februar einen deutschen Pass bekommt, wird von Bundestrainer Joachim Löw für die Asien-Reise berufen. „Wir haben das Training leicht umgestellt, damit die Spieler merken, da kommt was Neues, aber den Fußball haben wir nicht neu erfunden", sagt Babbel.

Die Schwaben starten eine Siegesserie, und am Ende gratuliert auch Ex-Trainer Veh, dessen Wechsel zur kommenden Saison nach Wolfsburg bekannt wird, zu einer gelungenen Aufholjagd. Eine starke Geste.

Entscheidenden Anteil hat einmal mehr Stürmerstar Mario Gomez, der mit 24 Toren auf Rang drei der Torschützenliste landet und damit neue Begehrlichkeiten weckt. Der 23-jährige Nationalstürmer steht erneut in sämtlichen Büchern europäischer Topclubs. Jens Lehmann wird trotz einiger Extravaganzen zum erhofften Rückhalt.

Stuttgart bleibt der einigermaßen zufriedene Blick zurück. Wird allein die Rückrunde zum Maßstab, bleibt nicht mehr viel Spielraum nach oben. Die Schwaben belegen in der Tabelle der zweiten Saisonhälfte Platz zwei hinter Meister Wolfsburg. „Wir haben unser Ziel Europa League schon einen Spieltag vor Schluss erreicht. Die Mannschaft hat gezeigt, was in ihr steckt", sagt Manager Horst Heldt. „Wir sind zufrieden und stolz. Jetzt haben wir ein neues Ziel, die Qualifikation zur Champions League."

Für Markus Babbel heißt das wieder, Eis zu essen. Zweimal drei Kugeln. Vier Vanille und zwei Schoko.

ALLE SPIELE

Hinrunde										Rückrunde
1	17.08.	A	1:3	(0:3)	Borussia Mönchengladbach	2:0	(0:0)	H	31.01.	18
2	23.08.	H	0:2	(0:1)	Bayer 04 Leverkusen	2:4	(0:1)	A	07.02.	19
3	31.08.	H	2:0	(2:0)	Hannover 96	3:3	(2:2)	A	14.02.	20
4	13.09.	A	0:0		1899 Hoffenheim	3:3	(2:2)	H	21.02.	21
5	21.09.	H	3:1	(1:1)	Karlsruher SC	0:2	(0:0)	A	01.03.	22
6	27.09.	A	3:0	(2:0)	Borussia Dortmund	2:1	(1:0)	H	07.03.	23
7	04.10.	H	4:1	(2:0)	Werder Bremen	4:0	(1:0)	A	15.03.	24
8	18.10.	A	2:1	(1:0)	Hertha BSC Berlin	2:0	(0:0)	H	21.03.	25
9	26.10.	H	2:0	(0:0)	VfL Bochum	1:2	(0:0)	A	04.04.	26
10	29.10.	A	2:0	(1:0)	Hamburger SV	1:0	(0:0)	H	12.04.	27
11	01.11.	H	1:3	(0:1)	1. FC Köln	0:3	(0:1)	A	18.04.	28
12	09.11.	A	2:2	(1:0)	Eintracht Frankfurt	2:0	(1:0)	H	25.04.	29
13	15.11.	H	0:0		DSC Arminia Bielefeld	2:2	(1:2)	A	02.05.	30
14	22.11.	A	4:1	(0:1)	VfL Wolfsburg	4:1	(2:1)	H	09.05.	31
15	30.11.	H	2:0	(0:0)	FC Schalke 04	1:2	(1:1)	A	13.05.	32
16	06.12.	A	0:3	(0:1)	FC Energie Cottbus	2:0	(1:0)	H	16.05.	33
17	13.12.	H	2:2	(1:0)	FC Bayern München	2:1	(1:0)	A	23.05.	34

VFB STUTTGART AUF EINEN BLICK

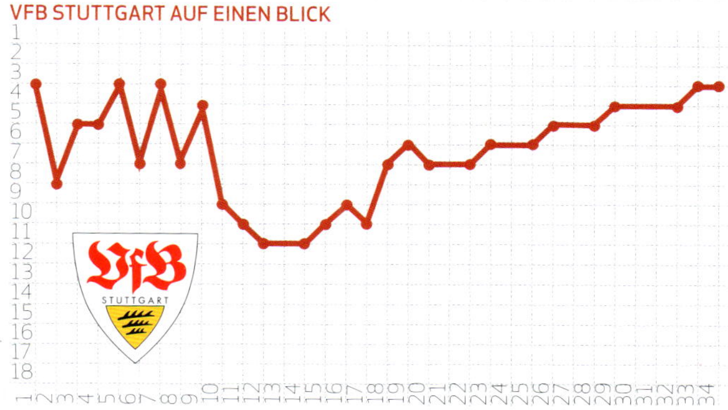

ALLE SPIELER

Name	Vorname	Geburtsdatum	Nationalität	Position	Rücken-Nr.	Einsätze	Auswechslungen	Einwechslungen	Gelbe Karten	Gelb-Rote Karten	Rote Karten	Tore	Elfmeter	Eigentore
Bastürk	Yildiray	24.12.1978	TUR	M	10	4	-	3	-	-	-	-	-	-
Boka	Arthur	02.04.1983	CIV	A	15	18	7	4	5	-	-	-	-	-
Boulahrouz	Khalid	28.12.1981	NED	A	4	21	3	4	6	-	-	-	-	1
Cacau		27.03.1981	D	S	18	25	7	4	6	-	-	7	-	-
Delpierre	Matthieu	26.04.1981	FRA	A	17	22	-	-	5	-	-	1	-	-
Elson		16.11.1981	BRA	M	25	17	3	11	1	-	-	2	-	-
Enderle	Sebastian	29.05.1989	D	A	45	-	-	-	-	-	-	-	-	-
Fischer	Manuel	19.09.1989	D	S	23	1	-	1	-	-	-	-	-	-
Gebhart	Timo	12.04.1989	D	M	13	11	10	1	-	-	-	-	-	-
Gomez	Mario	10.07.1985	D	S	33	32	7	2	4	-	-	24	-	-
Hilbert	Roberto	16.10.1984	D	M	19	31	10	5	3	-	-	3	-	-
Hitzlsperger	Thomas	05.04.1982	D	M	11	32	8	1	6	-	-	5	-	-
Ikeng	Jose-Alex	30.01.1988	D	M	30	-	-	-	-	-	-	-	-	-
Khedira	Sami	04.04.1987	D	M	28	27	3	4	5	-	-	7	-	-
Kovacevic	Marijan	31.08.1973	CRO	A	40	1	-	1	-	-	-	-	-	-
Lanig	Martin	11.07.1984	D	M	7	26	2	9	4	-	-	4	-	-
Lehmann	Jens	10.11.1969	D	T	1	34	-	-	4	-	-	-	-	-
Ljuboja	Danijel	04.09.1978	SRB	S	38	3	-	3	-	-	-	-	-	-
Magnin	Ludovic	20.04.1979	SUI	A	21	23	3	2	3	-	-	-	-	-
Mandjeck	Georges	09.12.1988	CMR	M	29	3	-	3	-	-	-	-	-	-
Marica	Ciprian	02.10.1985	ROM	S	9	27	15	11	4	-	-	4	-	-
Meira	Fernando	05.06.1978	POR	A	6	-	-	-	-	-	-	-	-	-
Morys	Matthias	19.03.1987	D	S	31	-	-	-	-	-	-	-	-	-
Niedermeier	Georg	26.02.1986	D	A	6	5	1	1	1	-	-	-	-	-
Osorio	Ricardo	30.03.1980	MEX	A	3	17	2	-	2	-	-	-	-	-
Pardo	Pavel	26.07.1976	MEX	M	13	9	2	-	1	-	-	1	1	-
Pischorn	Marco	01.01.1986	D	A	42	-	-	-	-	-	-	-	-	-
Rudy	Sebastian	28.02.1990	D	M	16	2	-	2	-	-	-	-	-	-
Schieber	Julian	13.02.1989	D	S	39	12	-	12	-	-	-	-	-	-
Schuster	Robin	24.04.1987	D	A	36	-	-	-	-	-	-	-	-	-
Simak	Jan	13.10.1978	CZE	M	8	20	9	9	2	-	-	2	-	-
Stolz	Alexander	13.10.1983	D	T	12	-	-	-	-	-	-	-	-	-
Tasci	Serdar	24.04.1987	D	A	5	27	1	-	5	-	-	1	-	-
Träsch	Christian	01.09.1987	D	A	35	19	2	2	2	-	-	1	-	-
Ulreich	Sven	03.08.1988	D	T	24	-	-	-	-	-	-	-	-	-

Als Sympathieträger regelrecht aufgeblüht

So recht wollte Hertha BSC der anhaltende Sprung in die Bundesliga-Spitzengruppe in den vergangenen Jahren nicht gelingen. In dieser Saison hat sich in dieser Hinsicht bei den Berlinern viel geändert.

Gelungener Doppelpass: Hertha BSC und Fans feiern gemeinsam den Erfolg.

Kinder tragen Hertha-Schals auf dem Weg zur Schule im Stadtteil Pankow. Am Prenzlauer Berg singen Glückstrunkene bis tief in die Nacht die Vereinshymne „Nur nach Hause geh'n wir nicht!" Hertha BSC hat es geschafft, nach Jahren relativer Tristesse Berlin doch zu erobern. Der Club ist endlich etwas mehr Mitte, Prenzlauer Berg, Marzahn oder Pankow und nicht mehr nur Westend oder Charlottenburg, wo bisher das größte Fanpotenzial beheimatet war.

Die „Alte Dame" ist wieder „in" in Berlin. Oder wie Dieter Hoeneß sagen würde: „Sexy!" Gleichgültig, wo der 56 Jahre alte Vorsitzende der Geschäftsführung in den vergangenen Wochen im Westen oder Osten der Hauptstadt anzutreffen war, überall war die Hertha das Thema Nummer 1. Schließlich spielte der Club bis zum 33. Spieltag sogar um die Deutsche Meisterschaft mit und erreichte am Ende einen sehr vorzeigbaren vierten Platz – Qualifikation für die UEFA Europa League inklusive.

Der Aufschwung machte sich auch beim Zuschauerzuspruch bemerkbar: Über 50.000 Anhänger sahen in der abgelaufenen Saison im Schnitt die Heimspiele, das ist der beste Besuch seit der Saison 1998/99 – damals wurde Hertha Dritter und schaffte sogar den Sprung in die UEFA

Der Autor: **Torsten Rumpf** ist Redakteur für Sonderaufgaben bei „Sport Bild" und regelmäßig auch mit Hertha BSC befasst.

Viel Spaß im Spiel der Mannschaft von Trainer Lucien Favre (oben). Auf dem Foto links freuen sich Torschütze Cicero, Patrick Ebert, Marko Pantelic und Gojko Kacar (von rechts) gemeinsam über den Führungstreffer zum Berliner 2:1-Erfolg beim 1. FC Köln.

Champions League. „Eine derartige Euphorie in der ganzen Stadt habe ich seit einem Jahrzehnt nicht erlebt", freut sich Hoeneß. Sogar Erinnerungen an das „Sommermärchen" der Nationalmannschaft vor drei Jahren wurden bei ihm wach, weil wochenlang zahlreiche Fans mit Fähnchen an ihren Autos durch die Hauptstadt fuhren. Diesmal mit blau-weißen Flaggen.

Hoeneß weiß aber auch: „Ohne sportlichen Erfolg ist das nicht möglich." Seit Jahren nämlich versucht der Club, durch Image-Kampagnen und Marketingkonzepte das Olympiastadion mehr zu füllen. Manches verpuffte. Erst als die Blau-Weißen in der Rückrunde von Woche zu Woche den dritten Tabellenplatz aus der Hinserie bestätigten, entdeckten die Berliner ihre Liebe zur Hertha wirklich wieder und strömten in Massen an den Endspielort der WM 2006.

Die erste Deutsche Meisterschaft seit 78 Jahren konnten die Berliner am Ende zwar nicht feiern, dafür aber das Erreichen des internationalen Wettbewerbs und zurückgewonnene Sympathien. Auch wenn die herbe 0:4-Niederlage beim Absteiger Karlsruher SC zum Abschluss den Gesamteindruck eine wenig trübte. „Ein großartiger Erfolg ist die Saison trotzdem", bilanziert Hoeneß. Zumal damit vor der Spielzeit nicht zu rechnen war. Denn allein die wirtschaftlichen Voraussetzungen waren alles andere als rosig für die Berliner.

Wesentlich am Aufschwung beteiligt: Andrey Voronin, hier gegen Martin Demichelis vom FC Bayern (rechts).

Unter diesen Gegebenheiten hat vor allem Lucien Favre einen großen Anteil am Berliner Abschneiden. Gemeinsam mit Manager Hoeneß hat der Trainer in den vergangenen zwei Jahren einen gewaltigen Kaderumbau gestemmt. Mehr als dreißig Profis wurden aus-, ein- oder umsortiert. Eine Story, die selbst Bayern-Manager Uli Hoeneß höchsten Respekt abringt: „Favre macht aus den Möglichkeiten das Optimale. Hertha steht gut und gewinnt Spiele, wo sie eigentlich nicht besser ist." Dass der Schweizer mehr auf Ergebnisse als auf die Optik schaut, hat die Konkurrenz verinnerlicht. 14 der 19 Bundesliga-Siege verbuchte Hertha mit einem Tor Unterschied – das ist auch ein Bundesliga-Rekord.

Dieter Hoeneß:

„Derartige Euphorie habe ich seit einem Jahrzehnt nicht erlebt."

Über den positiven Trend von Hertha BSC insgesamt erfreut: Dieter Hoeneß.

Favre, zuvor mit dem FC Zürich zwei Mal Schweizer Meister, wurde im Sommer 2007 von Manager Hoeneß überraschend aus dem Hut gezaubert und erwies sich prompt als Glücksfall. Der Trainer, der seinen Vertrag zu Anfang des Jahres vorzeitig um ein Jahr bis 2011 verlängerte, trägt den Sparkurs ohne Murren mit: „Doch das heißt noch lange nicht, dass man deshalb keine Chance hat. Mein Ziel ist es, in Berlin eine Mannschaft aufzubauen, die auf Dauer oben mitspielen kann. Und ich weiß, dass man das schaffen kann."

Der Trainer ist kein Träumer, Favre hat eine ganz andere Ambition: jeden Spieler jeden Tag besser zu machen. Bisher gelingt das. Messungen haben zum Beispiel ergeben, dass kein Bundesligist in der abgelaufenen Saison so schnell und so akkurat spielt wie Hertha. Durchschnittlich nur 1,1 Sekunden zwischen Ballannahme und Abspiel sind ein Wert auf Champions-League-Niveau. „Diese Entwicklung ist aber nur möglich durch ständiges Training", sagt Stürmer Andrey Voronin. „Wir üben Taktik, Taktik und nochmals Taktik. Jeder Spieler weiß genau, was zu tun ist." Der ukrainische Nationalstürmer, als Leihgabe vom FC Liverpool gekommen, blühte unter Favre auf. Wie der gesamte Club.

Die Fans sind von ihrer Hertha wieder überzeugt: Lange Zeit war das Team sogar im Rennen um die Deutsche Meisterschaft.

Nationalspieler und Kapitän Arne Friedrich zusammen mit Jaroslav Drobny (links), dem starken Hertha-Keeper.

ALLE SPIELE

Hinrunde									Rückrunde	
1	17.08.	A	0:2	(0:1)	Eintracht Frankfurt	2:1	(1:0)	H	31.01.	18
2	23.08.	H	1:1	(1:1)	DSC Arminia Bielefeld	1:1	(1:1)	A	06.02.	19
3	31.08.	A	4:1	(1:0)	FC Bayern München	2:1	(1:0)	H	14.02.	20
4	13.09.	H	2:2	(0:1)	VfL Wolfsburg	2:1	(0:0)	A	21.02.	21
5	20.09.	A	0:1	(0:1)	Borussia Mönchengladbach	2:1	(2:0)	H	28.02.	22
6	27.09.	H	0:1	(0:1)	FC Energie Cottbus	1:3	(1:2)	A	07.03.	23
7	04.10.	H	0:1	(0:0)	Bayer 04 Leverkusen	1:0	(0:0)	H	14.03.	24
8	18.10.	A	2:1	(1:0)	VfB Stuttgart	2:0	(0:0)	A	21.03.	25
9	26.10.	H	1:1	(0:1)	Borussia Dortmund	1:3	(0:1)	H	04.04.	26
10	29.10.	A	3:0	(0:0)	Hannover 96	2:0	(1:0)	A	11.04.	27
11	01.11.	H	5:1	(3:0)	Werder Bremen	2:1	(0:1)	H	19.04.	28
12	09.11.	A	1:0	(0:0)	1899 Hoffenheim	0:1	(0:1)	A	24.04.	29
13	15.11.	H	2:1	(0:1)	Hamburger SV	1:1	(1:0)	A	03.05.	30
14	22.11.	A	2:3	(0:3)	VfL Bochum	2:0	(1:0)	H	09.05.	31
15	28.11.	H	2:1	(1:1)	1. FC Köln	1:2	(0:1)	A	12.05.	32
16	06.12.	A	1:0	(0:0)	FC Schalke 04	0:0		H	16.05.	33
17	13.12.	H	4:0	(1:0)	Karlsruher SC	4:0	(2:0)	A	23.05.	34

HERTHA BSC BERLIN AUF EINEN BLICK

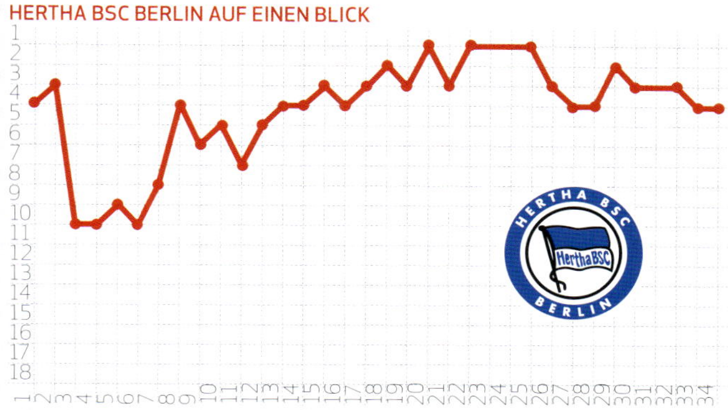

ALLE SPIELER

Name	Vorname	Geburtsdatum	Nationalität	Position	Rücken-Nr.	Einsätze	Auswechslungen	Einwechslungen	Gelbe Karten	Gelb-Rote Karten	Rote Karten	Tore	Elfmeter	Eigentore
Arguez	Bryan	13.01.1989	USA	M	17	-	-	-	-	-	-	-	-	-
Babic	Marko	28.01.1981	CRO	M	6	8	1	6	-	-	-	-	-	-
Bigalke	Sascha	08.01.1990	D	M	29	-	-	-	-	-	-	-	-	-
Burchert	Sascha	30.10.1989	D	T	40	-	-	-	-	-	-	-	-	-
Chahed	Sofian	18.04.1983	D	A	5	13	-	3	3	-	-	-	-	-
Chermiti	Amine	26.12.1987	TUN	S	27	10	-	10	-	-	-	-	-	-
Cicero		26.08.1984	BRA	M	7	33	2	-	9	-	-	7	2	-
Cufre	Leandro	09.05.1978	ARG	A	22	5	2	2	-	-	-	-	-	-
Dardai	Pal	16.03.1976	HUN	M	8	26	5	2	6	-	-	1	-	-
Domovchiyski	Valeri	05.10.1986	BUL	S	23	25	-	25	-	-	-	3	-	-
Drobny	Jaroslav	18.10.1979	CZE	T	1	33	-	-	5	-	-	-	-	-
Ebert	Patrick	17.03.1987	D	M	20	21	14	2	5	-	-	3	-	-
Fiedler	Christian	27.03.1975	D	T	12	-	-	-	-	-	-	-	-	-
Friedrich	Arne	29.05.1979	D	A	3	25	2	1	3	-	-	-	-	-
Gäng	Christopher	10.05.1988	D	T	30	1	-	-	-	-	-	-	-	-
Hartmann	Lennart	03.04.1991	D	M	36	1	-	1	-	-	-	-	-	-
Kacar	Gojko	26.01.1987	SRB	M	44	25	9	6	5	-	-	6	-	1
Kaka		16.05.1981	BRA	A	2	12	-	3	1	-	-	-	-	-
Lucio		20.06.1979	BRA	M	16	2	-	2	-	-	-	-	-	-
Lustenberger	Fabian	02.05.1988	SUI	M	28	14	4	10	-	-	-	1	-	-
Nicu	Maximilian	25.11.1982	ROM	M	25	28	5	4	2	-	-	2	-	-
Okoronkwo	Solomon	02.03.1987	NGA	S	21	-	-	-	-	-	-	-	-	-
Pantelic	Marko	15.09.1978	SRB	S	9	26	12	6	3	-	-	7	1	-
Piszczek	Lukasz	03.06.1985	POL	M	26	13	3	5	1	-	-	-	-	-
Radjabali-Fardi	Shervin	17.05.1991	D	A	35	-	-	-	-	-	-	-	-	-
Raffael		28.03.1985	BRA	S	10	33	18	1	3	-	-	6	-	-
Riedel	Florian	09.04.1990	D	M	39	-	-	-	-	-	-	-	-	-
Rodnei		11.09.1985	BRA	A	15	9	2	1	2	-	-	-	-	-
Simunic	Josip	18.02.1978	CRO	A	14	29	-	-	5	-	-	1	-	-
Stein	Marc	07.07.1985	D	A	13	32	5	-	5	-	-	-	-	-
Traore	Ibrahima	21.04.1988	FRA	M	38	-	-	-	-	-	-	-	-	-
von Bergen	Steve	10.06.1983	SUI	A	4	18	1	1	1	-	-	-	-	-
Voronin	Andrey	21.07.1979	UKR	S	11	27	10	4	3	-	1	11	-	-

Am Schluss doch belohnt

Mit 53 Pflichtspielen bewältigte der „Dino" der Liga ein Mammutprogramm. Am letzten Spieltag durfte der neue Trainer Martin Jol dann doch noch jubeln.

Der Autor: **Babak Milani** ist Chefreporter der „Bild-Zeitung" in Hamburg und seit Jahren Experte für den Hamburger SV.

Elf Monate rätselten die HSV-Fans: Was kann die unglaubliche Ruhe von Martin Jol eigentlich erschüttern? Was muss passieren, damit der HSV-Trainer seinen Gefühlen freien Lauf lässt, so richtig aus sich herausgeht?

Am 23. Mai 2009 um genau 17.22 Uhr war es endlich so weit. Nationalspieler Piotr Trochowski erzielte mit dem letzten Schuss einer langen, aufregenden Saison den 3:2-Siegtreffer in Frankfurt und qualifizierte so den HSV in letzter Minute doch noch für die neue Europa League.

Bei Abpfiff entlud sich nicht nur beim Hamburger Coach die ganze Anspannung einer wahnwitzigen Spielzeit mit 53 Pflichtspielen, mit sensationellen Siegen, wunderschönen Toren, aber auch großen Enttäuschungen. Der Trainer warf seine HSV-Schirmmütze vor Freude in die Luft,

Ivica Olic wird nach dem Saisonfinale in Frankfurt von Guy Demel (20) und Joris Mathijsen (5) hochgehoben, seine Teamkollegen feiern den Kroaten, der zum FC Bayern München wechselt. Einen Grund für diese Begeisterung zeigt Olic (Foto rechts) mit einem Fallrückzieher gegen Kölns Derek Boateng.

Reebok

Die typische Jubelgeste von Mladen Petric nach einem seiner zwölf Bundesliga-Tore in seiner ersten Saison beim HSV. Marcell Jansen (rechts) freut sich mit dem Kroaten.

hob die Arme gen Himmel, marschierte strahlend auf den Rasen der Commerzbank-Arena und herzte jeden, den er zu fassen bekam. Im Fernduell mit Dortmund hatten sich die „Rothosen" auf der Ziellinie den Minimalwunsch doch noch erfüllt.

Das Spiel – eine Achterbahnfahrt der Gefühle. „Mal waren wir qualifiziert, dann wieder nicht, um es dann doch noch zu schaffen, die neunzig Minuten waren ein Spiegelbild der Saison", atmete Jol gemeinsam mit Sportchef Dietmar Beiersdorfer nach dem Krimi in Frankfurt tief durch.

Es hätte ja auch alles ganz anders laufen können. Denn noch im April träumte Hamburg sogar vom „Triple". Der Club stand in den Halbfinals des DFB-Pokals und UEFA-Cups, gehörte zudem zu den heißesten Kandidaten auf die Deutsche Meisterschaft. Vier Wochen vor dem Saisonfinale waren noch alle drei Titel möglich. Die Sehnsucht, nach vielen Jahren endlich wieder den Vitrinenschrank aufschließen zu dürfen, war überall in der Stadt zu spüren.

Doch Träume sind oft Schäume, ganz besonders an der Elbe. Nordrivale und „Lieblingsfeind" Werder vermasselte dem HSV die

Martin Jol:

„Wir haben zeitweise an unserem Limit gespielt."

Reisen zu den Endspielen nach Berlin und Istanbul. In der Liga stürzte Hamburg im Endspurt brutal ab, hatte es nach dem 0:1-Desaster im Heimfinale gegen Köln (Jol: „Ein echter Horrorfilm!") nicht einmal mehr selbst in der Hand, im Duell mit Konkurrent Borussia Dortmund ins internationale Geschäft einziehen zu können. So war Platz fünf eigentlich am Ende nur ein Trostpflaster.

Trotzdem war es für den HSV eine erfolgreiche Saison. Das begann mit dem Trainer selbst. Martin Jol als Nachfolger seines Landsmanns Huub Stevens setzte in Hamburg neue Impulse. Die größten Unterschiede: Gute Laune statt mürrischer Auftritte, attraktive Offensivtaktik statt Mau-

Martin Jol, der HSV-Mann mit der Mütze, trainiert in der kommenden Spielzeit Ajax Amsterdam.

Sichere Abwehraktion des HSV-Keepers Frank Rost gegen Cicero von Hertha BSC Berlin (links).

erfußball. Und das trotz der Verluste namhafter Spieler.

Publikumsliebling und Kapitän Rafael van der Vaart war zu Real Madrid gewechselt. Mit Nigel de Jong und Vincent Kompany hatten zwei weitere Leistungsträger den HSV Richtung England zu Manchester City verlassen. Dennoch starteten die Hamburger mit einem 2:2 in München und rangierten an insgesamt fünf Spieltagen auf Platz eins. Martin Jol im Rückblick: „Wir haben zeitweise an unserem Limit gespielt. Fast logisch, dass man das nicht eine ganze Spielzeit durchziehen kann."

Am Ende reichten Qualität und Quantität des Kaders nicht aus, um Zählbares in Händen zu halten. Viele Verletzungen zwangen den Coach zur Improvisation, die das Schiff auf Kurs hielten, aber nicht in den Hafen brachten. Zum sechsten Mal in Folge ist der HSV für den Europapokal qualifiziert. Jol war erleichtert: „Unser Minimalziel haben wir erreicht. Somit können wir sagen, dass es letztlich eine erfolgreiche Saison gewesen ist. Es hat sich mal wieder ganz deutlich gezeigt, wie nah Erfolg und Misserfolg zusammenliegen." Ohne Zweifel: Martin Jol hat viel bewegt beim HSV, hat Großes erreicht – und war in seinem ersten Jahr dem ganz Großen schon sehr nah. Der HSV schrieb positive Schlagzeilen. Martin Jol, der Niederländer, brachte frischen Wind nach Hamburg und in die Liga, löste aber drei Tage nach Saisonende seinen Vertrag beim HSV auf und übernahm in seiner Heimat Ajax Amsterdam.

ALLE SPIELE

Hinrunde										Rückrunde
1	15.08.	A	2:2	(2:1)	FC Bayern München	1:0	(1:0)	H	30.01.	18
2	23.08.	H	2:1	(1:0)	Karlsruher SC	3:2	(0:1)	A	07.02.	19
3	30.08.	A	2:4	(2:1)	DSC Arminia Bielefeld	2:0	(1:0)	H	15.02.	20
4	13.09.	H	3:2	(1:2)	Bayer 04 Leverkusen	1:2	(1:1)	A	22.02.	21
5	21.09.	A	3:0	(3:0)	VfL Wolfsburg	1:3	(0:2)	H	01.03.	22
6	27.09.	H	1:0	(1:0)	Borussia Mönchengladbach	4:1	(2:1)	A	07.03.	23
7	05.10.	A	1:2	(0:0)	FC Energie Cottbus	2:0	(2:0)	H	15.03.	24
8	19.10.	H	1:1	(1:0)	FC Schalke 04	1:2	(0:0)	A	22.03.	25
9	26.10.	A	3:0	(3:0)	1899 Hoffenheim	1:0	(1:0)	H	04.04.	26
10	29.10.	H	2:0	(1:0)	VfB Stuttgart	1:0	(0:0)	A	12.04.	27
11	01.11.	A	3:0	(2:0)	Hannover 96	2:1	(1:0)	H	19.04.	28
12	08.11.	H	2:1	(2:0)	Borussia Dortmund	2:0	(1:0)	A	25.04.	29
13	15.11.	A	2:1	(0:1)	Hertha BSC Berlin	1:1	(1:0)	H	03.05.	30
14	23.11.	H	2:1	(1:1)	Werder Bremen	2:0	(1:0)	A	10.05.	31
15	30.11.	A	1:1	(1:0)	VfL Bochum	3:1	(2:0)	H	13.05.	32
16	07.12.	A	1:2	(0:2)	1. FC Köln	0:1	(0:1)	H	16.05.	33
17	13.12.	H	1:0	(0:0)	Eintracht Frankfurt	2:3	(0:1)	A	23.05.	34

HAMBURGER SV AUF EINEN BLICK

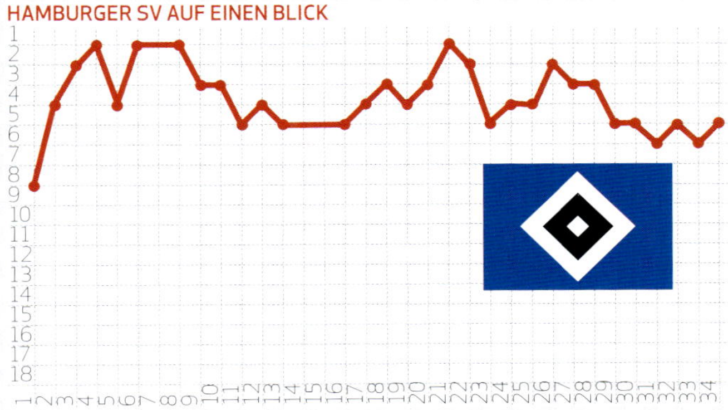

ALLE SPIELER

Name	Vorname	Geburtsdatum	Nationalität	Position	Rücken-Nr.	Einsätze	Auswechslungen	Einwechslungen	Gelbe Karten	Gelb-Rote Karten	Rote Karten	Tore	Elfmeter	Eigentore
Alex Silva		10.03.1985	BRA	A	2	17	2	1	4	-	-	-	-	-
Aogo	Dennis	14.01.1987	D	A	40	23	3	4	3	-	-	-	-	-
Atouba	Thimothee	17.02.1982	CMR	A	3	9	4	1	1	-	-	-	-	-
Ben-Hatira	Änis	18.07.1988	D	M	32	2	-	2	-	-	-	-	-	-
Benjamin	Collin	03.08.1978	NAM	A	30	20	4	6	7	-	-	1	-	-
Boateng	Jerome	03.09.1988	D	A	19	21	7	7	7	1	-	-	-	-
Castelen	Romeo	03.05.1983	NED	M	18	-	-	-	-	-	-	-	-	-
Choupo-Moting	Maxim	23.03.1989	D	S	22	-	-	-	-	-	-	-	-	-
Chrisantus	Macauley	20.08.1990	NGA	S	17	-	-	-	-	-	-	-	-	-
de Jong	Nigel	30.11.1984	NED	M	8	7	-	-	3	-	-	-	-	-
Demel	Guy	13.06.1981	CIV	A	20	28	6	4	8	-	-	-	-	-
Gravgaard	Michael	03.04.1978	DEN	A	16	12	1	1	-	-	-	-	-	-
Guerrero	Paolo	01.01.1984	PER	S	9	31	12	4	6	-	-	9	-	-
Hesl	Wolfgang	13.01.1986	D	T	12	-	-	-	-	-	-	-	-	-
Jansen	Marcell	04.11.1985	D	A	7	25	8	3	1	-	-	3	-	-
Jarolim	David	17.05.1979	CZE	M	14	31	2	-	10	1	-	2	-	-
Kompany	Vincent	10.04.1986	BEL	A	10	1	-	1	-	-	-	-	-	-
Kunert	Timo	12.03.1987	D	M	31	-	-	-	-	-	-	-	-	-
Mathijsen	Joris	05.04.1980	NED	A	5	33	-	-	7	-	-	2	-	-
Ndjeng	Marcel	06.05.1982	CMR	M	24	2	-	2	-	-	-	-	-	-
Neves	Thiago	27.02.1985	BRA	M	27	6	2	4	-	-	-	-	-	-
Odjidja-Ofoe	Vadis	21.02.1989	BEL	M	6	-	-	-	-	-	-	-	-	-
Olic	Ivica	14.09.1979	CRO	S	11	31	7	4	3	-	-	10	-	-
Petric	Mladen	01.01.1981	CRO	S	10	25	7	8	1	-	1	12	-	-
Pitroipa	Jonathan	12.04.1986	BFA	M	21	28	8	14	2	-	-	1	-	-
Putsilo	Anton	23.06.1987	BLR	S	16	-	-	-	-	-	-	-	-	-
Reinhardt	Bastian	19.11.1975	D	A	4	15	2	-	3	-	-	2	-	-
Rincon	Tomas	13.01.1988	VEN	M	25	1	-	1	-	-	-	-	-	-
Rost	Frank	30.06.1973	D	T	1	34	-	-	3	-	-	-	-	-
Sam	Sidney	31.01.1988	D	M	34	-	-	-	-	-	-	-	-	-
Schmidt	Volker	22.09.1978	D	A	26	-	-	-	-	-	-	-	-	-
Schulz	Kai-Fabian	12.03.1990	D	A	34	-	-	-	-	-	-	-	-	-
Sinouh	Khalid	02.05.1975	MAR	T	33	-	-	-	-	-	-	-	-	-
Stepanek	Miroslav	15.01.1990	CZE	A	24	-	-	-	-	-	-	-	-	-
Streit	Albert	28.03.1980	D	M	8	10	3	7	-	-	-	-	-	-
Tavares	Mickael	25.10.1982	CPV	M	28	12	-	2	1	-	-	-	-	-
Torun	Tunay	21.04.1990	TUR	S	35	3	-	3	-	-	-	-	-	-
Trochowski	Piotr	22.03.1984	D	M	15	33	8	7	5	-	-	6	2	-
Wolf	Raphael	06.06.1988	D	T	29	-	-	-	-	-	-	-	-	-
Zidan	Mohamed	11.12.1981	EGY	S	7	-	-	-	-	-	-	-	-	-
Zimmerman	Preston	21.11.1988	USA	S	33	-	-	-	-	-	-	-	-	-

Dank eines gewaltigen Schlussspurts im zweiten Abschnitt der Saison hatte Borussia Dortmund mit einem Bein schon die europäische Ebene betreten. Am Ende wurde die Qualifikation verpasst, doch unter der Regie von Trainer Jürgen Klopp ist wieder schwarz-gelbe Begeisterung geweckt.

Als Ligapräsident Dr. Reinhard Rauball sich am 34. Spieltag auf die Übergabe der Meisterschale in Wolfsburg vorbereitete, fieberte er in Gedanken auch bei zwei weiteren Bundesliga-Spielen mit. Seine Dortmunder Borussia wollte mit einem Sieg beim Namensvetter in Mönchengladbach in die neue UEFA Europa League (UEL) einziehen und musste bei diesem Unterfangen das Ergebnis des direkten Konkurrenten Hamburger SV in Frankfurt im Auge behalten. Während vor Ort in der Volkswagen Arena die Meisterschaftsentscheidung schnell zugunsten der Wolfsburger gefallen war, musste BVB-Präsident Dr. Rauball in anderer Hinsicht lange zittern. Erst lag der HSV vor Dortmund, dann rückte die Borussia vor auf Tabellenrang fünf und den UEL-Platz. Aber durch das Hamburger Tor von Piotr Trochowski zogen die Norddeutschen kurz vor Schluss der Saison 2008/09 noch an den Westfalen vorbei, denen damit nur die undankbare Position sechs blieb.

Bei der Borussia herrschte zwar für den Moment Enttäuschung vor, aber schon wenig später zeigte man sich mit dem Verlauf der gesamten Saison doch zufrieden. „Wir haben die längste Siegesserie der Vereinsgeschichte aufgestellt, die wenigsten Spiele in der gesamten Liga verloren, die zweitwenigsten Gegentore kassiert und beenden erstmals seit 1991/92 eine Saison ohne Heimniederlage", bilanzierte Geschäftsführer Hans-Joachim Watzke ein

Der Autor: **Thorsten Schabelon** ist Sportredakteur bei den NRW-Titeln „Westdeutsche Allgemeine Zeitung" (WAZ), „Westfälische Rundschau" (WR) und „Neue Ruhr Zeitung" (NRZ) der WAZ Mediengruppe und berichtet seit mehreren Jahren über Borussia Dortmund.

Trotz leerer Hände insgesamt zufrieden

Trainer Jürgen Klopp tröstet Alexander Frei: Borussia Dortmund hat zum Saisonende in Mönchengladbach einen internationalen Platz verpasst.

beeindruckendes Zahlenwerk. Und er schwärmte: „Jürgen Klopp und sein Trainerteam haben Großartiges geleistet."

Klopp war im Sommer 2008 zum BVB gekommen. Mit dem Trainerwechsel ging ein personeller Schnitt in der Mannschaft einher. „Nach dem unbefriedigenden 13. Platz in der letzten Saison mussten wir was machen", erläuterte Watzke den Handlungsbedarf. Neu gehörten Tamas Hajnal, Patrick Owomoyela, Felipe Santana und Neven Subotic zum Kader, am ersten Spieltag wurde zudem Mohamed Zidan aus Hamburg geholt. Der BVB kam trotz eines schwierigen Startprogramms gut in die Saison. Nach vier Spielen gab es aber einen Hänger. Die 0:2-Heimniederlage in der Vorrunde des UEFA-Pokals gegen Udinese Calcio, ein 1:4 in der Liga bei 1899 Hoffenheim und ein knapper wie glücklicher 2:1-Heimsieg im DFB-Pokal gegen Hertha BSC. Trotzdem blieb es im Dortmunder Umfeld ruhig. Der Mannschaft fehlte zunächst Konstanz, sie konnte Verletzungsausfälle nicht kompensieren und war noch auf der Suche nach dem von Jürgen Klopp propagierten „Gleichgewicht aus Offensive und Defensive". Auch der Trainer musste Feinjustierungen vornehmen und stellte etwa seine Doppel-Sechs im Mittelfeld auf eine Raute um, die Spielmacher Hajnal entscheidende Freiheiten gewährte. Das wurde erstmals im UEFA-Pokal-Rückspiel in Udine deutlich, als der Ungar zwei Tore erzielte und die Dortmunder erst im Elfmeterschießen scheiterten.

Die Hinrunde beendete der BVB mit einem 2:1 gegen Mönchengladbach. Geschlagene drei Monate mussten die Fans dann auf den nächsten Sieg warten. Erst im neunten Pflichtspiel des Jahres gelang mit dem 1:0 gegen Bremen der erste Sieg 2009.

Hans-Joachim Watzke:

„Jürgen Klopp und sein Trainerteam haben Großartiges geleistet."

Neven Subotic (links) und Sebastian Kehl – hier mit Paolo Guerrero vom Hamburger SV –, zwei wertvolle Stützen im Mannschaftsgefüge von Borussia Dortmund in dieser Saison.

Zum Saisonbeginn vom Hamburger SV nach Dortmund gekommen: Mohamed Zidan, hier mit dem Brasilianer Lucio (hinten) vom FC Bayern München.

Tamas Hajnal, Jakub Blaszczykowski und Nelson Valdez (von rechts) jubeln über eines von 60 Saisontoren – doch auch eine stolze Erfolgsserie im Endspurt brachte nicht den erhofften Platz fünf.

Auf weiterhin gute Zusammenarbeit: Geschäftsführer Hans-Joachim Watzke und Jürgen Klopp, der seinen Vertrag bis 2012 verlängert hat.

Kein Problem für die Verantwortlichen: Sie bewiesen Vertrauen und Voraussicht und hatten vor dem Spiel gegen Werder den Vertrag mit Jürgen Klopp bis 2012 verlängert. „Es passt, er ist der ideale Trainer für uns", erklärte Hans-Joachim Watzke die Entscheidung für Kontinuität beim BVB. Sportdirektor Michael Zorc, Klopp und Nachwuchskoordinator Lars Ricken sollen mittelfristig auch ein Konzept umsetzen, das eine engere Verzahnung von Jugend, Amateuren und Profis vorsieht. Hans-Joachim Watzke kündigt an: „Wir haben noch viel vor."

Für den BVB-Geschäftsführer erweist sich Klopp, der vierte BVB-Trainer in den vergangenen zweieinhalb Jahren, als Glücksgriff. Der Fußballlehrer verbreitete von Anfang an Optimismus und Aufbruchstimmung. Er sortierte eine Mannschaft, der Ordnung und Struktur fehlten, hauchte ihr Leidenschaft und Selbstbewusstsein ein und ließ sie attraktiven Fußball spielen. Aus Patrick Owomoyela und Nelson Valdez machte Jürgen Klopp Leistungsträger. Talente wie Nuri Sahin, Neven Subotic und Mats Hummels sind bei ihm Stammspieler. So zeigt sich auch BVB-Präsident Dr. Reinhard Rauball zuversichtlich: „Wir haben eine Mannschaft mit Potenzial und Perspektive."

Mit dem Schwung aus Klopps Vertragsverlängerung gelangen dem BVB 09 im Jubiläumsjahr 2009 sieben „Dreier" in Folge – Ligarekord für die Borussen. Die Aufholjagd endete bei acht Siegen in den letzten zehn Saisonspielen und dem guten sechsten Platz in der Abschlusstabelle. Ein Erfolg für Dortmund. Und für Jürgen Klopp, der bewiesen hat, dass der „ewige" Mainzer auch außerhalb der Fassenacht-Metropole erfolgreich arbeiten kann.

ALLE SPIELE

Hinrunde									Rückrunde
1	16.08.	A	2:3	(1:2)	Bayer 04 Leverkusen	1:1	(1:0)	H	31.01. 18
2	23.08.	H	1:1	(1:0)	FC Bayern München	3:1	(1:1)	A	08.02. 19
3	30.08.	A	0:1	(0:1)	FC Energie Cottbus	1:1	(1:1)	H	15.02. 20
4	13.09.	H	3:3	(0:2)	FC Schalke 04	1:1	(1:0)	A	20.02. 21
5	21.09.	A	4:1	(2:0)	1899 Hoffenheim	0:0		H	28.02. 22
6	27.09.	H	3:0	(2:0)	VfB Stuttgart	2:1	(1:0)	A	07.03. 23
7	05.10.	H	1:1	(1:1)	Hannover 96	4:4	(1:2)	A	14.03. 24
8	18.10.	A	3:3	(0:0)	Werder Bremen	1:0	(0:0)	H	21.03. 25
9	26.10.	H	1:1	(0:1)	Hertha BSC Berlin	1:3	(0:1)	A	04.04. 26
10	29.10.	A	0:1	(0:0)	1. FC Köln	3:1	(1:1)	H	11.04. 27
11	02.11.	H	1:1	(1:1)	VfL Bochum	0:2	(0:1)	A	18.04. 28
12	08.11.	A	2:1	(2:0)	Hamburger SV	2:0	(1:0)	H	25.04. 29
13	15.11.	H	4:0	(3:0)	Eintracht Frankfurt	0:2	(0:0)	A	02.05. 30
14	21.11.	A	0:1	(0:1)	Karlsruher SC	4:0	(1:0)	H	09.05. 31
15	30.11.	H	0:0		VfL Wolfsburg	3:0	(1:0)	A	12.05. 32
16	06.12.	A	0:0		DSC Arminia Bielefeld	6:0	(1:0)	H	16.05. 33
17	12.12.	H	2:1	(1:0)	Borussia Mönchengladbach	1:1	(0:0)	A	23.05. 34

BORUSSIA DORTMUND AUF EINEN BLICK

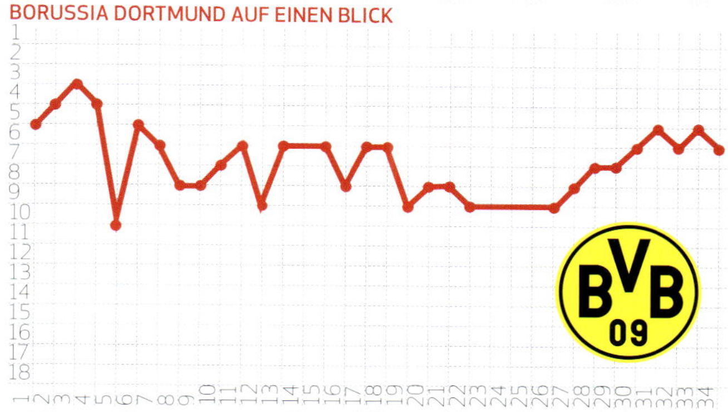

ALLE SPIELER

Name	Vorname	Geburtsdatum	Nationalität	Position	Rücken-Nr.	Einsätze	Auswechslungen	Einwechslungen	Gelbe Karten	Gelb-Rote Karten	Rote Karten	Tore	Elfmeter	Eigentore
Blaszczykowski	Jakub	14.12.1985	POL	M	16	27	16	4	1	-	-	3	-	-
Boateng	Kevin-Prince	06.03.1987	D	M	22	10	1	6	3	-	1	-	-	-
Buckley	Delron	07.12.1977	RSA	S	11	3	-	3	-	-	-	-	-	-
Dede		18.04.1978	BRA	A	17	13	2	-	1	-	-	-	-	-
Federico	Giovanni	04.10.1980	ITA	M	8	2	1	1	-	-	-	-	-	-
Frei	Alexander	15.07.1979	SUI	S	13	29	12	9	1	-	-	12	6	-
Gordon	Daniel	16.01.1985	D	M	24	-	-	-	-	-	-	-	-	-
Hajnal	Tamas	15.03.1981	HUN	M	30	30	11	-	4	1	-	5	-	-
Hornschuh	Marc	02.03.1991	D	A	44	-	-	-	-	-	-	-	-	-
Hummels	Mats	16.12.1988	D	A	15	12	1	1	3	-	-	1	-	-
Höttecke	Marcel	25.04.1987	D	T	26	-	-	-	-	-	-	-	-	-
Hünemeier	Uwe	09.01.1986	D	A	32	1	-	-	-	-	-	-	-	-
Kehl	Sebastian	13.02.1980	D	M	5	28	2	2	4	1	-	5	-	-
Klimowicz	Diego	06.07.1974	ARG	S	19	10	2	8	2	-	-	-	-	-
Kovac	Robert	06.04.1974	CRO	A	21	4	1	1	-	-	1	-	-	-
Kringe	Florian	18.08.1982	D	M	6	29	8	7	3	-	-	4	-	-
Kruse	Lukas	09.07.1983	D	T	31	-	-	-	-	-	-	-	-	-
Kruska	Marc-Andre	29.06.1987	D	M	22	2	-	2	-	-	-	-	-	-
Kullmann	Christopher	19.09.1986	D	S	39	7	-	7	-	-	-	-	-	-
Lee	Young-Pyo	23.04.1977	KOR	A	3	18	-	1	1	-	1	-	-	-
Njambe	Patrick	24.10.1987	CMR	A	32	-	-	-	-	-	-	-	-	-
Owomoyela	Patrick	05.11.1979	D	A	25	26	1	3	1	-	-	1	-	-
Öztekin	Yasin	19.03.1987	TUR	M	36	1	-	1	-	-	-	-	-	-
Petric	Mladen	01.01.1981	CRO	S	10	-	-	-	-	-	-	-	-	-
Rukavina	Antonio	26.01.1984	SRB	A	14	5	-	-	2	-	-	-	-	-
Sadrijaj	Bajram	10.08.1986	SRB	S	34	3	-	3	-	-	-	-	-	-
Sahin	Nuri	05.09.1988	TUR	M	23	25	4	8	1	-	-	2	-	-
Santana	Felipe	17.03.1986	BRA	A	27	23	-	2	2	-	-	4	-	-
Schmelzer	Marcel	22.01.1988	D	A	29	12	1	2	1	-	-	-	-	-
Subotic	Neven	10.12.1988	SRB	A	4	33	-	-	5	-	-	6	-	-
Tinga		13.01.1978	BRA	M	7	27	5	7	5	-	-	1	-	-
Valdez	Nelson	28.11.1983	PAR	S	9	29	19	3	4	-	-	7	-	-
Vrancic	Damir	04.10.1985	BIH	M	42	-	-	-	-	-	-	-	-	-
Weidenfeller	Roman	06.08.1980	D	T	1	32	1	-	2	-	-	-	-	-
Zidan	Mohamed	11.12.1981	EGY	S	10	29	11	17	2	-	-	7	-	-
Ziegler	Marc	13.06.1976	D	T	20	3	-	1	-	-	-	-	-	-

Traumhafter

Anno 2008 erlebte die Bundesliga wieder ein Fußballmärchen: Aufsteiger 1899 Hoffenheim startete gleich an die Tabellenspitze durch – und auch der schwächere zweite Saisonteil ließ den Glanz der Hinrunde kaum verblassen.

Wer verstehen will, was mit dem ersten Fußballclub des kleinen nordbadischen Dorfes Hoffenheim in den vergangenen drei Jahren passiert ist, der muss zurückblicken. Als Mäzen Dietmar Hopp nach Geschäftsführer Jochen A. Rotthaus im Juni 2006 Trainer Ralf Rangnick holte und dann auch Manager Jan Schindelmeiser sowie Bernhard Peters als Direktor für Sport- und Nachwuchsförderung kamen, geschah dies im Schatten der Weltmeisterschaft in Deutschland. Innerhalb von fünf Jahren wolle man mit diesen erfahrenen Fachleuten in die Bundesliga, erklärte Hopp, selbst ehemaliger Kreisliga-Mittelstürmer der TSG gewesen und Mitgründer des Softwaregiganten SAP, vor ein paar Lokaljournalis-

1899 Hoffenheim als Fußball-Spaßgemeinschaft: Rechts feiern Torjäger Vedad Ibisevic, Carlos Eduardo, Demba Ba und Tobias Weis. Foto oben: „Dankeschön" an die Fans in der Rhein-Neckar-Arena.

Der Autor: **Tobias Schächter** lebt als freier Journalist in Karlsruhe und berichtet unter anderem für die „Süddeutsche Zeitung", die „Berliner Zeitung", die „taz" und „Financial Times Deutschland" über den Fußball in Südwestdeutschland.

Einstieg eines Neulings

Der erste Nationalspieler von 1899 Hoffenheim: Marvin Compper, hier im Zweikampf mit Bayer 04 Leverkusens Torjäger Patrick Helmes (rechts).

ten. Damals spielten die Hoffenheimer noch in der Regionalliga im kleinen Dietmar-Hopp-Stadion. Gerade einmal 3000 Zuschauer kamen damals im Schnitt zu den Begegnungen. Von der enormen Rasanz der einsetzenden Entwicklung waren sie im Kraichgau dann aber selbst überrascht.

Um in die Bundesliga aufzusteigen, genügten Rangnicks Team nur zwei Jahre. Und als im Januar 2009 die von Hopp finanzierte neue moderne Heimspielstätte Rhein-Neckar-Arena mit einem Test gegen eine regionale Auswahl eröffnet wurde, war 1899 Hoffenheim Tabellenführer in der deutschen Fußball-Beletage. 30.150 Zuschauer kamen an diesem Tag in das ausverkaufte Stadion an der A6 in Sinsheim, um „Hoffe" gegen das Amateurteam zu sehen. Nur neun Heimspiele im Mannheimer Carl-Benz-Stadion hatte Rangnicks Mannschaft gebraucht, um nicht nur eine ganze Region von ihrem Modell zu überzeugen und mit Spielkunst zu begeistern. Sämtliche Vorrundenheimspiele im Mannheimer Ausweichquartier waren mit 26.300 Zuschauern ausverkauft. Keine andere Mannschaft bot in der Hinrunde einen solch spektakulären Fußball wie dieses jüngste aller Teams.

Drei Jahre zuvor kannten Hoffenheim nur badische Heimatforscher. Doch als am vorletzten Spieltag der Hinserie das Spitzenspiel beim Rekordmeister FC Bayern München anstand, besuchten in der Woche zuvor neugierige Journalisten aus der ganzen Welt das 3300-Seelen-Dorf. Zuvor unbekannte Fußballer wie der aus dem Senegal stammende Demba Ba, der Nigerianer Chinedu Obasi oder der Bosnier Vedad Ibisevic standen da bereits in den Notizbüchern europäischer Großclubs. Die Verteidiger Andreas Beck und Marvin Compper sowie der agile Mittelfeldspieler Tobias Weis wurden für die deutsche A-Nationalmannschaft nominiert, Compper kam als erster Hoffenheimer überhaupt zu einem Einsatz in diesem Team, Beck folgte schon bald danach.

Das Tempo, mit dem sich das 50. Bundesliga-Mitglied seit 1963 zu einem ernsthaften Konkurrenten der Etablierten aufgeschwungen hatte, war atemberaubend und eindrucksvoll der spielerische Glanz, mit dem die Mannschaft dies schaffte. Im Dezember schien sogar der Meisterschaftsgewinn möglich, zumal mit dem beim FC Valencia unglücklichen ehemaligen Nationaltorhüter Timo Hildebrand Verstärkung geholt wurde. Doch dann kam es anders.

Ralf Rangnick:

„Die Vorfreude auf die neue Saison mit hoffentlich kompletter Mannschaft ist riesig."

Mäzen Dietmar Hopp und „Hoffi", das Maskottchen des 50. Mitglieds in der Bundesliga-Geschichte.

Im Winter vom FC Valencia in die Bundesliga zurückgekehrt: Torhüter Timo Hildebrand.

Cheftrainer Ralf Rangnick (oben) malt den Spielern schon auch mal handschriftliche Botschaften auf die Trikots (unten), um symbolisch zu vermitteln: „Setzt bei eurem Auftreten Ausrufezeichen!"

Verletzungen, Sperren, hier und da wohl auch der Umgang mit der ungewohnten Höhenluft und manch unglückliche Niederlage stoppten jäh den Traum vom internationalen Fußball. Vor allem der Ausfall von Goalgetter Vedad Ibisevic, der in der Vorrunde in 17 Spielen 18 Tore erzielt hatte und sogar Lob von Rekordtorjäger Gerd Müller bekam, wirkte wie ein Schock für Rangnicks Team. Im Wintertrainingslager im spanischen La Manga erlitt der Bosnier einen Kreuzbandriss und fehlte die gesamte Rückserie. Der brillante Dreiersturm Ibisevic-Obasi-Ba war gesprengt. Der von Werder Bremen ausgeliehene Boubacar Sanogo konnte Ibisevic nicht ersetzen.

Trainer Rangnick war fortan gezwungen, Taktik und Aufstellung zu ändern. Auch Obasi fehlte lange verletzt, ebenso die Defensivspieler Andreas Ibertsberger und Matthias Jaissle, die Mittelfeldasse Gustavo und Eduardo schwächten die Mannschaft mehrfach durch Platzverweise. Zwölf Mal in Folge blieb der Herbstmeister ohne Sieg, bevor am viertletzten Spieltag gegen den 1. FC Köln erstmals wieder gewonnen wurde. Als schließlich der FC Bayern zum Rückspiel in der Rhein-Neckar-Arena auflief, erinnerte beim 2:2 schon vieles wieder an die spektakulären Hoffenheimer Auftritte während der Vorrunde.

Trotz der Schwächephase in der Rückserie waren auch alle Hoffenheimer Stadionplätze in Sinsheim ausverkauft. Nach einem aufregenden Jahr blickte Ralf Rangnick gleich voraus: „Die Vorfreude auf die neue Saison mit einer hoffentlich kompletten Mannschaft ist riesig." Dass auch tief fallen kann, wer hoch steigt, haben Hoffenheims Senkrechtstarter in ihrer ersten Bundesliga-Spielzeit nachdrücklich erlebt. Die Entwicklung dieser Mannschaft ist noch nicht zu Ende.

ALLE SPIELE

Hinrunde										Rückrunde
1	16.08.	A	0:3	(0:1)	FC Energie Cottbus	2:0	(1:0)	H	31.01.	18
2	23.08.	H	1:0	(1:0)	Borussia Mönchengladbach	1:1	(1:0)	A	07.02.	19
3	30.08.	A	5:2	(3:1)	Bayer 04 Leverkusen	1:4	(1:3)	H	13.02.	20
4	13.09.	H	0:0		VfB Stuttgart	3:3	(2:2)	A	21.02.	21
5	21.09.	A	4:1	(2:0)	Borussia Dortmund	0:0		A	28.02.	22
6	27.09.	H	5:4	(4:2)	Werder Bremen	0:0		H	07.03.	23
7	04.10.	A	2:1	(0:0)	Eintracht Frankfurt	1:1	(0:1)	A	14.03.	24
8	18.10.	H	2:5	(0:1)	Hannover 96	2:2	(1:1)	H	21.03.	25
9	26.10.	A	3:0	(3:0)	Hamburger SV	1:0	(1:0)	A	04.04.	26
10	29.10.	H	1:3	(1:0)	VfL Bochum	0:3	(0:1)	H	11.04.	27
11	01.11.	H	4:1	(1:1)	Karlsruher SC	2:2	(1:1)	A	18.04.	28
12	09.11.	A	1:0	(0:0)	Hertha BSC Berlin	0:1	(0:1)	H	24.04.	29
13	15.11.	H	3:2	(2:2)	VfL Wolfsburg	4:0	(0:0)	A	02.05.	30
14	22.11.	A	1:3	(0:1)	1. FC Köln	2:0	(0:0)	H	09.05.	31
15	29.11.	H	3:0	(2:0)	DSC Arminia Bielefeld	0:2	(0:1)	A	13.05.	32
16	05.12.	A	2:1	(0:0)	FC Bayern München	2:2	(2:2)	H	16.05.	33
17	14.12.	H	1:1	(0:1)	FC Schalke 04	2:3	(2:1)	A	23.05.	34

1899 HOFFENHEIM AUF EINEN BLICK

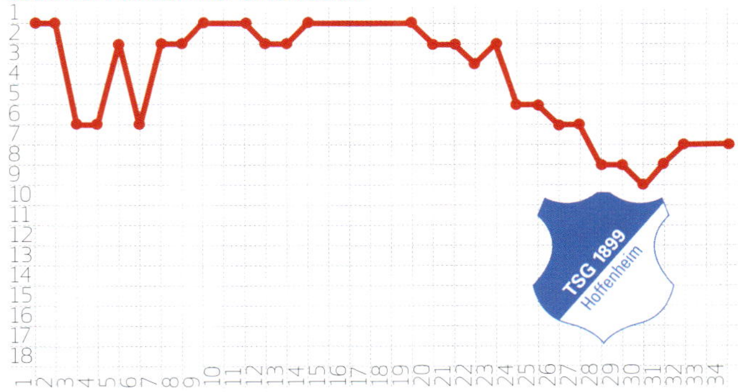

ALLE SPIELER

Name	Vorname	Geburtsdatum	Nationalität	Position	Rücken-Nr.	Einsätze	Auswechslungen	Einwechslungen	Gelbe Karten	Gelb-Rote Karten	Rote Karten	Tore	Elfmeter	Eigentore
Ba	Demba	25.05.1985	SEN	S	9	33	9	-	4	-	-	14	-	-
Beck	Andreas	13.03.1987	D	A	2	30	-	-	9	1	-	-	-	-
Bernhardt	Daniel	21.08.1985	D	T	29	-	-	-	-	-	-	-	-	-
Broghammer	Fabian	14.01.1990	D	S	35	-	-	-	-	-	-	-	-	-
Compper	Marvin	14.06.1985	D	A	5	30	2	-	5	-	-	1	-	-
Conrad	Kevin	10.08.1990	D	A	42	-	-	-	-	-	-	-	-	-
Copado	Francisco	19.07.1974	ESP	S	22	6	-	6	-	-	-	1	1	-
Eduardo	Carlos	18.07.1987	BRA	M	33	25	10	1	-	-	1	8	1	-
Fabricio		20.02.1990	BRA	A	6	6	1	5	2	-	-	-	-	-
Groß	Pascal	15.06.1991	D	M	39	4	1	3	-	-	-	-	-	-
Gustavo	Luiz	23.07.1987	BRA	M	21	28	6	1	11	2	-	-	-	-
Haas	Daniel	01.08.1983	D	T	1	18	-	1	-	-	1	-	-	-
Herdling	Kai	27.06.1984	D	S	16	-	-	-	-	-	-	-	-	-
Hesse	Kai	20.06.1985	D	S	18	-	-	-	-	-	-	-	-	-
Hildebrand	Timo	05.04.1979	D	T	28	10	1	-	-	-	-	-	-	-
Ibertsberger	Andreas	27.07.1982	AUT	A	26	24	5	1	2	-	-	-	-	-
Ibisevic	Vedad	06.08.1984	BIH	S	19	17	6	-	-	-	-	18	2	-
Jaissle	Matthias	05.04.1988	D	A	3	22	2	1	4	-	-	-	-	-
Janker	Christoph	14.02.1985	D	A	14	17	3	7	4	-	-	-	-	-
Kirschbaum	Thorsten	20.04.1987	D	T	30	-	-	-	-	-	-	-	-	-
Löw	Zsolt	29.04.1979	HUN	M	13	1	-	-	1	-	-	-	-	-
Nilsson	Per	15.09.1982	SWE	A	24	15	3	2	2	-	-	-	-	-
Obasi	Chinedu	01.06.1986	NGA	S	20	24	7	5	4	-	-	6	-	-
Özcan	Ramazan	28.06.1984	AUT	T	27	8	-	1	-	-	-	-	-	-
Paljic	Dragan	08.04.1983	D	M	7	-	-	-	-	-	-	-	-	-
Salihovic	Sejad	08.10.1984	BIH	M	23	29	8	4	10	-	-	8	4	-
Sanogo	Boubacar	17.12.1982	CIV	S	18	14	6	4	1	-	-	1	1	-
Seitz	Jochen	11.10.1976	D	M	11	-	-	-	-	-	-	-	-	-
Strifler	Jonas	30.01.1990	D	M	37	-	-	-	-	-	-	-	-	-
Sulu	Aytac	11.12.1985	TUR	A	4	-	-	-	-	-	-	-	-	-
Teber	Selim	07.03.1981	D	M	10	23	7	14	6	-	-	3	1	-
Terrazzino	Marco	15.04.1991	D	M	36	11	-	11	-	-	-	-	-	-
Vorsah	Isaac	21.06.1988	GHA	A	25	26	4	11	1	-	-	-	-	-
Vukcevic	Boris	16.03.1990	D	M	34	1	1	-	-	-	-	-	-	-
Weis	Tobias	30.07.1985	D	M	17	31	12	5	3	-	1	-	-	-
Wellington		11.02.1988	BRA	S	12	18	3	14	2	-	-	3	-	-

SCHALKE 04
Bordon
5

Bitter enttäuscht

Mit großen Hoffnungen in die Spielzeit 2008/09 gestartet, mit dem Ergebnis überhaupt nicht zufrieden: Der FC Schalke 04 konnte nur selten die zugedachte Hauptrolle spielen.

Über 78.000 Mitglieder, nahezu jedes Heimspiel in der VELTINS-Arena ausverkauft, dazu die ganz spezielle Aura, die diesen Club umgibt – die Gefahr, dass der FC Schalke 04 zu einer „Grauen Maus" schrumpfen könnte, ist so gut wie ausgeschlossen. Dennoch: In der Tabelle war „Königsblau" in der vergangenen Saison eher „Königsgrau" – da beißt die Maus keinen Faden ab.

es wurde eine ziemlich trostlose Saison. Nach und nach musste der FC Schalke 04 seine Ambitionen herunterschrauben, am Ende wurde kein Vorhaben erreicht. Sogar das Minimalziel vieler eingefleischter Schalke-Fans, nach 34 Spieltagen wenigstens vor dem Revierrivalen Borussia Dortmund zu landen, wurde verfehlt.

Aus in der Qualifikation zur UEFA Champions League, danach K.o. in der Gruppen-

Symbolische Bilder für den Weg des FC Schalke 04 durch die Saison 2008/09: Marcelo Bordon faltet nachdenklich und ratlos seine Hände hinter dem Kopf. Auf dem rechten Foto spricht das Mienenspiel von Mladen Krstajic, Halil Altintop, Manuel Neuer und Kevin Kuranyi (von rechts) Bände – und Maskottchen „Erwin" hat den Halt verloren.

Dabei sahen die Erwartungen nach dem dritten Platz in der Saison 2007/08 eigentlich ganz anders aus. Der neue Trainer Fred Rutten war angetreten, um Schalke mit dem zusammengebliebenen Kader sowie den beiden namhaften Neuzugängen Orlando Engelaar und Jefferson Farfan noch näher an die Tabellenspitze heranzuführen. Doch

phase des UEFA-Cup-Wettbewerbs, Niederlage im Viertelfinale des DFB-Pokals beim 1. FSV Mainz 05 – und in der Bundesliga nur im Mittelfeld: Schalkes Fußballer vermochten keine ihrer Chancen zu nutzen, und so etwas sorgt in einem chronisch schnell pulsierenden Club wie „S04" beinahe zwangsläufig auch für Turbulenzen auf

Der Autor: **Norbert Neubaum**, NB Medienservice, berichtet seit zwei Jahrzehnten über den FC Schalke 04 und schreibt unter anderem für die „Recklinghäuser Zeitung"

Ebenen, die sich außerhalb des Rasens befinden.

Die hatten ihre Höhepunkte im März: Auch der 1:0-Sieg gegen den 1. FC Köln

Trennung nach unerfüllten Hoffnungen: Trainer Fred Rutten.

konnte die Position von Andreas Müller nicht mehr sichern. Er wurde am 14. März 2009 vom Aufsichtsrat als Manager beurlaubt und als Vorstandsmitglied abberufen. Eine Trennung von Fred Rutten hatte Müller zuvor strikt abgelehnt.

Am 26. März entband der verbliebene Vorstand mit Vorstandschef Josef Schnusenberg und Geschäftsführer Peter Peters

Klaus Fischer:

„Sportlich muss man die Handschrift eines Trainers erkennen."

auch Rutten von seinen Aufgaben. Der Niederländer war bei seiner ersten Trainerstation in Deutschland gescheitert. Wie schon in der Vorsaison, damals nach der Trennung von Mirko Slomka, wurden Mike Büskens, Youri Mulder und Oliver Reck „befördert" – doch nach vier Siegen in Folge erlosch auch der Zauber des Trainertrios für den Übergang.

Der FC Schalke 04 sah sich in der Öffentlichkeit von spöttischen Bemerkungen begleitet, wobei die sportliche Entwicklung in den vergangenen Jahren oft genug beiseite geschoben wurde und ohne Beachtung blieb. Wer aber die jüngere Geschichte der „Knappen" besonders seit dem UEFA-Cup-Triumph von 1997 seriös verfolgt, erkennt eine erstaunliche Erfolgsstory – auch ohne Meistertitel. Die kommende Saison wird die erste nach acht Jahren in Folge ohne Teilnahme an einem internationalen Wettbewerb. Es gibt nicht viele Bundesligisten mit einer solchen Bilanz.

Aber die Situation im März war schon knifflig: Der Vorstand musste – in einer Konstellation ohne Manager – einen neuen Trainer suchen und der Aufsichtsrat, seinen Zuständigkeiten entsprechend, den künftigen sportlich Verantwortlichen an der Seite des Chefcoaches. Was auch eine Premiere war, weil die Manager-Position „auf Schalke" seit knapp zwanzig Jahren – dreizehn allein mit Rudi Assauer, danach mit Andreas Müller – fest vergeben war.

Und während Fußball-Deutschland noch die beinahe öffentlichen Verhandlungen mit Oliver Kahn verfolgte und disku-

Erneut Übergangslösung auf der Schalker Trainerbank: das Trio Mike Büskens, Oliver Reck und Youri Mulder (von rechts) hat wieder Verantwortung übernommen.

Hinter den Erwartungen geblieben: Orlando Engelaar (rechts) und Jefferson Farfan.

tierte, machte Clemens Tönnies Nägel mit Köpfen – und präsentierte eine sensationelle Verpflichtung, für die der Aufsichtsratsvorsitzende viele Komplimente erhielt: Mitten im Meisterschaftsrennen wurde die Einigung mit Felix Magath vom VfL Wolfsburg bekannt gegeben – als Trainer, Manager und Vorstandsmitglied für vier Jahre. Schon fieberten die Schalke-Fans fast mehr dem Beginn der kommenden Saison als dem Ende der aktuellen Spielzeit entgegen.

Dass Magath von einem Teilnehmer an der UEFA Champions League zu einem Club wechselt, der zunächst nicht auf europäischer Ebene vertreten ist, zeigt wohl auch die Faszination, die nach wie vor vom FC Schalke 04 ausgeht. Magath wird zugetraut, aus „Königsgrau" wieder ein strahlendes „Königsblau" zu machen – vor allem da, wo das entscheidend ist: in der Tabelle.

Benedikt Höwedes, hier im Zweikampf mit dem Berliner Andrey Voronin (links), gehört zu den talentierten Hoffnungsträgern für die Zukunft „auf Schalke".

Die Verpflichtung von Felix Magath realisiert: Clemens Tönnies, der Vorsitzende des Aufsichtsrates.

ALLE SPIELE

Hinrunde										Rückrunde
1	16.08.	H	3:0	(2:0)	Hannover 96	1:0	(1:0)	A	31.01.	18
2	23.08.	A	1:1	(0:0)	Werder Bremen	1:0	(0:0)	H	07.02.	19
3	30.08.	H	1:0	(1:0)	VfL Bochum	2:1	(1:1)	A	14.02.	20
4	13.09.	A	3:3	(0:2)	Borussia Dortmund	1:1	(1:0)	H	20.02.	21
5	20.09.	H	1:0	(1:0)	Eintracht Frankfurt	1:2	(0:1)	A	28.02.	22
6	26.09.	A	1:0	(1:0)	1. FC Köln	1:0	(1:0)	H	06.03.	23
7	05.10.	H	2:2	(1:0)	VfL Wolfsburg	4:3	(2:1)	A	13.03.	24
8	19.10.	A	1:1	(1:0)	Hamburger SV	1:2	(0:0)	H	22.03.	25
9	25.10.	H	0:0		DSC Arminia Bielefeld	0:2	(0:1)	A	03.04.	26
10	28.10.	A	0:3	(0:2)	Karlsruher SC	2:0	(1:0)	H	11.04.	27
11	01.11.	A	0:2	(0:0)	FC Energie Cottbus	4:0	(2:0)	H	17.04.	28
12	09.11.	H	1:2	(1:2)	FC Bayern München	0:1	(0:1)	A	25.04.	29
13	15.11.	A	2:1	(2:0)	Bayer 04 Leverkusen	1:2	(0:2)	H	02.05.	30
14	22.11.	H	3:1	(3:1)	Borussia Mönchengladbach	1:0	(0:0)	A	10.05.	31
15	30.11.	A	2:0	(0:0)	VfB Stuttgart	1:2	(1:1)	H	13.05.	32
16	06.12.	H	1:0	(0:0)	Hertha BSC Berlin	0:0		A	16.05.	33
17	14.12.	A	1:1	(0:1)	1899 Hoffenheim	2:3	(2:1)	H	23.05.	34

FC SCHALKE 04 AUF EINEN BLICK

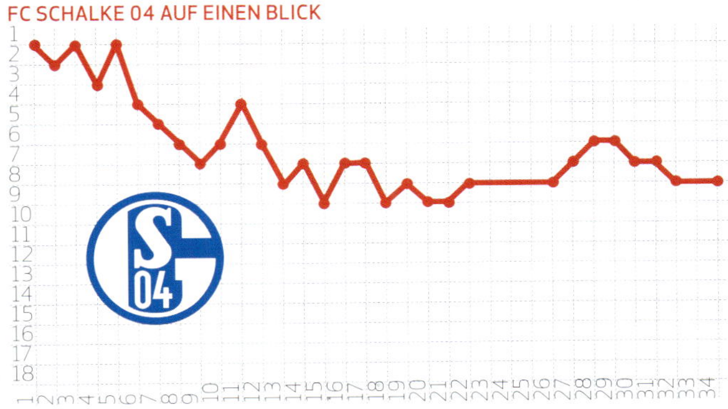

ALLE SPIELER

Name	Vorname	Geburtsdatum	Nationalität	Position	Rücken-Nr.	Einsätze	Auswechslungen	Einwechslungen	Gelbe Karten	Gelb-Rote Karten	Rote Karten	Tore	Elfmeter	Eigentore
Altintop	Halil	08.12.1982	TUR	S	19	31	13	8	1	-	-	4	-	-
Amsif	Mohamed	07.02.1989	D	T	35	-	-	-	-	-	-	-	-	-
Asamoah	Gerald	03.10.1978	D	S	14	27	5	19	1	-	-	2	-	-
Bordon	Marcelo	07.01.1976	BRA	A	5	21	4	2	3	-	-	2	-	-
Engelaar	Orlando	24.08.1979	NED	M	37	25	4	7	2	1	1	-	-	-
Ernst	Fabian	30.05.1979	D	M	8	15	4	3	4	-	1	-	-	-
Farfan	Jefferson	26.10.1984	PER	S	17	31	12	1	4	-	-	9	4	-
Fährmann	Ralf	27.09.1988	D	T	32	3	-	-	-	-	-	-	-	-
Grossmüller	Carlos	04.05.1983	URU	M	21	2	1	1	-	-	-	-	-	-
Heppke	Markus	11.04.1986	D	M	28	-	-	-	-	-	-	-	-	-
Höwedes	Benedikt	29.02.1988	D	A	23	24	-	8	4	-	-	2	-	-
Jones	Jermaine	03.11.1981	D	M	13	30	2	-	9	2	-	3	-	-
Kenia	Levan	18.10.1990	GEO	M	30	1	-	1	-	-	-	-	-	-
Kobiashvili	Levan	10.07.1977	GEO	M	3	29	7	5	1	-	-	-	-	-
Kraska	Philipp	22.01.1989	D	M	42	-	-	-	-	-	-	-	-	-
Krstajic	Mladen	04.03.1974	SRB	A	20	24	3	3	4	-	-	1	-	-
Kuranyi	Kevin	02.03.1982	D	S	22	33	7	2	3	-	-	13	-	-
Latza	Danny	07.12.1989	D	M	26	3	-	2	1	-	-	-	-	-
Lorenz	Marc	18.07.1988	D	S	36	-	-	-	-	-	-	-	-	-
Lövenkrands	Peter	29.01.1980	DEN	S	11	-	-	-	-	-	-	-	-	-
Matip	Joel	08.08.1991	D	A	43	-	-	-	-	-	-	-	-	-
Neuer	Manuel	27.03.1986	D	T	1	27	-	-	-	-	-	-	-	-
Pachan	Marvin	11.04.1990	D	A	39	-	-	-	-	-	-	-	-	-
Pander	Christian	28.08.1983	D	A	24	17	4	4	-	1	-	1	-	-
Rafinha		07.09.1985	BRA	A	18	30	1	-	13	-	-	2	1	-
Rakitic	Ivan	10.03.1988	CRO	M	10	23	11	4	3	-	-	1	-	-
Sanchez	Vicente	07.12.1979	URU	S	27	22	5	12	4	-	-	-	-	-
Schober	Mathias	08.04.1976	D	T	33	4	-	-	-	-	-	-	-	-
Stevanovic	Predrag	09.03.1991	SRB	M	40	-	-	-	-	-	-	-	-	-
Streit	Albert	28.03.1980	D	M	6	4	1	3	-	-	-	-	-	-
Varela	Gustavo	14.05.1978	URU	M	7	-	-	-	-	-	-	-	-	-
Westermann	Heiko	14.08.1983	D	A	2	33	1	-	3	-	-	6	-	-
Zambrano	Carlos	10.07.1989	PER	A	25	-	-	-	-	-	-	-	-	-
Ze Roberto		09.12.1980	BRA	M	15	-	-	-	-	-	-	-	-	-

Erst Attraktion, dann Stagnation

Vergeblich sind Stefan Kießling und seine Teamkollegen von Bayer 04 Leverkusen entscheidenden Bällen hinterhergerannt.

Wie ein Kandidat auf die Meisterschaft trumpfte Bayer 04 Leverkusen in der Hinrunde auf. Doch am Saisonende führte auch der Weg über das DFB-Pokalfinale nicht mehr zum Ziel Europa League.

Unterschiedlicher hätte der Saisonverlauf gar nicht sein können: richtig stark angefangen, dann allerdings das Topniveau nicht mehr gehalten. Einmal mehr endete die Spielzeit für Bayer 04 Leverkusen zudem mit einem verlorenen Finale. „Es ist furchtbar, traurig und sehr enttäuschend", sagte Kapitän Simon Rolfes, als nach dem 0:1 im DFB-Pokalendspiel in Berlin die Kollegen von Werder Bremen ausgelassen ihren perfekten Saisonabschluss feierten. Eine Niederlage verschafft selten Freude, aber für die Leverkusener war sie besonders bitter. Denn das Team von Trainer Bruno Labbadia schaffte es in der zweiten Saisonhälfte nicht mehr, die herausragenden Leistungen der Hinrunde zu wiederholen.

Die Spielzeit von Bayer 04 bot zwei Gesichter – und ließ die Verantwortlichen daher ein emotionales Wechselbad erleben. Vor Saisonbeginn hatte der Club mit Bruno Labbadia einen neuen Trainer verpflichtet. Der ehemalige Bundesliga-Torjäger wechselte von der Spvgg Greuther Fürth zu Bayer 04 und wurde dort Nachfolger von Michael Skibbe. „Bruno Labbadia soll die Mannschaft weiterentwickeln und mit uns den eingeschlagenen Weg gemeinsam bestreiten", hoffte Sportchef Rudi Völler auf einen entsprechenden Saisonverlauf. „Ich meine, dass wir innerhalb des Teams großes Potenzial haben."

Mit Patrick Helmes, Michal Kadlec, Renato Augusto und Henrique wurde die Mannschaft zudem weiter verstärkt. Das

Der Autor: **Gregor Derichs** arbeitet als freier Journalist unter anderem für die „Frankfurter Allgemeine Zeitung" und berichtet seit Jahren auch über Bayer 04 Leverkusen.

Gerüst sollte aus jungen deutschen Spielern, wie eben Helmes und René Adler, Stefan Kießling, Gonzalo Castro und Kapitän Simon Rolfes bestehen. Diese Konzeption ging in der Hinrunde wunderbar auf, Leverkusen bot insbesondere in den Heimspielen in der BayArena ein begeisterndes Offensivspektakel. Für viele Experten spielte die Mannschaft des neuen Trainers Labbadia gemeinsam mit Aufsteiger 1899 Hoffenheim den attraktivsten Fußball der gesamten Liga.

„Für unsere Fans freut mich das ganz besonders, sie haben die Mannschaft riesig unterstützt und zu diesen Leistungen regelrecht gepusht", erklärte Geschäftsführer Wolfgang Holzhäuser vor Beginn der Winterpause. „Wir gehen jetzt voller Zuversicht nach Düsseldorf, um dann anschließend in unser neues phantastisches Stadion zurückzukehren." Wegen der Modernisierung der eigenen Spielstätte musste der Club für die komplette zweite Halbserie in die Landeshauptstadt Nordrhein-Westfalens ausweichen. In der LTU arena konnte Bayer 04 aber zu keinem Zeitpunkt an die großen Leistungen der Hinrunde anknüpfen. Im Gegenteil: Erst im letzten Heimspiel in Düsseldorf gelang gegen Borussia Mönchengladbach der erste Sieg. Zuvor „fehlte einfach immer der Schwung", wie Nationalspieler Simon Rolfes analysierte. „Und dann haben wir nicht mehr den Rhythmus gefunden, der uns vor der Winterpause so stark gemacht hat." Eine Ausnahme bildete der 4:2-Erfolg im Viertelfinale des DFB-Pokals gegen den FC Bayern. Bayer 04 Leverkusen spielte sich regelrecht in einen Offensivrausch, überzeugte mit schnellem und direktem Spiel. „Absolut herausragend", würdigte Labbadia den Auftritt.

Letztlich teilte aber dieses Spiel die weitere Saison der Leverkusener auch in zwei Ebenen. Während immer deutlicher wurde, dass in der Bundesliga die Plätze mit den internationalen Tickets in dieser Spielzeit unerreichbar bleiben, hatte der DFB-Pokal nun absolute Priorität. Mit dem 1. FSV Mainz 05 im Halbfinale einen Zweitligisten auf dem Weg nach Berlin einen schlagbaren Gegner vor der Brust, hatte die Aussicht auf den Gewinn eines Titels eine außerordentliche

Keine Konstanz mehr wie noch vor der Winterpause: Cheftrainer Bruno Labbadia und sein Team.

Auf Erfolgskurs nur in der ersten Hälfte der Saison 2008/09: Bayer 04 Leverkusen mit Stürmer Patrick Helmes, der sich gegen Cicero (rechts) von Hertha BSC durchsetzt.

Faszination. Bayer 04 siegte mit 4:1 nach Verlängerung. Trotzdem blieb das Alltagsgeschäft natürlich die Bundesliga, in der das Team stagnierte. Und bei der medialen Bewertung der Leistungen floss immer mit

Simon Rolfes:

„Und dann haben wir nicht mehr den Rhythmus gefunden."

ein, dass die Mannschaft durch ihre glanzvollen Auftritte in der Hinserie die Latte selbst sehr hoch gelegt hatte. Die Öffentlichkeit urteilte deshalb nur wenig differenziert: Fehlende Bestätigung ist Rückschritt. Und dabei blieb außen vor, den vielen jungen Spielern zuzugestehen, dass sie die ganz

Torhütertalent René Adler schreit seine große Enttäuschung über das Ergebnis der gesamten Saison heraus.

große Konstanz einfach noch nicht haben können.

Der Gewinn des DFB-Pokals wäre für den Club mit den vielen schlechten Finalerfahrungen natürlich ein Meilenstein gewesen. Nach gründlicher Analyse und interner Aufarbeitung freut sich Bayer 04 Leverkusen aber auf neue Herausforderungen in einem komplett modernisierten Stadion.

ALLE SPIELE

Hinrunde									Rückrunde	
1	16.08.	H	2:3	(1:2)	Borussia Dortmund	1:1	(1:0)	A	31.01.	18
2	23.08.	A	0:2	(0:1)	VfB Stuttgart	2:4	(0:1)	H	07.02.	19
3	30.08.	H	5:2	(3:1)	1899 Hoffenheim	1:4	(1:3)	A	13.02.	20
4	13.09.	A	3:2	(1:2)	Hamburger SV	1:2	(1:1)	H	22.02.	21
5	19.09.	H	4:0	(2:0)	Hannover 96	1:0	(1:0)	A	28.02.	22
6	27.09.	A	2:3	(0:2)	VfL Bochum	1:1	(0:1)	H	08.03.	23
7	04.10.	H	0:1	(0:0)	Hertha BSC Berlin	1:0	(0:0)	A	14.03.	24
8	18.10.	A	0:2	(0:1)	Eintracht Frankfurt	1:1	(1:1)	H	21.03.	25
9	24.10.	H	2:0	(0:0)	1. FC Köln	0:2	(0:0)	A	05.04.	26
10	28.10.	A	0:2	(0:0)	Werder Bremen	1:1	(1:1)	H	12.04.	27
11	31.10.	H	2:0	(0:0)	VfL Wolfsburg	2:1	(1:0)	A	18.04.	28
12	08.11.	A	3:3	(1:3)	Karlsruher SC	0:1	(0:0)	H	25.04.	29
13	15.11.	H	2:1	(2:0)	FC Schalke 04	1:2	(0:2)	A	02.05.	30
14	22.11.	A	2:1	(0:0)	DSC Arminia Bielefeld	2:2	(1:2)	H	08.05.	31
15	29.11.	H	0:2	(0:0)	FC Bayern München	3:0	(0:0)	A	12.05.	32
16	06.12.	A	1:3	(0:2)	Borussia Mönchengladbach	5:0	(2:0)	H	16.05.	33
17	13.12.	H	1:1	(0:0)	FC Energie Cottbus	3:0	(0:0)	A	23.05.	34

BAYER 04 LEVERKUSEN AUF EINEN BLICK

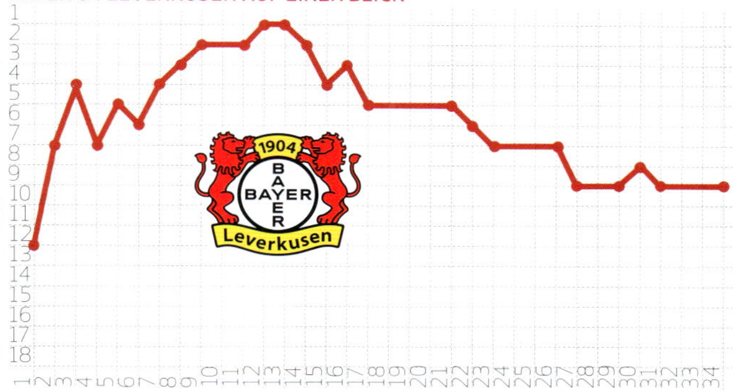

ALLE SPIELER

Name	Vorname	Geburtsdatum	Nationalität	Position	Rücken-Nr.	Einsätze	Auswechslungen	Einwechslungen	Gelbe Karten	Gelb-Rote Karten	Rote Karten	Tore	Elfmeter	Eigentore
Adler	Rene	15.01.1985	D	T	1	31	-	-	1	-	-	-	-	-
Barnetta	Tranquillo	22.05.1985	SUI	M	7	31	13	4	4	-	-	4	-	-
Bulykin	Dmitry	20.11.1979	RUS	S	13	1	-	1	-	-	-	-	-	-
Castro	Gonzalo	11.06.1987	D	A	27	27	4	2	10	1	-	2	-	-
Charisteas	Angelos	09.02.1980	GRE	S	29	13	-	13	-	-	-	1	-	-
Djakpa	Constant	17.10.1986	CIV	A	18	9	3	4	2	-	-	-	-	-
Domaschke	Eric	11.11.1985	D	T	34	-	-	-	-	-	-	-	-	-
Dum	Sascha	03.07.1986	D	M	14	20	2	18	2	-	1	-	-	-
Fernandez	Benedikt	08.01.1985	D	T	22	3	-	-	-	-	-	-	-	-
Friedrich	Manuel	13.09.1979	D	A	5	30	1	-	5	1	-	3	-	1
Gekas	Theofanis	23.05.1980	GRE	S	10	15	-	15	-	-	-	2	1	-
Gresko	Vratislav	24.07.1977	SVK	A	17	-	-	-	-	-	-	-	-	-
Haggui	Karim	20.01.1984	TUN	A	2	11	-	3	-	-	-	1	-	-
Hegeler	Jens	22.01.1988	D	M	45	2	-	2	-	-	-	-	-	-
Helmes	Patrick	01.03.1984	D	S	9	34	17	-	1	-	-	21	3	-
Henrique		14.10.1986	BRA	A	3	27	-	1	6	-	-	-	-	-
Kadlec	Michal	13.12.1984	CZE	A	24	30	1	1	6	-	-	3	-	-
Kießling	Stefan	25.01.1984	D	S	11	34	5	-	2	-	-	12	-	-
Kiraly	Gabor	01.04.1976	HUN	T	21	-	-	-	-	-	-	-	-	-
Kroos	Toni	04.01.1990	D	M	39	10	4	4	1	-	-	1	-	-
Reinartz	Stefan	01.01.1989	D	A	33	-	-	-	-	-	-	-	-	-
Renato Augusto		08.02.1988	BRA	M	8	33	12	2	1	-	-	2	-	-
Risse	Marcel	17.12.1989	D	M	19	-	-	-	-	-	-	-	-	-
Rolfes	Simon	21.01.1982	D	M	6	33	-	-	2	-	-	3	-	-
Sarpei	Hans	28.06.1976	GHA	A	15	3	2	1	-	-	-	-	-	-
Schneider	Bernd	17.11.1973	D	M	25	1	-	1	-	-	-	-	-	-
Schwegler	Pirmin	09.03.1987	SUI	M	16	14	4	8	2	-	-	-	-	-
Sinkiewicz	Lukas	09.10.1985	D	A	20	13	3	2	2	-	-	-	-	1
Sukuta-Pasu	Richard	24.06.1990	D	S	51	4	-	4	-	-	-	-	-	-
Vidal	Arturo	22.05.1987	CHI	M	23	29	15	2	10	2	-	3	-	-
Zdebel	Thomas	25.05.1973	POL	M	19	4	2	-	-	-	-	-	-	-

Durch den DFB-Pokalsieg hat Werder Bremen wieder seinen Stammplatz auf der europäischen Bühne gebucht – nach einer Saison, die in der Bundesliga aber nicht wie gewünscht verlief.

Als endlich alles vorbei war, Kapitän Frank Baumann den DFB-Pokal in den Berliner Nachthimmel gestreckt hatte, da sagte diese Szene mehr aus als tausend Worte. Sekundenlang lagen sich Thomas Schaaf und Klaus Allofs in den Armen. Und man spürte, wie der Druck einer langen Saison allmählich von ihnen wich. „Das haben wir uns verdient", sagte Trainer Schaaf später – und meinte natürlich nicht die Umarmung mit dem Geschäftsführer Profifußball, sondern den Gewinn des DFB-Pokals.

Werder 2008/09: Lange hat eine Bundesliga-Mannschaft nicht mehr so viele Rätsel aufgegeben wie die Bremer in dieser Saison. Doch am Ende überstrahlte der 1:0-Triumph von Berlin gegen Bayer 04 Leverkusen alles. Denn die Bremer können nicht nur die Pokalvitrine auffüllen. Sie sind zudem erneut für einen internationalen Wettbewerb qualifiziert, für die neu geschaffene Europa League. Und dass man mit Diego den Liebling und Spielmacher an Juventus Turin verliert, wird immerhin mit einer stattlichen Transfersumme versüßt.

Doch es sah lange nicht nach einem Happyend für die Bremer aus. Nach fünf Jahren Dauer-Abonnement auf die Champions League hatte es für die Mannschaft von Thomas Schaaf nur ein Ziel gegeben: Vizemeisterschaft verteidigen. Und, wenn möglich, sogar nach den Sternen greifen, nach der Schale. Klaus Allofs hatte sich entsprechend optimistisch geäußert: „Wir haben mit unseren Erfolgen der vergangenen Jahre selbst eine hohe Messlatte gelegt. An dieser Höhe werden wir gemessen."

Doch zumindest in der Bundesliga erwies sich diese Höhe für die Mannschaft als große Herausforderung. Von Beginn an taten sich

Der Autor: **Mathias Sonnenberg** ist Chefreporter der „Bild-Zeitung" und seit Jahren Werder-Experte.

Zum Saisonfinale Erleichterung pur

Spielerische Klasse, tolle Tricks und großartige Schusstechnik: Drei Jahre lang verzückte Diego – hier gegen Mergim Mavraj (links) vom VfL Bochum 1848 – die Fans von Werder Bremen und in der gesamten Bundesliga.

Zum großen Rückhalt des Bremer Teams geworden und im Kreis der Nationaltorhüter: Tim Wiese.

die Bremer schwer. Auch, weil Diego mit der brasilianischen Auswahl zu den Olympischen Spielen nach Peking gereist war und ausge-

Klaus Allofs:

„Wir haben es immer geschafft, Abgänge zu kompensieren."

laugt zurückkehrte. Höhepunkten wie dem 5:2-Sieg beim FC Bayern folgten bittere Rückschläge in Mönchengladbach, Karlsruhe oder auch in Stuttgart. Hinzu kamen Disziplinlosigkeiten, die Sperren von Diego und Claudio Pizarro nach sich zogen. Platz acht in der Winterpause: So mäßig hatte Werder den ersten Saisonabschnitt lange nicht mehr abgeschlossen.

Und auch in der Champions League hatte sich Werder ein besseres Abschneiden gewünscht. Erst am letzten Spieltag verdrängten die Bremer Famagusta vom dritten Platz. Immerhin war also der Sprung in den UEFA-Cup gelungen. Einem Wettbewerb, der für die Bremer noch enorm wichtig werden sollte.

Nach der überwiegend enttäuschenden Hinrunde starteten die Bremer mit neuem Optimismus. Der erhielt schnell neue Nahrung durch einen Achtelfinalsieg im DFB-Pokal in Dortmund. Doch wie schon in der Vorrunde blieb Werder eine Mannschaft mit zwei Gesichtern. Stark im Pokal: In Wolfsburg feierte man einen furiosen 5:2-Sieg und den Einzug ins Halbfinale. Nicht stabil genug in der Meisterschaft.

Immer wieder musste Schaaf analysieren, warum seine Mannschaft so schwankend in den Leistungen war. „Weil wir es nicht schaffen, über längere Zeit konstant zu spielen und wir aus unserer spielerischen Überlegenheit kein Kapital schlagen", sagte der Trainer, der am 9. Mai 2009 sein zehnjähriges Jubiläum als verantwortlicher Coach auf der Werder-Bank feierte.

Konstant blieb Schaafs Team nur in den K.o.-Spielen. Beim AC Mailand schaffte Werder nach einem 0:2-Rückstand noch das 2:2 und warf das Star-Ensemble um Kaká, David Beckham und Ronaldinho aus dem UEFA-Pokal. Es folgte ein Novum im deutschen Fußball: In nur 19 Tagen spielte Werder gleich vier Mal gegen den Nachbar Hamburger SV. Zweimal im UEFA-Cup-Halbfinale, einmal im DFB-Pokal-Halbfinale und zum Abschluss in der Bundesliga.

Das Derby in vier Akten endete mit einem grandiosen Werder-Erfolg: Erst rettete Torhüter Tim Wiese im DFB-Pokal im Elfmeterschießen den Einzug in das Endspiel, dann schaffte Werder im UEFA-Cup nach einer 0:1-Heimspielniederlage mit einem 3:2 im Rückspiel den Finaleinzug auch in diesem Wettbewerb, und zum Abschluss gelang auch in der Bundesliga ein Sieg gegen den HSV (2:0).

Talent für die Rolle des Spielgestalters: Mesut Özil, der im Bundesliga-Spiel gegen Bayer 04 Leverkusen Toni Kross (rechts) davonzieht.

Ein eingespieltes Duo bei Werder in der sportlichen Verantwortung: Thomas Schaaf (links), nun schon seit mehr als zehn Jahren Cheftrainer in Bremen, und Klaus Allofs, der Geschäftsführer Profifußball bei den erfolgreichen Hanseaten.

Letztendlich war es zu verschmerzen, dass Werder in der Meisterschaft mit einem zehnten Platz das schlechteste Abschneiden seit dem Jahr 1999 hinlegte, als die Bremer 13. geworden waren.

Zwei Endspiele zum Ende der Saison – auch das hatte es noch nie gegeben in der Werder-Historie. Finale Nummer eins im UEFA-Cup allerdings werden die Bremer schnell streichen. Ohne die gesperrten Diego und Hugo Almeida sowie den verletzten Per Mertesacker gab es in Istanbul gegen Schachtjor Donezk ein 1:2 nach Verlängerung. Ein Auftritt, über den Schaaf sagte: „Wir haben ganz klar unter unseren Möglichkeiten gespielt."

So geriet das DFB-Pokalfinale auch zum Endspiel um den Einzug in die Europa League – und offenbarte mit dem Torschützen Mesut Özil womöglich gleich den Nachfolger von Diego. „Wir haben es immer geschafft, unsere Abgänge zu kompensieren", erklärte Sportdirektor Klaus Allofs, dem künftig Kapitän Frank Baumann nach dem Ende seiner aktiven Laufbahn assistieren wird. „Das werden wir auch jetzt wieder schaffen."

Aber die Umarmung mit Thomas Schaaf zeigte, wie viele Nerven diese Saison letztlich gekostet hatte.

Als Leihgabe vom FC Chelsea zu Werder Bremen zurückgekehrt: Claudio Pizarro.

ALLE SPIELE

Hinrunde									Rückrunde	
1	16.08.	A	2:2	(0:0)	DSC Arminia Bielefeld	1:2	(1:1)	H	01.02.	18
2	23.08.	H	1:1	(0:0)	FC Schalke 04	1:0	(0:0)	A	07.02.	19
3	30.08.	A	3:2	(2:0)	Borussia Mönchengladbach	1:1	(0:0)	H	14.02.	20
4	13.09.	H	3:0	(0:0)	FC Energie Cottbus	2:1	(0:0)	A	21.02.	21
5	20.09.	A	2:5	(0:2)	FC Bayern München	0:0		H	01.03.	22
6	27.09.	H	5:4	(4:2)	1899 Hoffenheim	0:0		A	07.03.	23
7	04.10.	A	4:1	(2:0)	VfB Stuttgart	4:0	(1:0)	H	15.03.	24
8	18.10.	H	3:3	(0:0)	Borussia Dortmund	1:0	(0:0)	A	21.03.	25
9	25.10.	A	1:1	(1:1)	Hannover 96	4:1	(1:0)	H	05.04.	26
10	28.10.	H	0:2	(0:0)	Bayer 04 Leverkusen	1:1	(1:1)	A	12.04.	27
11	01.11.	H	5:1	(3:0)	Hertha BSC Berlin	2:1	(0:1)	A	19.04.	28
12	08.11.	A	0:0		VfL Bochum	3:2	(0:2)	H	25.04.	29
13	16.11.	H	3:1	(2:0)	1. FC Köln	1:0	(0:0)	A	03.05.	30
14	23.11.	A	2:1	(1:1)	Hamburger SV	2:0	(1:0)	H	10.05.	31
15	29.11.	H	5:0	(3:0)	Eintracht Frankfurt	0:5	(0:0)	A	13.05.	32
16	06.12.	A	1:0	(0:0)	Karlsruher SC	1:3	(0:2)	H	16.05.	33
17	13.12.	H	2:1	(1:1)	VfL Wolfsburg	5:1	(3:1)	A	23.05.	34

WERDER BREMEN AUF EINEN BLICK

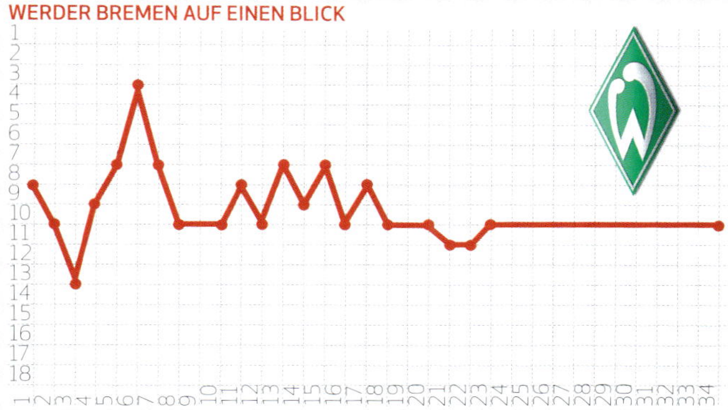

ALLE SPIELER

Name	Vorname	Geburtsdatum	Nationalität	Position	Rücken-Nr.	Einsätze	Auswechslungen	Einwechslungen	Gelbe Karten	Gelb-Rote Karten	Rote Karten	Tore	Elfmeter	Eigentore
Almeida	Hugo	23.05.1984	POR	S	23	27	8	7	2	-	-	9	-	-
Andersen	Niklas	04.08.1988	D	A	27	1	-	1	-	-	-	-	-	-
Artmann	Kevin	21.04.1986	D	M	31	-	-	-	-	-	-	-	-	-
Bargfrede	Philipp	03.03.1989	D	M	44	-	-	-	-	-	-	-	-	-
Baumann	Frank	29.10.1975	D	M	6	27	10	-	4	-	-	1	-	-
Boenisch	Sebastian	01.02.1987	D	A	2	24	2	5	5	-	-	-	-	-
Diego		28.02.1985	BRA	M	10	21	2	-	4	-	-	12	3	-
Frings	Torsten	22.11.1976	D	M	22	30	5	-	5	-	-	4	1	-
Fritz	Clemens	07.12.1980	D	A	8	24	-	5	5	-	-	-	-	-
Futacs	Marko	22.02.1990	HUN	S	30	-	-	-	-	-	-	-	-	-
Harnik	Martin	10.06.1987	AUT	S	34	8	-	6	-	-	-	-	-	-
Hunt	Aaron	04.09.1986	D	S	14	18	8	5	4	-	-	2	-	-
Husejinovic	Said	17.05.1988	BIH	M	17	3	1	2	-	-	-	-	-	-
Ikeng	Jose-Alex	30.01.1988	D	M	32	-	-	-	-	-	-	-	-	-
Jensen	Daniel	25.06.1979	DEN	M	20	11	2	4	3	-	-	-	-	-
Kruse	Max	19.03.1988	D	M	36	-	-	-	-	-	-	-	-	-
Mertesacker	Per	29.09.1984	D	A	29	23	1	-	-	-	1	2	-	-
Mielitz	Sebastian	18.07.1989	D	T	21	-	-	-	-	-	-	-	-	-
Naldo		10.09.1982	BRA	A	4	28	2	1	3	-	1	3	-	-
Niemeyer	Peter	22.11.1983	D	M	25	15	3	7	3	-	-	-	-	-
Oehrl	Torsten	07.01.1986	D	S	47	1	-	1	-	-	-	-	-	-
Özil	Mesut	15.10.1988	D	M	11	28	4	8	1	-	1	3	-	-
Pasanen	Petri	24.09.1980	FIN	A	3	16	4	2	3	-	-	-	-	-
Pellatz	Nico	08.07.1986	D	T	40	-	-	-	-	-	-	-	-	-
Perthel	Timo	11.02.1989	D	M	45	1	-	1	-	-	-	-	-	-
Pizarro	Claudio	03.10.1978	PER	S	24	26	5	2	2	-	1	17	-	-
Prödl	Sebastian	21.06.1987	AUT	A	15	22	9	3	4	-	-	-	-	1
Rosenberg	Markus	27.09.1982	SWE	S	9	29	14	8	2	-	-	7	-	-
Sanogo	Boubacar	17.12.1982	CIV	S	18	8	1	7	-	-	-	1	-	-
Tosic	Dusko	19.01.1985	SRB	A	5	9	2	2	1	-	-	-	-	-
Tziolis	Alexandros	13.02.1985	GRE	M	16	15	2	4	2	-	-	1	-	-
Vander	Christian	24.10.1980	D	T	33	5	-	-	-	-	-	-	-	-
Vranjes	Jurica	31.01.1980	CRO	M	7	14	4	8	1	-	-	-	-	-
Wiese	Tim	17.12.1981	D	T	1	29	-	-	1	-	-	-	-	-

Klar hinter den Erwartungen

geblieben

Zwar lange verletzt, aber dennoch der Rückhalt im Team von Hannover 96: Nationalkeeper Robert Enke.

Zielsetzung nicht erreicht. Die Weiterentwicklung und der Sprung in höhere Tabellenregionen blieben bei Hannover 96 aus. Die Saison der Niedersachsen war durchwachsen – neben einigen Highlights gab es zumeist ernüchternde Erlebnisse.

Das war nicht die Saison von Hannover 96. Nationaltorhüter Robert Enke nannte die Spielzeit 2008/09 ein „Seuchenjahr". Mit hohen Erwartungen waren die Verantwortlichen, Sportdirektor Christian Hochstätter und Cheftrainer Dieter Hecking sowie Geschäftsführer Martin Kind, im vergangenen Sommer in die Spielzeit gestartet. Nach Platz acht in der Abschlusstabelle 2007/08 war mit Jan Schlaudraff, Mario Eggimann und Mikael Forssell die Verpflichtung klangvoller Namen gelungen, mit U21-Nationalkeeper Florian Fromlowitz und Leon Balogun wurden zudem zwei hoffnungsvolle Talente geholt. Schnell zeigte sich jedoch, dass die Neuzugänge erhebliche Startschwierigkeiten hatten, zudem gab es gleich zu Beginn Verletzungsprobleme.

Rasch machte sich Enttäuschung breit, als die ersten drei Begegnungen nicht gewonnen wurden. Ein 5:1 über Borussia Mönchengladbach und ein 1:0 über einen von Jürgen Klinsmann umgebauten FC Bayern München ließen Hoffnung auf Besserung aufkommen. Doch die schwere Handverletzung von Robert Enke, der im Training bei der Nationalmannschaft einen Kahnbeinbruch erlitt, verpasste dem Club gleich wieder einen ordentlichen Dämpfer. Der Kapitän verabschiedete sich mit einer Gipshand bis zum Beginn der Rückrunde, seine Mannschaft konnte auswärts in der Vorrunde kein Spiel gewinnen, das Konto der Gegentore schwoll beängstigend an, und in der niedersächsischen Landeshauptstadt machte sich Abstiegsangst breit.

Der Autor: **Hans-Joachim Zwingmann** ist ehemaliger Sportchef im Landesbüro Niedersachsen/Bremen der Deutschen Presse-Agentur (dpa) und über Jahrzehnte journalistischer Begleiter von Hannover 96.

Im wenig konstanten Erscheinungsbild gab es für Hannover 96 auch Highlights. Hier jubeln mit Torschütze Mike Hanke (Mitte) Frank Fahrenhorst (22) und der nach Russland abgewanderte Szabolcs Huszti (11).

„Die Vorrunde war zum Vergessen. Nichts lief zusammen." So blickte auch Martin Kind schon zur Winterpause mit großen Sorgenfalten auf der Stirn der zweiten Serie entgegen. Sportdirektor Christian Hochstätter kündigte im Januar überraschend seinen Rücktritt zum Saisonende an, weil 96 eine Option zur automatischen Vertragsverlängerung bis zum 31. Dezember 2008 nicht gezogen hatte. Martin Kind reagierte mit der Freistellung des Ex-Profis und -Managers von Borussia Mönchengladbach. Der Geschäftsführer selbst und Trainer Hecking übernahmen ab der Rückrunde Hochstätters Aufgaben rund um die Mannschaft.

Weil neben Torhüter Enke auch Vinicius, Steven Cherundolo, Altin Lala, Mike Hanke, Jan Schlaudraff, Michael Tarnat, Frank Fahrenhorst, Chavdar Yankov, Valérien Ismaël, Leon Balogun und Jan Rosenthal teilweise längerfristig ausfielen, wurden zur Ergänzung des Kaders vor dem zweiten Saisonabschnitt Leon Andreasen aus der englischen Premier League vom FC Fulham sowie Jacek Krzynowek vom VfL Wolfsburg geholt. Szabolcs Huszti konnte dagegen einem lukrativen Angebot von UEFA-Cup-Sieger Zenit St. Petersburg nicht widerstehen und wechselte nach Russland.

Hin- und hergerissen in einer Saison mit schönen Siegen und vielen Enttäuschungen: Trainer Dieter Hecking.

Trotz der niedersächsischen Konkurrenz durch den erstarkten VfL Wolfsburg strömten die Zuschauer weiter in die AWD-Arena. Mit rund 42.000 Besuchern pro Heimspiel war das WM-Stadion konstant gut gefüllt, die Leistungen der Mannschaft blieben hingegen wechselhaft. Auswärts gelang erst am 30. Spieltag mit einem 2:0 beim VfL Bochum der erste Sieg auf gegnerischem Platz, dem beim Karlsruher SC gleich der zweite Streich (3:2) folgte. Zu Hause gab es hingegen durchaus nicht selbstverständliche Siege – nach dem Erfolg gegen den FC Bayern auch über den FC Schalke 04 (1:0), Bayer 04 Leverkusen (1:0) und Hertha BSC (2:0) –, dazu spektakulär torreiche Auftritte gegen den VfB Stuttgart (3:3) und Borussia Dortmund (4:4). Damit war vorgesorgt, dass der Traditionsclub nicht auf einen Abstiegsplatz abrutschte.

Martin Kind:

„Diese schwierige und oft kritische Saison werden wir intensiv analysieren."

Dennoch bangte Martin Kind lange um den Verbleib in der Bundesliga: „Wir hatten alle mehr erwartet. Diese sehr schwierige und oft kritische Saison werden wir intensiv analysieren und anschließend zukunftsorientierte Entscheidungen treffen müssen." Dabei setzt der Clubchef auf die Unterstützung des neuen Sportdirektors Jörg Schmadtke. Der frühere Manager von Alemannia Aachen hatte das Rennen um den vakanten Posten gewonnen, weil bei ihm nach Meinung von Martin Kind die

Durch Verletzungen gleich mehrfach aus der Bahn geworfen: Jan Schlaudraff, zu Saisonbeginn vom FC Bayern München nach Niedersachsen gekommener Ex-Nationalspieler mit guten offensiven Qualitäten.

Mikael Forssell, ebenfalls prominenter 96-Zugang, enteilt den Kölnern Petit (links) und Pedro Geromel (Mitte).

Mischung der wesentlichen Komponenten Wirtschaft, Management und Verhandlungsführung stimmt. Das Duo Hecking/Schmadtke ist bei Hannover 96 wieder vereint, denn beide waren am sportlichen Aufschwung mit dem Bundesliga-Aufstieg von Alemannia Aachen vor drei Jahren maßgeblich beteiligt. Die erfolgreiche Arbeit soll nun mit Sportdirektor, Trainer und Co-Trainer Dirk Bremser, ebenfalls ein Ex-Achener, ihre Fortsetzung finden.

Weil bei der 0:5-Niederlage gegen den VfL Wolfsburg, der höchsten Heimniederlage seit 1989, am vorletzten Spieltag Schwächen beim Team nicht zu übersehen waren, ist Schmadtkes vornehmliche Zielsetzung passend: „Ich möchte mithelfen, die Mannschaft und den Verein weiterzuentwickeln." Ein solcher Aufwärtstrend würde Hannover 96 guttun.

ALLE SPIELE

Hinrunde											Rückrunde
1	16.08.	A	3:0	(2:0)	FC Schalke 04	1:0	(1:0)	H	31.01.	18	
2	22.08.	H	0:0		FC Energie Cottbus	3:1	(1:0)	A	08.02.	19	
3	31.08.	A	2:0	(2:0)	VfB Stuttgart	3:3	(2:2)	H	14.02.	20	
4	14.09.	H	5:1	(2:0)	Borussia Mönchengladbach	3:2	(2:0)	A	21.02.	21	
5	19.09.	A	4:0	(2:0)	Bayer 04 Leverkusen	1:0	(1:0)	H	28.02.	22	
6	27.09.	H	1:0	(1:0)	FC Bayern München	5:1	(3:1)	A	07.03.	23	
7	05.10.	A	1:1	(1:1)	Borussia Dortmund	4:4	(1:2)	H	14.03.	24	
8	18.10.	H	2:5	(0:1)	1899 Hoffenheim	2:2	(1:1)	A	21.03.	25	
9	25.10.	H	1:1	(1:1)	Werder Bremen	4:1	(1:0)	A	05.04.	26	
10	29.10.	A	3:0	(0:0)	Hertha BSC Berlin	2:0	(1:0)	H	11.04.	27	
11	01.11.	H	3:0	(2:0)	Hamburger SV	2:1	(1:0)	A	19.04.	28	
12	07.11.	A	2:1	(1:1)	1. FC Köln	2:1	(2:0)	H	25.04.	29	
13	14.11.	H	1:1	(0:0)	VfL Bochum	0:2	(0:2)	A	01.05.	30	
14	22.11.	A	4:0	(2:0)	Eintracht Frankfurt	1:1	(1:1)	H	09.05.	31	
15	29.11.	H	3:2	(3:0)	Karlsruher SC	2:3	(2:2)	A	12.05.	32	
16	07.12.	A	2:1	(1:0)	VfL Wolfsburg	0:5	(0:3)	H	16.05.	33	
17	13.12.	H	1:1	(1:0)	DSC Arminia Bielefeld	2:2	(1:0)	A	23.05.	34	

HANNOVER 96 AUF EINEN BLICK

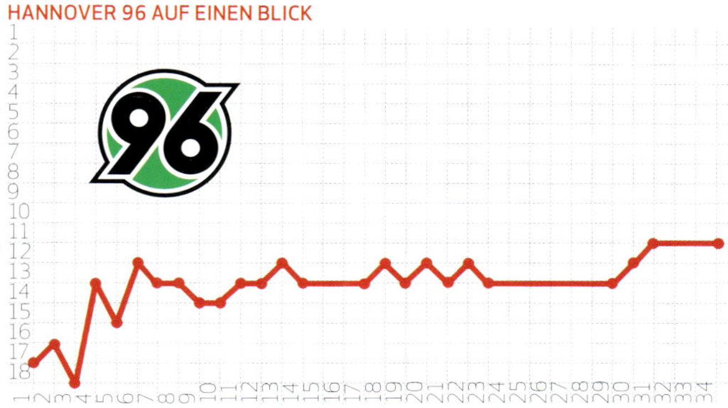

ALLE SPIELER

Name	Vorname	Geburtsdatum	Nationalität	Position	Rücken-Nr.	Einsätze	Auswechslungen	Einwechslungen	Gelbe Karten	Gelb-Rote Karten	Rote Karten	Tore	Elfmeter	Eigentore
Andreasen	Leon	23.04.1983	DEN	M	3	11	1	-	2	1	-	2	-	-
Balitsch	Hanno	02.01.1981	D	M	14	30	8	-	10	-	-	3	-	-
Balogun	Leon	28.06.1988	D	A	28	1	-	1	-	-	-	-	-	-
Bruggink	Arnold	24.07.1977	NED	M	10	27	7	4	3	-	1	5	-	-
Cherundolo	Steven	19.02.1979	USA	A	6	17	1	2	3	-	-	-	-	-
Eggimann	Mario	24.01.1981	SUI	A	5	24	1	6	1	-	-	1	-	1
Enke	Robert	24.08.1977	D	T	1	24	1	-	-	-	-	-	-	-
Fahrenhorst	Frank	24.09.1977	D	A	22	22	3	3	3	-	-	1	-	-
Forssell	Mikael	15.03.1981	FIN	S	32	30	9	10	-	-	-	7	3	-
Fromlowitz	Florian	02.07.1986	D	T	27	10	-	1	-	-	1	-	-	1
Hahne	Hendrik	15.04.1986	D	S	36	-	-	-	-	-	-	-	-	-
Hanke	Mike	05.11.1983	D	S	9	25	3	12	1	-	-	4	-	-
Herrmann	Patrick	16.03.1988	D	A	37	3	1	1	-	-	-	-	-	-
Hofmann	Tim	09.06.1988	D	A	31	-	-	-	-	-	-	-	-	-
Huszti	Szabolcs	18.04.1983	HUN	M	11	17	8	-	3	-	-	3	1	-
Ibelherr	Johannes	09.05.1986	D	A	39	-	-	-	-	-	-	-	-	-
Ismaël	Valérien	28.09.1975	FRA	A	25	4	2	1	-	-	-	-	-	-
Jensen	Morten	20.09.1987	D	T	30	1	-	-	-	-	-	-	-	-
Krebs	Gaetan	18.11.1985	FRA	M	17	10	4	5	-	-	-	-	-	-
Krzynowek	Jacek	15.05.1976	POL	M	20	14	6	2	-	-	-	2	-	-
Lala	Altin	18.11.1975	ALB	M	8	12	3	7	1	-	-	-	-	-
Maluck	Marcel	06.03.1989	D	T	40	-	-	-	-	-	-	-	-	-
Pinto	Sergio	16.10.1980	POR	M	7	23	5	4	9	-	-	4	-	-
Rausch	Konstantin	15.03.1990	D	A	34	25	4	3	3	-	-	-	-	-
Rosenthal	Jan	07.04.1986	D	M	26	12	2	6	-	-	-	-	-	-
Schlaudraff	Jan	18.07.1983	D	S	13	22	9	7	-	-	-	5	-	-
Schmiedebach	Manuel	05.12.1988	D	M	33	-	-	-	-	-	-	-	-	-
Schulz	Bastian	10.07.1985	D	M	35	21	6	9	1	-	-	1	-	-
Schulz	Christian	01.04.1983	D	M	19	31	5	-	6	-	-	3	-	-
Stajner	Jiri	27.05.1976	CZE	S	24	27	6	5	3	-	1	8	-	1
Tarnat	Michael	27.10.1969	D	A	18	7	3	1	4	-	-	-	-	-
Vinicius		31.07.1980	BRA	A	2	11	1	1	2	-	-	-	-	-
Yankov	Chavdar	29.03.1984	BUL	M	23	8	2	4	3	-	-	-	-	-
Yigitusagi	Fatih	23.11.1983	TUR	S	38	1	-	1	-	-	-	-	-	-
Zizzo	Salvatore	03.04.1987	USA	M	15	5	-	5	-	-	-	-	-	-

Reebok
REW

Auch in der Bundesliga ein Toptorjäger mit seinen 16 Treffern für den 1. FC Köln: Milivoje Novakovic, hier gegen den Schalker Rafinha (rechts).

Aufbruchstimmung und früh am Ziel

Souveräner als von manchem Skeptiker erwartet hat der 1. FC Köln das Unternehmen Bundesliga nach der Rückkehr in die Beletage bewältigt – und parallel schon die Zukunft geplant.

Seit gut einem Jahr ist die Kölner Fußballwelt nun wieder in Ordnung: Eingeleitet durch den vierten Bundesliga-Aufstieg nach 2000, 2003 und 2005 am Pfingstmontag 2008 und bestätigt durch den Klassenerhalt. Die „Geißböcke" haben sich wieder in der Hautevolee des deutschen Fußballs etabliert – dort, wo sie als erster Deutscher Meister der Bundesliga-Geschichte 1964 mit dem heutigen Präsidenten Wolfgang Overath Geschichte geschrieben haben. Den Weg dorthin zurück hatte Chefcoach Christoph Daum als „die schwerste Aufgabe in meiner Trainerkarriere" beschrieben, um danach auch in der Bundesliga die Treue zu halten: „Es herrscht eine Aufbruchstimmung, und die müssen wir nutzen."

Natürlich war Daum absolut bewusst, dass das Comeback in der Bundesliga für den FC nicht einfach sein würde. Und die unbeschreibliche Euphorie rund um den Dom musste der erfahrene Fußballlehrer im richtigen Maße kanalisieren. Ein Ausdruck der Begeisterung neben der imponierenden Zahl von inzwischen weit über 40.000 Mitgliedern war, dass schon in der vorhergehenden Saison in der 2. Bundesliga sämtliche zur Verfügung stehenden 25.000 Dauerkarten abgesetzt worden waren und nach dem Aufstieg selbstredend wieder gebucht wurden.

Daum war ebenso klar, dass die Garantie für das Saisonziel Klassenerhalt in 2008/09 nur eine stabile Defensive sein konnte. Hier wurde der Hebel angesetzt. Der portugiesische EM-Teilnehmer Petit erwies sich als „Sechser" ebenso als Transfervolltreffer wie der brasilianische Innenverteidiger Pedro Geromel, der zusammen mit dem Libanesen Youssef Mohamad ein sehr starkes Gespann bildete. Sicher war, dass der Weggang von Nationalstürmer Patrick Helmes (17 Saisontreffer in der 2. Bundesliga) zu Bayer 04 Leverkusen nicht so leicht zu verkraften sein würde. Helmes und Milivoje Novakovic waren mit insgesamt 37 Treffern quasi die Aufstiegsversicherung für den dreimaligen Deutschen Meister gewesen.

Die unbeschreibliche Euphorie ein wenig bremsen und auf dem Platz die Defensive stabilisieren: FC-Trainer Christoph Daum.

Für Helmes wurde vom MSV Duisburg der nigerianische Nationalstürmer Manasseh Ishiaku verpflichtet, der allerdings verletzungsbedingt nur schwer auf die Beine kam.

Der Autor: **Ralph Durry** ist seit 1983 bei der Nachrichtenagentur Sport-Informations-Dienst (sid) tätig, seit 1998 als Fußballchef sowie Mitglied der Redaktionsleitung und seit vielen Jahren journalistischer Begleiter des 1. FC Köln.

Teamgeist als Voraussetzung für ein erfolgreiches Abschneiden nach der Rückkehr in die Bundesliga: Der FC hat sein Klassenziel früh erreicht – und das, obwohl es bei der Punkteausbeute in Heimspielen noch viel Luft nach oben gibt.

Positive Bilanz für Aufsteiger 1. FC Köln: Michael Meier, Geschäftsführer Sport.

So lag es einmal mehr am Slowenen Novakovic, für die entscheidenden Tore zu sorgen. Und der schlaksige Angreifer enttäuschte die Anhänger nicht. „Nova" traf wie schon in der Saison zuvor fast nach Belieben. Ihm war es vor allem zu verdanken, dass die Kölner am Ende relativ frühzeitig den Klassenerhalt unter Dach und Fach brachten, wobei Novakovic selbst stets die Leistung des gesamten Teams mit den Worten in den Vordergrund rückte: „Die anderen Zehn leisten die Vorarbeit, und es ist eigentlich egal, wer am Ende das Tor macht."

Gleich am dritten Spieltag wurden die Kölner aber von einem dramatischen Vorfall geschockt. Der türkische Kapitän Ümit Özat brach am 29. August 2008 beim Karlsruher SC in der ersten Hälfte ohne gegnerische Einwirkung zusammen. Die Ärzte und Betreuer leiteten Wiederbelebungsmaßnahmen ein. Daum standen am Spielfeldrand die Tränen in den Augen. Bei ihm wurden Erinnerungen an den Herztod des Kameruners Marc-Vivien Foé wach, den er im Stadion miterlebt hatte. Nach bangen Minuten des Wartens gab Physiotherapeut Dieter Trzolek Entwarnung. Eine Herzmuskelentzündung bei Ümit war die Ursache für den Zusammenbruch. Knapp zweihundert Tage später musste er jedoch das Ende seiner Karriere verkünden.

Der sportliche Aspekt hatte hinter der Genesung immer nur eine Nebenrolle gespielt. Der Ausfall des starken Abwehrspielers, mit seinem Heimatland Türkei WM-Dritter von 2002, bedeutete aber eine weitere Schwächung, hatte Özat in der Aufstiegssaison als rechter Verteidiger doch viele Treffer vorbereitet.

Nach etwas schleppendem Start in die Saison war das 1:0 gegen den FC Schalke 04 die Initialzündung für die Rheinländer. Trainer Daum meinte danach: „Es ist wie bei einem Samenkorn: Jeden Tag guckst du raus, wann kommt es? Gießen, gießen – und dann sieht man etwas. Oder wie der Engländer sagt: The picture tells the story."

Mit 33 Einsätzen in der Saison 2008/09 „Dauerbrenner" unter den Kölner Profis: der Slowene Miso Brecko.

Allerdings blieben überzeugende Heimvorstellungen die Ausnahme. Das Team tat sich schwer, selbst das Spiel zu machen, obwohl es an Unterstützung durch die Fans im RheinEnergieStadion nicht fehlte – bei einem grandiosen Schnitt von annähernd 50.000 Zuschauern. Auswärts dagegen trumpften die Kölner ein ums andere Mal auf, am Ende standen sieben Siege auf des Gegners Platz. Auch dabei erwies sich Novakovic (16 Saisontreffer) häufig als Matchwinner.

Christoph Daum:

„Wie bei einem Samenkorn. Gießen, gießen – dann sieht man etwas."

In der Rückserie blieb der FC deutlich hinter dem Punkte-Ergebnis der Hinrunde (22 Zähler) zurück. Es gab im Frühjahr 2009 dennoch zwei richtige Highlights für die Kölner, die jeweils mit dem FC Bayern zu tun hatten. Ausgerechnet mitten im Karneval gewann der FC in der Allianz Arena beim Rekordmeister mit 2:1, was für Fans, Spieler und Trainer ein emotionaler Höhepunkt der Saison war. Für Christoph Daum auch deshalb, weil er so zu seinem ersten Erfolgserlebnis in München überhaupt kam. Hinterher sprach er von einem „Meilenstein" für seine Mannschaft.

Zu diesem Zeitpunkt war schon klar, dass der „verlorene Sohn" Lukas Podolski zur neuen Saison vom FC Bayern zurückkehren würde. Am 19. Januar 2009 wurde der Abschluss eines Vierjahresvertrages bis 2013 bekannt gegeben. Auch Oberbürgermeister Fritz Schramma kommentierte hocherfreut, ‚Poldi' gehöre zum FC „wie der Dom zu Köln".

ALLE SPIELE

Hinrunde										Rückrunde
1	16.08.	A	2:1	(0:1)	VfL Wolfsburg	1:1	(1:0)	H	31.01.	18
2	24.08.	H	1:1	(1:0)	Eintracht Frankfurt	2:2	(1:0)	A	07.02.	19
3	29.08.	A	0:2	(0:0)	Karlsruher SC	0:0		H	14.02.	20
4	13.09.	H	0:3	(0:0)	FC Bayern München	1:2	(0:2)	A	21.02.	21
5	20.09.	A	2:0	(0:0)	DSC Arminia Bielefeld	1:1	(1:1)	H	27.02.	22
6	26.09.	H	1:0	(1:0)	FC Schalke 04	1:0	(1:0)	A	06.03.	23
7	04.10.	A	1:2	(1:1)	Borussia Mönchengladbach	2:4	(0:2)	H	14.03.	24
8	18.10.	H	1:0	(1:0)	FC Energie Cottbus	0:2	(0:0)	A	21.03.	25
9	24.10.	A	2:0	(0:0)	Bayer 04 Leverkusen	0:2	(0:0)	H	05.04.	26
10	29.10.	H	0:1	(0:0)	Borussia Dortmund	3:1	(1:1)	A	11.04.	27
11	01.11.	A	1:3	(0:1)	VfB Stuttgart	0:3	(0:1)	H	18.04.	28
12	07.11.	H	2:1	(1:1)	Hannover 96	2:1	(2:0)	A	25.04.	29
13	16.11.	A	3:1	(2:0)	Werder Bremen	1:0	(0:0)	H	03.05.	30
14	22.11.	H	1:3	(0:1)	1899 Hoffenheim	2:0	(0:0)	A	09.05.	31
15	28.11.	A	2:1	(1:1)	Hertha BSC Berlin	1:2	(0:1)	H	12.05.	32
16	07.12.	H	1:2	(0:2)	Hamburger SV	0:1	(0:1)	A	16.05.	33
17	13.12.	A	1:2	(0:1)	VfL Bochum	1:1	(1:1)	H	23.05.	34

1. FC KÖLN AUF EINEN BLICK

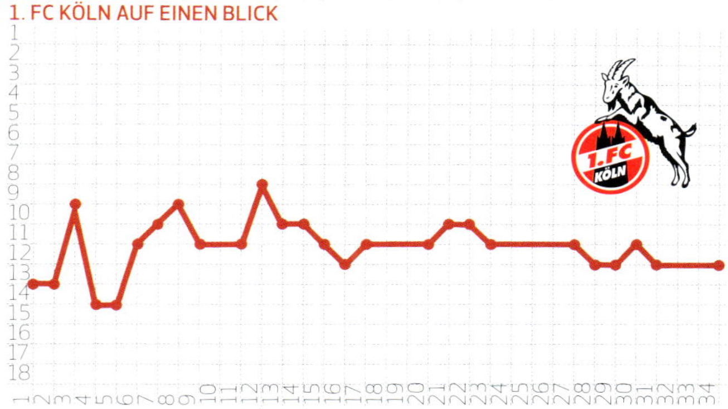

ALLE SPIELER

Name	Vorname	Geburtsdatum	Nationalität	Position	Rücken-Nr.	Einsätze	Auswechslungen	Einwechslungen	Gelbe Karten	Gelb-Rote Karten	Rote Karten	Tore	Elfmeter	Eigentore
Andre		20.04.1985	BRA	M	16	-	-	-	-	-	-	-	-	-
Antar	Roda	12.09.1980	LIB	M	20	15	4	-	3	-	-	-	1	-
Boateng	Derek	02.05.1983	GHA	M	26	10	1	4	1	-	-	-	-	-
Brecko	Miso	01.05.1984	SVN	A	2	33	3	-	8	-	-	2	-	-
Broich	Thomas	29.01.1981	D	M	10	12	3	8	-	-	-	-	-	-
Brosinski	Daniel	17.07.1988	D	M	13	10	5	4	-	-	-	1	-	-
Chihi	Adil	21.02.1988	MAR	S	19	19	5	14	-	-	-	1	-	-
Cullmann	Carsten	05.03.1976	D	A	28	-	-	-	-	-	-	-	-	-
Ehret	Fabrice	28.09.1979	FRA	M	22	25	19	1	3	-	-	3	-	-
Gardawski	Michael	25.09.1990	D	S	30	-	-	-	-	-	-	-	-	-
Geromel	Pedro	21.09.1985	BRA	A	21	32	-	-	5	1	-	1	-	1
Hartmann	Moritz	20.06.1986	D	S	40	-	-	-	-	-	-	-	-	-
Ishiaku	Manasseh	09.01.1983	NGA	S	9	13	1	10	1	-	-	1	-	-
Kessler	Thomas	20.01.1986	D	T	18	3	-	-	-	-	-	-	-	-
Matip	Marvin	25.09.1985	D	A	4	18	4	1	3	-	-	-	-	-
Matuschyk	Adam	14.02.1989	D	M	45	-	-	-	-	-	-	-	-	-
McKenna	Kevin	21.01.1980	CAN	A	23	24	-	9	3	-	1	1	-	-
Mitreski	Aleksandar	05.08.1980	MKD	A	26	-	-	-	-	-	-	-	-	-
Mohamad	Youssef	01.07.1980	LIB	A	3	30	-	-	5	-	1	1	-	-
Mondragon	Faryd	21.06.1971	COL	T	1	31	-	-	3	-	-	-	-	-
Nickenig	Tobias	01.08.1984	D	A	15	1	-	1	-	-	-	-	-	-
Niedrig	Michael	12.01.1980	D	M	33	-	-	-	-	-	-	-	-	-
Novakovic	Milivoje	18.05.1979	SVN	S	11	30	5	-	5	1	-	16	2	-
Özat	Ümit	30.10.1976	TUR	A	5									
Parensen	Michael	24.06.1986	D	A	27	-	-	-	-	-	-	-	-	-
Paucken	Dieter	20.09.1982	D	T	32	-	-	-	-	-	-	-	-	-
Petit		25.09.1976	POR	M	12	31	5	-	10	-	-	3	-	-
Pezzoni	Kevin	22.03.1989	D	A	17	27	6	2	5	-	-	-	-	-
Radu	Sergiu	10.08.1977	ROM	S	24	22	11	9	1	-	-	2	-	-
Sanou	Wilfried	16.03.1984	BFA	S	14	15	4	10	1	-	-	1	-	-
Scherz	Matthias	14.12.1971	D	S	8	6	-	6	2	-	-	-	-	-
Schöneberg	Kevin	24.08.1985	D	A	25	-	-	-	-	-	-	-	-	-
Varvodic	Miro	15.05.1989	CRO	T	34	-	-	-	-	-	-	-	-	-
Vucicevic	Nemanja	11.08.1979	SRB	S	7	29	14	7	3	-	-	1	-	-
Wome	Pierre	26.03.1979	CMR	A	6	18	2	-	5	-	-	-	-	-
Yalcin	Taner	18.02.1990	D	M	29	12	2	9	3	-	-	-	-	-

Schlussstrich vor Saisonende

Nach fünf Jahren nicht mehr Trainer bei Eintracht Frankfurt: Friedhelm Funkel.

Die Fans von Eintracht Frankfurt hatten vom Anschluss an die obere Tabellenregion geträumt. Doch der Aufzug mit dem Team von Friedhelm Funkel blieb auf halbem Weg stecken – der Trainer reagierte mit dem Ausstieg.

Der eigentliche Schlussstrich wurde bei Eintracht Frankfurt schon zwei Tage vor dem tatsächlichen Ende der Saison 2008/09 gezogen – dick und konsequent. Zu Christi Himmelfahrt gab Trainer Friedhelm Funkel zusammen mit dem Vorstandsvorsitzenden Heribert Bruchhagen bekannt, dass er den hessischen Traditionsclub nach fünf Jahren verlassen werde. Und das, obwohl sein Vertrag im Februar um eine weitere Spielzeit bis 2010 verlängert worden war. Immerhin: Als Funkel zum Saisonfinale gegen den Hamburger SV (2:3) zum letzten Mal seinen typischen Stehplatz neben der Trainerbank einnahm, zog der frühere Profi durch dieses 170. Spiel in verantwortlicher Rolle mit Erich Ribbeck als Bundesliga-Rekordhalter der Eintracht gleich.

In den Tagen zuvor hatte sich die Trennung abgezeichnet, obwohl am 33. Spieltag der Frankfurter Klassenerhalt feststand. Was der Hessische Rundfunk an diesem 16. Mai 2009 zu seiner Topmeldung in den 18-Uhr-Nachrichten machte, wurde eher als Randnotiz empfunden. Anders als zum Saisonende 2006/07, als sich die Eintracht durch einen überraschenden 2:1-Coup bei Werder Bremen am vorletzten Spieltag aus eigener Kraft vor dem Abstieg gerettet hatte, war der freie Fall (0:2 gegen Dortmund, 1:1 in Hannover, 0:5 gegen Bremen) aus der Sicherheitszone nun mit Hilfe Dritter gestoppt worden. Es waren die Niederlagen des FC Energie Cottbus, von Arminia Bielefeld und Borussia Mönchengladbach, die das Auffangnetz spannten und Funkels Mannschaft vor

Der Autor: **Hartmut Scherzer** ist als freier Journalist bundesweit tätig, seit Jahrzehnten mit Eintracht Frankfurt befasst und schreibt unter anderem für die „Frankfurter Allgemeine Zeitung".

Nach Verlängerung seines Vertrages in Frankfurt einer der Hoffnungsträger für die sportliche Weiterentwicklung bei der Eintracht: Verteidiger Patrick Ochs, hier im Vorteil gegen Ciprian Marica vom VfB Stuttgart (hinten).

Schlimmerem bewahrten. Denn auch die Eintracht verlor – mit 0:2 beim VfL Bochum.

Hatte die Rettung zwei Jahre zuvor in Bremen einen Freudentaumel in Frankfurt und Umgebung ausgelöst, so reagierte die Rhein-Main-Region diesmal eher zerknirscht. Zu freudlos war die gesamte Saison vor allem in der heimischen Commerzbank-Arena verlaufen – vom ersten Spieltag an, von der Niederlage gegen Hertha BSC (0:2) bis zum bitteren 0:5 gegen Werder Bremen. Seit Oktober 2008 richtete sich dann der Unmut über die mäßigen Leistungen gezielt gegen den Trainer, der mit der Eintracht 2005 auf- und danach nicht mehr abgestiegen war.

Realistische Beurteilung der Frankfurter Möglichkeiten: Heribert Bruchhagen.

Nach dem Platz neun und 46 Punkten in der Saison 2007/08 hatte sich das schnell zu hohen Erwartungen neigende Frankfurt nun endlich nach 14 dürren Jahren (1992 fast Deutscher Meister, 1993 Dritter, 1994 Fünfter) die Rückkehr ins Establishment der Liga erhofft. Die Sehnsucht nach dem schönen Fußball der vergangenen Epochen erfasste nicht nur die Business-Logen und die VIP-Plätze, sondern auch die Fantribüne West. Die Anhänger sangen vor jedem Anpfiff nach der Melodie „Ick hew mol en Hamborger Veermaster sehn..." und bringendamit ihre Sehnsucht nach guten alten Tagen zum Ausdruck: „Wir haben die Eintracht im Endspiel gesehen mit dem Jürgen, mit dem Jürgen. Sie spielte so gut und sie spielte so schön, mit dem Jürgen Grabowski..." Weltmeister „Grabi" ist und bleibt Ikone und Inbegriff des traditionell ästhetischen Eintracht-Stils, gepflegt von 1954er-Weltmeister Alfred Pfaff bis Jay-Jay Okocha.

Die Ernüchterung verjagte die Euphorie ganz schnell: Nach dem dritten Spieltag stand Frankfurt ohne Sieg im Tabellenkeller. Als der griechische Eintracht-Kapitän den Ball in der Nachspielzeit des Nachholspiels gegen den Karlsruher SC zum 2:1 über die Linie bugsierte, war in den Medien zu lesen: „Amanatidis rettet Funkel." Aber ausgerechnet Amanatidis konnte nicht weiter für bessere Stimmung sorgen, denn er erlitt in dieser Begegnung am 22. Oktober 2008 eine schwere Knieverletzung und kehrte erst am vorletzten Spieltag in Bochum in der 79. Minute zurück auf den Platz.

Ein schwerwiegender Rückschlag. Mit Amanatidis fehlte nicht allein der Torjäger, sondern der Leithammel auf dem Platz.

Zu selten so spektakulär im Einsatz: der Frankfurter Brasilianer Caio, hier gegen Paolo Guerrero vom HSV (verdeckt).

Nach Knieoperation lange schmerzlich vermisst: Eintracht Frankfurts Kapitän und Leitfigur Ioannis Amanatidis.

Doch nicht allein die gereifte Persönlichkeit war lange verletzt. Eine ganze Serie von Ausfällen begleitete die Eintracht durch das Spieljahr, was von den Kritikern aber nicht als Alibi akzeptiert wurde.

Heribert Bruchhagen:

„Wir bedanken uns bei Friedhelm Funkel für seine kontinuierliche Arbeit."

Auch ohne akute Abstiegsgefahr geriet die Saison zu einer großen Enttäuschung. Spieler wie Amanatidis konnte die schon mit 33 Punkten gesicherte Bundesliga-Zugehörigkeit nicht zufriedenstellen: „Alle müssen mal überlegen, wo sie hinwollen mit der Eintracht." Und auch der Brasilianer Chris meldete sich in diesem Sinne zu Wort: „Wir müssen uns mal wieder nach oben orientieren. Wir müssen in größeren Kategorien denken." Aufbruchstimmung? „Endzeitstimmung bei der Eintracht" so lautete die Überschrift der „Frankfurter Allgemeinen Zeitung", als der Klassenerhalt der Eintracht praktisch in den Schoß gefallen war. Paradox.

Mit neun Treffern bester Eintracht-Torschütze in der Saison 2008/09: der zu Beginn der Spielzeit von AEK Athen gekommene griechische Nationalstürmer Nikos Liberopoulos (rechts), hier gegen den Kölner Pedro Geromel.

ALLE SPIELE

Hinrunde										Rückrunde
1	17.08.	H	0:2	(0:1)	Hertha BSC Berlin	2:1	(1:0)	A	31.01.	18
2	24.08.	A	1:1	(1:0)	1. FC Köln	2:2	(1:0)	H	07.02.	19
3	30.08.	A	2:2	(1:1)	VfL Wolfsburg	0:2	(0:1)	H	14.02.	20
4	22.10.	H	2:1	(0:0)	Karlsruher SC	0:1	(0:0)	A	21.02.	21
5	20.09.	A	1:0	(1:0)	FC Schalke 04	1:2	(0:1)	H	28.02.	22
6	28.09.	H	1:1	(0:1)	DSC Arminia Bielefeld	0:0		A	08.03.	23
7	04.10.	A	2:1	(0:0)	1899 Hoffenheim	1:1	(0:1)	H	14.03.	24
8	18.10.	H	0:2	(0:1)	Bayer 04 Leverkusen	1:1	(1:1)	A	21.03.	25
9	25.10.	A	2:3	(2:1)	FC Energie Cottbus	2:1	(1:1)	H	04.04.	26
10	29.10.	H	1:2	(0:0)	FC Bayern München	4:0	(3:0)	A	11.04.	27
11	02.11.	A	1:2	(1:1)	Borussia Mönchengladbach	4:1	(1:0)	H	18.04.	28
12	09.11.	H	2:2	(1:0)	VfB Stuttgart	2:0	(1:0)	A	25.04.	29
13	15.11.	A	4:0	(3:0)	Borussia Dortmund	0:2	(0:0)	H	02.05.	30
14	22.11.	H	4:0	(2:0)	Hannover 96	1:1	(1:1)	A	09.05.	31
15	29.11.	A	5:0	(3:0)	Werder Bremen	0:5	(0:0)	H	13.05.	32
16	06.12.	H	4:0	(2:0)	VfL Bochum	2:0	(1:0)	A	16.05.	33
17	13.12.	A	1:0	(0:0)	Hamburger SV	2:3	(0:1)	H	23.05.	34

EINTRACHT FRANKFURT AUF EINEN BLICK

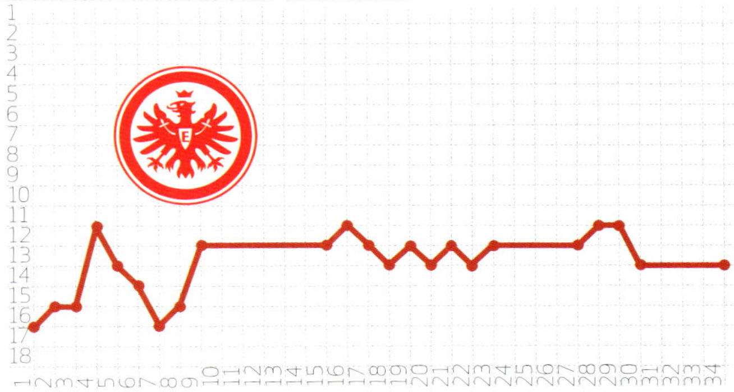

ALLE SPIELER

Name	Vorname	Geburtsdatum	Nationalität	Position	Rücken-Nr.	Einsätze	Auswechslungen	Einwechslungen	Gelbe Karten	Gelb-Rote Karten	Rote Karten	Tore	Elfmeter	Eigentore
Amanatidis	Ioannis	03.12.1981	GRE	S	18	7	2	3	1	-	-	2	-	-
Bajramovic	Zlatan	12.08.1979	BIH	M	8	6	1	6	1	-	-	-	-	-
Bellaid	Habib	28.03.1986	FRA	A	19	22	2	2	5	-	-	-	-	1
Caio		29.05.1986	BRA	M	30	17	4	12	-	-	-	2	-	-
Chandler	Timothy	29.03.1990	D	S	37	-	-	-	-	-	-	-	-	-
Chris		25.08.1978	BRA	M	29	19	1	-	7	-	2	-	-	-
Fenin	Martin	16.04.1987	CZE	S	17	31	6	2	6	-	-	5	-	-
Fink	Michael	01.02.1982	D	M	6	32	2	2	6	-	-	5	-	-
Galindo	Aaron	08.05.1982	MEX	A	3	10	-	-	4	-	-	-	-	-
Heller	Marcel	12.02.1986	D	S	9	-	-	-	-	-	-	-	-	-
Hess	Martin	06.02.1987	D	S	24	-	-	-	-	-	-	-	-	-
Inamoto	Junichi	18.09.1979	JPN	M	20	19	8	2	4	-	-	-	-	-
Jung	Sebastian	22.06.1990	D	A	38	6	-	2	-	-	-	-	-	-
Korkmaz	Ümit	17.09.1985	AUT	S	11	17	10	7	1	-	-	1	-	-
Krük	Alexander	21.01.1987	D	A	27	1	-	1	-	-	-	-	-	-
Kweuke	Leonard	12.07.1987	CMR	S	9	6	2	4	-	-	-	-	-	-
Köhler	Benjamin	04.08.1980	D	M	7	20	1	-	4	-	-	3	-	-
Lehmann	Frank	29.04.1989	D	T	34	-	-	-	-	-	-	-	-	-
Liberopoulos	Nikos	04.08.1975	GRE	S	10	29	6	6	5	-	-	9	2	-
Ljubicic	Kreso	26.09.1988	CRO	M	22	5	1	3	-	-	-	-	-	-
Mahdavikia	Mehdi	24.07.1977	IRN	M	15	12	4	5	1	-	-	-	-	-
Mayer	Patrick	28.03.1988	D	S	31	-	-	-	-	-	-	-	-	-
Meier	Alexander	17.01.1983	D	M	14	19	4	2	2	-	-	3	-	-
Mössmer	Jürgen	01.06.1989	D	A	33	-	-	-	-	-	-	-	-	-
Nikolov	Oka	25.05.1974	MKD	T	1	18	2	-	1	-	-	-	-	-
Ochs	Patrick	14.05.1984	D	A	2	30	3	-	11	-	1	-	-	1
Petkovic	Nikola	28.03.1986	SRB	A	3	6	1	-	1	-	-	-	-	-
Preuß	Christoph	04.07.1981	D	M	4	-	-	-	-	-	-	-	-	-
Pröll	Markus	28.08.1979	D	T	21	18	1	2	2	-	-	-	-	-
Russ	Marco	04.08.1985	D	A	23	33	1	-	8	-	-	4	-	1
Spycher	Christoph	30.03.1978	SUI	A	16	18	1	-	2	-	-	-	-	-
Steinhöfer	Markus	07.03.1986	D	M	13	32	10	8	3	-	-	3	-	-
Theuerkauf	Norman	24.01.1987	D	A	35	-	-	-	-	-	-	-	-	-
Toski	Faton	17.02.1987	D	M	32	13	7	3	2	-	-	1	-	-
Tosun	Cenk	07.06.1991	D	S	38	-	-	-	-	-	-	-	-	-
Tsoumou	Juvhel	27.12.1990	D	S	26	6	-	6	-	-	-	-	-	-
Vasoski	Aleksandar	21.11.1979	MKD	A	5	1	-	1	-	-	-	-	-	-
Weil	Richard	06.02.1988	D	M	36	-	-	-	-	-	-	-	-	-
Zimmermann	Jan	19.04.1985	D	T	28	1	-	1	-	-	-	-	-	-

Ein Sieg im Revierderby gegen Schalke 04 als Wendepunkt, den Torschütze Christoph Dabrowski euphorisch feiert.

Zufrieden nach einer Zittersaison

Einmal mehr erlebte der VfL Bochum 1848 eine Achterbahnfahrt der Gefühle. Doch eine erstaunliche Rückrunde führte den Revierclub am Ende doch noch zum Ziel Klassenerhalt.

Fünf Mal schon mussten die eigentlich „Unabsteigbaren" den schweren Gang in die 2. Bundesliga antreten, doch in dieser Saison machten sie ihrem Beinamen wieder einmal alle Ehre. Mit dem 2:0-Heimsieg über Eintracht Frankfurt zog der VfL Bochum 1848 am vorletzten Spieltag einen Schlussstrich unter eine Saison, in der man den Erwartungen nicht gerecht wurde, am Ende jedoch das große Ziel Klassenerhalt erreichte. Dass ein echtes Endspiel um den Klassenverbleib zum Saisonfinale beim 1. FC Köln vermieden werden konnte, kommentierte Trainer Marcel Koller mit großer Erleichterung. „Mir sind nicht nur ein paar Kieselsteine, sondern ganze Berge vom Herzen gefallen", gab der Schweizer zu.

Der kleine Revierclub, eingekeilt von FC Schalke 04 und Borussia Dortmund, startet angesichts vergleichsweise bescheidener Finanzmittel alljährlich mit der gleichen Vorgabe in die Spielzeit: So früh wie möglich genügend Punkte zum Klassenverbleib sichern, lautet die Maxime. Eine Zittersaison wie 2008/09, in deren dramatischer Schlussphase neben dem VfL noch etliche andere Teams ums Überleben kämpften, zerrt an den Nerven. Die zurückliegenden Monate verlangten Trainern, Spielern, Vorstand, Management und nicht zuletzt den Fans alles ab – physisch wie psychisch. „Schlussendlich sind wir für unsere Ausdauer belohnt worden", betonte Koller nach dem Happyend. Gleichwohl fällt seine Gesamtbilanz wenig positiv aus: „Diese Saison müssen wir schnell abhaken. Hoffentlich wird es so eine Serie mit vielen,

Der Autor: **Ulli Brünger**, seit 1993 Sportredakteur bei der Deutschen Presse-Agentur (dpa) in Düsseldorf, berichtet regelmäßig über die Bundesliga und begleitet unter anderem den VfL Bochum.

Gemeinsam sind wir stark! Eine Abwehrmauer des VfL Bochum 1848 mit Daniel Imhof, Christoph Dabrowski, Diego Fernando Klimowicz – Neuzugang in der Winterpause von Borussia Dortmund –, Matias Concha und Dennis Grote (von links). Rechts der Gladbacher Karim Matmour.

zum Teil lange Zeit verletzten Leistungsträgern nicht wieder geben."

Der Dank des 48-jährigen Trainers galt am Ende der Achterbahnfahrt nicht nur seiner Mannschaft und den treuen Fans. Er galt insbesondere auch dem Aufsichtsrat und dem Vorstand seines Vereins: „Die Verantwortlichen haben auch in ganz schwierigen Zeiten die Ruhe bewahrt", lobte Marcel Koller das Vertrauen und das Stehvermögen der Vorstände Thomas Ernst (Sport) und Ansgar Schwenken (Finanzen) sowie des Aufsichtsrates mit dem Vorsitzenden Werner Altegoer.

Marcel Koller:

„Schlussendlich sind wir für unsere Ausdauer belohnt worden."

Kritische Situationen, in denen Zweifler und Kritiker mächtig Druck ausübten auf die Clubführung, gab es reichlich. Insbesondere zum Hinrundenende, nach dem 1:2 zu Hause gegen den 1. FC Köln, war die Stimmung ziemlich im Keller. Elf magere Punkte hatte Bochum gesammelt und stand gemeinsam mit Borussia Mönchengladbach am Tabellenende. Die Fans waren bitter enttäuscht, und der Trainer musste sich manchen Fragen stellen. Doch, so Koller: „Man hat ein gewisses Gefühl und Vertrauen." Er habe in „ständigem Austausch" mit Vorstand und Aufsichtsrat gestanden. „Sie haben gesehen, dass wir die Mannschaft eigentlich immer erreicht haben."

Trotz der heiklen Lage habe laut Thomas Ernst der Trainer nie zur Disposition gestanden: „Aber natürlich haben wir uns alle Gedanken gemacht, wie es weitergeht." Werner Altegoer sagte damals: „Was soll eine Trennung denn bringen? Marcel Koller ist der Richtige für uns. Wir sind von seiner Arbeit überzeugt. Und wer garantiert mir, dass es mit einem anderen Trainer besser läuft?"

Womöglich war es dieser einvernehmliche Entschluss und diese klare Haltung, die die Wende im Jahr 2009 einleiteten. Dem „spielerisch besten Kader, seit ich beim VfL bin" (Koller vor Saisonstart) war endgültig klar, dass es keine Alibis gibt. Die Profis nahmen sich selbst in die Pflicht, rückten

Neun Tore von Stanislav Sestak als mitentscheidender Beitrag zum Klassenerhalt, hier im Zweikampf mit Philipp Lahm (hinten) vom FC Bayern München.

Stammkraft im Mittelfeld der Bochumer mit Ideen und Stärken bei Standards: Mimoun Azaouagh wechselte vom Reviernachbarn FC Schalke 04 zum VfL.

enger zusammen und legten mit einer guten Wintervorbereitung die Basis für die Aufholjagd. „Den Spielern ist es in der Rückrunde viel besser gelungen, als verschworener Haufen aufzutreten", sagte Manager Thomas Ernst.

Mit dem aus Dortmund geholten Stürmer Diego Fernando Klimowicz startete der VfL wie verwandelt in die Rückrunde. Das 2:0 gegen Karlsruhe zum Auftakt und der 2:1-Derbysieg gegen Schalke 04 zwei Wochen später waren Schlüsselereignisse. „Der Startschuss", erläuterte Koller. Und Ernst meinte: „Die Fans standen wieder wie eine Eins hinter der Mannschaft."

Selbst der Rückschlag in Wolfsburg mit den schweren Verletzungen der beiden Stamm-Innenverteidiger Marcel Maltritz und Anthar Yahia konnte das Team nicht mehr aus der Bahn werfen. Erst fünf Niederlagen in Serie brachten den VfL doch noch einmal in die Bredouille, ehe gegen Eintracht Frankfurt der ersehnte Befreiungsschlag gelang. Thomas Ernst, der trotz der „nervenaufreibenden Saison" in seinem ersten Jahr als Bundesliga-Manager „jeden Tag mit Spaß zur Arbeit" ging, hofft nun auf etwas weniger Stress in der Spielzeit 2009/10: „So etwas brauche ich nicht in jedem Jahr." Immerhin hat er nun die Gewissheit, dass der VfL eben doch „unabsteigbar" ist.

Achterbahnfahrt der Gefühle für den Schweizer Trainer Marcel Koller und seine Mannschaft mit positivem Ausgang: Bochum bleibt erstklassig.

ALLE SPIELE

Hinrunde									Rückrunde
1	16.08.	A	1:0	(1:0)	Karlsruher SC	2:0	(1:0)	H	01.02. 18
2	24.08.	H	2:2	(1:0)	VfL Wolfsburg	2:0	(1:0)	A	07.02. 19
3	30.08.	A	1:0	(1:0)	FC Schalke 04	2:1	(1:1)	H	14.02. 20
4	14.09.	H	2:0	(2:0)	DSC Arminia Bielefeld	1:1	(0:1)	A	21.02. 21
5	20.09.	A	1:1	(1:0)	FC Energie Cottbus	3:2	(1:1)	H	28.02. 22
6	27.09.	H	2:3	(0:2)	Bayer 04 Leverkusen	1:1	(0:1)	A	08.03. 23
7	04.10.	A	3:3	(2:1)	FC Bayern München	0:3	(0:1)	H	14.03. 24
8	17.10.	H	2:2	(0:1)	Borussia Mönchengladbach	0:1	(0:1)	A	20.03. 25
9	26.10.	A	2:0	(0:0)	VfB Stuttgart	1:2	(0:0)	H	04.04. 26
10	29.10.	H	1:3	(1:0)	1899 Hoffenheim	0:3	(0:1)	A	11.04. 27
11	02.11.	A	1:1	(1:1)	Borussia Dortmund	0:2	(0:1)	H	18.04. 28
12	08.11.	H	0:0		Werder Bremen	3:2	(0:2)	A	25.04. 29
13	14.11.	A	1:1	(0:0)	Hannover 96	0:2	(0:2)	H	01.05. 30
14	22.11.	H	2:3	(0:3)	Hertha BSC Berlin	2:0	(1:0)	A	09.05. 31
15	30.11.	H	1:1	(1:0)	Hamburger SV	3:1	(2:0)	A	13.05. 32
16	06.12.	A	4:0	(2:0)	Eintracht Frankfurt	2:0	(1:0)	H	16.05. 33
17	13.12.	H	1:2	(0:1)	1. FC Köln	1:1	(1:1)	A	23.05. 34

VFL BOCHUM 1848 AUF EINEN BLICK

ALLE SPIELER

Name	Vorname	Geburtsdatum	Nationalität	Position	Rücken-Nr.	Einsätze	Auswechslungen	Einwechslungen	Gelbe Karten	Gelb-Rote Karten	Rote Karten	Tore	Elfmeter	Eigentore
Azaouagh	Mimoun	17.11.1982	D	M	22	30	13	3	7	-	-	1	-	-
Bönig	Philipp	20.03.1980	D	A	24	18	8	3	4	-	-	-	-	-
Concha	Matias	31.03.1980	SWE	A	2	15	1	2	-	-	-	-	-	-
Dabrowski	Christoph	01.07.1978	D	M	5	31	7	1	9	1	-	6	-	-
Duah	Jürgen	19.12.1985	D	M	36	-	-	-	-	-	-	-	-	-
El Nounou	Sami	31.05.1979	D	S	37	-	-	-	-	-	-	-	-	-
Epalle	Joel	20.02.1978	CMR	S	10	22	7	6	1	-	-	2	-	-
Fabian	Patrick	11.10.1987	D	A	30	5	-	3	1	-	-	-	-	-
Fernandes	Daniel	25.09.1983	POR	T	1	31	-	-	2	-	1	-	-	-
Freier	Paul	26.07.1979	D	M	7	28	9	10	9	-	-	1	-	-
Fuchs	Christian	07.04.1986	AUT	A	6	22	1	2	4	1	-	2	-	-
Fuchs	Danny	25.02.1976	D	M	13	1	-	1	-	-	-	-	-	-
Grote	Dennis	09.08.1986	D	M	19	20	6	14	1	-	-	3	-	-
Güclü	Dilaver	20.02.1986	TUR	S	29	-	-	-	-	-	-	-	-	-
Hashemian	Vahid	21.07.1976	IRN	S	16	16	4	7	3	-	-	1	-	-
Heerwagen	Philipp	13.04.1983	D	T	32	3	-	-	-	-	-	-	-	-
Imhof	Daniel	22.11.1977	CAN	M	15	24	2	3	2	-	-	-	-	-
Kaloglu	Sinan	10.06.1981	TUR	S	17	18	2	10	3	-	-	3	-	-
Klimowicz	Diego F.	06.07.1974	ARG	S	14	11	3	-	2	1	-	4	-	-
Lengsfeld	Andreas	16.05.1986	D	T	27	-	-	-	-	-	-	-	-	-
Maltritz	Marcel	02.10.1978	D	A	4	28	1	-	3	-	-	-	-	-
Mavraj	Mergim	09.06.1986	D	M	20	23	-	6	5	1	-	-	-	-
Mieciel	Marcin	22.11.1975	POL	S	11	12	5	3	-	-	-	2	-	-
Ono	Shinji	27.09.1979	JPN	M	23	8	4	4	1	-	-	-	-	-
Pfertzel	Marc	21.05.1981	FRA	A	21	27	5	4	4	-	1	2	1	-
Prokoph	Roman	06.08.1985	D	S	38	-	-	-	-	-	-	-	-	-
Renno	Rene	19.02.1979	D	T	31	1	-	1	-	-	-	-	-	-
Schmidtgal	Heinrich	20.11.1985	D	M	26	-	-	-	-	-	-	-	-	-
Schröder	Oliver	11.06.1980	D	M	18	13	3	2	1	-	-	-	-	-
Sestak	Stanislav	16.12.1982	SVK	S	9	24	6	2	7	-	-	9	-	-
Vogt	Kevin	23.09.1991	D	M	40	1	-	1	-	-	-	-	-	-
Yahia	Anthar	21.03.1982	ALG	A	25	24	4	1	2	-	1	1	-	1
Zajas	David	01.05.1983	D	M	28	-	-	-	-	-	-	-	-	-
Zdebel	Thomas	25.05.1973	POL	M	8	12	3	5	4	-	-	1	-	-

Der Aufsteiger

Nicht aufzuhalten: Gegen Talent Marko Marin von Borussia Mönchengladbach hat Sascha Riether (rechts) vom VfL Wolfsburg das Nachsehen.

bleibt erstklassig

Nach großem Personalwechsel fand Borussia Mönchengladbach in der Rückrunde in die Erfolgsspur und schaffte am letzten Spieltag den Klassenerhalt. Als Erfolgsgarant erwies sich ein alter Bekannter.

Hans Meyer hat seine Mission erfüllt. Er hat Borussia Mönchengladbach vor dem Abstieg bewahrt. In letzter Instanz, mit einem 1:1 gegen Borussia Dortmund am 34. Spieltag. Es war, und das hatte Meyer frühzeitig geahnt, „mein schwerster Job, denn das Abstiegsgespenst war ja nie ganz weg." Für die Borussen war es eine Saison mit „Ups and Downs", wie der junge Amerikaner Michael Bradley sagt. Der Aufsteiger tauschte mittendrin die komplette sportliche Chefetage (Trainer Jos Luhukay, Sportdirektor Christian Ziege) aus, ging als Letzter mit nur elf Punkten in die Rückrunde, besserte mit vier Winterzukäufen nach und kriegte erst mit zwei Last-Minute-Siegen gegen Schalke und Cottbus in der Saison-Endphase die Kurve – auch, weil sich die Konkurrenz nicht entsprechend absetzen konnte.

So gesehen wurde das vor der Spielzeit ausgegebene Ziel, nämlich möglichst früh den Klassenerhalt zu sichern, vom Grundsatz her erreicht: Aber wer in 34 Erstligaspielen 31 Punkte (0,91 im Schnitt) holt, der kann nicht mehr als eine Rettung im letzten Spiel – immerhin ohne Relegation – erwarten. „Entscheidend ist, dass wir immer die Ruhe bewahrt haben. Wir hatten eine Hypothek von nur elf Punkten aus der Hinrunde. Die Rückrunde war solide und hat gezeigt, dass wir eine Mannschaft mit Potenzial haben," sagt Sportdirektor Max Eberl.

Als Meyer im Oktober 2008 kam, war die Mannschaft, die im Sommer als Meister der 2. Bundesliga nach nur einem Jahr zurückgekehrt war in die Eliteliga, deutlich hinter den Erwartungen zurück geblieben. Vier Punkte hatte sie aus acht Spielen

Der Autor: **Karsten Kellermann** ist Sportredakteur der „Rheinischen Post" in Mönchengladbach und über Jahre journalistischer Begleiter der Borussia.

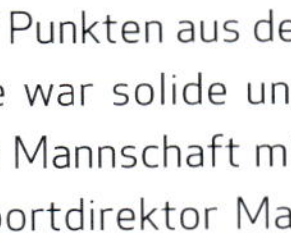

Gemeinsame Freude: Die „Fohlen" und ihre Fans feiern nach dem Saisonfinale gegen Borussia Dortmund den Klassenerhalt.

geholt, und nur einmal, beim 3:2 gegen Bremen, überzeugt. Aufstiegstrainer Jos Luhukay war angetreten, um nach dem Aufstieg mit „offensivem und attraktivem Fußball" die Bundesliga zu erobern. Gladbach hatte allerdings stets Probleme, wenn Einsatz und Kampf statt einer spielerischen Lösung gefragt waren.

„Wir sind stark genug für die Bundesliga", hatte Luhukay vor der Saison versichert. Den Beweis blieb die Mannschaft monatelang schuldig. Mit einem 1:3 gegen Stuttgart startete die Borussia – die Aufstiegseuphorie erhielt einen ersten Dämpfer. „Wir waren zu offen, haben immer wieder Konter bekommen, das Umschalten von Offensive auf Defensive hat nicht funktioniert, da waren wir zu naiv", sagte Luhukay nach dem 1:5 in Hannover. Es war gleichsam die Synthese des ersten Saison-Drittels. Nach dem 1:2 gegen Köln am 7. Spieltag trennte sich der Club von Luhukay.

Sportdirektor Christian Ziege übernahm für ein Spiel (2:2 in Bochum). Mit diesem vorübergehenden Jobwechsel begann ein weiteres Kapitel der turbulenten Gladbacher Saison: Als Hans Meyer kam, trat Ziege als Sportdirektor zurück. Max Eberl, bis dahin für die Nachwuchsabteilung zuständig, übernahm den Job, Ziege wurde auf eigenen Wunsch Co-Trainer. Kurz nach dem letzten Hinrundenspiel in Dortmund (1:2), mit dem Gladbach als 18. den ersten Teil der Saison abschloss, räumte er auch diesen Posten.

„Natürlich machst du Fehler, wenn du nach der Hinrunde Letzter bist. Aber die

Alexander Baumjohann, zukünftig FC Bayern, gegen den Münchner Philipp Lahm (rechts). Foto links: Im letzten Moment ist Roberto Colautti (9) das 1:0 gegen Schalke 04 gelungen. Jan-Ingwer Callsen-Bracker, Karim Matmour und Paul Stalteri (von rechts) feiern ihn.

Die Rückkehr nach Mönchengladbach von Erfolg gekrönt, weil sein Team noch die Wende schaffte: Trainer Hans Meyer.

haben wir in der Winterpause korrigiert", sagt Eberl rückblickend. Mit Logan Bailly (Torwart), Dante (Innenverteidiger), Tomas Galasek (defensiver Mittelfeldspieler) und Paul Stalteri (Rechtsverteidiger) kamen vier neue Spieler. Hans Meyer hatte zuvor bei seiner Analyse des Kaders ausgemacht, dass er den Abwehrbereich verstärken muss. Aber auch im Gesamtkonzept: „Die Balance in der Mannschaft, zwischen alt und jung, zwischen Arbeitern und Fußballern, zwischen Offensive und Defensive stimmt nicht. Wenn wir nichts getan hätten, wären wir abgestiegen."

Doch ist der 66-Jährige „kein Magier" (O-Ton Meyer). „Wir können froh sein, wenn wir am Ende in einer Situation sind, in der der Club und seine Fans wieder richtig hoffen dürfen", hatte er geahnt, „dass es bis zum letzten Spieltag spannend bleiben" würde. Meyer blieb bei seiner Linie, gab gewohnt

Max Eberl:

„Wir haben eine Mannschaft mit Potenzial."

launige Interviews und Pressekonferenzen und arbeitete intensiv mit der Mannschaft auf das große Ziel „Klassenerhalt" hin – auch wenn Jungstar Marko Marin dabei nicht immer in der Anfangself stand, was als Aufhänger für große Schlagzeilen über das Innenverhältnis des Trainers zu seiner Mannschaft genommen wurde. Am Ende gab der Erfolg dem erfahrenen Coach Recht. In der zweiten Saisonhälfte holte das Team 20 Punkte. Das reichte: Borussia Mönchengladbach bleibt Bundesligist. Und Hans Meyer seinem Ruf als Traditionsclub-Retter treu.

ALLE SPIELE

Hinrunde											Rückrunde
1	17.08.	H	1:3	(0:3)	VfB Stuttgart	2:0	(0:0)	A	31.01.	18
2	23.08.	A	1:0	(1:0)	1899 Hoffenheim	1:1	(1:0)	H	07.02.	19
3	30.08.	H	3:2	(2:0)	Werder Bremen	1:1	(0:0)	A	14.02.	20
4	14.09.	A	5:1	(2:0)	Hannover 96	3:2	(2:0)	H	21.02.	21
5	20.09.	H	0:1	(0:1)	Hertha BSC Berlin	2:1	(2:0)	A	28.02.	22
6	27.09.	A	1:0	(1:0)	Hamburger SV	4:1	(2:1)	H	07.03.	23
7	04.10.	H	1:2	(1:1)	1. FC Köln	2:4	(0:2)	A	14.03.	24
8	17.10.	A	2:2	(0:1)	VfL Bochum	0:1	(0:1)	H	20.03.	25
9	25.10.	H	1:0	(0:0)	Karlsruher SC	0:0		A	05.04.	26
10	28.10.	A	3:0	(1:0)	VfL Wolfsburg	1:2	(0:1)	H	11.04.	27
11	02.11.	H	1:2	(1:1)	Eintracht Frankfurt	4:1	(1:0)	A	18.04.	28
12	08.11.	A	0:2	(0:1)	DSC Arminia Bielefeld	1:1	(1:1)	H	26.04.	29
13	15.11.	H	2:2	(0:1)	FC Bayern München	2:1	(2:1)	A	02.05.	30
14	22.11.	A	3:1	(3:1)	FC Schalke 04	1:0	(0:0)	H	10.05.	31
15	29.11.	H	1:3	(0:1)	FC Energie Cottbus	0:1	(0:0)	A	13.05.	32
16	06.12.	H	1:3	(0:2)	Bayer 04 Leverkusen	5:0	(2:0)	A	16.05.	33
17	12.12.	A	2:1	(1:0)	Borussia Dortmund	1:1	(0:0)	H	23.05.	34

BORUSSIA MÖNCHENGLADBACH AUF EINEN BLICK

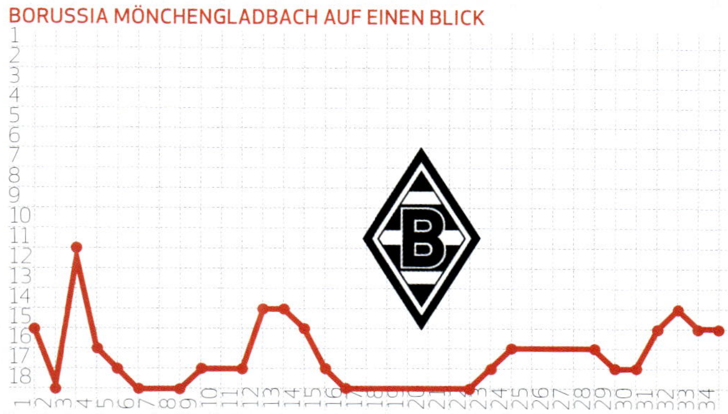

ALLE SPIELER

Name	Vorname	Geburtsdatum	Nationalität	Position	Rücken-Nr.	Einsätze	Auswechslungen	Einwechslungen	Gelbe Karten	Gelb-Rote Karten	Rote Karten	Tore	Elfmeter	Eigentore
Alberman	Gal	17.04.1983	ISR	M	19	16	7	2	2	-	-	-	-	-
Bailly	Logan	27.12.1985	BEL	T	30	17	-	-	-	-	-	-	-	-
Baumjohann	Alexander	23.01.1987	D	M	29	28	11	6	5	-	-	3	-	-
Bradley	Michael	31.07.1987	USA	M	26	28	6	2	4	-	-	5	3	1
Brouwers	Roel	28.11.1981	NED	A	4	25	5	5	3	-	-	2	-	-
Callsen-Bracker	Jan-Ingwer	23.09.1984	D	A	6	7	2	1	-	-	-	-	-	-
Colautti	Roberto	24.05.1982	ISR	S	9	24	5	14	-	-	-	1	-	-
Coulibaly	Soumaila	15.04.1978	MLI	M	7	4	-	4	1	-	-	-	-	-
Daems	Filip	31.10.1978	BEL	A	3	33	1	-	6	-	-	2	2	-
Dante		18.10.1983	BRA	A	31	10	1	1	1	-	-	3	-	1
Dorda	Christian	06.12.1988	D	A	32	7	3	1	2	-	-	-	-	-
Friend	Rob	23.01.1981	CAN	S	16	24	2	1	6	-	-	7	-	-
Galasek	Tomas	15.01.1973	CZE	M	8	15	3	-	4	-	-	-	-	-
Gohouri	Steve	08.02.1981	CIV	A	5	15	2	1	4	-	-	2	-	-
Gospodarek	Uwe	06.08.1973	D	T	21	7	-	-	1	-	-	-	-	-
Heimeroth	Christofer	01.08.1981	D	T	1	9	-	-	-	-	-	-	-	-
Heubach	Tim	12.04.1988	D	A	33	-	-	-	-	-	-	-	-	-
Jantschke	Tony	07.04.1990	D	M	37	4	2	1	-	-	-	1	-	-
Jaures	Jean-Sebastien	30.09.1977	FRA	A	20	4	1	-	1	-	-	-	-	-
Kleine	Thomas	28.12.1977	D	A	15	8	-	5	-	-	-	1	-	-
Lamidi	Moses	05.01.1988	D	S	25	4	-	4	1	-	-	-	-	-
Levels	Tobias	22.11.1986	NED	A	22	17	3	2	4	-	-	1	-	-
Löhe	Frederic	12.08.1988	D	T	18	1	-	-	-	-	-	-	-	-
Marin	Marko	13.03.1989	D	M	11	33	8	8	6	-	-	4	2	-
Matmour	Karim	25.06.1985	ALG	S	40	34	15	5	4	-	-	3	-	-
Ndjeng	Marcel	06.05.1982	CMR	M	23	9	3	3	-	-	-	-	-	-
Neuville	Oliver	01.05.1973	D	S	27	25	2	22	2	-	-	1	-	-
Paauwe	Patrick	27.12.1975	NED	M	17	24	8	3	3	-	-	1	-	-
Rösler	Sascha	28.10.1977	D	M	10	4	2	2	2	-	-	-	-	-
Schachten	Sebastian	06.11.1984	D	A	2	1	-	1	1	-	-	-	-	-
Stalteri	Paul	18.10.1977	CAN	A	13	16	-	-	3	-	-	-	-	-
Stang	Oliver	26.06.1988	D	A	41	-	-	-	-	-	-	-	-	-
Svärd	Sebastian	15.01.1983	DEN	M	8	6	1	1	1	-	-	-	-	-
Touma	Sharbel	25.03.1979	SWE	S	14	1	-	1	-	-	-	-	-	-
van den Bergh	Johannes	21.11.1986	D	M	28	7	4	3	2	-	-	1	-	-
Voigt	Alexander	13.04.1978	D	A	13	6	2	-	2	-	-	-	-	-

Nicht alles bei hundert Prozent

Die Chance zum Klassenerhalt über die Relegation blieb ungenutzt. Zum zweiten Mal steigt der FC Energie Cottbus in die 2. Bundesliga ab.

Eigentlich war es vorauszusehen, dass der FC Energie Cottbus absteigen muss – zumindest mit Blick auf die Statistik. Denn der Club aus der Lausitz behält seinen ominösen Dreijahresrhythmus weiter hartnäckig bei: Seit 1988 wechselt er alle drei Jahre die Spielklasse. Der DDR-Oberliga (1988 bis 1991) folgten die Amateur-Oberliga (1991 bis 1994) und die Regionalliga (1994 bis 1997). 1997 schaffte der FCE den Sprung in die 2. Bundesliga, drei Jahre danach gelang sogar der Aufstieg ins „Oberhaus". Drei Jahre später ereilte Cottbus der Abstieg, erneut nach drei Jahren kam Energie zurück. Nun also der zweite Abstieg aus der Bundesliga – wieder exakt nach drei Jahren.

Möglicherweise hängt das auch mit den begrenzten Möglichkeiten des Clubs zusammen, der in einer strukturschwachen Region nur über eingeschränktes wirtschaftliches Potenzial verfügt. „Wir haben in der Bundesliga nur dann eine Chance, wenn bei uns wirklich alles hundertprozentig passt", sagt Manager Steffen Heidrich. Hinter dem FC Energie liegt eine Saison, in der eben nicht alles hundertprozentig passte. Deshalb bildet der Fußball-Osten nach dem Cottbuser

Abschied aus Cottbus nach dem Scheitern in der Relegation: Trainer Bojan Prasnikar.

Der Autor: **Frank Noack** arbeitet als Sportredakteur für die „Lausitzer Rundschau" und berichtet seit mehr als einem Jahrzehnt über den FC Energie Cottbus.

Zusammenrücken beim FC Energie, hier Kapitän Timo Rost, Dennis Sörensen, Cagdas Atan, Mariusz Kukielka, Marco Kurth und Dusan Vasiljevic (von rechts) – doch am Saisonschluss steht der Abstieg in die 2. Bundesliga.

Abstieg nun zum zweiten Mal nach 2005/06 wieder einen weißen Fleck auf der Bundesliga-Landkarte.

Dabei war der FCE durchaus zuversichtlich in die Saison gestartet. Immerhin blieb das Team der vergangenen Spielzeit, das auf der Zielgeraden den Klassenerhalt geschafft hatte, anders als in den Vorjahren weitgehend zusammen. Und es wurde mit den Abwehrspielern Cagdas Atan (Türkei), Savo Pavicevic (Montenegro) sowie den Offensivkräften Ivica Iliev (Serbien) und Emil Jula (Rumänien) gezielt verstärkt. Doch die Neueinkäufe taten sich zunächst schwer und brauchten viel Anlaufzeit. Deshalb landete Energie schnell wieder in der Abstiegszone. Zudem zog sich die Heimschwäche wie ein roter Faden durch die Saison. Nur sechs der 17 Spiele im Stadion der Freundschaft wurden gewonnen.

Während der Vorbereitung auf die Rückrunde wurde nicht nur auf dem Rasen wie gewohnt hart unter Cheftrainer Bojan Prasnikar gearbeitet, sondern auch an der mannschaftlichen Geschlossenheit gefeilt. Heimsiege gegen Hannover 96 und Werder Bremen ließen die Hoffnung auf den erneuten Klassenerhalt wachsen. Es folgte jedoch ein folgenschwerer Fehlschuss gegen Hertha BSC, als Emil Jula aus wenigen Metern den Ball nicht im leeren Berliner Tor unterbringen konnte. Statt auf 2:0 zu erhöhen, verlor Energie das Berlin-Brandenburg-Derby am Ende mit 1:3. Von diesem Malheur erholten sich sowohl die Mannschaft als auch Jula nur schwer. Der großgewachsene Rumäne blieb das Sorgenkind im Angriff, so dass die Last der Verantwortung fast ausschließlich auf den Schultern von Dimitar Rangelov lag, der insgesamt neun Treffer erzielte. Auch die drei Winterzugänge Jan Rajnoch (Tschechien), Adi (Brasilien) und Nils Petersen (FC Carl Zeiss Jena) konnten der Mannschaft keine neuen Impulse geben.

Ein Rückhalt im Kampf um den Klassenerhalt: Energie-Torhüter Gerhard Tremmel bei einer gelungenen Faustabwehr gegen Christopher Katongo vom DSC Arminia Bielefeld. Daneben Tremmels Teamkollege Daniel Ziebig (17).

Trotz schmerzlicher Niederlagen gegen direkte Konkurrenten rückte der Klassenerhalt ausgerechnet dank des Heimsieges gegen den späteren Meister VfL Wolfsburg (2:0) noch einmal in Reichweite. Am letzten Spieltag rettete sich Energie mit einem 3:0-Sieg gegen Bayer 04 Leverkusen in die Relegation. Hier verspielten die Lausitzer zu Hause durch ein enttäuschendes 0:3 gegen den 1. FC Nürnberg schon vor dem Rückspiel (0:2) frühzeitig sämtliche Chancen – eine der schwärzesten Stunden der Vereinsgeschichte. „Mir hat das Herz im Spiel unserer Mannschaft gefehlt", stellte Präsident Ulrich Lepsch fest. „Das ist ein trauriger Tag für den Verein, für die ganze Region. Aber das Licht wird hier dennoch nicht ausgehen."

Ohne echte Chance in der Relegation: Ervin Skela (ganz oben, rechts) bleibt gegen Nürnbergs Peer Kluge nur das Nachsehen. Auf dem Foto darunter zeigt Stürmer Dennis Sörensen seine Resignation.

Ulrich Lepsch:

„Das ist ein trauriger Tag für den Verein, für die ganze Region."

Erschwerend kam hinzu, dass Energie ausgerechnet in der entscheidenden Saisonphase das Verletzungspech ereilte. Sowohl Torjäger Rangelov als auch der dribbelstarke Ivica Iliev mussten zuschauen. In der Relegation gegen Nürnberg musste mit Jula auch noch der letzte gesunde Stürmer passen. Diese Ausfälle konnte das ohnehin in der Offensive schwächelnde Team von Bojan Prasnikar nicht kompensieren. Nachdem der Slowene im Mai 2008 noch als Retter gefeiert wurde, gelang ihm diesmal die schwierige Mission Klassenerhalt nicht. Sein bis 2010 laufender Vertrag wurde vorzeitig aufgelöst.

ALLE SPIELE

Hinrunde									Rückrunde	
1	16.08.	H	0:3	(0:1)	1899 Hoffenheim	2:0	(1:0)	A	31.01.	18
2	22.08.	A	0:0		Hannover 96	3:1	(1:0)	H	08.02.	19
3	30.08.	H	0:1	(0:1)	Borussia Dortmund	1:1	(1:1)	A	15.02.	20
4	13.09.	A	3:0	(0:0)	Werder Bremen	2:1	(0:0)	H	21.02.	21
5	20.09.	H	1:1	(1:0)	VfL Bochum	3:2	(1:1)	A	28.02.	22
6	27.09.	A	0:1	(0:1)	Hertha BSC Berlin	1:3	(1:2)	H	07.03.	23
7	05.10.	H	1:2	(0:0)	Hamburger SV	2:0	(2:0)	A	15.03.	24
8	18.10.	A	1:0	(1:0)	1. FC Köln	0:2	(0:0)	H	21.03.	25
9	25.10.	H	2:3	(2:1)	Eintracht Frankfurt	2:1	(1:1)	A	04.04.	26
10	28.10.	A	1:1	(0:1)	DSC Arminia Bielefeld	2:1	(1:0)	H	11.04.	27
11	01.11.	H	0:2	(0:0)	FC Schalke 04	4:0	(2:0)	A	17.04.	28
12	08.11.	A	3:0	(1:0)	VfL Wolfsburg	2:0	(0:0)	H	26.04.	29
13	15.11.	H	1:0	(0:0)	Karlsruher SC	0:0		A	02.05.	30
14	22.11.	A	4:1	(2:1)	FC Bayern München	1:3	(1:1)	H	09.05.	31
15	29.11.	A	1:3	(0:1)	Borussia Mönchengladbach	0:1	(0:0)	H	13.05.	32
16	06.12.	H	0:3	(0:1)	VfB Stuttgart	2:0	(1:0)	A	16.05.	33
17	13.12.	A	1:1	(0:0)	Bayer 04 Leverkusen	3:0	(0:0)	H	23.05.	34

FC ENERGIE COTTBUS AUF EINEN BLICK

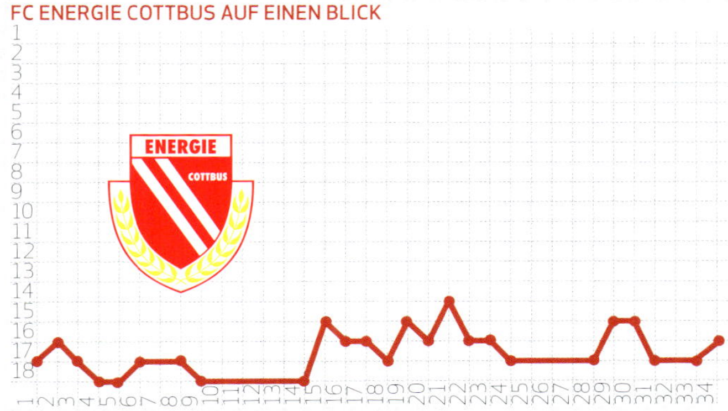

ALLE SPIELER

Name	Vorname	Geburtsdatum	Nationalität	Position	Rücken-Nr.	Einsätze	Auswechslungen	Einwechslungen	Gelbe Karten	Gelb-Rote Karten	Rote Karten	Tore	Elfmeter	Eigentore
Adi		15.12.1985	BRA	S	32	1	-	1	-	-	-	-	-	-
Angelov	Stanislav	12.04.1978	BUL	M	4	26	12	3	6	-	-	2	-	-
Atan	Cagdas	29.02.1980	TUR	A	35	28	2	1	10	-	-	2	-	-
Bassila	Christian	05.10.1977	FRA	M	3	-	-	-	-	-	-	-	-	-
Bittroff	Alexander	19.09.1988	D	A	15	-	-	-	-	-	-	-	-	-
Burca	Ovidiu	16.03.1980	ROM	A	27	7	1	1	-	-	-	-	-	-
Cvitanovic	Mario	06.05.1975	CRO	A	33	23	1	-	3	-	-	-	-	-
da Silva	Vragel	29.03.1974	BRA	A	6	1	-	1	-	-	-	-	-	-
Franke	Thomas	21.01.1988	D	M	2	-	-	-	-	-	-	-	-	-
Galm	Danny	17.03.1986	D	S	22	-	-	-	-	-	-	-	-	-
Hackenberg	Peter	06.02.1989	D	A	36	-	-	-	-	-	-	-	-	-
Iliev	Ivica	27.10.1979	SRB	S	11	27	16	4	1	-	-	3	-	-
Jelic	Branko	05.05.1977	SRB	S	30	21	5	13	-	-	-	3	-	-
Jula	Emil	03.01.1980	ROM	S	9	27	8	12	2	-	-	4	-	-
Kanik	Lukasz	26.02.1988	POL	A	18	-	-	-	-	-	-	-	-	-
Kukielka	Mariusz	07.11.1976	POL	A	5	25	3	1	4	-	-	-	-	-
Kurth	Marco	18.08.1978	D	M	16	8	3	-	2	-	-	-	-	-
Lerchl	Michael	09.08.1986	D	M	31	-	-	-	-	-	-	-	-	-
Mitreski	Igor	19.02.1979	MKD	A	24	4	-	2	-	-	1	-	-	-
Müller	Christian	28.02.1984	D	M	37	-	-	-	-	-	-	-	-	-
Pavicevic	Savo	11.12.1980	MNE	A	21	24	4	7	2	-	-	-	-	-
Pentke	Philipp	01.05.1985	D	T	12	-	-	-	-	-	-	-	-	-
Petersen	Nils	06.12.1988	D	S	26	1	-	1	-	-	-	-	-	-
Piplica	Tomislav	05.04.1969	BIH	T	23	-	-	-	-	-	-	-	-	-
Radeljic	Ivan	14.09.1980	BIH	A	28	26	3	8	2	-	-	-	-	-
Rajnoch	Jan	30.09.1981	CZE	M	25	10	-	8	-	-	-	-	-	-
Rangelov	Dimitar	09.02.1983	BUL	S	8	27	8	3	3	1	-	9	1	-
Rivic	Stiven	09.08.1985	CRO	S	10	15	7	8	3	-	-	1	-	-
Rost	Timo	29.08.1978	D	M	7	32	1	-	8	-	-	-	-	-
Shao	Jiayi	10.04.1980	CHN	M	20	7	1	4	-	-	-	1	-	-
Skela	Ervin	17.11.1976	ALB	M	13	31	10	1	2	-	-	2	1	-
Sörensen	Dennis	24.05.1981	DEN	S	29	29	11	12	6	-	-	2	-	-
Tremmel	Gerhard	16.11.1978	D	T	1	34	-	-	4	-	-	-	-	-
Vasiljevic	Dusan	07.05.1982	SRB	M	14	12	2	8	4	-	-	-	-	-
Ziebig	Daniel	21.01.1983	D	A	17	29	3	2	8	1	-	-	-	-
Zimmermann	Marc	22.03.1990	D	S	19	-	-	-	-	-	-	-	-	-

Kapitän Maik Franz (links) und Michael Mutzel sind fassungslos: Klar mit 4:0 gegen Hertha BSC gewonnen, aber dennoch nicht den Klassenerhalt geschafft.

Torblockade zu spät gelöst

Am Ende hätte es fast doch noch gereicht für den Karlsruher SC. Doch die finale Aufholjagd brachte die Badener nicht mehr ans rettende Ufer.

Diese Szene wird im Gedächtnis bleiben, wenn es um die Saison 2008/09 beim Karlsruher SC geht. Nein, nicht so sehr die Bilder, auf denen die Profis des badischen Traditionsclubs ausgepumpt die Köpfe hängen lassen, weil der 4:0-Sieg zum Abschluss gegen Hertha BSC rein gar nichts bewirkt hatte und der sechste Abstieg aus der Bundesliga nun endgültig feststand. Die Momentaufnahme mit der nachhaltigeren Wirkung lag zu diesem Zeitpunkt schon einige Wochen zurück. Kurz vor Ende des Spiels gegen 1899 Hoffenheim am 28. Spieltag kullerte der von Giovanni Federico geschossene Ball vorbei an Gäste-Keeper Ramazan Özcan in Richtung Tor, aber eben nicht ins Netz, sondern gegen den Pfosten – 2:2 statt 3:2. Draußen an der Seitenlinie warf sich angesichts dieses Pechs Manager Rolf Dohmen auf den Boden, Papiere aus seinen Jacketttaschen flogen durch die Luft – Verzweiflung pur! Und ein wenig bezeichnend für den Saisonverlauf rund um den Wildpark.

Ähnliches spielte sich dann bei dem für den Klassenerhalt auf beiden Seiten so bedeutsamen Aufeinandertreffen des KSC mit dem FC Energie Cottbus ab, als Federico sich einen fatalen Fehlschuss leistete und das Spiel 0:0 endete. Das Kardinalproblem des KSC seit dem vergangenen Sommer, als das Team von Trainer Edmund Becker in das der Erfahrung nach „schwerere zweite Jahr nach dem Aufstieg" startete. Nach dem Comeback in der Erstklassigkeit hatte Beckers Mannschaft bis zur Saisonhalbzeit nicht nur überrascht, sondern regelrecht begeistert. Dass der KSC dieses Niveau in der Rückrunde 2007/08 nicht halten konnte, war nicht weiter tragisch, weil die Zielsetzung Klassenerhalt mit Platz elf dennoch sicher erreicht wurde.

Edmund Becker:

„Das 4:0 gegen Berlin ist angesichts des bitteren Abstiegs nur ein schwacher Trost."

Aus einem funktionierenden Gefüge verlor der KSC im Sommer 2008 wichtige Stützen: vor allem Tamas Hajnal, den ungarischen Spielgestalter, der danach auch bei Borussia Dortmund glänzte. Das gelang Mario Eggimann bei Hannover 96 zwar nicht. Doch beim KSC hätte der Schweizer weiter den Stabilisierungsfaktor im Abwehrverbund mit eingebauter Torgefährlichkeit bei Standardsituationen geben können.

Flehende Geste von Rolf Dohmen. Auch in schweren Zeiten wirken der KSC-Manager und Trainer „Ede" Becker eng zusammen.

Die Gegebenheiten in Karlsruhe, garniert auch mit anhaltenden Diskussionen über die Realisierung des für die Wettbewerbsfähigkeit eminent wichtigen Stadionbaus, sind so, dass bei eigenen Transfers nur in Ausnahmefällen mit gleicher Münze zurückgezahlt werden kann – wie bei Antonio da Silva vom VfB Stuttgart. Daneben wurden Stefano Celozzi vom FC Bayern München II und Talente aus dem eigenen Nachwuchs verpflichtet, dazu in der Winterpause neben dem kroatischen

Der Autor: **Michael Novak** ist Mitglied der Chefredaktion beim Sportverlag Europa und beim „Bundesliga-Magazin".

Früher selbst beim VfB Stuttgart wie Elson (rechts), im Sommer 2008 zum Nachbarn Karlsruher SC gewechselt: Antonio da Silva im Derby gegen seinen früheren Club.

Erfolgreichster KSC-Profi mit neun Toren: Sebastian Freis, der nun zum 1. FC Köln wechselt, mit Dortmunds Mats Hummels (rechts).

Urgestein des KSC, dem der Abstieg sehr weh tut: Trainer Edmund Becker.

Innenverteidiger Dino Drpic zwei alte Bekannte: Giovanni Federico als Leihgabe von Borussia Dortmund und Marco Engelhardt vom 1. FC Nürnberg. Ihnen waren Führungsrollen zugedacht, zumal Maik Franz aufgrund einer Fersenverletzung über Monate ausfiel. Schon frühzeitig hatte der Kapitän „eine brandgefährliche Situation" für seinen KSC ausgemacht: „Nicht nur, weil wir vorne Ladehemmung haben."

Diese Torblockade begleitete die Mannschaft freilich durch weite Teile der Saison. 752 Minuten blieben die Karlsruher während der Rückrunde am Stück ohne ein einziges Tor. Wobei es oft genug nicht einmal an den Möglichkeiten haperte, diese auffällige Schwäche zu beenden. Was übrigens nie dazu führte, dass KSC-Urgestein „Ede" Becker als der richtige Mann in Frage gestellt wurde. „Wir gehen mit ihm notfalls auch in die 2. Bundesliga", so die klare Aussage von Manager Dohmen. Wobei der Trainer selbst die Flinte auch dann nicht ins Korn warf, als die Lage schon aussichtslos schien. „Wieder aufstehen und vorneweg marschieren", nannte Becker als seine Verpflichtung bei schon fünf Punkten Rückstand zum rettenden Ufer im März.

Was sich wie eine Durchhalteparole anhörte, hätte um ein Haar noch gegriffen.

Nach einem eindrucksvollen ersten Jahr folgt der schmerzhafte Abstieg: Christian Eichner (links) mit Bastian Schweinsteiger vom FC Bayern München.

Mit einem 3:1-Sieg bei Werder Bremen machte sich der KSC am 33. Spieltag wieder selbst Mut, der in dem deutlichen Erfolg gegen Hertha BSC seinen Niederschlag fand. „Nur ein schwacher Trost angesichts des bitteren Gangs in die 2. Bundesliga", so Becker. Zu spät! Dem KSC fehlte am Schluss ein Pünktchen zur Relegation, zwei Zähler waren es zum direkten Klassenerhalt. Zählbares, das beispielsweise bei der 2:3-Niederlage im vorletzten Heimspiel gegen Hannover 96 nach einer 2:0-Führung liegengelassen wurde. Oder bei Federicos Pfostenschuss gegen Cottbus, der Manager Dohmen enttäuscht auf die Knie sinken ließ.

ALLE SPIELE

Hinrunde										Rückrunde
1	16.08.	H	1:0	(1:0)	VfL Bochum	2:0	(1:0)	A	01.02.	18
2	23.08.	A	2:1	(1:0)	Hamburger SV	3:2	(0:1)	H	07.02.	19
3	29.08.	H	0:2	(0:0)	1. FC Köln	0:0		A	14.02.	20
4	22.10.	A	2:1	(0:0)	Eintracht Frankfurt	0:1	(0:0)	H	21.02.	21
5	21.09.	A	3:1	(1:1)	VfB Stuttgart	0:2	(0:0)	H	01.03.	22
6	28.09.	H	2:1	(0:0)	VfL Wolfsburg	1:0	(1:0)	A	07.03.	23
7	03.10.	A	1:2	(0:1)	DSC Arminia Bielefeld	0:1	(0:0)	H	14.03.	24
8	18.10.	H	0:1	(0:0)	FC Bayern München	1:0	(1:0)	A	21.03.	25
9	25.10.	A	1:0	(0:0)	Borussia Mönchengladbach	0:0		H	05.04.	26
10	28.10.	H	0:3	(0:2)	FC Schalke 04	2:0	(1:0)	A	11.04.	27
11	01.11.	A	4:1	(1:1)	1899 Hoffenheim	2:2	(1:1)	H	18.04.	28
12	08.11.	H	3:3	(1:3)	Bayer 04 Leverkusen	0:1	(0:0)	A	25.04.	29
13	15.11.	A	1:0	(0:0)	FC Energie Cottbus	0:0		H	02.05.	30
14	21.11.	H	0:1	(0:1)	Borussia Dortmund	4:0	(1:0)	A	09.05.	31
15	29.11.	A	3:2	(3:0)	Hannover 96	2:3	(2:2)	H	12.05.	32
16	06.12.	H	1:0	(0:0)	Werder Bremen	1:3	(0:2)	A	16.05.	33
17	13.12.	A	4:0	(1:0)	Hertha BSC Berlin	4:0	(2:0)	H	23.05.	34

KARLSRUHER SC AUF EINEN BLICK

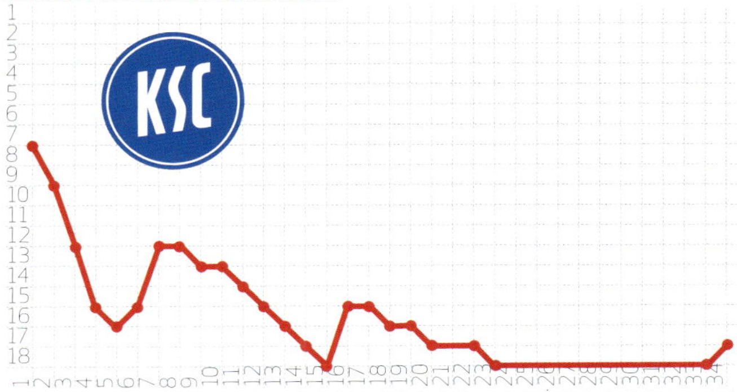

ALLE SPIELER

Name	Vorname	Geburtsdatum	Nationalität	Position	Rücken-Nr.	Einsätze	Auswechslungen	Einwechslungen	Gelbe Karten	Gelb-Rote Karten	Rote Karten	Tore	Elfmeter	Eigentore
Aduobe	Godfried	29.10.1975	GHA	M	4	22	11	5	3	-	-	-	-	-
Buck	Stefan	03.09.1980	D	A	19	6	-	3	1	-	-	1	-	-
Carnell	Bradley	21.01.1977	RSA	A	6	11	4	5	1	-	-	-	-	-
Celozzi	Stefano	02.11.1988	D	A	27	27	6	2	1	-	-	-	-	-
da Silva	Antonio	13.06.1978	BRA	M	25	28	11	1	5	-	-	2	1	-
Drpic	Dino	26.05.1981	CRO	A	11	16	-	1	5	-	-	-	-	-
Eichner	Christian	24.11.1982	D	A	21	31	-	1	5	-	-	1	-	-
Engelhardt	Marco	02.12.1980	D	M	22	11	6	1	3	1	-	-	1	-
Federico	Giovanni	04.10.1980	ITA	M	26	15	3	3	1	-	-	2	-	-
Franz	Maik	05.08.1981	D	A	3	15	1	1	7	1	-	2	-	-
Freis	Sebastian	23.04.1985	D	S	18	34	10	1	2	-	-	9	-	-
Görlitz	Andreas	31.01.1982	D	A	77	18	2	4	4	-	-	-	-	-
Iashvili	Alexander	23.10.1977	GEO	S	20	23	7	10	1	-	-	3	-	-
Kapllani	Edmond	31.07.1982	ALB	S	9	20	3	14	2	-	-	-	-	-
Kennedy	Joshua	20.08.1982	AUS	S	17	23	8	4	-	-	-	2	-	-
Kornetzky	Jean-Francois	28.07.1982	FRA	T	14	3	-	2	-	-	-	-	-	-
Langkamp	Sebastian	15.01.1988	D	A	24	10	-	-	1	-	-	1	-	-
Miller	Markus	08.04.1982	D	T	1	33	2	-	2	-	-	-	-	-
Mutzel	Michael	27.09.1979	D	M	13	25	9	2	8	-	-	-	-	-
Porcello	Massimilian	23.06.1980	D	M	10	13	3	4	-	-	-	2	-	-
Saglik	Mahir	18.01.1983	TUR	S	23	7	-	6	1	-	-	-	-	-
Sebastian	Tim	17.01.1984	D	A	5	19	-	1	2	-	-	1	-	1
Staffeldt	Timo	09.02.1984	D	M	8	8	1	3	-	-	-	-	-	-
Stindl	Lars	26.08.1988	D	M	28	21	4	8	4	-	-	4	-	-
Stoll	Martin	09.02.1983	D	A	16	10	-	2	1	-	-	-	-	-
Timm	Christian	27.02.1979	D	S	7	21	5	12	4	-	-	-	-	-
Unger	Thomas	15.01.1985	D	T	29	-	-	-	-	-	-	-	-	-

Abstieg zum ungünstigsten Zeitpunkt

Wieder einmal. Dabei hatte Arminia Bielefeld eigentlich schon vergessen, wie Absteigen geht. Fünf Spielzeiten hintereinander durfte der Club aus Ostwestfalen in der Bundesliga verbringen, nun aber muss er wieder eine Etage tiefer antreten.

Am Ende sogar die Relegation zu verpassen, kam wie ein Schock. Am 34. Spieltag fielen die Bielefelder noch auf den letzten Platz zurück, dabei hatten sie es seit dem 13. Spieltag stets vermeiden können, auf einem der beiden direkten Abstiegsränge zu landen. „Das ist der bitterste all unserer Abstiege", sagte Clubchef Hans-Hermann Schwick nach dem 2:2 gegen Hannover, das sich nahtlos einreihte in die lange Liste von Unentschieden.

Nicht einmal der eine Woche zuvor vom 0:6 in Dortmund ausgelöste kurzfristige Wechsel auf der Trainerposition erwies sich als rettungstauglich. Nach dem 33. Spieltag trennten sich die Bielefelder von Michael Frontzeck und verpflichteten für die finale Liga-Runde Jörg Berger. Aber auch der Spezialist für schwierige Fälle vermochte innerhalb einer knappen Trainingswoche und 90 Spielminuten das Ruder nicht mehr herumzureißen. Am Tag nach dem Abstieg zog der 64 Jahre alte Fußballlehrer sein persönliches Fazit: „Wir haben das Minimalziel Relegation gemeinsam nicht erreicht", sagte Berger zum Abschied. „Wir hatten unsere Nerven nicht im Zaum und haben unsere Chancen nicht genutzt. Das Spiel gegen Hannover 96 war ein Spiegelbild der Saison, und ich bin kein Zauberer."

Jörg Berger:

„Haben das Minimalziel Relegation gemeinsam nicht erreicht."

Der Autor: **Friedrich-Wilhelm Kröger**, Ressortleiter Sport beim „Westfalen-Blatt" in Bielefeld, verfolgt die Arminia seit 1981.

Frust pur: Torjäger Artur Wichniarek schlägt die Hände vors Gesicht, weil durch das 2:2 gegen Hannover 96 der Abstieg des DSC Arminia Bielefeld am letzten Spieltag besiegelt ist.

Aus für Michael Frontzeck (links) als Trainer des DSC Arminia Bielefeld nach dem 33. Spieltag und einer 0:6-Niederlage bei Borussia Dortmund. Nachfolger für das Saisonfinale ist Jörg Berger – auf dem Foto rechts mit dem Vierten Offiziellen, Malte Dittrich.

Ihn noch herzuholen war ein ungewöhnliches Manöver in der Bundesliga-Geschichte, das gewisse Versäumnisse nicht überdecken konnte. „Wer nur vier Spiele gewinnt, steigt zu Recht ab, der hat es nicht besser verdient", stellte Kapitän Rüdiger Kauf fest. Dass der DSC Arminia mit 16 Unentschieden ungefährdet den Deutschen Remis-Meistertitel buchte, blieb ebenso nutzlos wie die Erkenntnis, dass der Club nach der alten Zwei-Punkte-Regel das Klassenziel erreicht hätte. Nicht zu verlieren, das schaffte die Mannschaft häufig, oft genug zu gewinnen dagegen nicht.

An Schuldzuweisungen fehlte es nicht. So erstaunte der Präsident und Aufsichtsratsvorsitzende Hans-Hermann Schwick mit der Erklärung, die sportliche Führung um Trainer Frontzeck und Geschäftsführer Detlev Dammeier hätten den finanziellen Rahmen für Verstärkungen nicht ausgeschöpft: „Ich habe im Sommer gesagt, dass wir nach dem Verkauf von Sibusiso Zuma und Christian Eigler einen neuen Stürmer brauchen und auch im Winter noch einmal zwei neue Offensivspieler gefordert." Zur Rückrunde wurde nur der zuvor verletzte Vlad Munteanu vom VfL Wolfsburg ausgeliehen. Entscheidend anheben konnte der Rumäne die Qualität nicht. Mittlerweile haben sich Schwick und Dammeier ausgesprochen und auf beiden Seiten Fehler eingeräumt. Ziel muss es jetzt aber sein, die Kräfte im Club derart zu bündeln, um den schnellstmöglichen Wiederaufstieg zu schaffen.

Christopher Katongo führt einen großartigen Fallrückzieher vor. Der Bielefelder Stürmer scheint auch den Stuttgarter Serdar Tasci (rechts) zu beeindrucken.

Es fehlte an Durchschlagskraft im Angriff, in dem der 13-fache Torschütze Artur Wichniarek zu oft auf sich allein gestellt war, es mangelte an Ideen aus dem Mittelfeld, und zum Schluss fiel auch die Abwehr auseinander. Torwart Dennis Eilhoff war einer der wenigen Lichtblicke. Einen „zweiten Anzug" besaßen die Arminen erst gar nicht. Lange Zeit behaupteten sie sich trotzdem am Rand zu den Abstiegsplätzen, vielleicht schuf das trügerische Sicherheit.

Je sieben Mal ist Arminia nun auf- und wieder abgestiegen, und der Zeitraum von 2004 bis 2009 ist mit der Periode 1980 bis 1985 der längste Abschnitt, den die Bielefelder in der Bundesliga verbrachten. Sie nutzten dies zur Fertigstellung der neuen Tribüne in der SchücoArena, sie verbesserten ihre Trainingsbedingungen erheblich.

Einer der Spieler des Bielefelder Teams mit recht konstant guten Noten: Keeper Dennis Eilhoff.

Geschäftsführer Roland Kentsch hat es mit seinem Team verstanden, für den Club eine erstklassige Infrastruktur zu schaffen. Der Abstieg kommt immer – aber diesmal besonders – zu einem ungünstigen Zeitpunkt.

In Not war Bielefeld schon 2008, als es am Ende der vergangenen Saison gerade noch einmal gut ging. Vom „bittersten Tag der Karriere" sprach Kapitän Kauf, als es jetzt nicht mehr reichte. Dabei hätten bescheidende 31 Punkte und ein Sieg mehr genügt. Nicht einmal die Rettung per Relegation anpeilen zu dürfen, sorgte auch bei Torjäger Wichniarek für Frust: „Wir hatten es selbst in der Hand und haben es versaut."

Es liegt nun an der Arminia, die kommende Saison in der 2. Bundesliga zu planen und möglichst schnell die Rückkehr zu schaffen. Bislang ist Bielefeld immer wieder zurückgekommen.

Treffer beim 2:2 gegen den VfB Stuttgart durch Vlad Munteanu, dem Rüdiger Kauf (5) und Robert Tesche (32) gratulieren möchten.

ALLE SPIELE

Hinrunde | Rückrunde

1	16.08.	H	2:2	(0:0)	Werder Bremen	1:2	(1:1)	A	01.02.	18
2	23.08.	A	1:1	(1:1)	Hertha BSC Berlin	1:1	(1:1)	H	06.02.	19
3	30.08.	H	2:4	(2:1)	Hamburger SV	2:0	(1:0)	A	15.02.	20
4	14.09.	A	2:0	(2:0)	VfL Bochum	1:1	(0:1)	H	21.02.	21
5	20.09.	H	2:0	(0:0)	1. FC Köln	1:1	(1:1)	A	27.02.	22
6	28.09.	A	1:1	(0:1)	Eintracht Frankfurt	0:0		H	08.03.	23
7	03.10.	H	1:2	(0:1)	Karlsruher SC	0:1	(0:0)	A	14.03.	24
8	18.10.	A	4:1	(2:0)	VfL Wolfsburg	0:3	(0:1)	H	21.03.	25
9	25.10.	A	0:0		FC Schalke 04	0:2	(0:1)	H	03.04.	26
10	28.10.	H	1:1	(0:1)	FC Energie Cottbus	2:1	(1:0)	A	11.04.	27
11	01.11.	A	3:1	(1:1)	FC Bayern München	0:1	(0:0)	H	18.04.	28
12	08.11.	H	0:2	(0:1)	Borussia Mönchengladbach	1:1	(1:1)	A	26.04.	29
13	15.11.	A	0:0		VfB Stuttgart	2:2	(1:2)	H	02.05.	30
14	22.11.	H	2:1	(0:0)	Bayer 04 Leverkusen	2:2	(1:2)	A	08.05.	31
15	29.11.	A	3:0	(2:0)	1899 Hoffenheim	0:2	(0:1)	H	13.05.	32
16	06.12.	H	0:0		Borussia Dortmund	6:0	(1:0)	A	16.05.	33
17	13.12.	A	1:1	(1:0)	Hannover 96	2:2	(1:0)	H	23.05.	34

DSC ARMINIA BIELEFELD AUF EINEN BLICK

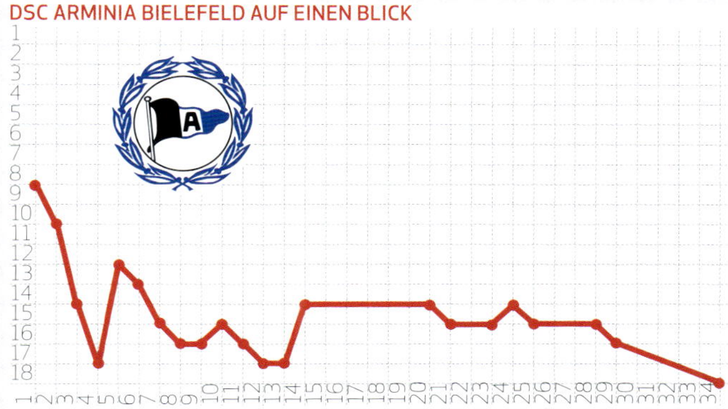

ALLE SPIELER

Name	Vorname	Geburtsdatum	Nationalität	Position	Rücken-Nr.	Einsätze	Auswechslungen	Einwechslungen	Gelbe Karten	Gelb-Rote Karten	Rote Karten	Tore	Elfmeter	Eigentore
Aigner	Stefan	20.08.1987	D	M	29	5	-	5	-	-	-	-	-	-
Bade	Alexander	25.08.1970	D	T	38	-	-	-	-	-	-	-	-	-
Bollmann	Markus	06.01.1981	D	A	6	24	-	4	7	-	-	-	-	-
Eilhoff	Dennis	31.07.1982	D	T	22	34	-	-	1	-	-	-	-	-
Fernandez	Rowen	28.02.1978	RSA	T	1	-	-	-	-	-	-	-	-	-
Fischer	Nils	14.02.1987	D	A	30	4	1	1	1	-	-	-	-	-
Halfar	Daniel	07.01.1988	D	S	24	28	9	13	5	-	-	1	-	-
Hartmann	Niklas	09.12.1989	D	T	21	-	-	-	-	-	-	-	-	-
Herzig	Nico	10.12.1983	D	A	4	19	1	-	8	-	-	1	-	-
Janjic	Zlatko	07.05.1986	BIH	M	15	13	1	12	-	-	-	1	-	-
Kamper	Jonas	03.05.1983	DEN	M	14	20	5	10	2	1	-	1	-	-
Katongo	Christopher	31.08.1982	ZAM	S	10	33	8	3	1	1	-	3	-	-
Kauf	Rüdiger	01.03.1975	D	M	5	31	4	1	8	-	-	-	-	-
Kerr	Kevin	12.01.1989	SCO	M	33	-	-	-	-	-	-	-	-	-
Kirch	Oliver	21.08.1982	D	M	13	26	11	1	1	-	-	-	-	-
Korzynietz	Bernd	08.09.1979	D	A	19	-	-	-	-	-	-	-	-	-
Kucera	Radim	01.03.1974	CZE	A	31	29	1	1	2	-	-	-	-	-
Laas	Alexander	05.05.1984	D	M	19	3	1	2	-	-	-	1	-	-
Lamey	Michael	29.11.1979	NED	A	20	23	3	1	5	-	-	-	-	-
Leonidas		08.03.1982	GRE	S	27	-	-	-	-	-	-	-	-	-
Marx	Thorben	01.06.1981	D	M	7	27	10	-	8	-	-	1	-	-
Mijatovic	Andre	03.12.1979	CRO	A	16	19	-	2	1	1	-	1	-	-
Munteanu	Vlad	16.01.1981	ROM	M	30	15	7	6	-	-	-	2	1	-
Nkosi	Siyabonga	22.08.1981	RSA	M	25	1	-	1	-	-	-	-	-	-
Rau	Tobias	31.12.1981	D	A	8	3	1	1	-	-	-	-	-	-
Riemer	Daniel	17.02.1987	D	T	28	-	-	-	-	-	-	-	-	-
Rodenberg	Maik	29.01.1989	D	A	17	-	-	-	-	-	-	-	-	-
Sadik	Berat	14.09.1986	FIN	S	11	13	-	13	-	-	-	-	-	-
Schuler	Markus	01.08.1977	D	A	2	30	1	-	8	-	-	-	-	-
Tesche	Robert	27.05.1987	D	M	32	26	10	5	3	-	1	2	-	-
Versick	Thilo	27.11.1985	D	S	23	1	-	1	-	-	-	-	-	-
Wichniarek	Artur	28.02.1977	POL	S	18	31	10	1	4	-	-	13	2	-

Im Gleichschritt orientieren sich Demba Ba von 1899 Hoffenheim und Serdar Tasci vom VfB Stuttgart zum Ball – eine der vielen spektakulären Szenen aus einer Saison mit 34 aufregenden Bundesliga-Spieltagen.

Die Chronik der Saison

Spieltag für Spieltag, von der Saisoneröffnung bis zum großen Finale: der ausführliche Rückblick auf alle 306 Begegnungen der Bundesliga mit umfassenden Statistikdaten.

2:2 zu „Klinsis" Einstand – Hoffenheims tolle Premiere

Tenor Paul Potts (oben) als Star des Rahmenprogramms. Rechts: Saisoneröffnung durch Ligapräsident Dr. Reinhard Rauball und FC Bayerns Vorstandschef Karl-Heinz Rummenigge.

Die 46. Bundesliga-Saison beginnt mit einem musikalischen Highlight und einem sportlichen Paukenschlag. Nachdem der walisische Shootingstar Paul Potts vor 69.000 Zuschauern in der Münchner Allianz Arena auf die Spielzeit 2008/09 mit Opernklängen von Giacomo Puccini offiziell eingestimmt hat, legen der Deutsche Meister FC Bayern und der Hamburger SV im Auftaktspiel gleich ein berauschendes Match hin.

Bayern-Manager Uli Hoeneß spricht danach von einem „fantastischen Spiel", obwohl sich der Rekordmeister beim Debüt von Ex-Bundestrainer Jürgen Klinsmann nach früher 2:0-Führung schließlich mit einem 2:2 gegen die Hamburger begnügen muss. „Nach der zerfahrenen Vorbereitung muss man zufrieden sein", bilanziert Klinsmann sein erstes Punktspiel als Vereinscoach, bei dem er auf die verletzten Stars Franck Ribéry, Martin Demichelis und Luca Toni verzichten muss.

Hamburgs neuer Trainer Martin Jol kann mit seinem ersten Bundesliga-Auftritt indes sehr zufrieden sein. Die Hanseaten beherrschen in der ersten Begegnung nach dem Abgang ihres Spielmachers Raphael van der Vaart lange Zeit das Geschehen und nehmen verdient einen Punkt mit – wobei ausgerechnet die beiden ehemaligen Bayern-Spieler Piotr Trochowski und Paolo Guerrero die Tore erzielen.

Eine weitere Premiere steigt in Cottbus. Mit 1899 Hoffenheim betritt der bisher 50. Club die Bühne Bundesliga – und erklimmt

DATEN & FAKTEN

Zuschauer gesamt	340.642
pro Spiel	37.849
Tore gesamt	29
Elfmeter	2
Eigentore	0
Gelbe Karten	35
Gelb-Rote Karten	0
Rote Karten	0

FC Bayern München – Hamburger SV 2:2 (2:1)

FC Bayern München: Rensing - Lell, Lucio, van Buyten, Lahm - van Bommel - Schweinsteiger (65. Borowski), Kroos, Ze Roberto (81. Ottl) - Klose (79. Müller), Podolski
Hamburger SV: F. Rost - J. Boateng (30. Demel), Reinhardt (52. Kompany), Mathijsen, Benjamin - Jarolim, de Jong - Pitroipa (77. Atouba), Trochowski - Guerrero, Olic
Tore: 1:0 Schweinsteiger (12.), 2:0 Podolski (16., Foulelfmeter), 2:1 Guerrero (25.), 2:2 Trochowski (57., Foulelfmeter) **Ecken:** 2:2
Schiedsrichter: Kinhöfer (Herne)
Zuschauer: 69.000 (ausverkauft)
Gelb: van Bommel - Jarolim, Guerrero, de Jong, Benjamin **Gelb-Rot:** keine **Rot:** keine

FC Schalke 04 – Hannover 96 3:0 (2:0)

FC Schalke 04: Schober - Westermann, Höwedes, Bordon, Pander - Ernst - Jones (30. Grossmüller), Kobiashvili - Halil Altintop, Kuranyi (79. Sanchez), Rakitic (68. Asamoah)
Hannover 96: Enke - Cherundolo, Ismael (61. Eggimann), Vinicius, C. Schulz - Lala - Balitsch (61. Rosenthal), Bruggink, Huszti - Hanke, Schlaudraff (64. Forssell)
Tore: 1:0 Bordon (2.), 2:0 Kuranyi (7.), 3:0 Kuranyi (64.) **Ecken:** 6:7
Schiedsrichter: Perl (München)
Zuschauer: 61.673 (ausverkauft)
Gelb: Rakitic - Lala, Balitsch **Gelb-Rot:** keine **Rot:** keine

VfL Wolfsburg – 1. FC Köln 2:1 (0:1)

VfL Wolfsburg: Benaglio - Schäfer, Barzagli, Costa, Zaccardo (46. Riether) - Josue, J. Santana - Hasebe (46. Saglik), Misimovic, Gentner (90. Alvim) - Dejagah
1. FC Köln: Mondragon - Özat, Geromel, Mohamad, Wome - Petit - Brecko (78. Vucicevic), Antar, Broich (86. Scherz) - Radu (72. Chihi), Novakovic
Tore: 0:1 Novakovic (20.), 1:1 Gentner (48.), 2:1 Misimovic (78.) **Ecken:** 10:3
Schiedsrichter: Brych (München)
Zuschauer: 29.085 **Gelb:** Wome, Petit **Gelb-Rot:** keine **Rot:** keine

Bayer 04 Leverkusen – Borussia Dortmund 2:3 (1:2)

Bayer 04 Leverkusen: B. Fernandez - Castro, M. Friedrich, Henrique, Djakpa (89. Bulykin) - Rolfes - Vidal (68. Gekas), Augusto, Barnetta (79. Dum) - Helmes, Kießling
Borussia Dortmund: Weidenfeller (45+2. Ziegler) - Rukavina, Subotic, Hummels, Dede (72. Schmelzer) - Kehl - Blaszczykowski, Hajnal, Kringe - Valdez, Klimowicz (46. Kruska)
Tore: 0:1 Valdez (4.), 1:1 Helmes (21.), 1:2 Kringe (37.), 1:3 Subotic (49.), 2:3 Kießling (83.) **Ecken:** 7:3
Schiedsrichter: Gagelmann (Bremen)
Zuschauer: 21.086 (ausverkauft)
Gelb: Augusto, Djakpa, M. Friedrich - Subotic, Kehl **Gelb-Rot:** keine **Rot:** keine

Von Fotografen umlagert, betritt Jürgen Klinsmann im Vorfeld der Auftaktbegegnung die Allianz Arena. Viel Optimismus bringt der neue Coach des FC Bayern mit an den Spielfeldrand.

gleich die Tabellenspitze – zusammen mit dem FC Schalke 04. Dank eines 3:0-Sieges beim FC Energie, zu dem Stürmer Vedad Ibisevic zwei Treffer beisteuert, setzt sich der Neuling auf Platz eins und begeistert dabei mit attraktivem Offensivfußball. Hoffenheims Trainer Ralf Rangnick prophezeit anschließend: „Mein Gefühl sagt mir, dass wir mit dem Abstiegskampf nichts zu tun haben werden."

Den beiden anderen Aufsteigern ergeht es bei ihrer Rückkehr in die Beletage schlechter. Nach zwei Jahren in der 2. Bundesliga ist der 1. FC Köln wieder zurück im „Oberhaus". Doch beim VfL Wolfsburg verliert der FC trotz 1:0-Führung durch Torjäger Milivoje Novakovic mit 1:2. Für Kölns Trainer Christoph Daum ist es das erste Bundesliga-Spiel seit fast neun Jahren. Trotz der Niederlage gibt sich der einstige Meistermacher zufrieden: „Ich habe heute einiges gesehen, was wir brauchen, um uns in der Bundesliga zu halten."

Auch Zweitliga-Meister Borussia Mönchengladbach bleibt beim 1:3 gegen den VfB Stuttgart zum Auftakt ohne Punkt. Der fünffache Deutsche Meister kann den Schwaben im ersten Spiel nach seinem dritten Aufstieg in die Bundesliga nicht viel entgegensetzen. „Stuttgart hat uns für unsere individuellen Fehler bestraft", ärgert sich Gladbachs Coach Jos Luhukay. Am Tabellenende aber Cottbus und Hannover 96: Wie der FC Energie, müssen sich die Niedersachsen dem FC Schalke 04 ebenfalls mit 0:3 geschlagen geben.

DIE SCHLAGZEILE DES SPIELTAGES

Er steht selbst gar nicht auf dem Platz – und doch beherrscht Mladen Petric (27, Foto) zum Saisonstart die Schlagzeilen. Denn kurz vor Borussia Dortmunds 3:2 bei Bayer 04 Leverkusen unterschreibt der kroatische Stürmer einen Vertrag beim Hamburger SV, während der Ägypter Mohamed Zidan (26) den umgekehrten Weg geht. Im hohen Norden soll Petric den zu Real Madrid abgewanderten Raphael van der Vaart ersetzen. „Ein super Gefühl, dass der HSV dieses Vertrauen in mich setzt", sagt Petric. Seit seinem Wechsel vom FC Basel zum BVB im Sommer 2007 stehen 13 Tore aus seiner ersten Bundesliga-Saison zu Buche. Zidan wiederum kehrt zu seinem Mentor Jürgen Klopp zurück, den er vom 1. FSV Mainz 05 kennt. Unter dem neuen BVB-Trainer will er jetzt an alte Leistungen anknüpfen.

1. SPIELTAG

RESULTATE

Freitag, 15.08.2008	Bayern München - Hamburger SV	2:2	(2:1)
Samstag, 16.08.2008	FC Schalke 04 - Hannover 96	3:0	(2:0)
	VfL Wolfsburg - 1. FC Köln	2:1	(0:1)
	Bayer Leverkusen - Bor. Dortmund	2:3	(1:2)
	Karlsruher SC - VfL Bochum	1:0	(1:0)
	E. Cottbus - 1899 Hoffenheim	0:3	(0:1)
	Arminia Bielefeld - Werder Bremen	2:2	(0:0)
Sonntag, 17.08.2008	Eintracht Frankfurt - Hertha BSC	0:2	(0:1)
	Bor. M'gladbach - VfB Stuttgart	1:3	(0:3)

TORJÄGER

Markus Rosenberg	Werder Bremen	2
Artur Wichniarek	DSC Arminia Bielefeld	2
Kevin Kuranyi	FC Schalke 04	2
Vedad Ibisevic	1899 Hoffenheim	2
Marcelo Bordon	FC Schalke 04	1
Florian Kringe	Borussia Dortmund	1
Zvjezdan Misimovic	VfL Wolfsburg	1
Thomas Hitzlsperger	VfB Stuttgart	1
Piotr Trochowski	Hamburger SV	1

PERSONALIEN

Als „Deutschlands Fußballer des Jahres 2008" wird **Franck Ribéry** (25) vom FC Bayern München geehrt – als erster Franzose überhaupt. Der aufgrund einer während der EURO erlittenen Verletzung noch nicht wieder einsatzfähige Offensivspieler setzt sich bei der vom Fachmagazin „Kicker" durchgeführten Wahl der Sportjournalisten mit 224 Stimmen vor Michael Ballack (FC Chelsea, 115) und seinem Bayern-Teamkollegen Luca Toni (108) durch.

Mit zehn Stichen muss eine Risswunde oberhalb des linken Knies bei Torhüter **Roman Weidenfeller** (28) von Borussia Dortmund genäht werden, der sich die Verletzung bei einer Parade gegen den Leverkusener Patrick Helmes selbst zugefügt hat. In der Nachspielzeit der ersten Halbzeit kommt Marc Ziegler für ihn auf das Spielfeld.

Sein Comeback in der Bundesliga nach seinem Wechsel aus der englischen Premier League vom FC Arsenal in England gibt **Jens Lehmann** (38) im Trikot des VfB Stuttgart – nach fast fünfeinhalbjähriger Pause seit dem 23. März 2003 beim Gastspiel von Borussia Dortmund bei Arminia Bielefeld (0:0).

TABELLE

Rang	Club	Sp.	g	u	v	Tore	Diff.	Pkt.
1	1899 Hoffenheim	1	1	0	0	3:0	3	3
	FC Schalke 04	1	1	0	0	3:0	3	3
3	VfB Stuttgart	1	1	0	0	3:1	2	3
4	Hertha BSC Berlin	1	1	0	0	2:0	2	3
5	Borussia Dortmund	1	1	0	0	3:2	1	3
6	VfL Wolfsburg	1	1	0	0	2:1	1	3
7	Karlsruher SC	1	1	0	0	1:0	1	3
8	FC Bayern München	1	0	1	0	2:2	0	1
	Werder Bremen	1	0	1	0	2:2	0	1
	Hamburger SV	1	0	1	0	2:2	0	1
	DSC Arminia Bielefeld	1	0	1	0	2:2	0	1
12	Bayer 04 Leverkusen	1	0	0	1	2:3	-1	0
13	1. FC Köln	1	0	0	1	1:2	-1	0
14	VfL Bochum	1	0	0	1	0:1	-1	0
15	Bor. Mönchengladbach	1	0	0	1	1:3	-2	0
16	Eintracht Frankfurt	1	0	0	1	0:2	-2	0
17	FC Energie Cottbus	1	0	0	1	0:3	-3	0
	Hannover 96	1	0	0	1	0:3	-3	0

Karlsruher SC – VfL Bochum 1:0 (1:0)

■ **Karlsruher SC:** Miller - Celozzi, Sebastian, Franz, Eichner - Porcello, Staffeldt - Timm (84. Freis), da Silva (90. Iashvili), Carnell (80. Aduobe) - Kennedy
■ **VfL Bochum:** Fernandes - Pfertzel, Maltritz, Yahia, C. Fuchs - Imhof - Azaouagh, Ono (81. Grote), Dabrowski (68. Freier) - Sestak, Hashemian
Tor: 1:0 Eichner (29.) **Ecken:** 1:4
Schiedsrichter: Weiner (Giesen)
Zuschauer: 24.800 **Gelb:** Timm, Franz - Azaouagh, C. Fuchs, Dabrowski, Hashemian **Gelb-Rot:** keine **Rot:** keine

FC Energie Cottbus – 1899 Hoffenheim 0:3 (0:1)

■ **FC Energie Cottbus:** Tremmel - Pavicevic (57. Rivic), Mitreski, Cvitanovic, Ziebig - Kukielka (76. Vasiljevic) - Angelov, Skela, T. Rost - Rangelov, Sörensen (70. Jelic)
■ **1899 Hoffenheim:** Özcan - Beck, Nilsson (46. Jaissle), Compper, Ibertsberger - Gustavo - Weis, Eduardo, Salihovic (59. Teber) - Ba, Ibisevic (85. Copado)
Tore: 0:1 Ibisevic (16.), 0:2 Ba (54.), 0:3 Ibisevic (76.) **Ecken:** 4:2
Schiedsrichter: Winkmann (Kerken)
Zuschauer: 18.370 **Gelb:** Pavicevic, Angelov - Salihovic, Ba
Gelb-Rot: keine **Rot:** keine

DSC Arminia Bielefeld – Werder Bremen 2:2 (0:0)

■ **DSC Arminia Bielefeld:** Eilhoff - Lamey, Bollmann, Kucera, Schuler - Kirch, Kauf, Marx (68. Kamper) - Katongo, Halfar (79. Tesche) - Wichniarek
■ **Werder Bremen:** Wiese - Fritz, Prödl, Naldo, Boenisch - Frings, Baumann, D. Jensen - Hunt (69. Özil) - Rosenberg, Almeida (73. Sanogo)
Tore: 0:1 Rosenberg (60.), 1:1 Wichniarek (74.), 1:2 Rosenberg (80.), 2:2 Wichniarek (81.) **Ecken:** 4:4
Schiedsrichter: Drees (Münster-Sarmsheim) **Zuschauer:** 24.700 **Gelb:** Kamper, Bollmann - Hunt, Rosenberg
Gelb-Rot: keine **Rot:** keine

Eintracht Frankfurt – Hertha BSC Berlin 0:2 (0:1)

■ **Eintracht Frankfurt:** Nikolov - Ochs, Russ, Bellaid, Spycher - Chris, Inamoto (61. Meier, 77. Fink) - Steinhöfer (56. Fenin), Toski - Amanatidis, Liberopoulos
■ **Hertha BSC Berlin:** Drobny - von Bergen, Simunic, Kaka - Piszczek (46. Lustenberger), Kacar (68. L. Hartmann), Cicero, Stein - Ebert (70. Nicu), Raffael - Pantelic
Tore: 0:1 Raffael (43.), 0:2 Ebert (60.) **Ecken:** 11:2 **Schiedsrichter:** Meyer (Burgdorf) **Zuschauer:** 44.900
Gelb: Ebert **Gelb-Rot:** keine
Rot: keine

Borussia Mönchengladbach – VfB Stuttgart 1:3 (0:3)

■ **Borussia Mönchengladbach:** Heimeroth - Ndjeng, Brouwers (79. Colautti), Daems, Jaures - Alberman (79. Svärd), Paauwe - Matmour, Rösler (31. Baumjohann), Marin - Friend
■ **VfB Stuttgart:** J. Lehmann - Osorio, Tasci, Delpierre, Boka - Pardo - Hilbert (89. Lanig), Simak (67. Bastürk), Hitzlsperger - Gomez, Marica (75. Khedira)
Tore: 0:1 Hitzlsperger (14.), 0:2 Marica (26.), 0:3 Gomez (44.), 1:3 Friend (60.) **Ecken:** 4:3
Schiedsrichter: Fandel (Kyllburg)
Zuschauer: 47.028 **Gelb:** Rösler, Alberman, Matmour - Boka, Simak
Gelb-Rot: keine **Rot:** keine

Neuling auf dem Gipfel – FC Bayern rettet Punkt

Ein verbissen geführter Zweikampf mit Torjäger Luca Toni vom FC Bayern München, der den Ball in dieser Szene gegen Borussia Dortmunds Neven Subotic (rechts) behauptet.

Nach dem furiosen Start mit sieben Siegen und 29 Toren enden am zweiten Spieltag gleich sechs Spiele mit einem Unentschieden. Auch der Deutsche Meister FC Bayern muss sich beim 1:1 bei Borussia Dortmund erneut mit nur einem Punkt zufrieden geben. Dabei können die Münchner froh sein, nicht gänzlich mit leeren Händen nach Hause zu fahren. Denn Dortmund startet schwungvoll und geht im ausverkauften SIGNAL IDUNA PARK vor 80.500 Zuschauern durch Jakub „Kuba" Blaszczykowski früh in Führung. Nur eine Viertelstunde später sieht Bayern-Kapitän Mark van Bommel die Gelb-Rote Karte – der erste Feldverweis der Saison.

Doch der BVB kann den Vorteil nicht nutzen, leistet sich zu viele Fehlpässe im Spielaufbau. Stattdessen dreht der Rekordmeister aus München auf und kommt durch Tim Borowski noch zum Ausgleich. Auch deshalb gibt sich Bayern-Manager Uli Hoeneß zuversichtlich: „Die holprigen Zeiten sind in ein paar Wochen vorbei." Dortmunds neuer Trainer Jürgen Klopp ärgert sich hingegen über die vergebene Chance auf den perfekten Saisonstart: „Zu erwarten, dass wir die Bayern schlagen müssen, ist Quatsch. Aber nach diesem Spiel bleibt das Gefühl, dass mehr möglich war."

Ähnlich wie der Deutsche Meister, legt auch Vizemeister Werder Bremen keinen optimalen Saisonstart hin. Ohne ihren genialen Spielmacher Diego, der nach dem Gewinn der Bronzemedaille mit Brasilien bei den Olympischen Spielen noch nicht aus Peking zurückgekehrt ist, trennen sich die Hanseaten und der FC Schalke 04 mit 1:1. „Wir sind für unsere gute Leistung nicht belohnt worden", trauert Werder-Trainer Thomas Schaaf zahlreichen ungenutzten Torchancen hinterher. Zumal Schalke, das gleich auf fünf Stammspieler verzichten muss, erst kurz vor Spielende zum Ausgleich durch Heiko Westermann kommt.

Freude bereitet den Bremern hingegen das Debüt von Rückkehrer Claudio Pizarro. Der Peruaner, der schon von 1999 bis 2001 für Werder stürmte, ist bis Saisonende vom FC Chelsea ausgeliehen. „Ein Stürmer, der immer anspielbar ist", lobt Torsten Frings. „Er wird noch besser."

Riesiger Jubel herrscht indes im Kraichgau. Im ersten Bundesliga-Heimspiel der Vereinsgeschichte – in der Hinrunde dient das Carl-Benz-Stadion in Mannheim als Ausweich-

DATEN & FAKTEN

Zuschauer gesamt	389.363
pro Spiel	43.263
Tore gesamt	18
Elfmeter	1
Eigentore	1
Gelbe Karten	45
Gelb-Rote Karten	2
Rote Karten	0

Hannover 96 – FC Energie Cottbus 0:0

Hannover 96: Enke - Balitsch, Ismael, Vinicius, C. Schulz - Lala (61. B. Schulz) - Pinto, Bruggink (72. Cherundolo), Huszti (61. Forssell) - Hanke, Schlaudraff
FC Energie Cottbus: Tremmel - Radeljic, Kukielka, Cvitanovic, Ziebig - Angelov, T. Rost - Rivic (76. Iliev), Vasiljevic, Sörensen (46. Skela) - Rangelov (86. Cagdas)
Tore: keine **Ecken:** 6:1 **Schiedsrichter:** Sippel (München) **Zuschauer:** 34.636 **Gelb:** Cherundolo, C. Schulz, Hanke, Pinto - Sörensen, Kukielka, Cagdas **Gelb-Rot:** Ziebig (84.) **Rot:** keine

Werder Bremen – FC Schalke 04 1:1 (0:0)

Werder Bremen: Wiese - Pasanen, Prödl, Naldo, Boenisch - Frings, Baumann, D. Jensen - Özil (86. Fritz) - Rosenberg (75. Almeida), Pizarro (80. Sanogo)
FC Schalke 04: Schober - Westermann, Höwedes, Bordon, Pander - Ernst - Grossmüller (77. Sanchez), Kobiashvili - Halil Altintop (70. Asamoah), Kuranyi, Rakitic
Tore: 1:0 Frings (63.), 1:1 Westermann (85.) **Ecken:** 5:6 **Schiedsrichter:** Fleischer (Sigmertshausen) **Zuschauer:** 42.100 (ausverkauft) **Gelb:** Ernst **Gelb-Rot:** keine **Rot:** keine

Hamburger SV – Karlsruher SC 2:1 (1:0)

Hamburger SV: F. Rost - Benjamin, Demel, Mathijsen, Atouba - Jarolim, de Jong - Pitroipa (72. Petric), Trochowski (89. Torun) - Guerrero, Olic (83. Ben-Hatira)
Karlsruher SC: Miller - Celozzi, Sebastian, Franz, Eichner - Staffeldt, Aduobe - Freis (75. Timm), da Silva (88. Stoll), Carnell - Kennedy (83. Kapllani)
Tore: 1:0 Sebastian (33., Eigentor), 1:1 Freis (67.), 2:1 Mathijsen (90.) **Ecken:** 6:6 **Schiedsrichter:** Rafati (Hannover) **Zuschauer:** 50.637 **Gelb:** Olic, de Jong - Eichner, Franz, Miller **Gelb-Rot:** keine **Rot:** keine

VfB Stuttgart – Bayer 04 Leverkusen 0:2 (0:1)

VfB Stuttgart: J. Lehmann - Osorio, Tasci, Delpierre, Boka (79. Ljuboja) - Pardo - Hilbert (46. Bastürk), Simak, Hitzlsperger (67. Lanig) - Marica, Gomez
Bayer 04 Leverkusen: B. Fernandez - Castro, M. Friedrich, Henrique, Djakpa - Rolfes - Augusto (82. Dum), Vidal, Barnetta (62. Schwegler) - Helmes (74. Gekas), Kießling
Tore: 0:1 Helmes (35.), 0:2 Gekas (78.) **Ecken:** 3:7 **Schiedsrichter:** Drees (Münster-Sarmsheim) **Zuschauer:** 48.000 **Gelb:** Pardo - Rolfes, Djakpa, Kießling, Castro **Gelb-Rot:** keine **Rot:** keine

Sein Bundesliga-Comeback feiert bei Werder Bremen Claudio Pizarro (links). Dennoch holt der FC Schalke 04 mit Kapitän Marcelo Bordon (rechts) im Weser-Stadion einen Punkt.

quartier – gewinnt 1899 Hoffenheim mit 1:0 gegen Mitaufsteiger Borussia Mönchengladbach, hat damit als einziger Club sechs Punkte auf dem Konto und noch keinen Gegentreffer kassiert. Der Aufsteiger bleibt dank des dritten Saisontreffers von Stürmer Vedad Ibisevic Spitzenreiter – und schickt die punktlose Borussia an das Tabellenende. „Wir haben uns heute sicher besser verhalten als letzte Woche", versucht Gladbachs Trainer Jos Luhukay der Niederlage noch Positives abzugewinnen. Doch die Statistik spricht eine andere Sprache: 13:1 Chancen und 11:2 Ecken dokumentieren Hoffenheims Überlegenheit.

DER TORHÜTER DES SPIELTAGES

Eigentlich hat sich Mathias Schober (32, Foto) an seinen Platz auf der Bank beim FC Schalke 04 schon gewöhnt. Mit Unterbrechung spielt er bereits seine achte Saison bei den „Königsblauen". Trotzdem ist das 1:1 in Bremen erst der 27. Bundesliga-Einsatz des Keepers für die „Knappen". Gegen Werder Bremen beweist Schober jedoch, dass auf ihn Verlass ist. Als Ersatz für den verletzten Manuel Neuer (Mittelfußbruch) zeigt Schober eine starke Leistung, sichert mit Glanzparaden gegen Claudio Pizarro, Daniel Jensen und Markus Rosenberg das Unentschieden. Ansprüche will Schober, der beim FC Hansa Rostock von 2001 bis 2007 Nummer eins war, dennoch nicht stellen. Bescheiden formuliert er: „Für mich ist entscheidend, immer dann, wenn ich spiele, auch zu helfen."

2. SPIELTAG

RESULTATE

Freitag, 22.08.2008	Hannover 96 - Energie Cottbus	0:0	
Samstag, 23.08.2008	Werder Bremen - FC Schalke 04	1:1	(0:0)
	Hamburger SV - Karlsruher SC	2:1	(1:0)
	VfB Stuttgart - Bayer Leverkusen	0:2	(0:1)
	Hertha BSC - Arminia Bielefeld	1:1	(1:1)
	Bor. Dortmund - Bayern München	1:1	(1:0)
	1899 Hoffenheim - B. M'gladbach	1:0	(1:0)
Sonntag, 24.08.2008	VfL Bochum - VfL Wolfsburg	2:2	(1:0)
	1. FC Köln - Eintracht Frankfurt	1:1	(1:0)

TORJÄGER

Artur Wichniarek	DSC Arminia Bielefeld	3
Vedad Ibisevic	1899 Hoffenheim	3
Markus Rosenberg	Werder Bremen	2
Kevin Kuranyi	FC Schalke 04	2
Patrick Helmes	Bayer 04 Leverkusen	2
Milivoje Novakovic	1. FC Köln	2
Torsten Frings	Werder Bremen	1
Marko Pantelic	Hertha BSC Berlin	1
Christoph Dabrowski	VfL Bochum	1

PERSONALIEN

Von Aufsteiger Borussia Mönchengladbach wechselt der Schweizer Nationalspieler **David Degen** (25) in sein Heimatland in die AXPO SUPER LEAGUE zu Young Boys Bern. Schon zuvor hat Zwillingsbruder **Philipp Degen** die Bundesliga von Borussia Dortmund in Richtung Premier League und FC Liverpool verlassen.

In seinem zweiten Bundesliga-Spiel gelingt **Mahir Saglik** (25) vom VfL Wolfsburg sein erstes Tor im „Oberhaus". Mit dem Treffer zum 2:2 sichert er einen Punkt beim VfL Bochum. Zu Saisonbeginn ist der Türke aus der Regionalliga Nord vom Wuppertaler SV nach Wolfsburg gekommen.

Der von Borussia Dortmund verpflichtete **Mladen Petric** (27) feiert nach seiner Einwechslung mit der Vorbereitung des entscheidenden Tores zum 2:1 in der Nachspielzeit gegen den Karlsruher SC durch Joris Mathijsen einen gelungenen Einstand beim Hamburger SV.

TABELLE

Rang	Club	Sp.	g	u	v	Tore	Diff.	Pkt.	
1	1899 Hoffenheim	2	2	0	0	4:0	4	6	→
2	FC Schalke 04	2	1	1	0	4:1	3	4	↘
3	Hertha BSC Berlin	2	1	1	0	3:1	2	4	↗
4	Hamburger SV	2	1	1	0	4:3	1	4	↗
	VfL Wolfsburg	2	1	1	0	4:3	1	4	↗
	Borussia Dortmund	2	1	1	0	4:3	1	4	↗
7	Bayer 04 Leverkusen	2	1	0	1	4:3	1	3	↗
8	VfB Stuttgart	2	1	0	1	3:3	0	3	↘
9	Karlsruher SC	2	1	0	1	2:2	0	3	↘
10	Werder Bremen	2	0	2	0	3:3	0	2	↘
	FC Bayern München	2	0	2	0	3:3	0	2	↘
	DSC Arminia Bielefeld	2	0	2	0	3:3	0	2	↘
13	1. FC Köln	2	0	1	1	2:3	-1	1	→
	VfL Bochum	2	0	1	1	2:3	-1	1	↗
15	Eintracht Frankfurt	2	0	1	1	1:3	-2	1	↗
16	FC Energie Cottbus	2	0	1	1	0:3	-3	1	↗
	Hannover 96	2	0	1	1	0:3	-3	1	↗
18	Bor. Mönchengladbach	2	0	0	2	1:4	-3	0	↘

Hertha BSC Berlin – DSC Arminia Bielefeld 1:1 (1:1)

■ **Hertha BSC Berlin:** Drobny - A. Friedrich (79. Chahed), von Bergen, Kaka, Stein - Lustenberger (73. Chermiti), Kacar (86. Nicu), Cicero - Ebert, Raffael - Pantelic
■ **DSC Arminia Bielefeld:** Eilhoff - Lamey, Bollmann, Kucera, Schuler - Kirch, Kauf, Marx - Katongo (88. Kamper), Halfar (68. Tesche) - Wichniarek (90. Sadik)
Tore: 1:0 Pantelic (32.), 1:1 Wichniarek (37.) **Ecken:** 11:3 **Schiedsrichter:** Schmidt (Stuttgart) **Zuschauer:** 36.302 **Gelb:** von Bergen - Bollmann, Marx, Halfar **Gelb-Rot::** keine **Rot:** keine

Borussia Dortmund – FC Bayern München 1:1 (1:0)

■ **Borussia Dortmund:** Ziegler - Rukavina, Subotic, Hummels, Schmelzer - Blaszczykowski (77. Owomoyela), Kehl, Kringe - Hajnal - Zidan (64. Sadrijaj), Valdez
■ **FC Bayern München:** Rensing - Lell, Lucio, van Buyten, Lahm - van Bommel, Ottl - Hamit Altintop (64. Kroos), Schweinsteiger - Klose (46. Borowski), Toni (77. Podolski)
Tore: 1:0 Blaszczykowski (8.), 1:1 Borowski (74.) **Ecken:** 6:14 **Schiedsrichter:** Fandel (Kyllburg) **Zuschauer:** 80.552 (ausverkauft) **Gelb:** Rukavina, Hummels - Toni, Kroos, Lahm **Gelb-Rot:** van Bommel (23.) **Rot:** keine

1899 Hoffenheim – Bor. Mönchengladbach 1:0 (1:0)

■ **1899 Hoffenheim:** Özcan - Beck, Nilsson, Compper, Jaissle - Gustavo - Weis (90+1. Janker), Eduardo (88. Teber), Salihovic (71. Vorsah) - Ibisevic, Ba
■ **Borussia M'gladbach:** Heimeroth - Levels, Callsen-Bracker, Daems, Jaures (73. Brouwers) - Svärd, Paauwe - Matmour, Rösler (61. Friend), Marin - Colautti (61. Neuville)
Tor: 1:0 Ibisevic (31.) **Ecken:** 11:2 **Schiedsrichter:** Kinhöfer (Herne) **Zuschauer:** 26.300 (ausverkauft) **Gelb:** Nilsson - Jaures, Daems, Matmour, Neuville **Gelb-Rot:** keine **Rot:** keine

VfL Bochum – VfL Wolfsburg 2:2 (1:0)

■ **VfL Bochum:** Fernandes - Concha (83. Mavraj), Maltritz, Yahia, C. Fuchs - Imhof - Freier (79. Kaloglu), Azaouagh, Dabrowski (80. Zdebel) - Sestak, Hashemian
■ **VfL Wolfsburg:** Benaglio - Riether, Costa, Barzagli, Schäfer - Josue - Zaccardo (46. Saglik), Misimovic, J. Santana (64. Dzeko) - Gentner, Dejagah (81. Hasebe)
Tore: 1:0 Sestak (12.), 2:0 Dabrowski (50.), 2:1 Costa (51.), 2:2 Saglik (69.) **Ecken:** 3:6 **Schiedsrichter:** Kempter (Sauldorf) **Zuschauer:** 20.836 **Gelb:** Dabrowski, Azaouagh - Misimovic, Dejagah, Josue, Saglik, Costa **Gelb-Rot:** keine **Rot:** keine

1. FC Köln – Eintracht Frankfurt 1:1 (1:0)

■ **1. FC Köln:** Mondragon - Özat, Geromel, Mohamad, Brecko - Petit, M. Matip - Sanou (66. Vucicevic), Antar (88. Yalcin), Radu (79. Chihi) - Novakovic
■ **Eintracht Frankfurt:** Nikolov - Ochs (46. Mahdavikia), Russ, Bellaid, Spycher - Fink, Chris - Fenin, Toski (78. Liberopoulos), Steinhöfer (62. Caio) - Amanatidis
Tore: 1:0 Novakovic (33.), 1:1 Fenin (81.) **Besonderes Vorkommnis:** Antar verschießt Foulelfmeter (39.) **Ecken:** 0:2 **Schiedsrichter:** Gräfe (Berlin) **Zuschauer:** 50.000 (ausverkauft) **Gelb:** Petit, Geromel, Radu, M. Matip - Ochs, Chris **Gelb-Rot:** keine **Rot:** keine

BUNDES LIGA

Dämpfer für Hoffenheim – HSV dreht das Spiel noch

Nach zwei Siegen muss 1899 Hoffenheim einen ersten Dämpfer hinnehmen. Bei Bayer 04 Leverkusen verliert der Neuling deutlich mit 2:5 und stürzt vom ersten auf den sechsten Tabellenrang. Neuer Spitzenreiter ist der FC Schalke 04 nach seinem 1:0-Erfolg im Revier-Derby gegen den VfL Bochum.

Vor allem fehlende Zuteilung bei „ruhenden Bällen" wird den Hoffenheimern in der ausverkauften BayArena in Leverkusen zum Verhängnis. Gleich drei Tore erzielen die Rheinländer nach Ecken und Freistößen. „Wir haben bei den Standardsituationen bewiesen, dass wir noch Lehrlinge sind", erklärt 1899-Manager Jan Schindelmeiser. „Da haben wir eindeutig Lehrgeld bezahlt."

Trotzdem kann das Team von Trainer Ralf Rangnick die Begegnung nach frühem 0:2-Rückstand noch lange Zeit offen halten und verkürzt durch den vierten Saisontreffer von Vedad Ibisevic sowie durch ein Tor von Sejad Salihovic auf 1:2 und 2:3. Doch Bayer 04 ist an diesem Tag insgesamt die bessere Mannschaft, schafft es vor allem durch sein aggressives Forechecking immer wieder, die Gäste in Schwierigkeiten zu bringen. „Der Schlüssel zum Sieg war, dass wir die Hoffenheimer in den Rückwärtsgang getrieben haben", analysiert Leverkusenes neuer Trainer Bruno Labbadia. Stürmer Stefan Kießling trifft erstmals im Bayer-Trikot doppelt.

Torreich endet auch das Aufeinandertreffen von Arminia Bielefeld und dem Hamburger SV. 24.500 Zuschauer in der Bielefelder SchücoArena sehen sechs Tore und einen sehr spannenden Spielverlauf. Zunächst gehen die Hausherren durch Christopher Katongo und Artur Wichniarek mit 2:0 in Führung. Doch aus dem ersten Saisonsieg der Ostwestfalen wird nichts. Denn der HSV gleicht durch zwei Tore von Bastian Reinhardt je fünf Minuten vor und nach der Halbzeit aus. Anschließend schießen Ivica Olic und David Jarolim die Hamburger, bei denen Nationalspieler Marcell Jansen nach seinem Wechsel unter der Woche vom FC Bayern München an die Elbe sein Debüt gibt, sogar

Parallelbewegungen bei Renato Augusto von Bayer 04 Leverkusen und Sejad Salihovic (hinten), der mit Neuling 1899 Hoffenheim in der BayArena klar das Nachsehen hat.

DATEN & FAKTEN

Zuschauer gesamt	340.078
pro Spiel	37.786
Tore gesamt	33
Elfmeter	5
Eigentore	0
Gelbe Karten	25
Gelb-Rote Karten	1
Rote Karten	0

Karlsruher SC – 1. FC Köln 0:2 (0:0)

Karlsruher SC: Miller - Celozzi, Sebastian, Stoll, Eichner - Mutzel (63. Porcello), Aduobe (78. Kapllani) - Freis, da Silva, Carnell (74. Iashvili) - Kennedy
1. FC Köln: Mondragon - Özat (29. McKenna), Geromel, Mohamad, Brecko - Petit, M. Matip - Radu, Antar, Chihi (87. Broich) - Novakovic (89. Scherz)
Tore: 0:1 Novakovic (72.), 0:2 Radu (84.) **Ecken:** 3:5 **Schiedsrichter:** Meyer (Burgdorf) **Zuschauer:** 29.308 **Gelb:** Aduobe **Gelb-Rot:** keine **Rot:** keine

FC Schalke 04 – VfL Bochum 1:0 (1:0)

FC Schalke 04: Schober - Rafinha, Bordon (49. Höwedes), Krstajic, Pander - Jones - Westermann, Ernst - Asamoah (86. Halil Altintop), Kuranyi, Rakitic (64. Sanchez)
VfL Bochum: Fernandes - Concha, Maltritz, Yahia, C. Fuchs - Imhof (78. Zdebel) - Freier, Azaouagh, Dabrowski (64. Bönig) - Sestak (71. Kaloglu), Hashemian
Tor: 1:0 Westermann (36.) **Ecken:** 7:9 **Schiedsrichter:** Stark (Ergolding) **Zuschauer:** 61.673 (ausverkauft) **Gelb:** Sestak **Gelb-Rot:** C. Fuchs (90.) **Rot:** keine

VfL Wolfsburg – Eintracht Frankfurt 2:2 (1:1)

VfL Wolfsburg: Lenz - Riether, Costa (73. Madlung), Barzagli, Schäfer (68. Alvim) - Josue - Dejagah (77. J. Santana), Misimovic, Gentner - Grafite, Dzeko
Eintracht Frankfurt: Nikolov - Galindo, Russ (20. Inamoto), Bellaid - Ochs, Chris, Spycher - Fenin, Fink (75. Steinhöfer), Toski - Amanatidis (33. Liberopoulos)
Tore: 0:1 Amanatidis (22.), 1:1 Grafite (27., Foulelfmeter), 2:1 Dejagah (51.), 2:2 Toski (84.) **Ecken:** 6:4 **Schiedsrichter:** Seemann (Essen) **Zuschauer:** 23.150 **Gelb:** Dzeko, Dejagah - Fink, Bellaid **Gelb-Rot:** keine **Rot:** keine

Bayer 04 Leverkusen – 1899 Hoffenheim 5:2 (3:1)

Bayer 04 Leverkusen: B. Fernandez - Henrique, M. Friedrich, Haggui, Djakpa - Rolfes - Augusto (80. Dum), Vidal (61. Schwegler), Barnetta - Kießling, Helmes (86. Gekas)
1899 Hoffenheim: Özcan - Beck, Nilsson, Compper, Jaissle (71. Copado) - Weis (46. Teber), Gustavo, Salihovic - Eduardo - Ibisevic, Ba (71. Wellington)
Tore: 1:0 Haggui (8.), 2:0 M. Friedrich (17.), 2:1 Ibisevic (20.), 3:1 Kießling (36.), 3:2 Salihovic (58., Foulelfmeter), 4:2 Barnetta (83.), 5:2 Kießling (87.) **Ecken:** 7:3 **Schiedsrichter:** Brych (München) **Zuschauer:** 19.200 **Gelb:** Gustavo, Teber **Gelb-Rot:** keine **Rot:** keine

Obwohl Artur Wichniarek (rechts) Arminia Bielefeld mit seinem vierten Saisontor mit 2:0 in Führung bringt, gewinnt der Hamburger SV mit Neuzugang Marcell Jansen in der SchücoArena noch mit 4:2 und klettert auf den zweiten Tabellenplatz.

Heiko Westermann jubelt über sein Tor zum Schalker 1:0-Sieg gegen den VfL Bochum.

noch zum Sieg. Mit nun sieben Punkten klettern die Hanseaten auf Rang zwei in der Tabelle, Bielefeld rutscht dagegen auf Platz 14 ab.

Richtig gejubelt werden kann auch beim FC Bayern: Mit dem 4:1 gegen Hertha BSC feiern die Münchner den ersten Sieg unter Trainer Jürgen Klinsmann. „Ich glaube, wir kommen so langsam ins Rollen", gibt sich der Weltmeister von 1990 mit der Leistung seiner Mannschaft äußerst zufrieden. Vor allem nach der Pause läuft das Spiel beim Titelverteidiger vortrefflich, bauen Philipp Lahm, Bastian Schweinsteiger und Miroslav Klose die frühe Führung durch Luca Toni aus. Der dritte und der vierte Treffer fallen dabei durch Strafstöße.

DIE AUFREGER DES SPIELTAGES

Es ist ein Schock an diesem Freitagabend. 25. Minute im Wildparkstadion zwischen dem Karlsruher SC und dem 1. FC Köln (0:2): Plötzlich bricht Gäste-Kapitän Ümit Özat (31, Foto) ohne Fremdeinwirkung zusammen und bleibt regungslos liegen. Sofort rennen Ärzte und Betreuer zu Hilfe, reanimieren den türkischen Nationalspieler. Erinnerungen an den plötzlichen Herztod von Marc-Vivien Foé aus Kamerun beim Confederations Cup 2003 werden wach. Doch bereits nach wenigen Minuten ist Özat wieder bei Bewusstsein und ansprechbar, wird sicherheitshalber aber in ein Karlsruher Krankenhaus gebracht. Dort kommt zunächst die Entwarnung: Mangelnde Flüssigkeitsaufnahme sei der wahrscheinliche Grund für den Kollaps, heißt es. Später wird bei dem Verteidiger allerdings eine Herzmuskelentzündung festgestellt.

3. SPIELTAG

RESULTATE

Freitag, 29.08.2008	Karlsruher SC - 1. FC Köln	0:2	(0:0)
Samstag, 30.08.2008	FC Schalke 04 - VfL Bochum	1:0	(1:0)
	VfL Wolfsburg - Eintr. Frankfurt	2:2	(1:1)
	B. Leverkusen - 1899 Hoffenheim	5:2	(3:1)
	Energie Cottbus - Bor. Dortmund	0:1	(0:1)
	Arminia Bielefeld - Hamburger SV	2:4	(2:1)
	B. M'gladbach - Werder Bremen	3:2	(2:0)
Sonntag, 31.08.2008	Bayern München - Hertha BSC	4:1	(1:0)
	VfB Stuttgart - Hannover 96	2:0	(2:0)

TORJÄGER

Artur Wichniarek	DSC Arminia Bielefeld	4
Vedad Ibisevic	1899 Hoffenheim	4
Stefan Kießling	Bayer 04 Leverkusen	3
Milivoje Novakovic	1. FC Köln	3
Marko Pantelic	Hertha BSC Berlin	2
Bastian Reinhardt	Hamburger SV	2
Markus Rosenberg	Werder Bremen	2
Kevin Kuranyi	FC Schalke 04	2
Heiko Westermann	FC Schalke 04	2

PERSONALIEN

Vom AC Mailand leiht der FC Bayern München für eine Saison **Massimo Oddo** (32) aus – Außenverteidiger auch aus dem Kader von Weltmeister Italien bei der Endrunde 2006 in Deutschland. Oddo kommt mit der Empfehlung von 234 Spielen und 28 Toren in der Serie A und 34 Länderspielen.

Der Hamburger SV nimmt die beiden Brasilianer **Thiago Neves Augusto** (23) von Fluminense Rio de Janeiro und **Alex Silva** (23) vom FC Sao Paulo unter Vertrag.

Zum dritten Mal in Folge nach den Spielen beim VfL Wolfsburg und gegen Eintracht Frankfurt erzielt der Slowene **Milivoje Novakovic** (29) für den 1. FC Köln auch beim Karlsruher SC das Tor zum 1:0.

TABELLE

Rang	Club	Sp.	g	u	v	Tore	Diff.	Pkt.	
1	FC Schalke 04	3	2	1	0	5:1	4	7	↗
2	Hamburger SV	3	2	1	0	8:5	3	7	↗
3	Borussia Dortmund	3	2	1	0	5:3	2	7	↗
4	Bayer 04 Leverkusen	3	2	0	1	9:5	4	6	↗
5	VfB Stuttgart	3	2	0	1	5:3	2	6	↗
6	1899 Hoffenheim	3	2	0	1	6:5	1	6	↘
7	FC Bayern München	3	1	2	0	7:4	3	5	↗
8	VfL Wolfsburg	3	1	2	0	6:5	1	5	↘
9	1. FC Köln	3	1	1	1	4:3	1	4	↗
10	Hertha BSC Berlin	3	1	1	1	4:5	-1	4	↘
11	Bor. Mönchengladbach	3	1	0	2	4:6	-2	3	↗
12	Karlsruher SC	3	1	0	2	2:4	-2	3	↘
13	Werder Bremen	3	0	2	1	5:6	-1	2	↘
14	DSC Arminia Bielefeld	3	0	2	1	5:7	-2	2	↘
15	Eintracht Frankfurt	3	0	2	1	3:5	-2	2	→
16	VfL Bochum	3	0	1	2	2:4	-2	1	↘
17	FC Energie Cottbus	3	0	1	2	0:4	-4	1	↘
18	Hannover 96	3	0	1	2	0:5	-5	1	↘

FC Energie Cottbus – Borussia Dortmund 0:1 (0:1)

FC Energie Cottbus: Tremmel - Radeljic, Kukielka, Cvitanovic, Cagdas - Angelov, T. Rost - Rivic (46. Sörensen), Skela (78. Jula), Iliev (62. Jelic) - Rangelov
Borussia Dortmund: Ziegler - Rukavina, Subotic, Hummels, Schmelzer - Kehl - Blaszczykowski (83. Owomoyela), Hajnal (78. Sahin), Kringe - Zidan (63. Klimowicz), Valdez
Tor: 0:1 Subotic (45.) **Ecken:** 3:4
Schiedsrichter: Perl (München)
Zuschauer: 18.180 **Gelb:** Sörensen - Rukavina **Gelb-Rot:** keine **Rot:** keine

DSC Arminia Bielefeld – Hamburger SV 2:4 (2:1)

DSC Arminia Bielefeld: Eilhoff - Lamey, Bollmann, Kucera, Schuler - Kirch (68. Kamper), Kauf, Marx (77. Sadik) - Katongo, Wichniarek, Halfar
Hamburger SV: F. Rost - Demel, Reinhardt, Mathijsen, Jansen (64. Benjamin) - Jarolim, de Jong - Pitroipa (46. Petric), Trochowski - Guerrero (88. Torun), Olic
Tore: 1:0 Katongo (9.), 2:0 Wichniarek (37.), 2:1 Reinhardt (40.), 2:2 Reinhardt (50.), 2:3 Olic (64.), 2:4 Jarolim (77.) **Ecken:** 4:4
Schiedsrichter: Fandel (Kyllburg)
Zuschauer: 24.500 **Gelb:** Bollmann, Kauf - Reinhardt, de Jong
Gelb-Rot: keine **Rot:** keine

Borussia Mönchengladbach – Werder Bremen 3:2 (2:0)

Bor. Mönchengladbach: Heimeroth - Callsen-Bracker, Brouwers, Daems - Ndjeng (86. Kleine), Alberman (75. Levels), Paauwe - Matmour, Baumjohann, Marin (77. Coulibaly) - Friend
Werder Bremen: Wiese - Fritz, Prödl (70. Harnik), Naldo, Boenisch - Baumann (46. Özil) - Frings, Diego, D. Jensen - Rosenberg (46. Almeida), Pizarro
Tore: 1:0 Matmour (12.), 2:0 Friend (30.), 3:0 Baumjohann (71.), 3:1 Pizarro (79.), 3:2 Diego (89.) **Ecken:** 5:7 **Schiedsrichter:** Gräfe (Berlin)
Zuschauer: 54.067 (ausverkauft)
Gelb: Daems, Matmour - Naldo, D. Jensen, Diego, Pizarro
Gelb-Rot: keine **Rot:** keine

FC Bayern München – Hertha BSC Berlin 4:1 (1:0)

FC Bayern München: Rensing - Lucio, Demichelis, van Buyten - Lell (71. Sosa), Ottl, Lahm - Ze Roberto, Schweinsteiger (71. Borowski) - Klose (71. Podolski), Toni
Hertha BSC Berlin: Drobny - A. Friedrich, von Bergen, Kaka - Piszczek (57. Chahed), Kacar, Cicero, Stein - Ebert (37. Lustenberger), Raffael - Pantelic
Tore: 1:0 Toni (12.), 2:0 Lahm (54.), 3:0 Schweinsteiger (56., Foulelfmeter), 4:0 Klose (70., Foulelfmeter), 4:1 Pantelic (84.) **Ecken:** 11:1
Schiedsrichter: Kempter (Sauldorf)
Zuschauer: 69.000 (ausverkauft)
Gelb: Kacar, Stein, A. Friedrich
Gelb-Rot: keine **Rot:** keine

VfB Stuttgart – Hannover 96 2:0 (2:0)

VfB Stuttgart: J. Lehmann - Osorio (65. Magnin), Tasci, Delpierre, Boka (60. Boulahrouz) - Pardo - Lanig, Bastürk, Hitzlsperger - Marica (46. Khedira), Gomez
Hannover 96: Enke - Cherundolo, Vinicius, Eggimann, C. Schulz - B. Schulz, Lala (62. Yankov) - Rosenthal, Bruggink (56. Stajner), Schlaudraff (68. Hanke) - Forssell
Tore: 1:0 Gomez (18.), 2:0 Pardo (40., Foulelfmeter) **Ecken:** 4:6
Schiedsrichter: Wagner (Hofheim)
Zuschauer: 41.000 **Gelb:** Khedira - Yankov **Gelb-Rot:** keine **Rot:** keine

Aufregendes Revierderby – Hannover mit erstem Sieg

Szene aus einem packenden Revierderby mit Schalkes Kevin Kuranyi, umringt von Borussia Dortmunds Kapitän Sebastian Kehl und dessen Teamkollegen Mats Hummels (rechts).

Derby-Stimmung in Dortmund. Im SIGNAL IDUNA PARK steigt die 132. Auflage des nachbarschaftlichen Vergleichs zwischen Borussia Dortmund und dem FC Schalke 04. Es wird zu einem der spannendsten, spektakulärsten und aufregendsten in der langen Geschichte des ewig jungen Wettstreits zwischen Schwarz-Gelb und Blau-Weiß. Am Ende trennen sich die beiden Revierclubs 3:3.

Glücklich darüber sind jedoch nur die Gastgeber, die sich den Punkt erst kurz vor Schluss durch einen verwandelten Strafstoß von Alexander Frei sichern. Der BVB hat damit eine schier unvorstellbare Aufholjagd hingelegt. Denn zunächst werden die Dortmunder von Schalke nahezu vorgeführt. Bis zur 67. Minute führen die Gäste durch Tore von Jefferson Farfan, Rafinha und Heiko Westermann völlig verdient mit 3:0. Doch plötzlich kippt die Begegnung. Erst trifft Dortmunds Neven Subotic zum 1:3, dann werden die Schalker Christian Pander und Fabian Ernst innerhalb von nur vier Minuten des Feldes verwiesen. Gegen nur noch neun „Knappen" trifft der eingewechselte BVB-Stürmer Frei doppelt und sichert das nicht mehr für möglich gehaltene Unentschieden.

Die Schalker hadern indes mit der eigenen Leistung und der Elfmeterentscheidung von Schiedsrichter Lutz Wagner vor dem 3:3. „Das Spiel hatte einige Situationen, die man diskutieren kann", sagt Trainer Fred Rutten. Heiko Westermann übt Selbstkritik: „Nach dem 3:0 haben wir aufgehört, Fußball zu spielen."

Auf Aufholjagden scheint sich auch der Hamburger SV spezialisiert zu haben. Schon bei Arminia Bielefeld hatten die Hanseaten ein 0:2 noch in einen 4:2-Sieg umgedreht. Im Heimspiel gegen Bayer 04 Leverkusen gelingt das der Mannschaft von Trainer Martin Jol nun erneut. Paolo Guerrero, Ivica Olic und Mladen Petric treffen nach 0:2-Rückstand noch zum 3:2-Sieg. Zum ersten Mal seit knapp neun Jahren steht der HSV damit an der Tabellenspitze der Bundesliga und hat als einziger Club bereits zehn Punkte auf dem Konto.

Davon ist Hannover 96 zwar weit entfernt, und trotzdem herrscht bei den Niedersachsen Freude und Erleichterung. Denn durch das klare 5:1 gegen Borussia Mönchengladbach feiern die Niedersachsen nach drei Spielen ohne Tor und mit nur einem Punkt ihren ersten Saisonsieg. Dadurch verlassen sie das Tabellenende. Mittelfeldstratege Szabolcs Huszti, der beim Stand von 0:0 zunächst einen Strafstoß verschießt, und der vom FC Bayern München verpflichtete Nationalspieler Jan Schlaudraff treffen jeweils doppelt. In Gladbach läuten hingegen schon die Alarmglocken. Das 1:5 ist bereits die dritte Niederlage für den Aufsteiger.

DATEN & FAKTEN

Zuschauer gesamt	399.245
pro Spiel	44.361
Tore gesamt	32
Elfmeter	5
Eigentore	0
Gelbe Karten	33
Gelb-Rote Karten	2
Rote Karten	1

Werder Bremen – FC Energie Cottbus 3:0 (0:0)

Werder Bremen: Wiese - Fritz, Mertesacker, Naldo, Boenisch - Baumann (63. Özil) - Frings, Diego (84. Vranjes), D. Jensen - Pizarro, Rosenberg (74. Sanogo)
FC Energie Cottbus: Tremmel - Pavicevic, Kukielka, Cvitanovic, Ziebig - Sörensen, Angelov (77. Vasiljevic), Skela, T. Rost, Iliev (58. Rangelov) - Jelic (84. Jula)
Tore: 1:0 Diego (75.), 2:0 Frings (80.), 3:0 Sanogo (83.) **Ecken:** 8:2 **Schiedsrichter:** Fandel (Kyllburg) **Zuschauer:** 38.714 **Gelb:** Cvitanovic, Sörensen **Gelb-Rot:** keine **Rot:** keine

Hamburger SV – Bayer 04 Leverkusen 3:2 (1:2)

Hamburger SV: F. Rost - Demel, Reinhardt, Mathijsen, Atouba (86. Jansen) - Jarolim, de Jong - Trochowski, Neves (89. J. Boateng), Olic (68. Petric) - Guerrero
Bayer 04 Leverkusen: Adler - Henrique, M. Friedrich, Haggui, Djakpa (46. Kadlec) - Rolfes - Augusto, Vidal (85. Sukuta-Pasu), Barnetta (79. Dum) - Helmes, Kießling
Tore: 0:1 Barnetta (4.), 0:2 Helmes (24.), 1:2 Guerrero (36.), 2:2 Olic (51.), 3:2 Petric (72.) **Ecken:** 13:2 **Schiedsrichter:** Fleischer (Sigmertshausen) **Zuschauer:** 55.187 **Gelb:** Trochowski, Jarolim - Vidal **Gelb-Rot:** M. Friedrich (40.) **Rot:** keine

Hertha BSC Berlin – VfL Wolfsburg 2:2 (0:1)

Hertha BSC Berlin: Drobny - A. Friedrich, von Bergen, Simunic, Stein - Kacar (82. Piszczek), Cicero - Ebert (81. Lustenberger), Voronin, Raffael (86. Nicu) - Pantelic
VfL Wolfsburg: Benaglio - Riether, Costa, Barzagli, Schäfer - Hasebe, Josue (46. J. Santana) - Dejagah (80. Dzeko), Misimovic, Gentner (70. Reiche) - Grafite
Tore: 0:1 Costa (1.), 1:1 Kacar (56.), 2:1 Cicero (85.), 2:2 Riether (89.) **Besonderes Vorkommnis:** Pantelic verschießt Handelfmeter (64.) **Ecken:** 4:5 **Schiedsrichter:** Stark (Ergolding) **Zuschauer:** 38.921 **Gelb:** Ebert, Cicero **Gelb-Rot:** keine **Rot:** keine

Borussia Dortmund – FC Schalke 04 3:3 (0:2)

Borussia Dortmund: Weidenfeller - Rukavina, Subotic, Hummels, Lee - Kehl - Blaszczykowski, Hajnal (67. Tinga), Kringe - Valdez (46. Frei), Zidan (64. Klimowicz)
FC Schalke 04: Fährmann - Rafinha, Bordon, Krstajic, Pander - Jones - Westermann, Ernst - Asamoah (79. Kobiashvili), Kuranyi, Farfan (75. Höwedes)
Tore: 0:1 Farfan (20., Handelfmeter), 0:2 Rafinha (39.), 0:3 Westermann (54.), 1:3 Subotic (67.), 2:3 Frei (70.), 3:3 Frei (89., Handelfmeter) **Ecken:** 5:0 **Schiedsrichter:** Wagner (Hofheim) **Zuschauer:** 80.522 (ausverkauft) **Gelb:** Hajnal, Subotic, Hummels - Rafinha **Gelb-Rot:** Pander (73.) **Rot:** Ernst (76.)

René Adler, der Keeper von Bayer 04 Leverkusen, muss deprimiert mit ansehen, wie Paolo Guerrero (9) zusammen mit dem Torschützen Mladen Petric (links) den Treffer zum 3:2-Endstand für den Hamburger SV bejubelt.

Flugshow von Mikael Forssell, der mit Hannover 96 durch ein deutliches 5:1 gegen Borussia Mönchengladbach und Alexander Baumjohann (verdeckt) zum ersten Saisonsieg kommt.

DAS DEBÜT DES SPIELTAGES

Weil nach Stammkeeper Manuel Neuer (Mittelfußbruch) auch dessen Stellvertreter Mathias Schober (Muskelfaserriss in der linken Wade) ausfällt, kommt beim FC Schalke 04 Ralf Fährmann (19, Foto) zu seinem ersten Bundesliga-Einsatz. Und dieser Einstand findet ausgerechnet im Revierderby gegen Borussia Dortmund und damit natürlich mit großen Emotionen statt: Etwas ganz Besonderes für einen „Königsblauen", auch wenn Fährmann eigentlich aus Chemnitz kommt, wo er bis zu seinem Wechsel nach Gelsenkirchen im Sommer 2003 beim VfB und beim FC gespielt hat. Vor der Saison hat er als Ziel genannt, sein erstes Bundesliga-Spiel zu bestreiten. Wunsch erfüllt!

4. SPIELTAG

RESULTATE

Samstag, 13.09.2008	Werder Bremen - Energie Cottbus	3:0	(0:0)
	Hamburger SV - Bayer Leverkusen	3:2	(1:2)
	Hertha BSC - VfL Wolfsburg	2:2	(0:1)
	Bor. Dortmund - FC Schalke 04	3:3	(0:2)
	1899 Hoffenheim - VfB Stuttgart	0:0	
	1. FC Köln - FC Bayern München	0:3	(0:0)
Sonntag, 14.09.2008	Hannover 96 - Bor. M'gladbach	5:1	(2:0)
	VfL Bochum - Arminia Bielefeld	2:0	(2:0)
Mittwoch, 22.10.2008	Eintracht Frankfurt - Karlsruher SC	2:1	(0:0)

TORJÄGER

Artur Wichniarek	DSC Arminia Bielefeld	4
Vedad Ibisevic	1899 Hoffenheim	4
Heiko Westermann	FC Schalke 04	3
Stefan Kießling	Bayer 04 Leverkusen	3
Rob Friend	Borussia Mönchengladbach	3
Patrick Helmes	Bayer 04 Leverkusen	3
Milivoje Novakovic	1. FC Köln	3
Luca Toni	FC Bayern München	3
Neven Subotic	Borussia Dortmund	3

PERSONALIEN

Marc Pfertzel (27) erzielt im 30. Bundesliga-Spiel sein erstes Tor. Der Franzose stellt damit den 2:0-Erfolg des VfL Bochum gegen DSC Arminia Bielefeld sicher.

Luca Toni (31) schafft für den FC Bayern zum fünften Mal zwei Tore in einem Bundesliga-Spiel. Der Italiener leitet damit den 3:0-Erfolg der Münchner beim 1. FC Köln ein, bei dem der eingewechselte **Lukas Podolski** (23) an alter Wirkungsstätte mit einem Tor in der Nachspielzeit den Schlusspunkt setzt.

TABELLE

Rang	Club	Sp.	g	u	v	Tore	Diff.	Pkt.	
1	Hamburger SV	4	3	1	0	11: 7	4	10	↗
2	FC Bayern München	4	2	2	0	10: 4	6	8	↗
3	FC Schalke 04	4	2	2	0	8: 4	4	8	↘
4	Borussia Dortmund	4	2	2	0	8: 6	2	8	↘
5	VfB Stuttgart	4	2	1	1	5: 3	2	7	→
6	1899 Hoffenheim	4	2	1	1	6: 5	1	7	→
7	Bayer 04 Leverkusen	4	2	0	2	11: 8	3	6	↘
8	VfL Wolfsburg	4	1	3	0	8: 7	1	6	→
9	Werder Bremen	4	1	2	1	8: 6	2	5	↗
10	Hertha BSC Berlin	4	1	2	1	6: 7	-1	5	→
11	Eintracht Frankfurt	4	1	2	1	5: 6	-1	5	↗
12	VfL Bochum	4	1	1	2	4: 4	0	4	↗
13	Hannover 96	4	1	1	2	5: 6	-1	4	↗
14	1. FC Köln	4	1	1	2	4: 6	-2	4	↘
15	Karlsruher SC	4	1	0	3	3: 6	-3	3	↘
16	Bor. Mönchengladbach	4	1	0	3	5:11	-6	3	↘
17	DSC Arminia Bielefeld	4	0	2	2	5: 9	-4	2	↘
18	FC Energie Cottbus	4	0	1	3	0: 7	-7	1	↘

1899 Hoffenheim – VfB Stuttgart 0:0

■ **1899 Hoffenheim:** Özcan - Beck, Nilsson, Compper, Ibertsberger - Gustavo - Weis, Eduardo (73. Copado), Salihovic (79. Teber) - Ba, Ibisevic (60. Obasi)
■ **VfB Stuttgart:** J. Lehmann - Boulahrouz (84. Mandjeck), Tasci, Delpierre - Hilbert (79. Rudy), Khedira, Hitzlsperger, Boka - Lanig, Simak (73. M. Fischer) - Gomez
Tore: keine **Ecken:** 7:3 **Schiedsrichter:** Sippel (München) **Zuschauer:** 26.300 (ausverkauft) **Gelb:** Beck, Salihovic, Gustavo, Ba - Khedira, Lanig, Boulahrouz, J. Lehmann **Gelb-Rot:** keine **Rot:** keine

1. FC Köln – FC Bayern München 0:3 (0:0)

■ **1. FC Köln:** Mondragon - McKenna, Geromel, Mohamad, Brecko - M. Matip (65. Broich) - Radu (77. Vucicevic), Antar, Petit, Chihi (65. Sanou) - Novakovic
■ **FC Bayern München:** Rensing - Lucio, Demichelis, van Buyten - Lell (67. Oddo), Ottl, Lahm - Schweinsteiger (70. Borowski), Zé Roberto - Klose (57. Podolski), Toni
Tore: 0:1 Toni (53.), 0:2 Toni (60.), 0:3 Podolski (90+1.) **Ecken:** 3:5 **Schiedsrichter:** Weiner (Giesen) **Zuschauer:** 50.000 (ausverkauft) **Gelb:** Brecko **Gelb-Rot:** keine **Rot:** keine

Hannover 96 – Bor. Mönchengladbach 5:1 (2:0)

■ **Hannover 96:** Enke - Balitsch, Eggimann, Vinicius, C. Schulz (32. Ismael) - B. Schulz, Yankov (80. Pinto) - Schlaudraff, Bruggink, Huszti (89. Stajner) - Forssell
■ **Borussia M'gladbach:** Heimeroth - Ndjeng, Callsen-Bracker, Brouwers, Daems - Alberman, Paauwe (14. Coulibaly) - Matmour, Baumjohann, Marin (72. Rösler) - Friend
Tore: 1:0 Huszti (32.), 2:0 Schlaudraff (43.), 3:0 Huszti (47.), 3:1 Friend (54.), 4:1 Schlaudraff (68.), 5:1 Forssell (86., Foulelfmeter) **Besonderes Vorkommnis:** Heimeroth hält Foulelfmeter von Huszti (28.) **Ecken:** 5:3 **Schiedsrichter:** Schmidt (Stuttgart) **Zuschauer:** 41.362 **Gelb:** Balitsch, Vinicius, Huszti - Friend, Coulibaly, Rösler, Daems **Gelb-Rot:** keine **Rot:** keine

VfL Bochum – DSC Arminia Bielefeld 2:0 (2:0)

■ **VfL Bochum:** Fernandes - Pfertzel, Maltritz, Yahia (66. Mavraj), Bönig - Imhof - Freier (76. Ono), Azaouagh, Dabrowski - Sestak, Mieciel (84. Zdebel)
■ **DSC Arminia Bielefeld:** Eilhoff - Lamey, Bollmann, Kucera, Schuler - Marx (66. Janjic), Kauf, Kirch - Katongo (86. Aigner), Halfar (66. Sadik) - Wichniarek
Tore: 1:0 Mieciel (22.), 2:0 Pfertzel (26.) **Ecken:** 5:5 **Schiedsrichter:** Gagelmann (Bremen) **Zuschauer:** 20.739 **Gelb:** Bönig, Sestak **Gelb-Rot:** keine **Rot:** keine

Eintracht Frankfurt – Karlsruher SC 2:1 (0:0)

■ **Eintracht Frankfurt:** Nikolov - Ochs, Russ, Chris, Spycher - Fink, Inamoto - Fenin (76. Steinhöfer), Köhler, Korkmaz (61. Amanatidis) - Liberopoulos
■ **Karlsruher SC:** Miller - Celozzi, Sebastian, Franz, Eichner - Mutzel, Porcello - Freis, da Silva (79. Carnell), Iashvili (57. Görlitz) - Kennedy (65. Timm)
Tore: 0:1 Franz (82.), 1:1 Köhler (84.), 2:1 Amanatidis (90+1.) **Ecken:** 8:5 **Schiedsrichter:** Kinhöfer (Herne) **Zuschauer:** 47.500 **Gelb:** Köhler, Liberopoulos, Inamoto - Mutzel **Gelb-Rot:** keine **Rot:** keine

BUNDES LIGA

Gefühlvoll hebt Werder-Stürmer Claudio Pizarro den Ball hinweg über Bayern Münchens Keeper Michael Rensing zum 4:0 ins Netz. Martin Demichelis (links) kommt zu spät, um das Unheil zu verhindern.

Werder überrollt FC Bayern, der VfL Wolfsburg den HSV

Franz Beckenbauer spricht von einer „Blamage", der „Kicker" titelt sogar „Das Debakel". Erstmals verliert der FC Bayern München unter Trainer Jürgen Klinsmann ein Bundesliga-Spiel – und gerät dabei beim 2:5 gegen Werder Bremen arg unter die Räder.

„Das war ein schwarzer Tag, Bremen war besser, spritziger und aggressiver als wir", gibt Trainer Jürgen Klinsmann nach der Begegnung unumwunden zu. Zumal die Gäste von der Weser zwischenzeitlich sogar 5:0 führen, bevor ausgerechnet der eingewechselte Ex-Bremer Tim Borowski mit zwei Toren für Ergebniskosmetik sorgt. Werder, das in der Vorwoche beim 3:0 gegen den FC Energie Cottbus seinen ersten Saisonsieg gefeiert hat, ist dem Deutschen Meister an diesem Tag in allen Belangen überlegen, zeigt phasenweise Traumfußball. Vor allem die Offensive mit den beiden Spielgestaltern Diego und Mesut Özil, der ein Tor erzielt und zwei vorbereitet, sowie Doppeltorschütze Markus Rosenberg und Claudio Pizarro verdient sich Bestnoten.

Für den Rekordtitelträger aus München bedeutet das 2:5 die höchste Heimniederlage seit 1979. Damit haben die Bayern bereits neun Gegentore kassiert – nach fünf Spielen.

DATEN & FAKTEN

Zuschauer gesamt	342.609
pro Spiel	38.068
Tore gesamt	29
Elfmeter	0
Eigentore	1
Gelbe Karten	31
Gelb-Rote Karten	0
Rote Karten	1

Bayer 04 Leverkusen – Hannover 96 4:0 (2:0)

Bayer 04 Leverkusen: Adler - Castro (67. Schwegler), Henrique, Haggui, Kadlec - Rolfes - Augusto, Vidal (73. Dum), Barnetta - Kießling, Helmes (67. Gekas)
Hannover 96: Enke - Balitsch, Ismael (28. Fahrenhorst), Eggimann, Vinicius - Yankov, B. Schulz - Schlaudraff (50. Zizzo), Pinto, Huszti (46. Lala) - Stajner
Tore: 1:0 Rolfes (5.), 2:0 Helmes (19.), 3:0 Helmes (59.), 4:0 Helmes (66.) **Ecken:** 8:1 **Schiedsrichter:** Gräfe (Berlin) **Zuschauer:** 21.000 (ausverkauft) **Gelb:** Fahrenhorst Pinto, Yankov **Gelb-Rot:** keine **Rot:** keine

FC Bayern München – Werder Bremen 2:5 (0:2)

FC Bayern München: Rensing - Lucio, Demichelis, van Buyten (46. Borowski) - Lell (46. Oddo), van Bommel, Lahm - Schweinsteiger, Zé Roberto (67. Sosa) - Toni, Podolski
Werder Bremen: Wiese - Prödl, Mertesacker, Naldo, Boenisch - Baumann (46. Hunt) - Vranjes, Diego, Özil (77. Niemeyer) - Rosenberg (70. Sanogo), Pizarro
Tore: 0:1 Rosenberg (30.), 0:2 Naldo (45.), 0:3 Özil (54.), 0:4 Pizarro (59.), 0:5 Rosenberg (67.), 1:5 Borowski (71.), 2:5 Borowski (85.) **Ecken:** 8:2 **Schiedsrichter:** Kinhöfer (Herne) **Zuschauer:** 69.000 (ausverkauft) **Gelb:** Demichelis - Baumann, Vranjes **Gelb-Rot:** keine **Rot:** keine

FC Schalke 04 – Eintracht Frankfurt 1:0 (1:0)

FC Schalke 04: Fährmann - Rafinha, Bordon, Krstajic, Kobiashvili - Jones - Westermann, Engelaar - Farfan, Kuranyi (83. Streit), Rakitic (72. Sanchez)
Eintracht Frankfurt: Nikolov - Ochs, Galindo, Russ, Spycher - Fink, Chris - Fenin (85. Steinhöfer), Meier, Toski (39. Bellaid) - Liberopoulos
Tor: 1:0 Ochs (41., Eigentor) **Ecken:** 1:3 **Schiedsrichter:** Fandel (Kyllburg) **Zuschauer:** 61.542 **Gelb:** Galindo, Spycher, Fenin **Gelb-Rot:** keine **Rot:** Chris (34.)

FC Energie Cottbus – VfL Bochum 1:1 (1:0)

FC Energie Cottbus: Tremmel - Radeljic (66. Pavicevic), Kukielka, Cvitanovic, Ziebig - T. Rost - Angelov, Skela, Sörensen (84. Jula) - Jelic (54. Iliev), Rangelov
VfL Bochum: Fernandes - Pfertzel, Maltritz, Yahia, Bönig (77. C. Fuchs) - Imhof (33. Zdebel) - Freier, Azaouagh, Dabrowski - Sestak, Mieciel (65. Hashemian)
Tore: 1:0 Sörensen (13.), 1:1 Yahia (47.) **Ecken:** 8:8 **Schiedsrichter:** Meyer (Burgdorf) **Zuschauer:** 12.174 **Gelb:** Skela, Rangelov - Imhof, Maltritz, Sestak, Zdebel **Gelb-Rot:** keine **Rot:** keine

Alexander Madlung erzielt Wolfsburgs 2:0 gegen den HSV. Während Grafite (23) den Flug den Balles mit Begeisterung verfolgt, sind Keeper Frank Rost und Alex Silva geschlagen.

Im Vorjahr hatten sie so viele Gegentreffer erst nach 18 Spieltagen hinnehmen müssen.

Die erste Niederlage der Saison setzt es auch für den Hamburger SV. Beim 0:3 in Wolfsburg bleiben die Hanseaten erstmals torlos. Die Gastgeber hingegen benötigen nur 13 Minuten, um HSV-Torwart Frank Rost drei Mal zu bezwingen. „Es ist zwar noch nicht Weihnachten, aber wir haben schon die Geschenke gemacht", sagt Hamburgs Coach Martin Jol. Trainerkollege Felix Magath freut sich nach drei 2:2-Unentschieden in Folge vor allem über die diesmal starke Defensive seiner Mannschaft. „Es wurde Zeit, dass wir einmal zu Null spielen", sagt Magath. Wolfsburg ist damit saisonübergreifend bereits seit elf Spielen in der Bundesliga ungeschlagen und stellt einen neuen vereinsinternen Rekord auf.

Neuer Spitzenreiter ist dank der Hamburger Niederlage wieder der FC Schalke 04, zum zweiten Mal in dieser Saison. Die Gelsenkirchener feiern mit dem 1:0 gegen Eintracht Frankfurt den vierten Heimsieg in Folge und sind nun schon seit elf Spielen ungeschlagen. Bei der Eintracht geht an diesem Tag so ziemlich alles schief. Erst sieht Verteidiger Chris wegen einer Tätlichkeit gegen Heiko Westermann die Rote Karte, dann unterläuft Patrick Ochs auch noch ein Eigentor zum 0:1. Die Hessen bleiben damit weiter sieglos auf Platz 17 der Tabelle.

DER TORSCHÜTZE DES SPIELTAGES

Dass Patrick Helmes (24, Foto) eines der größten deutschen Stürmertalente ist, darüber sind sich die Experten schon lange einig. Spätestens mit seiner Galavorstellung gegen Hannover 96 überzeugt der Torjäger von Bayer 04 Leverkusen auch die letzten Kritiker. Gleich drei Mal schlägt Helmes beim 4:0 gegen die Niedersachsen zu, bereitet zudem das 1:0 durch Bayer-Kapitän Simon Rolfes vor. „Patrick besitzt außergewöhnliche Fähigkeiten", lobt Bayer-Trainer Bruno Labbadia den Nationalspieler. Nach fünf Bundesliga-Runden hat der Stürmer damit schon sechs Tore erzielt – eine Traumquote, ähnlich gut wie zuvor in der 2. Bundesliga beim 1. FC Köln, wo Helmes bis zu seinem Wechsel auf die andere Rheinseite im Sommer bei 52 Einsätzen 31 Treffer für die „Geißböcke" markiert hat.

5. SPIELTAG

RESULTATE

Freitag, 19.09.2008	Bayer Leverkusen - Hannover 96	4:0	(2:0)
Samstag, 20.09.2008	Bayern München - Werder Bremen	2:5	(0:2)
	Schalke 04 - Eintracht Frankfurt	1:0	(1:0)
	FC Energie Cottbus - VfL Bochum	1:1	(1:0)
	DSC Arminia Bielefeld - 1. FC Köln	2:0	(0:0)
	B. M'gladbach - Hertha BSC	0:1	(0:1)
Sonntag, 21.09.2008	VfL Wolfsburg - Hamburger SV	3:0	(3:0)
	VfB Stuttgart - Karlsruher SC	3:1	(1:1)
	1899 Hoffenheim - B. Dortmund	4:1	(2:0)

TORJÄGER

Patrick Helmes	Bayer 04 Leverkusen	6
Vedad Ibisevic	1899 Hoffenheim	6
Artur Wichniarek	DSC Arminia Bielefeld	5
Markus Rosenberg	Werder Bremen	4
Tim Borowski	FC Bayern München	3
Heiko Westermann	FC Schalke 04	3
Stefan Kießling	Bayer 04 Leverkusen	3
Rob Friend	Borussia M'gladbach	3
Mario Gomez	VfB Stuttgart	3

PERSONALIEN

Als „Spieler des Monats August" – gemeinsam von DFL, „Kicker" und DSF durchgeführt – wird **Artur Wichniarek** (31) von Arminia Bielefeld geehrt. Bei der Wahl setzt sich der polnische Nationalstürmer gegen Vedad Ibisevic von 1899 Hoffenheim und Neven Subotic von Borussia Dortmund durch.

Zur Niederlage auch noch zwei Ausfälle: Nach dem 0:2 gegen Udinese Calcio im UEFA-Pokal muss Borussia Dortmunds Abwehrspieler **Mats Hummels** (19) mit einer Verletzung am rechten Sprunggelenk ebenso vorläufig passen wie Stürmer **Mohamed Zidan** (26) wegen einer Blessur im Bauch- und Hüftbereich.

Michael Bradley (21), Sohn des US-Nationalcoachs Bob Bradley und vom SC Heerenveen in den Niederlanden geholt, gibt bei Borussia Mönchengladbach gegen Hertha BSC ebenso sein Bundesliga-Debüt wie der schon 2007 verpflichtete Schwede **Sharbel Touma** (29).

TABELLE

Rang	Club	Sp.	g	u	v	Tore	Diff.	Pkt.	
1	FC Schalke 04	5	3	2	0	9: 4	5	11	↗
2	1899 Hoffenheim	5	3	1	1	10: 6	4	10	↗
3	VfB Stuttgart	5	3	1	1	8: 4	4	10	↗
4	Hamburger SV	5	3	1	1	11:10	1	10	↘
5	Bayer 04 Leverkusen	5	3	0	2	15: 8	7	9	↗
6	VfL Wolfsburg	5	2	3	0	11: 7	4	9	↗
7	Werder Bremen	5	2	2	1	13: 8	5	8	↗
8	FC Bayern München	5	2	2	1	12: 9	3	8	↘
9	Hertha BSC Berlin	5	2	2	1	7: 7	0	8	↗
10	Borussia Dortmund	5	2	2	1	9:10	-1	8	↘
11	VfL Bochum	5	1	2	2	5: 5	0	5	↗
12	DSC Arminia Bielefeld	5	1	2	2	7: 9	-2	5	↗
13	Eintracht Frankfurt	5	1	2	2	5: 7	-2	5	↘
14	1. FC Köln	5	1	1	3	4: 8	-4	4	→
15	Hannover 96	5	1	1	3	5:10	-5	4	↘
16	Karlsruher SC	5	1	0	4	4: 9	-5	3	↘
17	Borussia M'gladbach	5	1	0	4	5:12	-7	3	↘
18	FC Energie Cottbus	5	0	2	3	1: 8	-7	2	→

DSC Arminia Bielefeld – 1. FC Köln 2:0 (0:0)

■ **DSC Arminia Bielefeld:** Eilhoff - Lamey, Herzig, Kucera, Schuler - Kirch, Kauf, Tesche - Katongo (84. Bollmann), Halfar (65. Kamper) - Wichniarek (90. Sadik)
■ **1. FC Köln:** Mondragon - McKenna, Geromel, Mohamad, Wome (80. Vucicevic) - Petit, M. Matip - Brecko, Antar (68. Scherz), Radu (85. Sanou) - Novakovic
Tore: 1:0 Kamper (74.), 2:0 Wichniarek (76.) **Ecken:** 2:7 **Schiedsrichter:** Kempter (Sauldorf) **Zuschauer:** 24.400 **Gelb:** Petit, Brecko, Scherz **Gelb-Rot:** keine **Rot:** keine

Borussia Mönchengladbach – Hertha BSC Berlin 0:1 (0:1)

■ **Borussia Mönchengladbach:** Heimeroth - Ndjeng, Callsen-Bracker, Daems, Voigt - Alberman, Bradley (65. Baumjohann) - Matmour (76. Touma), Marin - Friend, Neuville (65. Rösler)
■ **Hertha BSC Berlin:** Drobny - A. Friedrich, Kaka, Simunic, Stein - Kacar (62. Lustenberger), Cicero - Raffael (75. Piszczek), Voronin, Nicu - Pantelic (85. Chahed)
Tor: 0:1 Kacar (11.) **Ecken:** 12:2 **Schiedsrichter:** Brych (München) **Zuschauer:** 43.193 **Gelb:** Kaka, Chahed **Gelb-Rot:** keine **Rot:** keine

VfL Wolfsburg – Hamburger SV 3:0 (3:0)

■ **VfL Wolfsburg:** Benaglio - Riether, Madlung, Barzagli, Schäfer - Josue, Hasebe (66. Saglik) - Dejagah (52. J. Santana), Misimovic, Gentner (82. Zaccardo) - Grafite
■ **Hamburger SV:** F. Rost - J. Boateng (29. Pitroipa), Alex Silva, Mathijsen, Atouba - Jarolim, de Jong - Demel, Trochowski (65. Petric) - Guerrero, Olic (82. Neves)
Tore: 1:0 Dejagah (15.), 2:0 Madlung (22.), 3:0 Grafite (28.) **Ecken:** 2:5 **Schiedsrichter:** Kircher (Rottenburg) **Zuschauer:** 30.000 (ausverkauft) **Gelb:** Riether, Dejagah - Guerrero, J. Boateng, Demel **Gelb-Rot:** keine **Rot:** keine

VfB Stuttgart – Karlsruher SC 3:1 (1:1)

■ **VfB Stuttgart:** J. Lehmann - Osorio, Boulahrouz, Tasci, Boka - Hitzlsperger - Lanig, Simak (46. Hilbert), Khedira - Cacau (70. Marica), Gomez (88. Mandjeck)
■ **Karlsruher SC:** Miller - Celozzi (83. Buck), Sebastian, Franz, Eichner - Mutzel, Porcello (77. Timm) - Freis, da Silva, Iashvili (77. Stindl) - Kennedy
Tore: 0:1 Freis (8.), 1:1 Khedira (22.), 2:1 Gomez (68.), 3:1 Marica (87.) **Ecken:** 2:6 **Schiedsrichter:** Gagelmann (Bremen) **Zuschauer:** 55.000 (ausverkauft) **Gelb:** Tasci, Gomez - Iashvili, Franz, Buck **Gelb-Rot:** keine **Rot:** keine

1899 Hoffenheim – Borussia Dortmund 4:1 (2:0)

■ **1899 Hoffenheim:** Özcan - Beck, Nilsson, Compper, Ibertsberger - Gustavo (74. Vorsah) - Weis, Eduardo, Salihovic (75. Teber) - Ba (71. Obasi), Ibisevic
■ **Borussia Dortmund:** Weidenfeller - Rukavina, F. Santana, Subotic, Schmelzer - Tinga, Sahin - Federico (46. Blaszczykowski), Kringe (64. Kehl) - Valdez, Klimowicz (46. Sadrijaj)
Tore: 1:0 Ibisevic (5.), 2:0 Salihovic (25.), 3:0 Ibisevic (47.), 4:0 Eduardo (67.), 4:1 F. Santana (90+1.) **Ecken:** 1:7 **Schiedsrichter:** Rafati (Hannover) **Zuschauer:** 26.300 (ausverkauft) **Gelb:** Valdez **Gelb-Rot:** keine **Rot:** keine

Traumfußball in Bremen – Jubel in der Lausitz

Sejad Salihovic (23) zirkelt einen Freistoß zum 2:4 aus Sicht von 1899 Hoffenheim über die Bremer Mauer ins Werder-Tor. Der Neuling holt einen deutlichen Rückstand auf, muss letztlich den Sieg aber dennoch den Hanseaten überlassen.

Traumhafter Offensivfußball, großes Spektakel und ein unglaubliches Torfestival. Im Bremer Weser-Stadion werden 40.059 Zuschauer Zeuge eines denkwürdigen Bundesliga-Spiels, das Werder Bremen nach großem Kampf und spannendem Spielverlauf mit 5:4 gegen 1899 Hoffenheim gewinnt. Für den Vizemeister ist es der zweite Sieg mit fünf erzielten Toren in Folge – und gleichbedeutend mit dem Sprung auf den dritten Tabellenplatz.

„Beide Mannschaften haben bedingungslos nach vorn gespielt, ohne Rücksicht auf Verluste", sagt Werder Bremens Geschäftsführer Klaus Allofs nach den neunzig Minuten. Mittelfeldstar Torsten Frings stimmt mit gemischten Gefühlen zu: „Für die Fans war es sicher ein schönes Spektakel – für uns Spieler nicht so." Denn Werder macht sich nach furiosem Start das Leben selbst noch schwer.

Gerade mal dreißig Minuten benötigen die Bremer, um durch Tore von Mesut Özil, Claudio Pizarro, Diego und Aaron Hunt mit 4:1 in Führung zu gehen. Doch der Aufsteiger aus Hoffenheim schlägt zurück. Sejad Salihovic kann noch vor der Pause verkürzen, Torjäger Vedad Ibisevic verwandelt nach dem Wechsel einen Strafstoß zum 3:4. Als Bremens Abwehrchef Per Mertesacker nur eine Minute später für eine „Notbremse" an Ibisevic die Rote Karte sieht, scheinen bei Werder alle Dämme zu brechen. Marvin Compper gleicht für Hoffenheim aus, danach vergeben die Gäste noch mehrere Torchancen – und stehen schließlich sogar mit leeren Händen da, weil Özil mit seinem zweiten Treffer doch noch den Sieg für Bremen klarmacht. Hoffenheims Trainer Ralf Rangnick ist bedient: „Wir sind ja nicht unterwegs wie die Harlem Globetrotters, um die Zuschauer zu begeistern, sondern um Punkte mitzunehmen. Wenn man

DATEN & FAKTEN

Zuschauer gesamt	397.933
pro Spiel	44.215
Tore gesamt	26
Elfmeter	1
Eigentore	0
Gelbe Karten	28
Gelb-Rote Karten	1
Rote Karten	2

1. FC Köln – FC Schalke 04 1:0 (1:0)

1. FC Köln: Mondragon - Brecko, Geromel, Mohamad, Wome - Pezzoni, Petit - Vucicevic (83. Radu), Antar, Ehret (79. Chihi) - Novakovic (90+1. McKenna)
FC Schalke 04: Fährmann - Rafinha, Bordon, Krstajic, Pander - Jones - Westermann, Engelaar (87. Asamoah) - Farfan, Kuranyi (69. Halil Altintop), Rakitic (46. Sanchez)
Tor: 1:0 Mohamad (43.) **Ecken:** 6:6
Schiedsrichter: Meyer (Burgdorf)
Zuschauer: 50.000 (ausverkauft)
Gelb: Ehret, Geromel - Rafinha, Sanchez, Farfan **Gelb-Rot:** keine
Rot: keine

Werder Bremen – 1899 Hoffenheim 5:4 (4:2)

Werder Bremen: Wiese - Fritz, Mertesacker, Naldo, Boenisch (59. Pasanen) - Frings - Hunt (65. Prödl), Diego, Özil - Rosenberg (65. Vranjes), Pizarro
1899 Hoffenheim: Özcan - Beck, Nilsson, Compper, Ibertsberger - Teber (46. Weis), Gustavo, Salihovic - Obasi, Ibisevic, Ba
Tore: 1:0 Özil (8.), 1:1 Ba (15.), 2:1 Pizarro (16.), 3:1 Diego (21.), 4:1 Hunt (30.), 4:2 Salihovic (36.), 4:3 Ibisevic (61., Foulelfmeter), 4:4 Compper (71.), 5:4 Özil (81.) **Ecken:** 5:7
Schiedsrichter: Perl (München)
Zuschauer: 40.059 (ausverkauft)
Gelb: Salihovic **Gelb-Rot:** keine
Rot: Mertesacker (62.)

Hamburger SV – Bor. Mönchengladbach 1:0 (1:0)

Hamburger SV: F. Rost - Demel, Reinhardt, Mathijsen, Atouba - Jarolim, de Jong, Jansen (63. Trochowski) - Neves (58. Pitroipa) - Petric (89. Alex Silva), Olic
Borussia M'gladbach: Heimeroth - Callsen-Bracker (69. Marin), Brouwers, Daems - Gohouri, Alberman, Paauwe, Jaures - Ndjeng (85. Neuville), Matmour (10. Coulibaly) - Friend
Tor: 1:0 Petric (11.) **Ecken:** 5:0
Schiedsrichter: Weiner (Giesen)
Zuschauer: 57.000 (ausverkauft)
Gelb: Mathijsen - Daems, Paauwe
Gelb-Rot: keine **Rot:** keine

Hannover 96 – FC Bayern München 1:0 (1:0)

Hannover 96: Enke - Cherundolo, Fahrenhorst, Vinicius, Rausch - Balitsch, C. Schulz - Stajner (90+2. Krebs), Schlaudraff, Huszti (90. Lala) - Forssell (77. Hanke)
FC Bayern München: Rensing - Lell (14. Oddo), Breno, Demichelis, Lahm - Ottl (64. Podolski), van Bommel - Sosa, Borowski (46. Ribéry) - Klose, Toni
Tor: 1:0 Huszti (23.) **Ecken:** 4:4
Schiedsrichter: Kircher (Rottenburg)
Zuschauer: 49.000 (ausverkauft)
Gelb: Demichelis **Gelb-Rot:** keine
Rot: keine

Wieder zurück auf dem Platz nach einer langwierigen Blessur von der EURO 2008: Franck Ribéry, hier gegen Steven Cherundolo (6) und Jiri Stajner (links) von Hannover 96, das durch ein 1:0 die bereits zweite Saisonniederlage für den Rekordmeister besiegelt.

so zurückkommt wie wir und mehrfach die Chance hat, das 5:4 zu machen, kann ich nicht zufrieden sein."

Das gilt auch für den FC Bayern, denn nach dem 2:5 gegen Bremen setzt es für den Deutschen Meister bei Hannover 96 gleich die zweite Niederlage der Saison. Spielmacher Szabolcs Huszti schießt die Hausherren in der AWD-Arena per Freistoß zum 1:0 ins Tabellenmittelfeld und vergrößert die Probleme beim Rekordmeister. „Das schmerzt, das tut weh", sagt Trainer Jürgen Klinsmann. Die Münchner fallen auf Platz neun zurück und haben bereits fünf Punkte Rückstand auf Spitzenreiter Hamburger SV, der durch einen 1:0-Erfolg gegen Borussia Mönchengladbach wieder Platz eins erobert.

Groß ist die Erleichterung in der Lausitz: Denn der FC Energie Cottbus gewinnt bei Hertha BSC Berlin mit 1:0 und feiert damit den ersten Saisonsieg. Trotzdem steht Cottbus weiterhin auf einem Abstiegsplatz.

DER SPIELER DES SPIELTAGES

Das größte Lob kommt von Werder-Geschäftsführer Klaus Allofs: „Es ist für mich nur eine Frage der Zeit, bis er in der Nationalmannschaft landet." Gemeint ist Bremens neuer Mittelfeldstar Mesut Özil (19, Foto). Mit seinen Gala-Auftritten in der Vorwoche beim 5:2 in München und nun beim 5:4 gegen 1899 Hoffenheim hat der U21-Nationalspieler sein Talent eindrucksvoll unter Beweis gestellt. Nach zwei Toren und einer Vorbereitung gegen den FC Bayern macht es der in Gelsenkirchen geborene Deutsch-Türke gegen 1899 Hoffenheim umgekehrt, er trifft in der Schlussphase zum entscheidenden 5:4. Anfänglichen Eingewöhnungsproblemen nach seinem Wechsel im Januar vom FC Schalke 04 an die Weser folgt die Weiterentwicklung in Richtung zweiter Spielgestalter an der Seite von Regisseur Diego.

6. SPIELTAG

RESULTATE

Freitag, 26.09.2008	1. FC Köln - FC Schalke 04	1:0 (1:0)
Samstag, 27.09.2008	Werder Bremen - 1899 Hoffenheim	5:4 (4:2)
	Hamburger SV - Bor. M'gladbach	1:0 (1:0)
	Hannover 96 - FC Bayern München	1:0 (1:0)
	Hertha BSC - FC Energie Cottbus	0:1 (0:1)
	VfL Bochum - Bayer 04 Leverkusen	2:3 (0:2)
	Borussia Dortmund - VfB Stuttgart	3:0 (2:0)
Sonntag, 28.09.2008	Eintr. Frankfurt - Arminia Bielefeld	1:1 (0:1)
	Karlsruher SC - VfL Wolfsburg	2:1 (0:0)

TORJÄGER

Patrick Helmes	Bayer 04 Leverkusen	7
Vedad Ibisevic	1899 Hoffenheim	7
Artur Wichniarek	DSC Arminia Bielefeld	6
Markus Rosenberg	Werder Bremen	4
Claudio Pizarro	Werder Bremen	3
Tim Borowski	FC Bayern München	3
Alexander Frei	Borussia Dortmund	3
Heiko Westermann	FC Schalke 04	3
Stefan Kießling	Bayer 04 Leverkusen	3

PERSONALIEN

Juvhel Tsoumou gibt gegen Arminia Bielefeld nach seiner Einwechslung in der zweiten Halbzeit nicht nur sein Bundesliga-Debüt – das aus der Republik Kongo stammende Talent ist mit 17 Jahren und 276 Tagen jüngster Spieler aller Zeiten von Eintracht Frankfurt im „Oberhaus".

Dem Brasilianer **Renato Augusto** (20), zu Saisonbeginn von Flamengo Rio de Janeiro zu Bayer 04 Leverkusen gekommen, gelingt beim 3:2-Erfolg in Bochum sein erstes Bundesliga-Tor.

Ralf Fährmann (19) muss bei der 0:1-Niederlage des FC Schalke 04 beim 1. FC Köln den 2000. Gegentreffer der „Knappen" in der Bundesliga hinnehmen.

TABELLE

Rang	Club	Sp.	g	u	v	Tore	Diff.	Pkt.	
1	Hamburger SV	6	4	1	1	12:10	2	13	↗
2	Bayer 04 Leverkusen	6	4	0	2	18:10	8	12	↗
3	Werder Bremen	6	3	2	1	18:12	6	11	↗
4	FC Schalke 04	6	3	2	1	9: 5	4	11	↘
5	Borussia Dortmund	6	3	2	1	12:10	2	11	↗
6	1899 Hoffenheim	6	3	1	2	14:11	3	10	↘
7	VfB Stuttgart	6	3	1	2	8: 7	1	10	↘
8	VfL Wolfsburg	6	2	3	1	12: 9	3	9	↘
9	FC Bayern München	6	2	2	2	12:10	2	8	↘
10	Hertha BSC Berlin	6	2	2	2	7: 8	-1	8	↘
11	1. FC Köln	6	2	1	3	5: 8	-3	7	↗
12	Hannover 96	6	2	1	3	6:10	-4	7	↗
13	DSC Arminia Bielefeld	6	1	3	2	8:10	-2	6	↘
14	Eintracht Frankfurt	6	1	3	2	6: 8	-2	6	↘
15	Karlsruher SC	6	2	0	4	6:10	-4	6	↗
16	VfL Bochum	6	1	2	3	7: 8	-1	5	↘
17	FC Energie Cottbus	6	1	2	3	2: 8	-6	5	↗
18	Borussia M'gladbach	6	1	0	5	5:13	-8	3	↘

Hertha BSC Berlin
FC Energie Cottbus 0:1 (0:1)

■ **Hertha BSC Berlin:** Drobny - Chahed, A. Friedrich, Simunic, Stein (73. Domovchiyski) - Cicero, Lustenberger (69. Dardai), Nicu - Raffael (67. Piszczek) - Voronin, Pantelic
■ **FC Energie Cottbus:** Tremmel - Pavicevic, Kukielka, Cvitanovic, Cagdas - Angelov (60. Mitreski), T. Rost - Sörensen (87. Radeljic), Skela, Iliev - Jelic (66. Vasiljevic)
Tor: 0:1 Jelic (13.) **Ecken:** 7:2
Schiedsrichter: Aytekin (Oberasbach)
Zuschauer: 42.297 **Gelb:** Voronin - Kukielka, Vasiljevic, Tremmel
Gelb-Rot: keine **Rot:** keine

VfL Bochum
Bayer 04 Leverkusen 2:3 (0:2)

■ **VfL Bochum:** Fernandes - Pfertzel (65. Azaouagh), Maltritz, Yahia, C. Fuchs - Zdebel (54. Schröder) - Freier, Ono (79. Mavraj), Dabrowski - Sestak, Kaloglu
■ **Bayer 04 Leverkusen:** Adler - Castro, M. Friedrich, Henrique, Kadlec - Rolfes - Augusto (90+4. Hegeler), Vidal, Barnetta (73. Dum) - Helmes (73. Gekas), Kießling
Tore: 0:1 Vidal (6.), 0:2 Augusto (21.), 0:3 Helmes (61.), 1:3 Sestak (79.), 2:3 Kaloglu (81.) **Ecken:** 13:1
Schiedsrichter: Drees (Münster-Sarmsheim) **Zuschauer:** 24.843
Gelb: Pfertzel, Dabrowski, Kaloglu
Gelb-Rot: keine **Rot:** Yahia (84.)

Borussia Dortmund
VfB Stuttgart 3:0 (2:0)

■ **Borussia Dortmund:** Weidenfeller - Lee, F. Santana, Subotic, Schmelzer - Kehl - Tinga (54. Kruska), Hajnal (79. Sahin), Kringe - Blaszczykowski, Valdez (57. Frei)
■ **VfB Stuttgart:** J. Lehmann - Boulahrouz (61. Mandjeck), Delpierre, Tasci, Magnin (46. Boka) - Khedira - Hilbert, Lanig (46. Marica), Hitzlsperger - Cacau, Gomez
Tore: 1:0 Hajnal (10.), 2:0 F. Santana (19.), 3:0 Frei (73.) **Ecken:** 0:11
Schiedsrichter: Brych (München)
Zuschauer: 71.200 **Gelb:** Tinga - J. Lehmann, Tasci, Boulahrouz
Gelb-Rot: keine **Rot:** keine

Eintracht Frankfurt
DSC Arminia Bielefeld 1:1 (0:1)

■ **Eintracht Frankfurt:** Nikolov - Ochs, Russ, Bellaid, Spycher - Fink (59. Steinhöfer), Inamoto - Fenin, Köhler, Toski (59. Caio) - Liberopoulos (73. Tsoumou)
■ **DSC Arminia Bielefeld:** Eilhoff - Lamey, Herzig, Kucera, Schuler - Kauf - Kirch (38. Laas), Marx, Tesche - Katongo (88. Halfar), Wichniarek (84. Janjic)
Tore: 0:1 Wichniarek (7.), 1:1 Köhler (87.) **Ecken:** 9:2 **Schiedsrichter:** Stark (Ergolding) **Zuschauer:** 37.600 **Gelb:** Russ, Ochs, Liberopoulos - Marx
Gelb/Rot: keine **Rot:** keine

Karlsruher SC
VfL Wolfsburg 2:1 (0:0)

■ **Karlsruher SC:** Miller (87. Kornetzky) - Celozzi, Sebastian, Franz, Eichner - Mutzel, Porcello - Timm (82. Aduobe), da Silva (90. Carnell), Iashvili - Freis
■ **VfL Wolfsburg:** Benaglio - Riether, Madlung, Barzagli, Schäfer - Hasebe (78. Costa), Josue - Dejagah (78. Saglik), Misimovic, Gentner (56. Dzeko) - Grafite
Tore: 1:0 Porcello (51.), 2:0 Freis (75.), 2:1 Costa (78.) **Ecken:** 4:8
Schiedsrichter: Sippel (München)
Zuschauer: 25.934 **Gelb:** Mutzel, Franz - Madlung **Gelb-Rot:** Grafite (71.) **Rot:** keine

FC Bayern weiter ohne Sieg – Trennung von Jos Luhukay

Der Schweizer Nationalkeeper Diego Benaglio pariert den Strafstoß des Schalkers Rafinha (18). In der Nachspielzeit sorgt Kevin Kuranyi mit seinem zweiten Treffer aber noch für den 2:2-Ausgleich der „Königsblauen" gegen den VfL Wolfsburg.

Das Tief beim FC Bayern hält weiter an. Das 3:3-Unentschieden gegen den VfL Bochum ist schon das dritte Spiel in Folge ohne Sieg. Mit neun Punkten fällt der amtierende Deutsche Meister auf den elften Tabellenplatz zurück. Seit der Saison 1974/75 (damals Zwölfter) lagen die Bayern nach einem siebten Spieltag nicht mehr so weit von der Spitze entfernt.

Dabei läuft lange Zeit alles sehr gut für die Hausherren. Bis zur 83. Minute führt die Mannschaft von Trainer Jürgen Klinsmann in der Allianz Arena gegen die Gäste aus dem Ruhrgebiet scheinbar sicher mit 3:1. Vor allem der brasilianische Mittelfeldstar Zé Roberto verdient sich dabei eine Bestnote und erzielt zwei Tore. Nach seiner Auswechslung entsteht aber plötzlich ein Bruch im Spiel des FC Bayern, in der Schlussphase geht die Ordnung verloren. Und Bochum kommt zurück, gleicht durch Christoph Dabrowski und Dennis Grote innerhalb von drei Minuten aus. Trainer Marcel Koller kann verständlicherweise äußerst zufrieden analysieren: „Wenn wir diese Euphorie, diesen Willen und die Leistungsbereitschaft mitnehmen und dann noch zusehen, dass wir weniger Tore bekommen, dann werden wir unsere Punkte holen."

Bayern-Coach Jürgen Klinsmann ist hingegen alles andere als glücklich: „Eine 3:1-Führung muss man nach Hause fahren." Der Rekordmeister hat in vier Heimspielen damit bereits elf Gegentore kassiert: die meisten in der Liga – und sogar drei mehr als Schlusslicht VfL Borussia Mönchengladbach.

Bei der Borussia wird der erste Trainerwechsel dieser Saison verkündet, der insgesamt 339. in der Bundesliga-Geschichte. Einen Tag nach dem 1:2 gegen den 1. FC Köln gibt der Mönchengladbacher Vorstand die Trennung von Jos Luhukay bekannt. Interimscoach wird Sportdirektor Christian Ziege. Die Niederlage im 73. rheinischen Derby in der Bundesliga gegen den alten Rivalen aus Köln bedeutet für die Borussen die sechste Niederlage und Platz 18 in der Tabelle. Dabei

DATEN & FAKTEN

Zuschauer gesamt	390.223
pro Spiel	43.358
Tore gesamt	30
Elfmeter	1
Eigentore	0
Gelbe Karten	41
Gelb-Rote Karten	0
Rote Karten	1

DSC Arminia Bielefeld – Karlsruher SC 1:2 (0:1)

DSC Arminia Bielefeld: Eilhoff - Lamey, Herzig, Kucera, Schuler - Kauf - Marx (72. Laas), Tesche (56. Sadik) - Katongo, Wichniarek, Halfar (56. Kamper)
Karlsruher SC: Kornetzky - Celozzi, Sebastian, Franz, Eichner - Mutzel, Porcello (79. Aduobe) - Freis, da Silva (87. Carnell), Iashvili - Kennedy (79. Kapllani)
Tore: 0:1 Porcello (16.), 0:2 Freis (52.), 1:2 Herzig (86.) **Ecken:** 4:9
Schiedsrichter: Weiner (Giesen)
Zuschauer: 20.900 **Gelb:** Wichniarek, Herzig - Freis, Kapllani **Gelb-Rot:** keine **Rot:** keine

FC Bayern München – VfL Bochum 3:3 (2:1)

FC Bayern München: Rensing - Oddo, Lucio, van Buyten, Lahm - Demichelis - Schweinsteiger (69. Sosa), Zé Roberto (78. Borowski), Ribéry - Toni, Klose (69. Podolski)
VfL Bochum: Fernandes - Pfertzel, Maltritz, Mavraj, C. Fuchs - Schröder, Dabrowski - Freier (72. Grote), Azaouagh, Sestak - Kaloglu
Tore: 1:0 van Buyten (15.), 1:1 Kaloglu (29.), 2:1 Zé Roberto (45+1.), 3:1 Zé Roberto (68.), 3:2 Dabrowski (83.), 3:3 Grote (85.) **Ecken:** 11:7
Schiedsrichter: Rafati (Hannover)
Zuschauer: 69.000 (ausverkauft)
Gelb: Sosa, Oddo - Freier, Mavraj, Kaloglu **Gelb-Rot:** keine **Rot:** keine

VfB Stuttgart – Werder Bremen 4:1 (2:0)

VfB Stuttgart: J. Lehmann - Träsch, Tasci, Osorio, Magnin (83. Kovacevic) - Khedira, Hitzlsperger - Hilbert, Boka (77. Rudy) - Gomez (86. Lanig), Cacau
Werder Bremen: Wiese - Fritz, Prödl (79. Almeida), Naldo, Pasanen - Baumann (46. Hunt) - Frings, Diego, Özil - Rosenberg, Pizarro (46. Sanogo)
Tore: 1:0 Khedira (18.), 2:0 Träsch (29.), 3:0 Hilbert (63.), 3:1 Diego (65.), 4:1 Lanig (88.) **Ecken:** 6:6
Schiedsrichter: Fandel (Kyllburg)
Zuschauer: 55.000 (ausverkauft)
Gelb: Gomez, Boka, J. Lehmann - Fritz, Diego, Pasanen, Hunt **Gelb-Rot:** keine **Rot:** keine

Bayer 04 Leverkusen – Hertha BSC Berlin 0:1 (0:0)

Bayer 04 Leverkusen: Adler - Castro, M. Friedrich, Henrique, Kadlec - Rolfes - Augusto, Vidal (79. Dum), Barnetta - Kießling (71. Gekas), Helmes
Hertha BSC Berlin: Drobny - Chahed, A. Friedrich, Simunic, von Bergen - Dardai, Cicero - Raffael (87. Domovchiyski), Nicu - Voronin, Pantelic (82. Lustenberger)
Tor: 0:1 Voronin (89.) **Ecken:** 12:5
Schiedsrichter: Kircher (Rottenburg)
Zuschauer: 20.500 (ausverkauft)
Gelb: Henrique - Simunic, Cicero **Gelb-Rot:** keine **Rot:** keine

Roel Brouwers (Mitte) sorgt gegen Kölns Torwart Faryd Mondragon (rechts) und seine Teamkollegen auf der Torlinie für das 1:1 von Borussia Mönchengladbach.

kann Mönchengladbach die frühe Gäste-Führung durch Fabrice Ehret im Vergleich der Aufsteiger schnell durch Roel Brouwers Treffer zum 1:1 ausgleichen. Nach der Pause ist Köln aber die bessere Mannschaft und kommt kurz vor Schluss durch Torjäger Milivoje Novakovic zum Siegtreffer.

Werder Bremens Höhenflug findet nach zuletzt drei Siegen in Folge in Stuttgart ein jähes Ende. Der VfB Stuttgart zeigt beim 4:1-Erfolg gegen den Vizemeister eine deutlich überlegene Vorstellung. „Das war unser bestes Saisonspiel, eine komplett starke Mannschaftsleistung", lobt VfB-Trainer Armin Veh sein Team, das durch den Erfolg den dritten Tabellenplatz einnimmt. In Bremen herrscht hingegen Ernüchterung. „Das war ein ganz, ganz schlechtes Spiel von uns", ärgert sich Spielmacher Diego, der selbst den Ehrentreffer zum 1:3 erzielt hat.

Gladbach trennt sich von Jos Luhukay. Rechts Sportdirektor Christian Ziege.

DER MATCHWINNER DES SPIELTAGES

Andrey Voronin (29, Foto) wird zum Matchwinner für Hertha BSC in Leverkusen. Doch so richtig jubeln will der Ukrainer an alter Wirkungsstätte nicht über sein 1:0 nach zuvor fünf torlosen Einsätzen. „Ich freue mich riesig über mein erstes Tor, aber ich hätte mir den Treffer auch gut woanders vorstellen können", sagt er. Schließlich hat Voronin von 2004 bis 2007 für Bayer 04 gespielt und dabei in 92 Bundesliga-Spielen 32 Tore erzielt. Eine seiner Stationen in insgesamt zwölf Jahren in Deutschland – zum Beispiel auch mit dem Titel des Torschützenkönigs der 2. Bundesliga 2002/03 beim 1. FSV Mainz 05. Gut ein Jahr nach dem Wechsel zum FC Liverpool und 19 Einsätzen (fünf Tore) für die „Reds" nun die Rückkehr: auf Leihbasis für ein Jahr nach Berlin.

7. SPIELTAG

RESULTATE

Freitag, 03.10.2008	Arminia Bielefeld - Karlsruher SC	1:2	(0:1)
Samstag, 04.10.2008	FC Bayern München - VfL Bochum	3:3	(2:1)
	VfB Stuttgart - Werder Bremen	4:1	(2:0)
	Bayer 04 Leverkusen - Hertha BSC	0:1	(0:0)
	Borussia M'gladbach - 1. FC Köln	1:2	(1:1)
	1899 Hoffenheim - Eintr. Frankfurt	2:1	(0:0)
Sonntag, 05.10.2008	FC Schalke 04 - VfL Wolfsburg	2:2	(1:0)
	Borussia Dortmund - Hannover 96	1:1	(1:1)
	Energie Cottbus - Hamburger SV	1:2	(0:0)

TORJÄGER

Patrick Helmes	Bayer 04 Leverkusen	7
Vedad Ibisevic	1899 Hoffenheim	7
Artur Wichniarek	DSC Arminia Bielefeld	6
Markus Rosenberg	Werder Bremen	4
Kevin Kuranyi	FC Schalke 04	4
Milivoje Novakovic	1. FC Köln	4
Diego	Werder Bremen	4
Sebastian Freis	Karlsruher SC	4
Demba Ba	1899 Hoffenheim	4

PERSONALIEN

Außergewöhnlicher Auftritt für den Bundesliga-Debütanten **Caiuby Francisco da Silva** (20) vom VfL Wolfsburg: erstes Tor in der 73. Minute direkt nach seiner Einwechslung (65.), Auswechslung in der 74. Minute aus taktischen Gründen wegen einer Roten Karte für Ricardo Costa.

Mit 35 Jahren kommt **Marijan Kovacevic** zu seinem ersten Bundesliga-Spiel für den VfB Stuttgart, eingewechselt in der 83. Minute für Ludovic Magnin. Für den Hamburger SV, den VfL Wolfsburg und den MSV Duisburg hat der Abwehrspieler aus der zweiten Mannschaft bis zum Jahr 2000 allerdings schon 118 Einsätze im „Oberhaus" absolviert und dabei elf Tore erzielt.

TABELLE

Rang	Club	Sp.	g	u	v	Tore	Diff.	Pkt.	
1	Hamburger SV	7	5	1	1	14:11	3	16	→
2	1899 Hoffenheim	7	4	1	2	16:12	4	13	↗
3	VfB Stuttgart	7	4	1	2	12: 8	4	13	↗
4	Bayer 04 Leverkusen	7	4	0	3	18:11	7	12	↘
5	FC Schalke 04	7	3	3	1	11: 7	4	12	↘
6	Borussia Dortmund	7	3	3	1	13:11	2	12	↘
7	Werder Bremen	7	3	2	2	19:16	3	11	↘
8	Hertha BSC Berlin	7	3	2	2	8: 8	0	11	↗
9	VfL Wolfsburg	7	2	4	1	14:11	3	10	↘
10	1. FC Köln	7	3	1	3	7: 9	-2	10	↗
11	FC Bayern München	7	2	3	2	15:13	2	9	↘
12	Karlsruher SC	7	3	0	4	8:11	-3	9	↗
13	Hannover 96	7	2	2	3	7:11	-4	8	↘
14	VfL Bochum	7	1	3	3	10:11	-1	6	↗
15	DSC Arminia Bielefeld	7	1	3	3	9:12	-3	6	↘
16	Eintracht Frankfurt	7	1	3	3	7:10	-3	6	↘
17	FC Energie Cottbus	7	1	2	4	3:10	-7	5	→
18	Bor. Mönchengladbach	7	1	0	6	6:15	-9	3	→

Borussia Mönchengladbach – 1. FC Köln 1:2 (1:1)

■ **Borussia Mönchengladbach**: Heimeroth - Gohouri, Brouwers (76. Baumjohann), Daems, Jaures - Alberman (90+1. Colautti), Paauwe - Matmour, Marin - Friend, Neuville
■ **1. FC Köln**: Mondragon - Brecko, Geromel, Mohamad, Wome - Petit (90+1. McKenna), Pezzoni - Vucicevic (84. Radu), Antar, Ehret (70. Chihi) - Novakovic
Tore: 0:1 Ehret (5.), 1:1 Brouwers (10.), 1:2 Novakovic (88.) **Ecken**: 3:9
Schiedsrichter: Perl (München)
Zuschauer: 54.067 (ausverkauft)
Gelb: Brouwers, Alberman, Gohouri - Brecko **Gelb-Rot**: keine **Rot**: keine

1899 Hoffenheim – Eintracht Frankfurt 2:1 (0:0)

■ **1899 Hoffenheim**: Haas - Beck, Jaissle, Compper, Ibertsberger - Gustavo - Weis, Salihovic (76. Vorsah) - Obasi (75. Eduardo), Ibisevic (90+2. Teber), Ba
■ **Eintracht Frankfurt**: Nikolov - Russ, Bellaid (63. Caio), Galindo - Ochs, Inamoto, Spycher - Steinhöfer (71. Mahdavikia), Köhler, Toski (84 Liberopoulos) - Fenin
Tore: 1:0 Ba (47.), 1:1 Steinhöfer (66.), 2:1 Ba (71.) **Ecken**: 7:5
Schiedsrichter: Fleischer (Sigmertshausen) **Zuschauer**: 26.300 (ausverkauft) **Gelb**: Gustavo - Galindo, Inamoto, Köhler **Gelb-Rot**: keine **Rot**: keine

FC Schalke 04 – VfL Wolfsburg 2:2 (1:0)

■ **FC Schalke 04**: Neuer - Rafinha, Bordon, Krstajic, Kobiashvili - Westermann, Jones (76. Sanchez), Engelaar - Farfan, Halil Altintop - Kuranyi
■ **VfL Wolfsburg**: Benaglio - Zaccardo, Costa, Barzagli, Schäfer - Riether, Josue - Dejagah (65. Caiuby, 73. Madlung), Misimovic, Gentner (65. Hasebe) - Dzeko
Tore: 1:0 Kuranyi (20.), 1:1 Dzeko (51.), 1:2 Caiuby (66.), 2:2 Kuranyi
Besonderes Vorkommnis: (90+3.) Benaglio hält Foulelfmeter von Rafinha (72.) **Ecken**: 7:5
Schiedsrichter: Gräfe (Berlin)
Zuschauer: 60.549 **Gelb**: Bordon, Jones, Krstajic, Kuranyi - Riether, Misimovic
Gelb-Rot: keine **Rot**: Costa (71.)

Borussia Dortmund – Hannover 96 1:1 (1:1)

■ **Borussia Dortmund**: Weidenfeller - Lee, Kovac, Subotic, Schmelzer - Kehl - Tinga (71. Sahin), Hajnal, Kringe (46. Frei) - Blaszczykowski, Valdez (82. Klimowicz)
■ **Hannover 96**: Enke - Cherundolo, Fahrenhorst, Vinicius, Rausch - Balitsch (76. Lala), C. Schulz (71. Eggimann) - Stajner, Schlaudraff (83. Krebs), Huszti - Forssell
Tore: 1:0 Valdez (10.), 1:1 Forssell (25.) **Ecken**: 7:5 **Schiedsrichter**: Stark (Ergolding) **Zuschauer**: 66.900
Gelb: Subotic, Klimowicz - Rausch
Gelb-Rot: keine **Rot**: keine

FC Energie Cottbus – Hamburger SV 1:2 (0:0)

■ **FC Energie Cottbus**: Tremmel - Pavicevic (85. Radeljic), Kukielka, Cvitanovic, Cagdas - Angelov, T. Rost - Sörensen (68. Jula), Vasiljevic (63. Mitreski), Iliev - Jelic
■ **Hamburger SV**: F. Rost - Demel, Reinhardt, Mathijsen, Atouba (8. Jansen, 50. J. Boateng) - Jarolim, de Jong - Trochowski, Olic - Petric, Guerrero (86. Pitroipa)
Tore: 0:1 Olic (54.), 1:1 Jelic (74.), 1:2 Petric (90.) **Ecken**: 3:9
Schiedsrichter: Schmidt (Stuttgart)
Zuschauer: 17.007 **Gelb**: T. Rost, Cagdas - Jarolim, Olic, Demel
Gelb-Rot: keine **Rot**: keine

BUNDESLIGA

Krimi Werder gegen BVB – Auf Kurs dank „Miro" Klose

Spiele mit Beteiligung von Werder Bremen garantieren offenbar einen ausgesprochen hohen Unterhaltungswert. Die Hanseaten selbst sind mit dieser Rolle allerdings nicht so recht glücklich, denn noch nie seit dem Bundesliga-Start im Jahre 1963 standen für die Grün-Weißen nach acht Spieltagen schon 19 Gegentore zu Buche. Auf der anderen Seite treffen die Bremer aber auch sehr häufig. Und so ist das 3:3 gegen Borussia Dortmund bereits die fünfte Begegnung der Norddeutschen, in der fünf oder mehr Tore fallen. In den bisherigen acht Saisonspielen der Bremer sind es insgesamt schon 41 Tore.

Werder-Geschäftsführer Klaus Allofs ist nach dem 1500. Bundesliga-Spiel des vierfachen Deutschen Meisters dennoch enttäuscht darüber, dass seine Spieler „immer die gleichen Fehler" machen. 42.100 Zuschauer im ausverkauften Weser-Stadion haben zuvor allerdings ein äußerst abwechslungsreiches Spiel und eine besonders spektakuläre zweite Halbzeit gesehen. Denn alle sechs Tore fallen innerhalb der letzten halben Stunde. Zwei Mal geht Dortmund durch Alexander Frei und Mats Hummels in Führung, Bremen gleicht jeweils durch Frank Baumann und Claudio Pizarro aus. Als der Peruaner schließlich in der Nachspielzeit sogar zum 3:2 für Werder trifft, scheint das Spiel endgültig gedreht und entschieden. Doch die Borussia kommt nur Sekunden später durch Mohamed Zidan doch noch zum neuerlichen Ausgleich. Innerhalb von nur vier Minuten durchleben die Fans beider Clubs ein Wechselbad der Gefühle. „Auf jeden Fall war es ein absolut ungewöhnliches Bundesliga-Spiel", meint Gäste-Coach Jürgen Klopp.

Ungewöhnlich stark präsentiert sich auch weiterhin Aufsteiger 1899 Hoffenheim. Der Neuling gewinnt bei Hannover 96 klar mit 5:2, verteidigt damit seinen zweiten Tabellenplatz und kommt sogar bis auf einen Punkt an Spitzenreiter Hamburger SV heran. Stürmer Vedad Ibisevic ist erneut doppelt erfolgreich

Mohamed Zidan (2. von rechts) jubelt nach seinem 3:3-Ausgleich in letzter Sekunde mit Young-Pyo Lee (3) und Mats Hummels – die Bremer um Torhüter Tim Wiese (rechts) sind hingegen völlig fassungslos, dass sie den schon sicher geglaubten Erfolg gegen Borussia Dortmund doch noch aus der Hand gegeben haben.

DATEN & FAKTEN

Zuschauer gesamt	366.796
pro Spiel	40.755
Tore gesamt	31
Elfmeter	2
Eigentore	0
Gelbe Karten	41
Gelb-Rote Karten	0
Rote Karten	2

VfL Bochum – Bor. Mönchengladbach 2:2 (0:1)

VfL Bochum: Fernandes - Pfertzel, Maltritz, Mavraj, C. Fuchs - Schröder, Dabrowski - Freier (81. Grote), Azaouagh, Sestak - Kaloglu
Borussia M'gladbach: Gospodarek - Gohouri (46. Ndjeng), Kleine, Daems, Voigt (77. Brouwers) - Svärd, Paauwe - Matmour (80. Neuville), Bradley, Marin - Friend
Tore: 0:1 Gohouri (30.), 1:1 Dabrowski (55.), 2:1 Kaloglu (77.), 2:2 Kleine (79.) **Ecken:** 7:4 **Schiedsrichter:** Fleischer (Sigmertshausen) **Zuschauer:** 31.328 (ausverkauft) **Gelb:** Schröder, Mavraj, Freier, Dabrowski - Voigt, Friend, Marin **Gelb-Rot:** keine **Rot:** keine

Werder Bremen – Borussia Dortmund 3:3 (0:0)

Werder Bremen: Wiese - Fritz, Baumann, Naldo, Pasanen (64. Boenisch) - Frings - D. Jensen (60. Hunt), Diego, Özil - Sanogo (64. Almeida), Pizarro
Borussia Dortmund: Weidenfeller - Lee, Subotic, Kovac (52. Hummels), Schmelzer - Tinga, Kehl, Kringe - Blaszczykowski, Frei (64. Zidan) - Valdez (79. Klimowicz)
Tore: 0:1 Frei (59., Foulelfmeter), 1:1 Baumann (68.), 1:2 Hummels (72.), 2:2 Pizarro (88.), 3:2 Pizarro (90+1.), 3:3 Zidan (90+2.) **Ecken:** 10:3 **Schiedsrichter:** Kempter (Sauldorf) **Zuschauer:** 42.100 (ausverkauft) **Gelb:** Naldo, Frings, Fritz - Tinga, Zidan **Gelb-Rot:** keine **Rot:** keine

VfL Wolfsburg – DSC Arminia Bielefeld 4:1 (2:0)

VfL Wolfsburg: Benaglio - Riether, Madlung, Barzagli, Schäfer - Hasebe - Dejagah (46. Josue), Misimovic, Gentner - Dzeko (60. Saglik), Grafite (72. Caiuby)
DSC Arminia Bielefeld: Eilhoff - Bollmann, Herzig, Kucera, Schuler - Kauf - Tesche (46. Sadik), Marx (72. Nkosi), Laas (79. Halfar) - Katongo, Wichniarek
Tore: 1:0 Misimovic (5.), 2:0 Misimovic (34.), 3:0 Madlung (54.), 3:1 Laas (60.), 4:1 Grafite (64.) **Ecken:** 10:2 **Schiedsrichter:** Fandel (Kyllburg) **Zuschauer:** 24.211 **Gelb:** Schuler, Marx **Gelb-Rot:** keine **Rot:** keine

Hannover 96 – 1899 Hoffenheim 2:5 (0:1)

Hannover 96: Fromlowitz - Cherundolo, Fahrenhorst, Vinicius (54. Eggimann), Rausch - Balitsch (75. Hanke), C. Schulz - Schlaudraff (46. Stajner), Bruggink, Huszti - Forssell
1899 Hoffenheim: Haas - Beck, Jaissle, Compper, Ibertsberger - Gustavo (67. Salihovic) - Weis, Eduardo (76. Vorsah) - Obasi, Ibisevic (86. Janker), Ba
Tore: 0:1 Ibisevic (36.), 1:1 C. Schulz (48.), 2:1 Stajner (63.), 2:2 Obasi (70.), 2:3 Salihovic (72.), 2:4 Ba (80.), 2:5 Ibisevic (83.) **Ecken:** 5:7 **Schiedsrichter:** Seemann (Essen) **Zuschauer:** 42.321 **Gelb:** Huszti - Beck, Gustavo **Gelb-Rot:** keine **Rot:** Bruggink (85.)

Miroslav Klose sorgt für das 1:0 des FC Bayern beim Karlsruher SC. Links im Bild Tim Sebastian, rechts der Münchner Tim Borowski. Unten: Vedad Ibisevic gewinnt mit 1899 Hoffenheim auch in Hannover. Links Mario Eggimann.

und führt nun die Torjägerliste mit neun Treffern an. Der FC Bayern kehrt nach zuvor drei sieglosen Spielen auch wieder in die Erfolgsspur zurück. Nationalstürmer Miroslav Klose gelingt allerdings erst kurz vor Schluss das entscheidende Tor zum 1:0-Sieg beim Karlsruher SC. Trotzdem sind die Münchner zufrieden. „Wir haben diesen Sieg erzwungen, über Kampf und Leidenschaft – so wie es sein muss", sagt Mittelfeldstar Bastian Schweinsteiger.

Borussia Mönchengladbach holt im ersten Spiel unter Interimstrainer Christian Ziege mit einem 2:2-Unentschieden beim VfL Bochum nach vier Niederlagen in Folge wieder einen Punkt. Nach dem Spiel im rewirpowerSTADION präsentiert der Club seinen neuen Trainer: Hans Meyer (66), der die „Fohlen" schon zwischen 1999 und März 2003 betreut und während dieser Amtszeit 2001 zum Aufstieg in die Bundesliga geführt hatte, soll nun für den Klassenerhalt sorgen.

DER SPIELER DES SPIELTAGES

Drei Bundesliga-Siege in Folge hat es für den 1. FC Köln schon lange nicht mehr gegeben. Für Trainer Christoph Daum ist es vor allem auch ein Verdienst des Defensivverbundes mit nur neun Gegentoren in acht Spielen. Besonders hebt der FC-Coach nach dem 1:0 gegen den Karlsruher SC dabei seinen brasilianischen Verteidiger Pedro Geromel (23, Foto) hervor: „Absolute Weltklasse." Entdeckt worden ist er im SportsLab des 1. FC Köln, wo weltweit TV-Fußballübertragungen seziert werden, und einem entsprechenden Hinweis des dort tätigen portugiesischen Studenten Ricardo Tavares an die Scouts. Inzwischen ist Geromel, geholt von Vitória Guimarães in Portugal und dort der beste Spieler der vergangenen Saison, eine feste Größe in Christoph Daums Abwehrkonzept.

8. SPIELTAG

RESULTATE

Freitag, 17.10.2008	VfL Bochum - B. Mönchengladbach	2:2	(0:1)
Samstag, 18.10.2008	Werder Bremen - Bor. Dortmund	3:3	(0:0)
	VfL Wolfsburg - Arminia Bielefeld	4:1	(2:0)
	Hannover 96 - 1899 Hoffenheim	2:5	(0:1)
	Eintr. Frankfurt - Bayer Leverkusen	0:2	(0:1)
	Hertha BSC - VfB Stuttgart	2:1	(1:0)
	Karlsruher SC - FC Bayern München	0:1	(0:0)
	1. FC Köln - FC Energie Cottbus	1:0	(1:0)
Sonntag, 19.10.2008	Hamburger SV - FC Schalke 04	1:1	(1:0)

TORJÄGER

Vedad Ibisevic	1899 Hoffenheim	9
Patrick Helmes	Bayer 04 Leverkusen	8
Artur Wichniarek	DSC Arminia Bielefeld	6
Claudio Pizarro	Werder Bremen	5
Milivoje Novakovic	1. FC Köln	5
Demba Ba	1899 Hoffenheim	5
Markus Rosenberg	Werder Bremen	4
Alexander Frei	Borussia Dortmund	4
Kevin Kuranyi	FC Schalke 04	4

PERSONALIEN

Mesut Özil (20) wird vor der Begegnung mit Borussia Dortmund als „Spieler des Monats September" ausgezeichnet. Bei der Wahl hat der deutsche U21-Nationalspieler mehr Stimmen erhalten als die beiden weiteren Kandidaten Patrick Helmes (Bayer 04 Leverkusen) und Vedad Ibisevic (1899 Hoffenheim).

Nach mehr als fünf Jahren – damals noch für den 1. FC Kaiserslautern – kommt Torhüter **Uwe Gospodarek** (35) wieder zu einem Einsatz in der Bundesliga. Er profitiert von der Entscheidung von Borussia Mönchengladbachs Interimstrainer Christian Ziege, den bisherigen Stammkeeper Christofer Heimeroth nur als Ersatzmann aufzubieten.

Für den FC Schalke 04 erzielt **Benedikt Höwedes** (20) mit dem Ausgleich gegen den Hamburger SV sein erstes Bundesliga-Tor. Während der Woche ist dem Abwehrspieler in Frankreich schon der entscheidende 1:0-Treffer für die deutsche U21-Nationalmannschaft zur Qualifikation für die Europameisterschaft 2009 gelungen.

TABELLE

Rang	Club	Sp.	g	u	v	Tore	Diff.	Pkt.	
1	Hamburger SV	8	5	2	1	15:12	3	17	→
2	1899 Hoffenheim	8	5	1	2	21:14	7	16	→
3	Bayer 04 Leverkusen	8	5	0	3	20:11	9	15	↗
4	Hertha BSC Berlin	8	4	2	2	10: 9	1	14	↗
5	VfL Wolfsburg	8	3	4	1	18:12	6	13	↗
6	FC Schalke 04	8	3	4	1	12: 8	4	13	↘
7	VfB Stuttgart	8	4	1	3	13:10	3	13	↘
8	Borussia Dortmund	8	3	4	1	16:14	2	13	↘
9	1. FC Köln	8	4	1	3	8: 9	-1	13	↗
10	Werder Bremen	8	3	3	2	22:19	3	12	↘
11	FC Bayern München	8	3	3	2	16:13	3	12	→
12	Karlsruher SC	8	3	0	5	8:12	-4	9	→
13	Hannover 96	8	2	2	4	9:16	-7	8	→
14	VfL Bochum	8	1	4	3	12:13	-1	7	→
15	Eintracht Frankfurt	8	1	3	4	7:12	-5	6	↗
16	DSC Arminia Bielefeld	8	1	3	4	10:16	-6	6	↘
17	FC Energie Cottbus	8	1	2	5	3:11	-8	5	→
18	Bor. Mönchengladbach	8	1	1	6	8:17	-9	4	→

Eintracht Frankfurt – Bayer 04 Leverkusen 0:2 (0:1)

■ **Eintracht Frankfurt:** Nikolov - Galindo, Russ, Bellaid (46. Korkmaz) - Ochs, Fink, Spycher - Fenin, Köhler, Steinhöfer - Amanatidis (74. Liberopoulos)
■ **Bayer 04 Leverkusen:** Adler - Castro, M. Friedrich, Henrique, Kadlec - Rolfes - Augusto (90+1. Djakpa), Vidal (69. Dum), Schwegler - Helmes (84. Gekas), Kießling
Tore: 0:1 Helmes (6., Foulelfmeter), 0:2 Vidal (61.) **Ecken:** 6:3
Schiedsrichter: Gagelmann (Bremen)
Zuschauer: 48.000 **Gelb:** Fink, Liberopoulos - Castro, Henrique, Schwegler, Vidal, Dum **Gelb-Rot:** keine
Rot: keine

Hertha BSC Berlin – VfB Stuttgart 2:1 (1:0)

■ **Hertha BSC Berlin:** Drobny - Chahed, A. Friedrich, Simunic, Stein - Cicero, Dardai - Lustenberger (71. Kacar), Nicu - Voronin, Raffael (90+1. Domovchiyski)
■ **VfB Stuttgart:** J. Lehmann - Träsch, Tasci, Delpierre, Magnin - Pardo, Hitzlsperger - Hilbert, Boka (84. Elson) - Cacau, Gomez (87. Ljuboja)
Tore: 1:0 Nicu (29.), 1:1 Cacau (51.), 2:1 Kacar (87.) **Ecken:** 3:6
Schiedsrichter: Sippel (München)
Zuschauer: 42.336 **Gelb:** Raffael, Voronin - Gomez **Gelb-Rot:** keine
Rot: keine

Karlsruher SC – FC Bayern München 0:1 (0:0)

■ **Karlsruher SC:** Miller - Celozzi, Sebastian, Franz, Eichner - Mutzel (79. Aduobe), Porcello - Freis, da Silva, Iashvili (85. Carnell) - Kennedy (72. Kapllani)
■ **FC Bayern München:** Rensing - Oddo, Lucio, Demichelis, Lahm - van Bommel, Zé Roberto - Schweinsteiger, Ribéry (59. Borowski) - Toni (40. Podolski), Klose (89. Kroos)
Tor: 0:1 Klose (86.) **Ecken:** 3:7
Schiedsrichter: Meyer (Burgdorf)
Zuschauer: 30.500 (ausverkauft)
Gelb: Freis, Mutzel, Eichner - Ribéry, van Bommel **Gelb-Rot:** keine
Rot: keine

1. FC Köln – FC Energie Cottbus 1:0 (1:0)

■ **1. FC Köln:** Mondragon - Brecko, Geromel, Mohamad, Wome - Petit, Pezzoni - Vucicevic (79. Radu), Antar (86. Broich), Ehret (76. Chihi) - Novakovic
■ **FC Energie Cottbus:** Tremmel - Pavicevic (55. Radeljic), Kukielka, Cvitanovic, Cagdas - Mitreski, T. Rost - Sörensen, Skela (46. Ziebig), Iliev - Jelic (46. Rangelov)
Tor: 1:0 Novakovic (39.) **Ecken:** 9:2
Schiedsrichter: Brych (München)
Zuschauer: 49.000 **Gelb:** Wome, Vucicevic - Iliev, T. Rost
Gelb-Rot: keine **Rot:** Mitreski (29.)

Hamburger SV – FC Schalke 04 1:1 (1:0)

■ **Hamburger SV:** F. Rost - Demel, Reinhardt, Mathijsen, Atouba - Jarolim, Benjamin - Trochowski, Guerrero (61. Petric), Pitroipa (86. Torun) - Olic
■ **FC Schalke 04:** Neuer - Rafinha, Bordon, Krstajic (46. Höwedes), Westermann - Ernst, Engelaar - Jones - Farfan, Kuranyi (63. Asamoah), Halil Altintop
Tore: 1:0 Trochowski (29.), 1:1 Höwedes (48.) **Ecken:** 2:3
Schiedsrichter: Rafati (Hannover)
Zuschauer: 57.000 (ausverkauft)
Gelb: Jarolim, Atouba, Benjamin - Bordon, Rafinha **Gelb-Rot:** keine
Rot: keine

Hoffenheim wirbelt weiter – Frankfurt schafft Umschwung

Aufsteiger 1899 Hoffenheim setzt seinen unglaublichen Höhenflug fort. Die mit 24 Toren beste Offensive der Liga schlägt auch gegen den bisherigen Spitzenreiter Hamburger SV gleich drei Mal zu – und der Neuling übernimmt damit zum zweiten Mal in dieser Saison die Tabellenführung. HSV-Trainer Martin Jol ist nach der 0:3-Niederlage in Mannheim restlos bedient: „Wir waren nicht da, dann bekommt man eben Probleme."

Schon nach 36 Minuten ist die Begegnung praktisch entschieden. Zwei Mal Chinedu Obasi und einmal Vedad Ibisevic sorgen frühzeitig für den Endstand. Allein das Trio Ibisevic (10), Demba Ba (5) und Obasi (3) kommt damit auf bereits 18 Saisontore – der mit Abstand erfolgreichste Sturm der Bundesliga. Hoffenheims Manager Jan Schindelmeiser hält die „Tabellenführung für verdient". Auch wenn Trainer Ralf Rangnick „keinen Grund" sieht, „nach neun Spieltagen unsere Zielsetzung zu ändern". Die Vorgabe heißt weiterhin: so weit wie möglich von den Abstiegsplätzen entfernt liegen.

Als Ziel des FC Bayern hat Manager Uli Hoeneß die inoffizielle Herbstmeisterschaft ausgerufen. Gegen den VfL Wolfsburg sieht es zunächst allerdings überhaupt nicht nach einem Schritt in diese Richtung aus. Mit 2:0 führen die Gäste aus Niedersachsen zur Pause, der erste Bundesliga-Sieg des VfL beim FC Bayern scheint zum Greifen nahe. Doch in der zweiten Halbzeit dreht der Deutsche Meister auf, kommt durch Franck Ribéry, Mark van Bommel, Tim Borowski und Bastian Schweinsteiger doch noch zu einem 4:2-Sieg.

„In der Halbzeit hatte ich noch Hoffnung, dann hatten wir aber wohl Angst, tatsächlich gewinnen zu können", sagt VfL-Trainer Felix Magath an seiner früheren Wirkungsstätte, wo sein Ex-Team sich wieder auf Kurs sieht,

Mit seinem Anschlusstor kurz vor der Halbzeit bringt Franck Ribéry den FC Bayern gegen den VfL Wolfsburg wieder zurück ins Spiel. Alexander Madlung (Mitte) und Andrea Barzagli (43) können das 1:2 aus Münchner Sicht nicht verhindern.

DATEN & FAKTEN

Zuschauer gesamt	391.131
pro Spiel	43.459
Tore gesamt	23
Elfmeter	3
Eigentore	0
Gelbe Karten	42
Gelb-Rote Karten	1
Rote Karten	0

Bayer 04 Leverkusen – 1. FC Köln 2:0 (0:0)

Bayer 04 Leverkusen: Adler - Castro, M. Friedrich, Henrique, Kadlec - Rolfes - Augusto (90+1. Haggui), Vidal, Schwegler (88. Dum) - Kießling, Helmes (79. Gekas)
1. FC Köln: Mondragon - Brecko, Geromel, Mohamad, Wome - Petit, Pezzoni (81. McKenna) - Vucicevic, Antar, Ehret (72. Chihi) - Novakovic
Tore: 1:0 M. Friedrich (67.), 2:0 Gekas (84., Foulelfmeter) **Ecken:** 4:3
Schiedsrichter: Weiner (Giesen)
Zuschauer: 21.000 (ausverkauft)
Gelb: Vidal - Mohamad, Novakovic, Pezzoni, Geromel, Mondragon
Gelb-Rot: keine **Rot:** keine

FC Bayern München – VfL Wolfsburg 4:2 (1:2)

FC Bayern München: Rensing - Oddo (46. Borowski), Lucio, Demichelis, Lell - van Bommel, Zé Roberto - Schweinsteiger, Ribéry - Klose, Podolski (76. Ottl)
VfL Wolfsburg: Benaglio - Riether, Madlung, Barzagli, Schäfer - Hasebe (57. Gentner), Josue, J. Santana (64. Dejagah) - Misimovic (80. Saglik) - Grafite, Dzeko
Tore: 0:1 Grafite (31., Foulelfmeter), 0:2 Dzeko (33.), 1:2 Ribéry (41.), 2:2 van Bommel (54.), 3:2 Borowski (63.), 4:2 Schweinsteiger (80.) **Ecken:** 2:3
Schiedsrichter: Drees (Münster-Sarmsheim) **Zuschauer:** 69.000 ausverkauft) **Gelb:** Klose, Borowski, Lell - Barzagli, J. Santana
Gelb-Rot: keine **Rot:** keine

FC Schalke 04 – DSC Arminia Bielefeld 0:0

FC Schalke 04: Neuer - Rafinha, Höwedes, Bordon, Kobiashvili - Ernst (66. Engelaar), Jones - Rakitic (66. Asamoah) - Farfan, Kuranyi, Halil Altintop (78. Sanchez)
DSC Arminia Bielefeld: Eilhoff - Lamey, Herzig, Bollmann, Schuler - Kucera, Tesche - Kamper, Halfar, Katongo - Wichniarek (86. Sadik)
Tore: keine **Ecken:** 8:1
Schiedsrichter: Winkmann (Kerken)
Zuschauer: 60.886
Gelb: Höwedes - Schuler, Herzig
Gelb-Rot: Kamper (60.) **Rot:** keine

Hannover 96 – Werder Bremen 1:1 (1:1)

Hannover 96: Fromlowitz - Cherundolo, Vinicius, Fahrenhorst, Rausch (79. Lala) - Balitsch, C. Schulz - Krebs (46. Schlaudraff), Pinto, Huszti - Forssell (66. Hanke)
Werder Bremen: Vander - Fritz, Baumann, Naldo, Boenisch - Frings - Vranjes, Özil, Hunt - Almeida, Rosenberg (76. Sanogo)
Tore: 1:0 C. Schulz (9.), 1:1 Almeida (41.) **Ecken:** 10:8
Schiedsrichter: Kinhöfer (Herne)
Zuschauer: 49.000 (ausverkauft)
Gelb: Huszti, Cherundolo, Balitsch - Frings, Boenisch, Hunt
Gelb-Rot: keine **Rot:** keine

DER TORHÜTER DES SPIELTAGES

Der Rückkehrer wird zum Rückhalt! Sechs Jahre lang hat Dennis Eilhoff (26, Foto) von 2000 bis 2006 bei DSC Arminia Bielefeld als Ersatztorwart zumeist die Bank gedrückt und lediglich fünf Einsätze bestritten. Doch nach zwei Jahren mit entsprechender Spielpraxis bei der TuS Koblenz in der 2. Bundesliga und dem erneuten Wechsel nach Ostwestfalen ist er die Nummer eins – und rettet den Bielefeldern beim 0:0 „auf Schalke" mit einigen tollen Paraden einen wichtigen Punkt. Arminia-Geschäftsführer Roland Kentsch lobt Eilhoffs Leistung in der VELTINS-Arena als „überragend". Der Torhüter selbst bleibt auf dem Boden: „Die Schalker haben mich richtig schön warm geschossen. Irgendwann habe ich fest daran geglaubt, dass heute kein Ball mehr rein geht."

Luis Gustavo (rechts) und Mladen Petric scheinen hier zwar auf Augenhöhe, doch 1899 Hoffenheim besiegt den HSV mit 3:0.

Herzliche Begrüßung für Hans Meyer bei seinem Comeback auf Mönchengladbachs Bank durch Kollege „Ede" Becker vom KSC.

wie Bayern-Kapitän Mark van Bommel demonstriert: „Wir haben wieder einen Schritt nach vorne gemacht", lobt der Kapitän seine Mitspieler.

Ein solcher Schritt gelingt in anderen Tabellenregionen auch Eintracht Frankfurt. Vor einer Woche noch ohne Sieg Tabellenletzter, jetzt nach dem vorangegangenen 2:1 im Nachholspiel gegen den Karlsruher SC und dem 3:2 beim FC Energie Cottbus das zweite Erfolgserlebnis in nur vier Tagen. Dabei führen die Lausitzer durch zwei Tore von Dimitar Rangelov schon nach 15 Minuten mit 2:0. Doch die Eintracht dreht die Begegnung durch Tore von Michael Fink, Martin Fenin und Nikos Liberopoulos noch zu ihren Gunsten.

„Man kann vor den Spielern gar nicht genug Hüte ziehen", lobt Trainer Friedhelm Funkel seine Mannschaft. Obwohl sich die Frankfurter auf den zwölften Tabellenplatz verbessert haben, bleibt der Vorstandsvorsitzende Heribert Bruchhagen Realist und warnt: „Wir sind immer noch in einer ganz prekären Situation." Die Lage beim FC Energie Cottbus stellt sich nach der bitteren Niederlage allerdings noch schwieriger dar: Die Mannschaft ist erneut Schlusslicht.

9. SPIELTAG

RESULTATE

Freitag, 24.10.2008	Bayer 04 Leverkusen - 1. FC Köln	2:0	(0:0)
Samstag, 25.10.2008	Bayern München - VfL Wolfsburg	4:2	(1:2)
	FC Schalke 04 - Arminia Bielefeld	0:0	
	Hannover 96 - Werder Bremen	1:1	(1:1)
	Energie Cottbus - Eintr. Frankfurt	2:3	(2:1)
	Bor. M'gladbach - Karlsruher SC	1:0	(0:0)
Sonntag, 26.10.2008	VfB Stuttgart - VfL Bochum	2:0	(0:0)
	Borussia Dortmund - Hertha BSC	1:1	(0:1)
	1899 Hoffenheim - Hamburger SV	3:0	(3:0)

TORJÄGER

Vedad Ibisevic	1899 Hoffenheim	10
Patrick Helmes	Bayer 04 Leverkusen	8
Artur Wichniarek	DSC Arminia Bielefeld	6
Claudio Pizarro	Werder Bremen	5
Mario Gomez	VfB Stuttgart	5
Milivoje Novakovic	1. FC Köln	5
Demba Ba	1899 Hoffenheim	5
Markus Rosenberg	Werder Bremen	4
Tim Borowski	FC Bayern München	4

PERSONALIEN

Bei Eintracht Frankfurt fällt Kapitän **Ioannis Amanatidis** (26) nach einer Operation am rechten Knie längerfristig aus. Verzichten muss Trainer Friedhelm Funkel vorerst zudem auf den Brasilianer **Chris** (30) wegen einer Schulterverletzung.

Nationalspieler **Clemens Fritz** (27) verlängert seinen Vertrag bei Werder Bremen bis zum 30. Juni 2012.

Trainer **Marcel Koller** (47), vor seinem Engagement beim VfL Bochum beim 1. FC Köln tätig, sitzt zum 100. Mal bei einem Bundesliga-Spiel auf der Bank.

TABELLE

Rang	Club	Sp.	g	u	v	Tore	Diff.	Pkt.	
1	1899 Hoffenheim	9	6	1	2	24:14	10	19	↗
2	Bayer 04 Leverkusen	9	6	0	3	22:11	11	18	↗
3	Hamburger SV	9	5	2	2	15:15	0	17	↘
4	VfB Stuttgart	9	5	1	3	15:10	5	16	↗
5	FC Bayern München	9	4	3	2	20:15	5	15	↗
6	Hertha BSC Berlin	9	4	3	2	11:10	1	15	↘
7	FC Schalke 04	9	3	5	1	12: 8	4	14	↘
8	Borussia Dortmund	9	3	5	1	17:15	2	14	→
9	VfL Wolfsburg	9	3	4	2	20:16	4	13	↘
10	Werder Bremen	9	3	4	2	23:20	3	13	→
11	1. FC Köln	9	4	1	4	8:11	-3	13	↘
12	Eintracht Frankfurt	9	2	3	4	10:14	-4	9	↗
13	Karlsruher SC	9	3	0	6	8:13	-5	9	↘
14	Hannover 96	9	2	3	4	10:17	-7	9	↘
15	VfL Bochum	9	1	4	4	12:15	-3	7	↘
16	DSC Arminia Bielefeld	9	1	4	4	10:16	-6	7	→
17	Bor. Mönchengladbach	9	2	1	6	9:17	-8	7	↗
18	FC Energie Cottbus	9	1	2	6	5:14	-9	5	↘

FC Energie Cottbus – Eintracht Frankfurt 2:3 (2:1)

■ **FC Energie Cottbus**: Tremmel - Pavicevic, Kukielka, Cvitanovic (64. Radeljic), Cagdas - Skela, T. Rost - Rivic (72. Sörensen), Iliev (55. Vasiljevic) - Rangelov, Jelic
■ **Eintracht Frankfurt**: Nikolov - Ochs (73. Tsoumou), Russ, Galindo, Spycher - Fink, Inamoto - Steinhöfer, Caio (61. Fenin), Ljubicic (46. Korkmaz) - Liberopoulos
Tore: 1:0 Rangelov (8.), 2:0 Rangelov (15.), 2:1 Fink (38.), 2:2 Fenin (68.), 2:3 Liberopoulos (74.) **Ecken**: 2:4
Schiedsrichter: Kircher (Rottenburg)
Zuschauer: 13.294 **Gelb**: T. Rost - Ochs, Russ, Galindo
Gelb-Rot: keine **Rot**: keine

Borussia Mönchengladbach – Karlsruher SC 1:0 (0:0)

■ **Borussia M'gladbach**: Gospodarek - Svärd, Kleine, Daems, Voigt - Alberman, Bradley (77. Coulibaly), Paauwe - Matmour (85. Ndjeng), Friend, Marin (65. Neuville)
■ **Karlsruher SC**: Miller - Celozzi, Sebastian, Franz, Eichner - Mutzel (46. Aduobe), Porcello - Freis, da Silva (64. Timm), Iashvili (79. Kapllani) - Kennedy
Tor: 1:0 Paauwe (51.) **Ecken**: 3:12
Schiedsrichter: Aytekin (Oberasbach)
Zuschauer: 42.051 **Gelb**: Friend, Neuville **Gelb-Rot**: keine **Rot**: keine

VfB Stuttgart – VfL Bochum 2:0 (0:0)

■ **VfB Stuttgart**: J. Lehmann - Osorio (56. Elson), Tasci, Delpierre, Magnin - Khedira, Hitzlsperger - Hilbert, Boka (67. Marica) - Gomez, Cacau (84. Boulahrouz)
■ **VfL Bochum**: Fernandes - Pfertzel, Maltritz, Yahia, C. Fuchs - Schröder (84. Mieciel), Dabrowski - Freier, Azaouagh, Sestak (71. Grote) - Kaloglu
Tore: 1:0 Gomez (80.), 2:0 Gomez (83.) **Ecken**: 4:5
Schiedsrichter: Gräfe (Berlin)
Zuschauer: 43.000
Gelb: Hitzlsperger, Boka, Marica - Freier, Pfertzel, Yahia
Gelb-Rot: keine **Rot**: keine

Borussia Dortmund – Hertha BSC Berlin 1:1 (0:1)

■ **Borussia Dortmund**: Weidenfeller - Lee, Subotic, Hummels, Schmelzer (60. Owomoyela) - Kehl - Tinga (72. Zidan), Hajnal, Kringe - Blaszczykowski (20. Frei), Valdez
■ **Hertha BSC Berlin**: Drobny - Chahed, A. Friedrich, Kaka, Stein - Lustenberger (62. Dardai), Kacar - Nicu, Raffael, Cicero - Pantelic (77. Domovchiyski)
Tore: 0:1 Cicero (31., Foulelfmeter), 1:1 Kehl (71.) **Ecken**: 10:5
Schiedsrichter: Meyer (Burgdorf)
Zuschauer: 66.600
Gelb: Weidenfeller, Valdez - Drobny, Chahed, Stein
Gelb-Rot: keine **Rot**: keine

1899 Hoffenheim – Hamburger SV 3:0 (3:0)

■ **1899 Hoffenheim**: Haas - Beck, Jaissle, Compper, Ibertsberger - Gustavo - Eduardo (84. Copado), Salihovic (82. Teber) - Obasi, Ibisevic, Ba (74. Vorsah)
■ **Hamburger SV**: F. Rost - Demel (81. J. Boateng), Reinhardt, Alex Silva, Mathijsen - Jarolim, Benjamin (46. Aogo) - Pitroipa, Trochowski (71. Ben-Hatira) - Petric, Olic
Tore: 1:0 Obasi (7.), 2:0 Ibisevic (13.), 3:0 Obasi (36.) **Ecken**: 6:4
Schiedsrichter: Stark (Ergolding)
Zuschauer: 26.300 (ausverkauft)
Gelb: Compper - Pitroipa, Reinhardt, Demel, Trochowski
Gelb-Rot: keine **Rot**: keine

BUNDES LIGA

1899 Hoffenheim unaufhaltsam – FC Bayern weiter im Aufwind

Der Spieltag in der „Englischen Woche" steht ganz im Zeichen der Topmannschaften: Die acht in der Tabelle vorne platzierten Clubs gewinnen allesamt ihre Begegnungen. Spitzenreiter bleibt 1899 Hoffenheim, das nun schon seinen vierten Sieg in Folge feiert und mit 27 Toren weiterhin die beste Offensive der Liga stellt. Beim VfL Bochum drehen die Überflieger aus Hoffenheim sogar einen frühen Rückstand nach dem 0:1 durch Dennis Grote. Innerhalb von nur sieben Minuten treffen die Gäste in der zweiten Halbzeit durch Demba Ba, Vedad Ibisevic und Carlos Eduardo gleich drei Mal.

Trainer Ralf Rangnick lobt sein Team: „Es ist sehr positiv, wo wir stehen. Die Entwicklung der Mannschaft ist klasse." Von einem internationalen Platz oder gar der Deutschen Meisterschaft will in Hoffenheim trotz Platz eins aber weiterhin niemand sprechen. Rangnick: „Wenn wir unsere Zielsetzung jetzt ändern würden, würde das verlorengehen, was uns stark macht: die Unbekümmertheit."

Die scheint auch bei der jungen Mannschaft von Bayer 04 Leverkusen Wunder zu wirken. Das 2:0 bei Werder Bremen ist für das Team von Trainer Bruno Labbadia bereits der vierte Auswärtssieg. In dieser Hinsicht ist Bayer 04 führend in der Liga. Zudem haben die Rheinländer aus den vergangenen drei Spielen das Maximum von neun Punkten bei 6:0 Toren geholt. Trotzdem herrscht auch in Leverkusen weiter Bescheidenheit. „Ziel bleibt das internationale Geschäft", sagt Labbadia. „Gegen ein wenig Euphorie habe ich aber nichts einzuwenden." Sein Bremer Kollege Thomas Schaaf ist nach der neuerlichen Niederlage hingegen enttäuscht: „Wir bringen unser Spiel nicht durch und machen immer wieder die gleichen Fehler." Der Vizemeister bleibt auf einem ernüchternden zehnten Platz.

Wieder langsam nach oben in der Tabelle arbeitet sich der Deutsche Meister FC Bayern München. Das 2:1 bei Eintracht Frankfurt bedeutet den dritten Sieg in Folge für die Mannschaft von Trainer Jürgen Klinsmann. Dabei drehen die Bayern erst nach dem Rückstand durch ein Eigentor von Martin Demiche-

Und wieder darf der Neuling feiern: Demba Ba hat beim VfL Bochum das wichtige 1:1 für 1899 Hoffenheim erzielt und freut sich zusammen mit Marvin Compper, Andreas Beck und Carlos Eduardo (von links).

DATEN & FAKTEN

Zuschauer gesamt	314.396
pro Spiel	34.933
Tore gesamt	23
Elfmeter	4
Eigentore	1
Gelbe Karten	42
Gelb-Rote Karten	3
Rote Karten	0

Werder Bremen – Bayer 04 Leverkusen 0:2 (0:0)

Werder Bremen: Vander - Prödl (67. Boenisch), Mertesacker (78. Vranjes), Naldo, Pasanen - Baumann - Frings, Özil, Hunt (60. Husejinovic) - Rosenberg, Almeida
Bayer 04 Leverkusen: Adler - Castro, M. Friedrich, Henrique, Kadlec - Rolfes - Augusto (86. Dum), Vidal, Schwegler (69. Barnetta) - Helmes (77. Gekas), Kießling
Tore: 0:1 Vidal (71.), 0:2 M. Friedrich (80.) **Ecken:** 6:5 **Schiedsrichter:** Sippel (München) **Zuschauer:** 37.142
Gelb: Prödl **Gelb-Rot:** keine **Rot:** keine

VfL Wolfsburg – Bor. Mönchengladbach 3:0 (1:0)

VfL Wolfsburg: Benaglio - Riether, Madlung, Barzagli, Schäfer - Josue - Hasebe (62. Zaccardo), Misimovic (86. Caiuby), Gentner - Grafite (74. Dejagah), Dzeko
Borussia M'gladbach: Löhe - Svärd, Kleine, Daems (45. Brouwers), Voigt - Paauwe, Alberman - Matmour, Bradley (58. Marin), van den Bergh (69. Neuville) - Friend
Tore: 1:0 Grafite (40., Foulelfmeter), 2:0 Madlung (55.), 3:0 Misimovic (75., Foulelfmeter) **Ecken:** 11:2
Schiedsrichter: Kempter (Sauldorf)
Zuschauer: 22.580
Gelb: Schäfer - Svärd, Paauwe, Friend, Voigt, Brouwers
Gelb-Rot: keine **Rot:** keine

Karlsruher SC – FC Schalke 04 0:3 (0:2)

Karlsruher SC: Miller - Görlitz, Sebastian, Franz, Eichner - Mutzel (59. Stoll), Porcello - Freis, da Silva, Iashvili (77. Carnell) - Kennedy (71. Timm)
FC Schalke 04: Neuer - Rafinha, Westermann, Bordon, Kobiashvili - Jones, Engelaar (74. Ernst) - Rakitic - Farfan (69. Asamoah), Kuranyi, Halil Altintop (80. Streit)
Tore: 0:1 Bordon (14.), 0:2 Kuranyi (19.), 0:3 Farfan (67.) **Ecken:** 7:9
Schiedsrichter: Fandel (Kyllburg)
Zuschauer: 29.164 **Gelb:** Carnell - Farfan, Engelaar **Gelb-Rot:** Franz (56.)
Rot: keine

DSC Arminia Bielefeld – FC Energie Cottbus 1:1 (0:1)

DSC Arminia Bielefeld: Eilhoff - Lamey (72. N. Fischer), Herzig, Bollmann, Schuler - Kucera - Tesche, Halfar (72. Versick), Kauf (46. Janjic) - Wichniarek, Katongo
FC Energie Cottbus: Tremmel - Pavicevic, Kukielka, Cagdas, Ziebig - Kurth (90+3. Radeljic), T. Rost - Rivic (78. Vasiljevic), Skela (89. Shao) - Rangelov, Sörensen
Tore: 0:1 Rangelov (31.), 1:1 Wichniarek (63.) **Ecken:** 11:0
Schiedsrichter: Rafati (Hannover)
Zuschauer: 18.200
Gelb: Bollmann, Schuler, Tesche, Herzig, Halfar - T. Rost, Vasiljevic
Gelb-Rot: Rangelov (45.) **Rot:** keine

DER SPIELER DES SPIELTAGES

Als Nachfolger von Marcelinho ist Zvjezdan Misimovic (26, Foto) im vergangenen Sommer vom 1. FC Nürnberg zum VfL Wolfsburg gekommen. Und der in München geborene Nationalspieler von Bosnien-Herzegowina beweist immer deutlicher, dass er den exzentrischen Brasilianer bei den „Wölfen" mehr als nur ersetzen kann. Er überzeugt als Vorbereiter und Torschütze zugleich. Gegen Borussia Mönchengladbach bereitet Misimovic den zweiten VfL-Treffer vor und erzielt das 3:0 selbst. Mit nun vier Toren und fünf Assists liegt der Spielmacher auf Platz drei der Scorerliste. „Zwetschge", wie Misimovic genannt wird, hat in der Bundesliga beim FC Bayern München debütiert und sich über die Stationen VfL Bochum und den „Club" zu einem exzellenten Mittelfeldspieler weiterentwickelt.

Stuttgarts Jens Lehmann fängt den Ball vor HSV-Stürmer Ivica Olic. Vorne Serdar Tasci (5) und Khalid Boulahrouz (4).

Bei Werder Bremen gelingt Leverkusens Manuel Friedrich (5) das entscheidende Tor zum 2:0-Endstand für Bayer 04. Trainer Bruno Labbadia freut sich mit seinem Abwehrspieler.

lis richtig auf. Miroslav Klose und der immer besser werdende Franck Ribéry stellen den Sieg sicher. Der Franzose meint: „Wir spielen wieder mit mehr Spaß und weniger Angst." Frankfurts Trainer Friedhelm Funkel trauert hingegen der großen Chance auf einen Erfolg gegen die Münchner nach: „Der Einsatz war vorbildlich, aber wir haben nichts in den Händen."

Gut weggesteckt hat der Hamburger SV die vorangegangene 0:3-Niederlage bei 1899 Hoffenheim. Gegen den VfB Stuttgart siegen die „Rothosen" mit 2:0 und verteidigen den dritten Tabellenplatz. Hohes Lob gibt es dafür vom Ehrenspielführer der deutschen Nationalmannschaft, Uwe Seeler: „Speziell wenn Piotr Trochowski seine Form konservieren kann, kann der HSV Deutscher Meister werden."

10. SPIELTAG

RESULTATE

Dienstag, 28.10.2008	Werder Bremen - Bayer Leverkusen	0:2	(0:0)
	VfL Wolfsburg - Bor. M'gladbach	3:0	(1:0)
	Karlsruher SC - FC Schalke 04	0:3	(0:2)
	Arminia Bielefeld - Energie Cottbus	1:1	(0:1)
Mittwoch, 29.10.2008	Hamburger SV - VfB Stuttgart	2:0	(1:0)
	Eintr. Frankfurt - Bayern München	1:2	(0:0)
	Hertha BSC - Hannover 96	3:0	(0:0)
	VfL Bochum - 1899 Hoffenheim	1:3	(1:0)
	1. FC Köln - Borussia Dortmund	0:1	(0:0)

TORJÄGER

Vedad Ibisevic	1899 Hoffenheim	11
Patrick Helmes	Bayer 04 Leverkusen	8
Artur Wichniarek	DSC Arminia Bielefeld	7
Demba Ba	1899 Hoffenheim	6
Claudio Pizarro	Werder Bremen	5
Kevin Kuranyi	FC Schalke 04	5
Mario Gomez	VfB Stuttgart	5
Milivoje Novakovic	1. FC Köln	5
Grafite	VfL Wolfsburg	5

PERSONALIEN

Obwohl der Nationalspieler nach einer Bandscheiben-Operation schon seit dem Sommer ausfällt, verlängert Bayer 04 Leverkusen den Vertrag mit **Bernd Schneider** (34) vorzeitig um ein Jahr bis 2010.

Arturo Vidal (21) und der Ex-Bremer **Manuel Friedrich** (29) treffen im 1.000 Bundesliga-Spiel von Bayer 04 Leverkusen seit dem Aufstieg 1979 zum 2:0 bei Werder.

Aufgrund einer Achillessehnen-Operation fehlt **Thimothee Atouba** (26) dem Hamburger SV vorerst.

TABELLE

Rang	Club	Sp.	g	u	v	Tore	Diff.	Pkt.	
1	1899 Hoffenheim	10	7	1	2	27:15	12	22	→
2	Bayer 04 Leverkusen	10	7	0	3	24:11	13	21	→
3	Hamburger SV	10	6	2	2	17:15	2	20	→
4	FC Bayern München	10	5	3	2	22:16	6	18	↗
5	Hertha BSC Berlin	10	5	3	2	14:10	4	18	↗
6	FC Schalke 04	10	4	5	1	15: 8	7	17	↗
7	Borussia Dortmund	10	4	5	1	18:15	3	17	↗
8	VfL Wolfsburg	10	4	4	2	23:16	7	16	↗
9	VfB Stuttgart	10	5	1	4	15:12	3	16	↘
10	Werder Bremen	10	3	4	3	23:22	1	13	→
11	1. FC Köln	10	4	1	5	8:12	-4	13	→
12	Eintracht Frankfurt	10	2	3	5	11:16	-5	9	→
13	Karlsruher SC	10	3	0	7	8:16	-8	9	→
14	Hannover 96	10	2	3	5	10:20	-10	9	→
15	DSC Arminia Bielefeld	10	1	5	4	11:17	-6	8	↗
16	VfL Bochum	10	1	4	5	13:18	-5	7	↘
17	Bor. Mönchengladbach	10	2	1	7	9:20	-11	7	→
18	FC Energie Cottbus	10	1	3	6	6:15	-9	6	→

Hamburger SV – VfB Stuttgart 2:0 (1:0)

Hamburger SV: F. Rost - Demel, Reinhardt, Mathijsen, Aogo - Jarolim, Alex Silva - Trochowski, Olic - Guerrero (81. Neves), Petric (71. Pitroipa)
VfB Stuttgart: J. Lehmann - Boulahrouz, Tasci, Delpierre, Boka - Pardo (73. Marica), Khedira - Hilbert, Hitzlsperger - Cacau, Gomez
Tore: 1:0 Trochowski (17., Foulelfmeter), 2:0 Mathijsen (74.)
Ecken: 4:4
Schiedsrichter: Perl (München)
Zuschauer: 50.037 **Gelb**: Guerrero - Boulahrouz, Hitzlsperger, Gomez
Gelb-Rot: keine **Rot**: keine

Eintracht Frankfurt – FC Bayern München 1:2 (0:0)

Eintracht Frankfurt: Nikolov - Ochs, Russ, Galindo, Spycher - Fink, Toski (71. Ljubicic) - Fenin, Steinhöfer (85. Tsoumou), Korkmaz (80. Mahdavikia) - Liberopoulos
FC Bayern München: Rensing - Oddo, Lucio, Demichelis, Zé Roberto - van Bommel, Borowski - Schweinsteiger, Ribéry - Klose, Podolski (80. Ottl)
Tore: 1:0 Demichelis (55., Eigentor), 1:1 Klose (65.), 1:2 Ribéry (70.)
Ecken: 5:2 **Schiedsrichter**: Gräfe (Berlin)
Zuschauer: 51.500 (ausverkauft)
Gelb: Toski, Spycher, Ochs - Oddo, Schweinsteiger, Ribéry, Borowski, Zé Roberto, Rensing
Gelb-Rot: keine **Rot**: keine

Hertha BSC Berlin – Hannover 96 3:0 (0:0)

Hertha BSC Berlin: Drobny - Chahed, A. Friedrich, Kaka, Stein - Dardai, Kacar, Cicero - Raffael (46. Voronin), Nicu - Pantelic (87. Domovchiyski)
Hannover 96: Fromlowitz - Cherundolo, Balitsch, Fahrenhorst, Rausch - Lala (77. Stajner), C. Schulz - Krebs (46. Schlaudraff), Pinto (72. Hanke), Huszti - Forssell
Tore: 1:0 Pantelic (62.), 2:0 Voronin (84.), 3:0 Domovchiyski (90+1.)
Ecken: 5:4
Schiedsrichter: Brych (München)
Zuschauer: 31.329
Gelb: Stein, Pantelic, Kacar
Gelb-Rot: keine **Rot**: keine

VfL Bochum – 1899 Hoffenheim 1:3 (1:0)

VfL Bochum: Fernandes - Pfertzel, Maltritz, Yahia, C. Fuchs - Schröder, Dabrowski - Freier (72. Hashemian), Azaouagh, Grote (88. Zdebel) - Kaloglu
1899 Hoffenheim: Haas - Beck, Jaissle, Compper, Ibertsberger - Eduardo (82. Teber), Gustavo (72. Vorsah), Salihovic (46. Weis) - Obasi, Ibisevic, Ba
Tore: 1:0 Grote (2.), 1:1 Ba (64.), 1:2 Ibisevic (70., Foulelfmeter), 1:3 Eduardo (71.) **Ecken**: 4:4
Schiedsrichter: Gagelmann (Bremen)
Zuschauer: 24.444 **Gelb**: Kaloglu, Freier, Pfertzel - Gustavo, Beck **Gelb-Rot**: Dabrowski (76.) **Rot**: keine

1. FC Köln – Borussia Dortmund 0:1 (0:0)

1. FC Köln: Mondragon - Brecko (77. Sanou), Geromel, Mohamad, Wome - Petit, Pezzoni - Vucicevic (66. Radu), Antar, Ehret (66. Chihi) - Novakovic
Borussia Dortmund: Weidenfeller - Owomoyela, Subotic, Hummels, Lee - Kehl - Tinga, Hajnal (76. Sahin), Kringe - Blaszczykowski (73. Zidan), Valdez (66. Frei)
Tor: 0:1 Kringe (65.) **Ecken**: 3:5
Schiedsrichter: Fleischer (Sigmertshausen) **Zuschauer**: 50.000 (ausverkauft) **Gelb**: Mohamad, Geromel - Lee, Frei **Gelb-Rot**: keine **Rot**: keine

Erleichterung bei Werder – Köln düpiert VfB Stuttgart

Die Erleichterung bei Werder Bremen ist deutlich spürbar: Fast scheint es so, dass nach dem so deprimierenden Oktober – einschließlich der beiden Begegnungen in der UEFA Champions League stehen für diesen Monat sechs Auftritte ohne Sieg zu Buche – auch die Erfolglosigkeit der Vergangenheit angehört. Am 1. November darf an der Weser wieder gejubelt werden – und das nach einem Fußballfestival gleich richtig, denn gegen Hertha BSC gewinnen die Norddeutschen klar mit 5:1.

Die chancenlosen Berliner werden von den überzeugenden Bremern regelrecht überfahren, so dass Gäste-Trainer Lucien Favre anerkennen muss: „Das Tempo war hier schon sehr hoch, das hat uns völlig gefehlt." Die deutliche Niederlage wird zu allem Überfluss durch ein Eigentor von Gojko Kacar eingeleitet. Anschließend sorgen Diego und Markus Rosenberg schon zur Pause für klare Verhältnisse. Nach dem Wechsel erhöht Claudio Pizarro mit zwei Treffern – bei einem Gegentor durch Cicero – auf 5:1. Der höchste Saisonsieg Werders, das allerdings schon zum dritten Mal fünf Tore in einem Spiel erzielen kann.

„Heute haben wir unser wahres Gesicht gezeigt", sagt Bremens Abwehrspieler Naldo. Geschäftsführer Klaus Allofs nimmt die Mannschaft nach dem Erfolg jedoch gleich in die Pflicht: „Es muss sich in den Köpfen der Spieler festsetzen, dass wir nur mit diesem Impuls über das Kämpferische erfolgreich sein können."

Bremen schafft einen Schritt aus dem Tief – beim VfB Stuttgart werden die Sorgen durch das 1:3 in der heimischen Mercedes-Benz Arena gegen den 1. FC Köln größer. Durch die dritte Niederlage aus den letzten vier Spielen fällt der Deutsche Meister von 2007 auf den zehnten Tabellenplatz zurück und ist nun punktgleich mit den Kölnern. Trainer Armin Veh stellt enttäuscht fest: „Nach dem 0:2 haben wir es teilweise mit der Brechstange versucht." Dagegen herrscht auf Seiten der Kölner, bei denen Milivoje Novakovic seine Saisontreffer sechs und sieben erzielt hat, nach zuletzt zwei Niederlagen wieder Zufriedenheit. Acht Punkte Vorsprung auf den Relegationsplatz sind ein beruhigendes Polster.

In eine bequeme Lage hat sich auch 1899 Hoffenheim gespielt. Der Aufsteiger bleibt nach dem verdienten 4:1-Sieg im Derby gegen den Karlsruher SC nicht nur weiterhin Spitzenreiter, sondern hat jetzt schon sieben Punkte Vorsprung auf den Platz, der nicht zur Teilnahme am UEFA-Cup berechtigt. Mit vorbildlichem Pressing beherrschen die Hoffenheimer den Nachbarn klar. Für KSC-Trainer Edmund Becker gibt es zum Spielausgang keine zwei Meinungen: „Insgesamt ist der Sieg der Hoffenheimer hoch verdient." Chinedu Obasi und erneut Vedad Ibisevic treffen jeweils doppelt. Der bosnische Torjäger hat damit bereits 13 Treffer erzielt.

Markus Rosenberg (9) gelingt das Bremer 3:0 gegen Hertha BSC mit Torhüter-Neuling Christopher Gäng. Links Marc Stein, rechts Arne Friedrich als Zuschauer.

DATEN & FAKTEN

Zuschauer gesamt	392.531
pro Spiel	43.615
Tore gesamt	31
Elfmeter	3
Eigentore	2
Gelbe Karten	31
Gelb-Rote Karten	0
Rote Karten	2

Bayer 04 Leverkusen – VfL Wolfsburg 2:0 (0:0)

Bayer 04 Leverkusen: Adler - Castro, M. Friedrich, Henrique, Kadlec - Rolfes - Augusto (83. Schwegler), Vidal, Barnetta (89. Haggui) - Helmes, Kießling (83. Gekas)
VfL Wolfsburg: Benaglio - Zaccardo (69. Dejagah), Madlung, Barzagli, Schäfer - Josue - Riether, Misimovic (19. Hasebe), Gentner - Dzeko, Grafite (69. Caiuby)
Tore: 1:0 Barnetta (57.), 2:0 Kießling (65.) **Ecken:** 9:4
Schiedsrichter: Stark (Ergolding)
Zuschauer: 20.000 **Gelb:** Zaccardo
Gelb-Rot: keine **Rot:** keine

FC Bayern München – DSC Arminia Bielefeld 3:1 (1:1)

FC Bayern München: Rensing - Lell, Lucio, Demichelis, Zé Roberto - Ottl (46. Podolski), van Bommel - Schweinsteiger (46. Kroos), Borowski, Ribéry (85. Sosa) - Klose
DSC Arminia Bielefeld: Eilhoff - N. Fischer (73. Kauf), Herzig, Bollmann, Schuler (66. Rau) - Kucera, Tesche - Katongo, Marx (81. Aigner), Kamper - Wichniarek
Tore: 1:0 Klose (25.), 1:1 Wichniarek (30., Foulelfmeter), 2:1 Ribéry (76.), 3:1 Podolski (84., Foulelfmeter)
Ecken: 20:0
Schiedsrichter: Schmidt (Stuttgart)
Zuschauer: 69.000 (ausverkauft)
Gelb: Ottl - Herzig, N. Fischer, Kamper, Wichniarek, Kauf **Gelb-Rot:** keine
Rot: Tesche (82.)

Werder Bremen – Hertha BSC Berlin 5:1 (3:0)

Werder Bremen: Wiese - Prödl, Mertesacker, Naldo, Pasanen - Baumann - Frings, Diego (88. Vranjes), Özil (75. Hunt) - Rosenberg (82. Sanogo), Pizarro
Hertha BSC Berlin: Gäng - Chahed, A. Friedrich, Simunic, Stein (63. Kaka) - Kacar (72. Lustenberger), Dardai - Nicu (79. Domovchiyski), Voronin, Cicero - Pantelic
Tore: 1:0 Kacar (14., Eigentor), 2:0 Diego (20.), 3:0 Rosenberg (42.), 4:0 Pizarro (59.), 4:1 Cicero (68.), 5:1 Pizarro (85.) **Ecken:** 3:3
Schiedsrichter: Seemann (Essen)
Zuschauer: 40.218 **Gelb:** Prödl, Frings
Gelb-Rot: keine **Rot:** keine

VfB Stuttgart – 1. FC Köln 1:3 (0:1)

VfB Stuttgart: J. Lehmann - Boulahrouz (56. Elson), Tasci, Delpierre, Boka - Pardo (61. Marica) - Khedira, Hitzlsperger (68. Lanig) - Hilbert, Gomez, Cacau
1. FC Köln: Mondragon - Brecko, Geromel, Mohamad, Wome - M. Matip (32. McKenna) - Petit, Antar, Pezzoni - Radu (77. Sanou), Novakovic (90. Scherz)
Tore: 0:1 Novakovic (3.), 0:2 Novakovic (61.), 1:2 Hilbert (69.), 1:3 Petit (90+4.)
Ecken: 9:3
Schiedsrichter: Kinhöfer (Herne)
Zuschauer: 55.000 (ausverkauft)
Gelb: Boka - McKenna, Wome, Pezzoni, Antar, Mondragon
Gelb-Rot: keine **Rot:** keine

Michael Fink (rechts) markiert Eintracht Frankfurts Siegtreffer in Mönchengladbach.

Bastian Schulz trifft gegen den HSV mit Bastian Reinhardt (4) und Guy Demel für Hannover.

DER TORSCHÜTZE DES SPIELTAGES

Ein solch schöner Treffer ist auch dem kleinen Brasilianer, dessen Tore oft genug die Fans verzücken, bislang selten gelungen. Ballannahme mit der Brust, Seitfallzieher mit links – unhaltbar für Hertha-Torwart Christopher Gäng. Diego (23, Foto), Werder Bremens großartiger Spielmacher, legt gegen die Berliner eine wahre Galavorstellung hin: ein Traumtor und zwei Vorlagen beim 5:1-Sieg. Für den Regisseur, der den Bundesliga-Saisonstart wegen der Olympischen Spiele verpasst und zuletzt wegen einer Verletzung in zwei Spielen gefehlt hat, stehen bei lediglich sieben Einsätzen schon wieder fünf eigene Treffer und vier Vorlagen im Zwischenzeugnis. Herausheben will Diego seine eigene Leistung allerdings nicht: „Jeder hat heute jedem geholfen. Keiner hat sich der Verantwortung entzogen."

11. SPIELTAG

RESULTATE

Freitag, 31.10.2008	Bayer Leverkusen - VfL Wolfsburg	2:0	(0:0)
Samstag, 01.11.2008	Bayern München - Arminia Bielefeld	3:1	(1:1)
	Werder Bremen - Hertha BSC	5:1	(3:0)
	VfB Stuttgart - 1. FC Köln	1:3	(0:1)
	Hannover 96 - Hamburger SV	3:0	(2:0)
	Energie Cottbus - FC Schalke 04	0:2	(0:0)
	1899 Hoffenheim - Karlsruher SC	4:1	(1:1)
Sonntag, 02.11.2008	Borussia Dortmund - VfL Bochum	1:1	(1:1)
	Bor. M'gladbach - Eintracht Frankfurt	1:2	(1:1)

TORJÄGER

Vedad Ibisevic	1899 Hoffenheim	13
Artur Wichniarek	DSC Arminia Bielefeld	8
Patrick Helmes	Bayer 04 Leverkusen	8
Claudio Pizarro	Werder Bremen	7
Milivoje Novakovic	1. FC Köln	7
Demba Ba	Hertha BSC Berlin	6
Markus Rosenberg	Werder Bremen	5
Kevin Kuranyi	FC Schalke 04	5
Mario Gomez	VfB Stuttgart	5

PERSONALIEN

Aufgrund einer Wadenverletzung bei Stammkeeper Jaroslav Drobny kommt bei Hertha BSC Torhüter **Christopher Gäng** (20) zu seiner Bundesliga-Premiere.

Mit seinem 111. Bundesliga-Tor zum 1:0 gegen Arminia Bielefeld überholt **Miroslav Klose** (30) vom FC Bayern München seinen Trainer Jürgen Klinsmann (110) in der Ewigen Torschützenliste.

Zu seinem 100. Bundesliga-Spiel kommt **Mario Gomez** (23) vom VfB Stuttgart gegen den 1. FC Köln.

TABELLE

Rang	Club	Sp.	g	u	v	Tore	Diff.	Pkt.	
1	1899 Hoffenheim	11	8	1	2	31:16	15	25	→
2	Bayer 04 Leverkusen	11	8	0	3	26:11	15	24	→
3	FC Bayern München	11	6	3	2	25:17	8	21	↗
4	FC Schalke 04	11	5	5	1	17:8	9	20	↗
5	Hamburger SV	11	6	2	3	17:18	-1	20	↘
6	Borussia Dortmund	11	4	6	1	19:16	3	18	↗
7	Hertha BSC Berlin	11	5	3	3	15:15	0	18	↘
8	Werder Bremen	11	4	4	3	28:23	5	16	↗
9	VfL Wolfsburg	11	4	4	3	23:18	5	16	↘
10	VfB Stuttgart	11	5	1	5	16:15	1	16	↘
11	1. FC Köln	11	5	1	5	11:13	-2	16	→
12	Eintracht Frankfurt	11	3	3	5	13:17	-4	12	→
13	Hannover 96	11	2	3	5	13:20	-7	12	↗
14	Karlsruher SC	11	3	0	8	9:20	-11	9	↘
15	VfL Bochum	11	1	5	5	14:19	-5	8	↗
16	DSC Arminia Bielefeld	11	1	5	5	12:20	-8	8	↘
17	Bor. Mönchengladbach	11	2	1	8	10:22	-12	7	→
18	FC Energie Cottbus	11	1	3	7	6:17	-11	6	→

Hannover 96 – Hamburger SV 3:0 (2:0)

■ **Hannover 96**: Fromlowitz - Cherundolo, Balitsch, C. Schulz, Rausch - Lala, B. Schulz - Stajner, Schlaudraff (88. Yankov), Huszti (84. Krebs) - Forssell (71. Hanke)
■ **Hamburger SV**: F. Rost - Demel, Reinhardt, Mathijsen, Aogo (75. Neves) - Jarolim, Alex Silva - Trochowski, Olic - Petric, Guerrero (26. Pitroipa)
Tore: 1:0 B. Schulz (5.), 2:0 Schlaudraff (18.), 3:0 Stajner (79.)
Ecken: 4:11
Schiedsrichter: Fandel (Kyllburg)
Zuschauer: 49.000 (ausverkauft)
Gelb: Balitsch - Demel
Gelb-Rot: keine **Rot**: Pardo (45.)

FC Energie Cottbus – FC Schalke 04 0:2 (0:0)

■ **FC Energie Cottbus**: Tremmel - Pavicevic, Kukielka, Cagdas, Ziebig - T. Rost, Kurth - Rivic (83. Jelic), Skela - Shao (59. Jula), Sörensen (88. Vasiljevic)
■ **FC Schalke 04**: Neuer - Rafinha, Westermann, Bordon, Kobiashvili - Jones, Engelaar - Streit (88. Asamoah), Rakitic (68. Ernst), Halil Altintop (61. Farfan) - Kuranyi
Tore: 0:1 Westermann (80.), 0:2 Farfan (90.) **Ecken**: 2:2
Schiedsrichter: Weiner (Giesen)
Zuschauer: 16.640 **Gelb**: Rivic, Ziebig - Rafinha, Westermann, Ernst
Gelb-Rot: keine **Rot**: Engelaar (52.)

1899 Hoffenheim – Karlsruher SC 4:1 (1:1)

■ **1899 Hoffenheim**: Haas - Beck, Jaissle, Compper, Ibertsberger (46. Janker) - Vorsah (38. Salihovic) - Weis (83. Teber), Eduardo - Obasi, Ibisevic, Ba
■ **Karlsruher SC**: Miller - Görlitz, Sebastian, Stoll, Eichner - Mutzel, Aduobe (71. Porcello) - Freis (85. Celozzi), Iashvili (65. Timm), Carnell - Kennedy
Tore: 1:0 Ibisevic (15.), 1:1 Freis (20.), 2:1 Obasi (67.), 3:1 Ibisevic (75.), 4:1 Obasi (78.) **Ecken**: 6:2 **Schiedsrichter**: Brych (München) **Zuschauer**: 26.300 (ausverkauft) **Gelb**: Beck, Teber - Sebastian, Eichner, Mutzel
Gelb-Rot: keine **Rot**: keine

Borussia Dortmund – VfL Bochum 1:1 (1:1)

■ **Borussia Dortmund**: Weidenfeller - Owomoyela, Subotic, Hummels (46. Kovac), Lee - Tinga, Kehl - Blaszczykowski (81. Klimowicz), Kringe - Frei (70. Valdez), Zidan
■ **VfL Bochum**: Fernandes - Schröder (41. Pfertzel), Maltritz, Yahia, Bönig - Zdebel (74. Mavraj) - Freier, Azaouagh, C. Fuchs - Kaloglu, Hashemian (64. Mieciel)
Tore: 0:1 Zdebel (27.), 1:1 Zidan (44.)
Ecken: 5:6 **Schiedsrichter**: Kircher (Rottenburg) **Zuschauer**: 71.600
Gelb: Kringe - Azaouagh, Zdebel, Freier
Gelb-Rot: keine **Rot**: keine

Borussia Mönchengladbach – Eintracht Frankfurt 1:2 (1:1)

■ **Borussia M'gladbach**: Gospodarek - Levels, Paauwe, Daems, Voigt (68. van den Bergh) - Alberman, Svärd (56. Bradley) - Marin, Baumjohann (63. Neuville), Matmour - Friend
■ **Eintracht Frankfurt**: Nikolov - Ochs, Russ, Galindo, Spycher - Fink - Steinhöfer, Ljubicic, Korkmaz (86. Toski) - Fenin, Liberopoulos (88. Tsoumou)
Tore: 1:0 Russ (12., Eigentor), 1:1 Fenin (16.), 1:2 Fink (52.) **Ecken**: 7:3
Schiedsrichter: Meyer (Burgdorf)
Zuschauer: 44.773
Gelb: keine **Gelb-Rot**: keine **Rot**: keine

Bayer 04 mit einem Punkt spitze – Hertha BSC besiegt Hoffenheim

Andrey Voronin (links) stellt den 1:0-Erfolg von Hertha BSC gegen 1899 Hoffenheim sicher. Der ukrainische Nationalstürmer schiebt den Ball vorbei an Keeper Daniel Haas ins Tor. Christoph Janker (14) und Sejad Salihovic (23) können nicht eingreifen.

Für Bayer 04 Leverkusen reißt die tolle Serie von zuletzt vier 2:0-Siegen in Folge. Beim Karlsruher SC führt die Mannschaft von Trainer Bruno Labbadia sogar mit 3:0 – doch am Ende reicht es nach einer beeindruckenden Aufholjagd des KSC nur zu einem 3:3-Unentschieden.

Bayer beginnt im Karlsruher Wildparkstadion famos. Nach 24 Minuten führen die Gäste bereits scheinbar uneinholbar mit 3:0. Goalgetter Patrick Helmes mit seinem neunten Saisontor, Stefan Kießling und Michal Kadlec legen für Bayer nach, ein Treffer von Tranquillo Barnetta wird wegen Abseitsstellung nicht gegeben. Der KSC wirkt vollkommen chancenlos.

Doch Mittelfeldspieler Antonio da Silva kann die Badener mit seinem Freistoßtor zum 1:3 aus ihrer Lethargie erwecken. In der zweiten Halbzeit macht das Team von Coach „Ede" Becker Druck und schafft durch Tim Sebastian und Alexander Iashvili noch den nicht mehr für möglich gehaltenen Ausgleich. Labbadia ärgert sich über fehlende „taktische Disziplin" seiner Mannschaft und analysiert: „Wir haben uns in der zweiten Halbzeit zu wenig gewehrt." Der Bayer-Trainer spricht von einer „gefühlten Niederlage". Dennoch übernehmen die Leverkusener zum ersten Mal in dieser Saison die Tabellenführung.

Denn der bisherige Spitzenreiter 1899 Hoffenheim unterliegt bei Hertha BSC mit 0:1. Nach zuletzt fünf Siegen in Folge geht der Aufsteiger erstmals wieder leer aus. „Die Tabellenführung ist mir völlig wurscht, ich ärgere mich nur, dass die drei Punkte futsch sind", sagt Trainer Ralf Rangnick. Die bisher so erfolgreiche Hoffenheimer Offensivabteilung bleibt gegen die starke Berliner Hintermannschaft – im Vergleich zur vorangegangenen 1:5-Niederlage in Bremen dieses Mal viel konzentrierter – vollkommen blass. Für die Hertha trifft Stürmer Andrey Voronin.

Nutznießer der beiden Ausrutscher des Spitzenduos ist der FC Bayern München. Der Deutsche Meister präsentiert sich beim FC Schalke 04 vor allem von seiner effektiven Seite. Zwei Torchancen, zwei Tore, 2:1 gewonnen. Garanten des fünften Bundesliga-Sieges in Folge sind wieder einmal Luca Toni und Franck Ribéry, die zum 1:0 und 2:1 treffen. Für Ribéry ist es das vierte Tor im vierten Spiel hintereinander. Bayern-Trainer Jürgen Klinsmann hat sein Ziel wieder fest im Blick: „Wir wollen so schnell wie möglich wieder auf Platz eins stehen." Noch

DATEN & FAKTEN

Zuschauer gesamt	378.620
pro Spiel	42.069
Tore gesamt	25
Elfmeter	1
Eigentore	0
Gelbe Karten	40
Gelb-Rote Karten	0
Rote Karten	3

1. FC Köln – Hannover 96 2:1 (1:1)

1. FC Köln: Mondragon - Brecko, Geromel, Mohamad, Wome - Petit, Pezzoni, Antar - Radu (59. Sanou), Vucicevic (87. McKenna) - Novakovic (90+2. Scherz)
Hannover 96: Fromlowitz - Cherundolo, Fahrenhorst, C. Schulz, Rausch - Balitsch (77. Yankov), B. Schulz (84. Eggimann) - Stajner, Schlaudraff, Huszti - Forssell (66. Hanke)
Tore: 0:1 Schlaudraff (15.), 1:1 Geromel (42.), 2:1 Sanou (71.)
Ecken: 10:3
Schiedsrichter: Sippel (München)
Zuschauer: 47.000 **Gelb:** Novakovic, Brecko, Sanou - Balitsch, Cherundolo
Gelb-Rot: keine **Rot:** Stajner (89.)

Hamburger SV – Borussia Dortmund 2:1 (2:0)

Hamburger SV: F. Rost - J. Boateng, Reinhardt, Mathijsen, Aogo (80. Jansen) - Jarolim, Alex Silva, Benjamin (58. Pitroipa) - Trochowski, Olic - Petric (87. Guerrero)
Borussia Dortmund: Weidenfeller - Owomoyela (85. Federico), Subotic, Kovac, Lee - Kehl - Tinga, Hajnal, Kringe - Blaszczykowski (46. Klimowicz), Zidan (70. Buckley)
Tore: 1:0 Petric (9.), 2:0 Olic (33.), 2:1 Hajnal (48.) **Ecken:** 2:4
Schiedsrichter: Drees (Münster-Sarmsheim) **Zuschauer:** 57.000 (ausverkauft)
Gelb: Alex Silva, Aogo - Kehl, Klimowicz
Gelb-Rot: keine **Rot:** Kovac (90+3.)

VfL Wolfsburg – FC Energie Cottbus 3:0 (1:0)

VfL Wolfsburg: Benaglio - Riether, Madlung, Barzagli, Schäfer - Josue - Dejagah (46. Hasebe), Misimovic, Gentner (73. Krzynowek) - Grafite (82. Caiuby), Dzeko
FC Energie Cottbus: Tremmel - Pavicevic, Kukielka, Cagdas, Ziebig - Kurth, T. Rost - Sörensen (63. Rivic), Skela (87. Vasiljevic) - Jula (81. Iliev), Rangelov
Tore: 1:0 Grafite (36., Foulelfmeter), 2:0 Grafite (55.), 3:0 Grafite (80.)
Ecken: 3:4
Schiedsrichter: Wagner (Hofheim)
Zuschauer: 23.010
Gelb: Sörensen, Ziebig
Gelb-Rot: keine **Rot:** keine

Karlsruher SC – Bayer 04 Leverkusen 3:3 (1:3)

Karlsruher SC: Miller - Celozzi, Sebastian, Stoll, Eichner - Mutzel, Aduobe (74. Timm) - Freis, da Silva, Carnell (60. Iashvili) - Kennedy (74. Kapllani)
Bayer 04 Leverkusen: Adler - Castro, M. Friedrich, Henrique, Kadlec - Rolfes - Augusto (67. Schwegler), Vidal, Barnetta - Helmes (77. Gekas), Kießling
Tore: 0:1 Helmes (1.), 0:2 Kießling (17.), 0:3 Kadlec (24.), 1:3 da Silva (37.), 2:3 Sebastian (60.), 3:3 Iashvili (76.)
Ecken: 6:5
Schiedsrichter: Perl (München)
Zuschauer: 28.238
Gelb: Celozzi - Helmes, Henrique, Vidal
Gelb-Rot: keine **Rot:** keine

DER SPIELER DES SPIELTAGES

Nach dieser Galavorstellung gibt es sogar ein dickes Kompliment von Cheftrainer Hans Meyer: „Er kann Sachen, die in Deutschland kein anderer drauf hat." Marko Marin (19, Foto) wird bei DSC Arminia Bielefeld zum Matchwinner für Borussia Mönchengladbach. Der Jung-Nationalspieler besiegt die Arminia beim 2:0-Sieg mit zwei wunderschönen Toren praktisch im Alleingang. Aufsehen erregend auch sein sensationelles Solo, das in einem Lattentreffer endet. „Über meine ersten Bundesliga-Tore bin ich wahnsinnig glücklich", sagt Marin, der nach der vergangenen Zweitliga-Saison schon zum vorläufigen EURO-Kader gehört hat. Mit diesen beiden Treffern sowie vier Torvorlagen im bisherigen Saisonverlauf zeigt der kleine Offensivspieler immer mehr, welch großes Talent er besitzt.

Karlsruhes Stefano Celozzi (links) und Arturo Vidal von Bayer 04 Leverkusen im Sprint um den Ball – eine rasante Szene aus einer packenden Begegnung mit sechs Toren.

Die Schalker Rafinha (links) und Ivan Rakitic verfolgen den pfeilschnellen Franzosen Franck Ribéry vom FC Bayern, der das entscheidende Tor zum Münchner 2:1-Sieg erzielt.

beträgt der Abstand zur Spitzenposition und auf Bayer 04 sowie Hoffenheim jeweils einen Punkt. Ebenfalls in Lauerstellung dahinter, um einen weiteren Zähler zurück, nimmt der Hamburger SV nach seinem 2:1-Erfolg gegen Borussia Dortmund den vierten Tabellenrang ein. Verlierer des Spieltags am Tabellenende sind Schlusslicht FC Energie Cottbus und Arminia Bielefeld. Denn auch zwei weitere Teams aus der gefährdeten Tabellenregion neben dem Karlsruher SC – Borussia Mönchengladbach und der VfL Bochum – können ihr Punktekonto aufstocken.

12. SPIELTAG

RESULTATE

Freitag, 07.11.2008	1. FC Köln - Hannover 96	2:1	(1:1)
Samstag, 08.11.2008	Hamburger SV - Bor. Dortmund	2:1	(2:0)
	VfL Wolfsburg - Energie Cottbus	3:0	(1:0)
	Karlsruher SC - Bayer Leverkusen	3:3	(1:3)
	VfL Bochum - Werder Bremen	0:0	
	Arminia Bielefeld - Bor. M'gladbach	0:2	(0:1)
Sonntag, 09.11.2008	FC Schalke 04 - Bayern München	1:2	(1:2)
	Eintracht Frankfurt - VfB Stuttgart	2:2	(1:0)
	Hertha BSC - 1899 Hoffenheim	1:0	(0:0)

TORJÄGER

Vedad Ibisevic	1899 Hoffenheim	13
Patrick Helmes	Bayer 04 Leverkusen	9
Artur Wichniarek	DSC Arminia Bielefeld	8
Grafite	VfL Wolfsburg	8
Claudio Pizarro	Werder Bremen	7
Milivoje Novakovic	1. FC Köln	7
Mario Gomez	VfB Stuttgart	6
Demba Ba	1899 Hoffenheim	6

PERSONALIEN

Der ungarische Nationalspieler **Pal Dardai** (32) von Hertha BSC absolviert gegen 1899 Hoffenheim seinen 250. Bundesliga-Einsatz – sämtlich für die Berliner.

Beim Karlsruher SC muss Kapitän **Maik Franz** (27) aufgrund einer Fersenverletzung passen.

Einer Operation am rechten Knie muss sich der Schweizer Nationalspieler **Christoph Spycher** (30) von Eintracht Frankfurt unterziehen.

TABELLE

Rang	Club	Sp.	g	u	v	Tore	Diff.	Pkt.	
1	Bayer 04 Leverkusen	12	8	1	3	29:14	15	25	↗
2	1899 Hoffenheim	12	8	1	3	31:17	14	25	↘
3	FC Bayern München	12	7	3	2	27:18	9	24	→
4	Hamburger SV	12	7	2	3	19:19	0	23	↗
5	Hertha BSC Berlin	12	6	3	3	16:15	1	21	↗
6	FC Schalke 04	12	5	5	2	18:10	8	20	↘
7	VfL Wolfsburg	12	5	4	3	26:18	8	19	↗
8	1. FC Köln	12	6	1	5	13:14	-1	19	↗
9	Borussia Dortmund	12	4	6	2	20:18	2	18	↘
10	Werder Bremen	12	4	5	3	28:23	5	17	↘
11	VfB Stuttgart	12	5	2	5	18:17	1	17	↘
12	Eintracht Frankfurt	12	3	4	5	15:19	-4	13	→
13	Hannover 96	12	3	3	6	14:22	-8	12	→
14	Borussia M'gladbach	12	3	1	8	12:22	-10	10	↗
15	Karlsruher SC	12	3	1	8	12:23	-11	10	↘
16	VfL Bochum	12	1	6	5	14:19	-5	9	↘
17	DSC Arminia Bielefeld	12	1	5	6	12:22	-10	8	↘
18	FC Energie Cottbus	12	1	3	8	6:20	-14	6	→

VfL Bochum – Werder Bremen 0:0

VfL Bochum: Fernandes - Pfertzel, Maltritz, Yahia, Bönig - Zdebel - Dabrowski, Azaouagh (64. Hashemian), C. Fuchs (43. Epalle) - Mieciel, Kaloglu (78. Imhof)
Werder Bremen: Wiese - Pasanen, Mertesacker, Naldo, Boenisch - Baumann - Frings, Diego, Özil - Almeida (80. Rosenberg), Pizarro
Tore: keine **Ecken:** 5:3
Schiedsrichter: Aytekin (Oberasbach)
Zuschauer: 27.237
Gelb: Zdebel - Pizarro
Gelb-Rot: keine **Rot:** Özil (84.)

DSC Arminia Bielefeld – Bor. Mönchengladbach 0:2 (0:1)

DSC Arminia Bielefeld: Eilhoff - N. Fischer, Herzig, Kucera, Schuler - Kirch (72. Aigner), Kauf (81. Bollmann) - Kamper, Halfar, Katongo - Wichniarek
Borussia M'gladbach: Gospodarek - Levels, Brouwers, Daems, Dorda - Bradley, Alberman - Marin (84. Matmour), van den Bergh (90. Ndjeng) - Colautti (46. Baumjohann), Friend
Tore: 0:1 Marin (6.), 0:2 Marin (80.)
Ecken: 8:7
Schiedsrichter: Gagelmann (Bremen)
Zuschauer: 24.600 **Gelb:** Schuler, Herzig - Marin, Gospodarek
Gelb-Rot: keine **Rot:** keine

FC Schalke 04 – FC Bayern München 1:2 (1:2)

FC Schalke 04: Neuer - Rafinha, Westermann, Bordon, Kobiashvili - Jones, Ernst (83. Asamoah) - Rakitic (60. Sanchez) - Halil Altintop (72. Streit), Kuranyi, Farfan
FC Bayern München: Rensing - Oddo, Lucio, Demichelis, Zé Roberto (62. Lell) - van Bommel, Borowski - Kroos (89. Sosa), Ribéry - Klose, Toni (72. Ottl)
Tore: 0:1 Toni (3.), 1:1 Farfan (5.), 1:2 Ribéry (31.) **Ecken:** 18:1
Schiedsrichter: Kircher (Rottenburg)
Zuschauer: 61.673 (ausverkauft)
Gelb: Ernst, Rakitic - Borowski, Lucio, Zé Roberto, Demichelis
Gelb-Rot: keine **Rot:** keine

Eintracht Frankfurt – VfB Stuttgart 2:2 (1:0)

Eintracht Frankfurt: Nikolov - Ochs, Russ, Galindo, Köhler - Fink - Steinhöfer, Toski (85. Ljubicic) - Fenin, Liberopoulos, Korkmaz (74. Tsoumou)
VfB Stuttgart: J. Lehmann - Träsch (71. Khedira), Osorio, Delpierre, Magnin - Pardo - Lanig, Elson, Hitzlsperger (60. Simak) - Marica (67. Cacau), Gomez
Tore: 1:0 Liberopoulos (18.), 2:0 Liberopoulos (66.), 2:1 Lanig (71.), 2:2 Gomez (87.) **Ecken:** 4:7
Schiedsrichter: Rafati (Hannover)
Zuschauer: 51.000
Gelb: Galindo, Ochs, Fenin, Nikolov - Osorio, Delpierre, J. Lehmann, Cacau
Gelb-Rot: keine **Rot:** keine

Hertha BSC Berlin – 1899 Hoffenheim 1:0 (0:0)

Hertha BSC Berlin: Drobny - Chahed, A. Friedrich, Simunic, Stein - Dardai, Cicero - Raffael (89. Domovchiyski), Nicu - Pantelic (61. Kacar), Voronin (90+1. Lustenberger)
1899 Hoffenheim: Haas - Beck, Jaissle, Compper, Janker (89. Nilsson) - Gustavo (76. Copado) - Eduardo, Salihovic - Obasi, Ibisevic (68. Weis), Ba
Tor: 1:0 Voronin (70.) **Ecken:** 4:11
Schiedsrichter: Fandel (Kyllburg)
Zuschauer: 58.862
Gelb: Pantelic, Cicero - Gustavo, Jaissle, Salihovic
Gelb-Rot: keine **Rot:** keine

Bayer und Hoffenheim siegen – FC Bayern holt nur einen Punkt

Jubel bei Borussia Mönchengladbach über das 2:2 gegen den FC Bayern: Rob Friend (links) und Karim Matmour (40) freuen sich gemeinsam mit Michael Bradley, der mit seinem Tor für den Punktgewinn des Aufsteigers nach einem 0:2-Rückstand sorgt.

Das Spitzenduo kann sich wieder absetzen. Nach den Rückschlägen in der Vorwoche kehren Bayer 04 Leverkusen und 1899 Hoffenheim in die Erfolgsspur zurück, feiern beeindruckende Siege und vergrößern ihren Vorsprung auf den FC Bayern, der sich bei Borussia Mönchengladbach mit einem 2:2 begnügen muss, wieder auf drei Punkte.

Die Spieler des FC Schalke 04 treten beim Spitzenreiter in Leverkusen mit Trauerflor für ihren verstorbenen Mannschaftsbetreuer Karl-Heinz „Charly" Neumann an. Die Stimmung bei den „Königsblauen" und ihrem Anhang bleibt getrübt, weil die Mannschaft von Trainer Fred Rutten in der BayArena am Ende mit leeren Händen dasteht – und das, obwohl das Team zunächst besser spielt als die Gastgeber und durch Kevin Kuranyi die Riesenmöglichkeit zur Führung besitzt. Der Nationalspieler sucht zur Erklärung gar nicht erst nach Ausflüchten: „Eine solche Chance muss ich einfach nutzen."

Stattdessen zeigen die Leverkusener Stefan Kießling und Patrick Helmes mit ihren beiden Toren zum 2:0, warum sie derzeit das beste deutsche Sturmduo der Bundesliga bilden. Kuranyis Anschlusstreffer kurz vor dem Schlusspfiff ändert nichts mehr am Erfolg von Bayer 04. „Unsere Leistung in der ersten Hälfte gehört absolut nicht zu Schalke", zeigt sich Trainer Rutten sehr enttäuscht. Und der Niederländer fügt noch hinzu: „Ich bin super sauer. Nur zwei, drei Spieler waren überhaupt auf dem Platz. So hat man gar keinen Anspruch." Schalke 04 rutscht durch die zweite Niederlage in Folge auf den achten Tabellenrang ab.

Auch Leverkusens punktgleicher Konkurrent 1899 Hoffenheim macht einen „Big Point" gegen den starken Gast vom VfL Wolfsburg. Zwar können die Niedersachsen die Führung der Kraichgauer zwei Mal ausgleichen, doch Chinedu Obasi sorgt schließlich doch noch für den 3:2-Siegtreffer des Aufsteigers.

Der FC Bayern verspielt unterdessen einen schon sicher geglaubten Erfolg bei Borussia Mönchengladbach. Die zuletzt fünf Mal in Serie siegreichen Münchner führen durch Tore von Luca Toni und Franck Ribéry bereits mit 2:0, lassen sich dann vom Aufsteiger aber noch die Butter vom Brot nehmen. Zum dritten Mal in der lau-

DATEN & FAKTEN

Zuschauer gesamt	359.307
pro Spiel	39.923
Tore gesamt	26
Elfmeter	2
Eigentore	1
Gelbe Karten	34
Gelb-Rote Karten	1
Rote Karten	0

Hannover 96 – VfL Bochum 1:1 (0:0)

■ **Hannover 96**: Fromlowitz - Cherundolo, Eggimann, Fahrenhorst (18. Yankov), Rausch - B. Schulz (77. Bruggink), C. Schulz - Krebs, Schlaudraff, Huszti - Forssell (71. Hanke)
■ **VfL Bochum**: Fernandes - Pfertzel, Maltritz, Yahia, Bönig - Zdebel (70. Imhof) - Freier, Azaouagh (77. Epalle), Dabrowski - Mieciel, Hashemian (68. Kaloglu)
Tore: 1:0 Schlaudraff (62.), 1:1 Fromlowitz (65., Eigentor) **Ecken**: 5:14
Schiedsrichter: Kempter (Sauldorf)
Zuschauer: 30.827
Gelb: Yankov - Bönig, Azaouagh, Fernandes, Freier, Yahia
Gelb-Rot: keine **Rot**: keine

VfB Stuttgart – DSC Arminia Bielefeld 0:0

■ **VfB Stuttgart**: J. Lehmann - Osorio, Tasci, Delpierre, Magnin (62. Boka) - Pardo - Khedira (36. Hilbert), Elson, Lanig - Gomez, Cacau (78. Marica)
■ **DSC Arminia Bielefeld**: Eilhoff - Lamey, N. Fischer, Kucera, Schuler - Marx, Kauf - Kirch, Katongo (85. Halfar), Kamper (77. Janjic) - Wichniarek (90+1. Aigner)
Tore: keine **Ecken**: 8:4
Schiedsrichter: Meyer (Burgdorf)
Zuschauer: 52.000
Gelb: Delpierre - Lamey, Katongo
Gelb-Rot: keine **Rot**: keine

Bayer 04 Leverkusen – FC Schalke 04 2:1 (2:0)

■ **Bayer 04 Leverkusen**: Adler - Castro, M. Friedrich, Henrique, Kadlec - Rolfes - Augusto, Vidal, Barnetta - Kießling (90+2. Gekas), Helmes (73. Dum)
■ **FC Schalke 04**: Neuer - Rafinha, Westermann, Bordon, Kobiashvili (46. Pander) - Ernst (52. Höwedes) - Jones, Engelaar - Farfan, Kuranyi, Halil Altintop (66. Asamoah)
Tore: 1:0 Kießling (30.), 2:0 Helmes (41.), 2:1 Kuranyi (85.) **Ecken**: 6:7
Schiedsrichter: Gräfe (Berlin)
Zuschauer: 21.401 (ausverkauft)
Gelb: Dum - Rafinha, Bordon, Engelaar
Gelb-Rot: Castro (67.) **Rot**: keine

Hertha BSC Berlin – Hamburger SV 2:1 (0:1)

■ **Hertha BSC Berlin**: Drobny - Chahed, A. Friedrich, Simunic, Stein - Dardai, Cicero - Kacar (90+3. Lustenberger), Nicu - Voronin (90+1. Ebert), Raffael (46. Domovchiyski)
■ **Hamburger SV**: F. Rost - J. Boateng (60. Pitroipa), Reinhardt, Mathijsen, Jansen (81. Aogo) - Demel, Alex Silva - Jarolim, Trochowski (75. Guerrero) - Petric, Olic
Tore: 0:1 Petric (12.), 1:1 Cicero (46.), 2:1 Domovchiyski (49.) **Ecken**: 2:6
Schiedsrichter: Kinhöfer (Herne)
Zuschauer: 48.285
Gelb: Kacar, Dardai, Simunic, Chahed - J. Boateng, Jarolim, Petric
Gelb-Rot: keine **Rot**: keine

DER TORSCHÜTZE DES SPIELTAGES

Den Saisonstart hat Chinedu Obasi (22, Foto) verpasst. Mit dem Einverständnis von 1899 Hoffenheim ist der Stürmer zu den Olympischen Spielen nach Peking gereist und hat dort mit der nigerianischen Nationalmannschaft die Silbermedaille gewonnen. Bis zum vierten Spieltag fehlt der in der Vorsaison mit zwölf Toren erfolgreichste Hoffenheimer Stürmer dem Aufsteiger deshalb. Erst am achten Spieltag erzielt er sein erstes Bundesliga-Tor. Doch seitdem trifft er nach Belieben: sechs Mal in den vergangenen sechs Spielen, davon fünf Mal in drei Heimbegegnungen. Hinzu kommen drei Torvorlagen. Gegen den VfL Wolfsburg zeichnet er nun für den 3:2-Siegtreffer verantwortlich. Ein dickes Lob kommt auch von Bundestrainer Joachim Löw, der Obasi schlicht „überragend" nennt.

Die Fans des FC Schalke 04 zeigen beim Spiel in Leverkusen ihre große Trauer über den Tod von Mannschaftsbetreuer „Charly" Neumann.

fenden Saison verliert der Deutsche Meister damit einen Zwei-Tore-Vorsprung. Entsprechend groß ist der Ärger bei Mittelfeldakteur Bastian Schweinsteiger: „Einige dachten nach dem 2:0, das Spiel ist aus. Ich kann nicht verstehen, dass wir noch zwei Tore kriegen."

Ähnliches widerfährt auch dem Hamburger SV nach seiner 1:0-Führung gegen Hertha BSC. Innerhalb von vier Minuten drehen die Berliner im Olympiastadion nach der Halbzeit das Spiel. „Das ist eine ganz bittere Niederlage, weil wir in der ersten Hälfte so überlegen waren", sagt HSV-Trainer Martin Jol. Und weiter meint er: „Einer guten Mannschaft darf so etwas nicht passieren."

Anders als hier gegen Guy Demel (rechts) hat Maximilian Nicu mit Hertha BSC gegen den HSV am Ende mit 2:1 die Nase vorne.

13. SPIELTAG

RESULTATE

Freitag, 14.11.2008	Hannover 96 - VfL Bochum	1:1	(0:0)
Samstag, 15.11.2008	VfB Stuttgart - Arminia Bielefeld	0:0	
	Bayer Leverkusen - FC Schalke 04	2:1	(2:0)
	Hertha BSC - Hamburger SV	2:1	(0:1)
	B. Dortmund - Eintracht Frankfurt	4:0	(3:0)
	FC Energie Cottbus - Karlsruher SC	1:0	(0:0)
	Bor. M'gladbach - Bayern München	2:2	(0:1)
	1899 Hoffenheim - VfL Wolfsburg	3:2	(2:2)
Sonntag, 16.11.2008	Werder Bremen - 1. FC Köln	3:1	(2:0)

TORJÄGER

Vedad Ibisevic	1899 Hoffenheim	14
Patrick Helmes	Bayer 04 Leverkusen	10
Grafite	VfL Wolfsburg	9
Artur Wichniarek	DSC Arminia Bielefeld	8
Milivoje Novakovic	1. FC Köln	8
Claudio Pizarro	Werder Bremen	7
Kevin Kuranyi	FC Schalke 04	6
Stefan Kießling	Bayer 04 Leverkusen	6
Mario Gomez	VfB Stuttgart	6

PERSONALIEN

Gegen seine Teamkollegen Chinedu Obasi und Demba Ba hat sich **Vedad Ibisevic** (24) durchgesetzt. Der Torjäger von 1899 Hoffenheim wird vor der Begegnung mit dem VfL Wolfsburg als „Spieler des Monats Oktober" geehrt.

Franck Ribéry (25) vom FC Bayern München trifft bei Borussia Mönchengladbach auch im fünften Spiel in Folge ins Tor.

Florian Fromlowitz (22) im Pech: Eine Flanke von Paul Freier lenkt der Torhüter von Hannover 96 als Vertreter von Nationalkeeper Robert Enke (Kahnbeinbruch) im Spiel beim VfL Bochum ins eigene Gehäuse. Kommentar: „Mein erstes Bundesliga-Tor..."

TABELLE

Rang	Club	Sp.	g	u	v	Tore	Diff.	Pkt.	
1	Bayer 04 Leverkusen	13	9	1	3	31:15	16	28	→
2	1899 Hoffenheim	13	9	1	3	34:19	15	28	→
3	FC Bayern München	13	7	4	2	29:20	9	25	→
4	Hertha BSC Berlin	13	7	3	3	18:16	2	24	↗
5	Hamburger SV	13	7	2	4	20:21	-1	23	↘
6	Borussia Dortmund	13	5	6	2	24:18	6	21	↗
7	Werder Bremen	13	5	5	3	31:24	7	20	↗
8	FC Schalke 04	13	5	5	3	19:12	7	20	↘
9	VfL Wolfsburg	13	5	4	4	28:21	7	19	↘
10	1. FC Köln	13	6	1	6	14:17	-3	19	↘
11	VfB Stuttgart	13	5	3	5	18:17	1	18	→
12	Hannover 96	13	3	4	6	15:23	-8	13	↗
	Eintracht Frankfurt	13	3	4	6	15:23	-8	13	→
14	Borussia M'gladbach	13	3	2	8	14:24	-10	11	→
15	VfL Bochum	13	1	7	5	15:20	-5	10	↗
16	Karlsruher SC	13	3	1	9	12:24	-12	10	↘
17	DSC Arminia Bielefeld	13	1	6	6	12:22	-10	9	→
18	FC Energie Cottbus	13	2	3	8	7:20	-13	9	→

Borussia Dortmund – Eintracht Frankfurt 4:0 (3:0)

■ **Borussia Dortmund:** Weidenfeller - Cwomoyela, F. Santana, Subotic, Lee - Kehl (32. Sahin) - Tinga, Hajnal, Kringe - Blaszczykowski (73. Frei), Valdez (40. Zidan)
■ **Eintracht Frankfurt:** Nikolov - Mahdavikia, Russ, Galindo, Köhler - Fink, Inamoto (82. Ljubicic) - Steinhöfer, Liberopoulos, Toski (70. Caio) - Fenin
Tore: 1:0 Subotic (5.), 2:0 Hajnal (19.), 3:0 Subotic (26.), 4:0 F. Santana (69.)
Ecken: 7:6
Schiedsrichter: Brych (München)
Zuschauer: 72.200
Gelb: keine **Gelb-Rot:** keine **Rot:** keine

FC Energie Cottbus – Karlsruher SC 1:0 (0:0)

■ **FC Energie Cottbus:** Tremmel - Radeljic, Kukielka, Cagdas, Ziebig - Kurth, T. Rost - Skela, Iliev (65. Rivic) - Jula (76. Jelic), Rangelov (87. Sörensen)
■ **Karlsruher SC:** Miller - Celozzi, Sebastian, Stoll, Eichner - Mutzel, Aduobe (82. Kapllani) - Freis, da Silva, Carnell (46. Iashvili) - Kennedy (69. Timm)
Tor: 1:0 Jelic (80.) **Ecken:** 4:7
Schiedsrichter: Stark (Ergolding)
Zuschauer: 12.527
Gelb: Timm
Gelb-Rot: keine **Rot:** keine

Borussia Mönchengladbach – FC Bayern München 2:2 (0:1)

■ **Borussia M'gladbach:** Gospodarek - Levels, Brouwers (46. van den Bergh), Daems, Gohouri - Alberman (68. Matmour), Paauwe (77. Colautti), Bradley - Baumjohann, Marin - Friend
■ **FC Bayern München:** Rensing - Lell, Lucio, Demichelis, Lahm (66. Borowski) - van Bommel, Zé Roberto - Schweinsteiger (65. Sosa), Ribéry - Klose (79. Kroos), Toni
Tore: 0:1 Toni (21.), 0:2 Ribéry (65., Foulelfmeter), 1:2 Friend (78.), 2:2 Bradley (81.) **Ecken:** 6:3
Schiedsrichter: Weiner (Giesen)
Zuschauer: 54.067 (ausverkauft)
Gelb: Gohouri - Lell, Schweinsteiger, Sosa **Gelb-Rot:** keine **Rot:** keine

1899 Hoffenheim – VfL Wolfsburg 3:2 (2:2)

■ **1899 Hoffenheim:** Haas - Beck, Jaissle, Compper, Ibertsberger - Gustavo (66. Salihovic) - Weis, Eduardo (80. Vorsah) - Obasi (90+1. Teber), Ibisevic, Ba
■ **VfL Wolfsburg:** Benaglio - Costa, Madlung, Barzagli - Riether, Hasebe (81. Dejagah), Josue, Schäfer - Misimovic (81. Gentner) - Grafite, Dzeko (68. Caiuby)
Tore: 1:0 Ibisevic (22.), 1:1 Grafite (27.), 2:1 Eduardo (37.), 2:2 Dzeko (40.), 3:2 Obasi (69.) **Ecken:** 7:2
Schiedsrichter: Winkmann (Kerken)
Zuschauer: 26.000
Gelb: Compper, Jaissle, Beck - Madlung
Gelb-Rot: keine **Rot:** keine

Werder Bremen – 1. FC Köln 3:1 (2:0)

■ **Werder Bremen:** Wiese - Prödl (46. Tosic), Mertesacker, Naldo, Pasanen - Baumann - Frings, Diego, Hunt (76. Vranjes) - Pizarro, Almeida (81. Rosenberg)
■ **1. FC Köln:** Mondragon - Brecko, Geromel, Mohamad, Wome - Petit, McKenna - Vucicevic (66. Radu), Antar, Pezzoni (66. Sanou) - Novakovic
Tore: 1:0 Diego (15., Foulelfmeter), 2:0 Naldo (45+1.), 2:1 Novakovic (48.), 3:1 Almeida (55.) **Ecken:** 6:3
Schiedsrichter: Schmidt (Stuttgart)
Zuschauer: 42.000 (ausverkauft)
Gelb: Hunt - Antar, Brecko, Novakovic, Vucicevic **Gelb-Rot:** keine **Rot:** keine

BUNDESLIGA

Bayer-Dämpfer in Bielefeld – Hoffenheim wieder Erster

Zunächst kann René Adler im Tor von Bayer 04 Leverkusen noch klären, doch den abgewehrten Ball verwertet Daniel Halfar (24) zum 2:0 für den DSC Arminia Bielefeld. Henrique (3) und Arturo Vidal (links) bleibt nur die Zuschauerrolle.

Bayer 04 Leverkusen wird zum großen Verlierer des 14. Spieltages. Denn während die vier Verfolger 1899 Hoffenheim, FC Bayern, Hertha BSC und Hamburger SV ihre Spiele allesamt gewinnen, setzt es für den Spitzenreiter eine bittere 1:2-Niederlage bei Arminia Bielefeld. Hoffenheim erobert somit zum sechsten Mal die Tabellenspitze.

Großer Jubel herrscht beim Hamburger SV nach dem Prestigesieg im Nordderby gegen Werder Bremen. Besonders bedanken dürfen sich die Hanseaten bei ihrem Stürmer Ivica Olic. Der kroatische Nationalspieler entscheidet das sonst recht ausgeglichene Spiel in der Schlussphase mit einem Kunststück Marke „Tor des Jahres" zum 2:1-Erfolg. Sein Linksschuss von halbrechts landet unhaltbar für Bremens Keeper Tim Wiese im linken Winkel. „Das war das schönste Tor meiner Karriere", freut sich Olic über seinen fünften Saisontreffer. Jedes Mal, wenn Olic in dieser Spielzeit trifft, gibt es für den HSV auch einen Sieg. Für Bremen ist hingegen nach zuletzt sieben Punkten aus drei Spielen der kurze Höhenflug schon wieder vorbei. Dabei zeigt Werder eines seiner besten Saisonspiele. Nationalspieler Torsten Frings ist deshalb mächtig enttäuscht und sagt hinterher: „Heute hat nicht die bessere Mannschaft gewonnen."

Für Leverkusen geht eine ganz bittere Serie weiter. Bereits zum sechsten Mal in Folge kann die Werkself bei Arminia Bielefeld nicht gewinnen, kassiert bei diesen Vergleichen sogar die vierte Niederlage. Matchwinner für die Ostwestfalen ist in der SchücoArena der erst zur Pause eingewechselte Daniel Halfar. Erst bedient der 20-Jährige Bielefelds Torgaranten Artur Wichniarek, so dass der polnische Stürmerstar schon sein neuntes Saisontor erzielen kann. Und anschließend trifft U21-Nationalspieler Halfar selbst zum 2:0. Leverkusen wacht erst danach auf, kommt durch Patrick Helmes noch einmal heran. „Mit etwas Glück hätten wir am Schluss auch noch das 2:2 machen können, aber wir

DATEN & FAKTEN

Zuschauer gesamt	371.896
pro Spiel	41.322
Tore gesamt	34
Elfmeter	1
Eigentore	0
Gelbe Karten	29
Gelb-Rote Karten	1
Rote Karten	2

Karlsruher SC – Borussia Dortmund 0:1 (0:1)

Karlsruher SC: Miller - Celozzi, Sebastian, Stoll, Eichner - Mutzel, Aduobe (60. Staffeldt) - Freis, da Silva (81. Kennedy), Iashvili (46. Stindl) - Kapllani
Borussia Dortmund: Weidenfeller - Owomoyela, Subotic, Hummels, Lee - Tinga - Kringe, Hajnal, Sahin (84. F. Santana) - Blaszczykowski (90. Buckley), Zidan (74. Frei)
Tor: 0:1 Zidan (20.) **Ecken:** 7:4
Schiedsrichter: Gagelmann (Bremen)
Zuschauer: 29.657
Gelb: Stindl **Gelb-Rot:** keine **Rot:** keine

FC Bayern München – FC Energie Cottbus 4:1 (2:1)

FC Bayern München: Rensing - Oddo, Lucio, Demichelis (46. van Buyten), Lahm - van Bommel, Zé Roberto (73. Ottl) -Schweinsteiger (64. Kroos), Ribéry - Klose, Toni
FC Energie Cottbus: Tremmel - Radeljic, Kukielka, Cagdas, Ziebig - T. Rost, Kurth - Rivic (46. Sörensen), Skela, Iliev (74. Jula) - Rangelov (58. Jelic)
Tore: 0:1 Skela (25.), 1:1 Ribéry (29.), 2:1 Demichelis (38.), 3:1 Klose (54.), 4:1 Toni (59.) **Ecken:** 9:1
Schiedsrichter: Kempter (Sauldorf)
Zuschauer: 69.000 (ausverkauft)
Gelb: keine **Gelb-Rot:** keine **Rot:** keine

FC Schalke 04 – Bor. Mönchengladbach 3:1 (3:1)

FC Schalke 04: Neuer - Westermann, Höwedes, Bordon (79. Krstajic), Pander - Jones, Engelaar (69. Ernst) - Rakitic - Farfan, Kuranyi (75. Asamoah), Halil Altintop
Borussia M'gladbach: Gospodarek - Levels (46. Matmour), Gohouri, Paauwe, Daems - Alberman (70. Colautti), Bradley - Marin, Baumjohann, van den Bergh (46. Dorda) - Friend
Tore: 1:0 Halil Altintop (17.), 2:0 Farfan (23., Foulelfmeter), 2:1 Friend (30.), 3:1 Halil Altintop (45.)
Ecken: 5:5 **Schiedsrichter:** Drees (Münster-Sarmsheim)
Zuschauer: 61.673 (ausverkauft)
Gelb: Jones - van den Bergh, Levels, Dorda **Gelb-Rot:** keine **Rot:** keine

VfL Wolfsburg – VfB Stuttgart 4:1 (0:1)

VfL Wolfsburg: Benaglio - Riether (61. Zaccardo), Costa, Barzagli, Schäfer - Josue - Hasebe (46. Krzynowek), Misimovic, Gentner - Grafite, Dzeko (90. Caiuby)
VfB Stuttgart: J. Lehmann - Tasci, Boulahrouz, Delpierre, Magnin - Lanig, Hitzlsperger - Elson, Simak (46. Boka, 78. Ljuboja) - Cacau, Gomez
Tore: 0:1 Lanig (17.), 1:1 Grafite (51.), 2:1 Grafite (76.), 3:1 Dzeko (79.), 4:1 Dzeko (85.) **Ecken:** 7:4
Schiedsrichter: Fleischer (Sigmertshausen) **Zuschauer:** 26.897
Gelb: Costa, Grafite, Misimovic, Zaccardo - Lanig, Cacau
Gelb-Rot: keine **Rot:** keine

DER NACHRICHT DES SPIELTAGES

Der zweite Trainerwechsel der Saison wird beim VfB Stuttgart vollzogen. Die Schwaben trennen sich von Armin Veh (47), der die Schwaben 2007 zum Meistertitel und in das DFB-Pokalfinale geführt hatte. Neuer Teamchef wird Markus Babbel (36, Foto). Der ehemalige Abwehrspieler und Europameister von 1996 hatte 2007 nach drei Jahren beim VfB seine aktive Spielerkarriere beendet und anschließend als Assistent in Vehs Trainerstab gearbeitet. Jetzt soll er die Stuttgarter, für die das 1:4 beim VfL Wolfsburg das fünfte sieglose Spiel in Folge bedeutet, wieder in die Erfolgsspur führen. „Ich kenne die Mannschaft gut und weiß, dass sie charakterlich in Ordnung ist", sagt Babbel zum Amtsantritt. Da ihm noch die Fußballlehrer-Lizenz fehlt, wird ihm Rainer Widmayer zur Seite gestellt.

Spielmacher Tamas Hajnal (30), hier im Zweikampf mit Godfried Aduobe, gewinnt mit Borussia Dortmund 1:0 beim Karlsruher SC. Für die Badener hat der Ungar bis zum Ende der vergangenen Saison und seinem Wechsel ins Ruhrgebiet selbst noch erfolgreich gespielt.

Ivica Olic sorgt mit seinem Tor zum 2:1-Endstand für den Erfolg des Hamburger SV im prestigeträchtigen Nordderby gegen Werder Bremen. Paolo Guerrero (links) gratuliert.

haben heute einfach die Handbremse ein Stückchen zu spät gelöst", erklärt Bayer-Trainer Bruno Labbadia. Bei 1899 Hoffenheim gehen unterdessen die Vedad-Ibisevic-Festspiele immer weiter. Der 24-jährige Bosnier erzielt beim 1. FC Köln zwei Treffer und baut seine grandiose Torquote auf nunmehr schon 16 Treffer in 14 Begegnungen aus. „So etwas habe ich in meiner Karriere noch nicht erlebt, ‚Vedo' trifft auch im Training nach Belieben", sagt Trainer Ralf Rangnick bewundernd. Der Aufsteiger klettert durch den zehnten Saisonsieg zurück auf den ersten Tabellenplatz, hat jetzt sogar drei Punkte Vorsprung auf Leverkusen und den FC Bayern. Einziger Wermutstropfen für Hoffenheim: Mittelfeldstar Luiz Gustavo sieht die Gelb-Rote Karte.

14. SPIELTAG

RESULTATE

Freitag, 21.11.2008	Karlsruher SC - Borussia Dortmund	0:1	(0:1)
Samstag, 22.11.2008	Bayern München - Energie Cottbus	4:1	(2:1)
	Schalke 04 - Borussia M'gladbach	3:1	(3:1)
	VfL Wolfsburg - VfB Stuttgart	4:1	(0:1)
	Eintracht Frankfurt - Hannover 96	4:0	(2:0)
	VfL Bochum - Hertha BSC Berlin	2:3	(0:3)
	Arminia Bielefeld - B. Leverkusen	2:1	(0:0)
	1. FC Köln - 1899 Hoffenheim	1:3	(0:1)
Sonntag, 23.11.2008	Hamburger SV - Werder Bremen	2:1	(1:1)

TORJÄGER

Vedad Ibisevic	1899 Hoffenheim	16
Patrick Helmes	Bayer 04 Leverkusen	11
Grafite	VfL Wolfsburg	11
Artur Wichniarek	DSC Arminia Bielefeld	9
Milivoje Novakovic	1. FC Köln	8
Claudio Pizarro	Werder Bremen	7
Diego	Werder Bremen	7
Demba Ba	1899 Hoffenheim	7

PERSONALIEN

Mehr Tore als **Vedad Ibisevic** (24) mit 16 Treffern hatten in der Bundesliga-Geschichte nach 14 Spieltagen nur zwei Stürmer: Gerd Müller vom FC Bayern München in der Saison 1968/69 (20) und in der Saison 1976/77 (19) sowie Peter Meyer von Borussia Mönchengladbach in der Saison 1967/68 (17).

Wegen eines Sehnenanrisses in der rechten Fußsohle muss Torhüter **Oka Nikolov** (34) von Eintracht Frankfurt in der Halbzeit des Spiels gegen Hannover 96 passen. Für ihn kommt **Markus Pröll** (29) zu seinem ersten Einsatz in der laufenden Saison.

Mit seinem Tor zum 1:0-Sieg beim Karlsruher SC verlängert **Mohamed Zidan** (26) die Serie von Borussia Dortmund, das als einziges Team in allen Spielen der Saison mindestens einen Treffer erzielt hat.

TABELLE

Rang	Club	Sp.	g	u	v	Tore	Diff.	Pkt.	
1	1899 Hoffenheim	14	10	1	3	37:20	17	31	↗
2	Bayer 04 Leverkusen	14	9	1	4	32:17	15	28	↘
3	FC Bayern München	14	8	4	2	33:21	12	28	→
4	Hertha BSC Berlin	14	8	3	3	21:18	3	27	→
5	Hamburger SV	14	8	2	4	22:22	0	26	→
6	Borussia Dortmund	14	6	6	2	25:18	7	24	→
7	FC Schalke 04	14	6	5	3	22:13	9	23	↗
8	VfL Wolfsburg	14	6	4	4	32:22	10	22	↗
9	Werder Bremen	14	5	5	4	32:26	6	20	↘
10	1. FC Köln	14	6	1	7	15:20	-5	19	→
11	VfB Stuttgart	14	5	3	6	19:21	-2	18	→
12	Eintracht Frankfurt	14	4	4	6	19:23	-4	16	→
13	Hannover 96	14	3	4	7	15:27	-12	13	↘
14	DSC Arminia Bielefeld	14	2	6	6	14:23	-9	12	↗
15	Bor. Mönchengladbach	14	3	2	9	15:27	-12	11	↘
16	VfL Bochum	14	1	7	6	17:23	-6	10	↘
17	Karlsruher SC	14	3	1	10	12:25	-13	10	↘
18	FC Energie Cottbus	14	2	3	9	8:24	-16	9	→

Eintracht Frankfurt – Hannover 96 4:0 (2:0)

Eintracht Frankfurt: Nikolov (46. Pröll) - Ochs, Bellaid, Russ, Köhler - Fink, Inamoto - Caio (73. Toski), Steinhöfer - Liberopoulos, Fenin
Hannover 96: Fromlowitz - Cherundolo, Eggimann, Fahrenhorst, Rausch (84. Zizzo) - B. Schulz (46. Pinto), Balitsch, C. Schulz - Bruggink (74. Yigitusagi), Huszti - Hanke
Tore: 1:0 Liberopoulos (25.), 2:0 Russ (40.), 3:0 Liberopoulos (86.), 4:0 Fenin (90+2.) **Ecken:** 3:5
Schiedsrichter: Perl (München)
Zuschauer: 39.600
Gelb: Bellaid, Fenin **Gelb-Rot:** keine
Rot: keine

VfL Bochum – Hertha BSC Berlin 2:3 (0:3)

VfL Bochum: Fernandes - Pfertzel, Maltritz, Yahia, Bönig (46. C. Fuchs) - Zdebel - Freier, Azaouagh (65. Epalle), Dabrowski - Mieciel, Kaloglu (46. Sestak)
Hertha BSC Berlin: Drobny - Chahed, A. Friedrich, Simunic, Stein - Kacar (73. Lustenberger), Dardai (82. Kaka) - Nicu, Cicero - Raffael, Voronin (82. Pantelic)
Tore: 0:1 Raffael (25.), 0:2 Kacar (33.), 0:3 Cicero (39.), 1:3 Sestak (50.), 2:3 Mieciel (74.) **Ecken:** 12:7
Schiedsrichter: Weiner (Giesen)
Zuschauer: 18.248
Gelb: Freier - Simunic **Gelb/Rot:** keine
Rot: keine

DSC Arminia Bielefeld – Bayer 04 Leverkusen 2:1 (0:0)

DSC Arminia Bielefeld: Eilhoff - Lamey, Herzig, Kucera, Schuler - Marx, Kauf - Kirch, Katongo (46. Halfar), Kamper (81. Mijatovic) - Wichniarek (90+1. Aigner)
Bayer 04 Leverkusen: Adler - Sarpei (67. Dum), M. Friedrich, Henrique, Kadlec - Rolfes - Augusto, Vidal (72. Gekas), Barnetta - Helmes, Kießling
Tore: 1:0 Wichniarek (53.), 2:0 Halfar (69.), 2:1 Helmes (78.) **Ecken:** 4:10
Schiedsrichter: Seemann (Essen)
Zuschauer: 20.700
Gelb: Kauf, Eilhoff - Rolfes
Gelb-Rot: keine **Rot:** Dum (87.)

1. FC Köln – 1899 Hoffenheim 1:3 (0:1)

1. FC Köln: Mondragon - McKenna, Geromel, Mohamad, Wome - Petit, Pezzoni - Vucicevic (62. Radu), Antar (69. M. Matip), Chihi (62. Sanou) - Novakovic
1899 Hoffenheim: Haas - Janker (84. Nilsson), Jaissle, Compper, Löw - Gustavo - Weis (90+1. Teber), Eduardo (72. Vorsah), Salihovic - Ba, Ibisevic
Tore: 0:1 Ba (32.), 0:2 Ibisevic (67.), 1:2 Petit (78.), 1:3 Ibisevic (88.)
Ecken: 3:6
Schiedsrichter: Aytekin (Oberasbach)
Zuschauer: 50.000 (ausverkauft)
Gelb: Mohamad, Mondragon, Antar - Löw, Jaissle, Salihovic
Gelb-Rot: Gustavo (56.)
Rot: McKenna (52.)

Hamburger SV – Werder Bremen 2:1 (1:1)

Hamburger SV: F. Rost - J. Boateng, Reinhardt, Mathijsen, Jansen (73. Aogo) - Demel (59. Benjamin), Alex Silva - Guerrero, Trochowski - Petric (90. Pitroipa), Olic
Werder Bremen: Wiese - Pasanen, Mertesacker, Naldo, Tosic - Baumann - Frings, Diego, Hunt (86. Rosenberg) - Pizarro, Almeida
Tore: 1:0 Guerrero (6.), 1:1 Diego (24.), 2:1 Olic (74.) **Ecken:** 3:6
Schiedsrichter: Kircher (Rottenburg)
Zuschauer: 56.121
Gelb: Alex Silva, J. Boateng, Reinhardt - Baumann, Diego
Gelb-Rot: keine **Rot:** keine

BUNDESLIGA

Markus Babbel mit Traumdebüt – FC Bayern wieder im Geschäft

Als Nachfolger von Trainer Armin Veh gelingt Teamchef Markus Babbel beim VfB Stuttgart ein gelungener Einstand auf der Bank. Der Europameister von 1996 schafft mit den Schwaben in der Mercedes-Benz Arena einen 2:0-Erfolg gegen den FC Schalke 04.

Abwehrspieler Bastian Reinhardt vom HSV muss sich ziemlich strecken, um gegen den Bochumer Joel Epalle (rechts) zu bestehen.

Markus Babbel feiert ein Traumdebüt als neuer Teamchef des VfB Stuttgart und Nachfolger von Cheftrainer Armin Veh. Seit fünf Begegnungen sind die Schwaben zuvor ohne Sieg geblieben. Gegen den FC Schalke 04 gelingt nun im ersten Spiel unter der Regie des 51-fachen Nationalspielers mit einem 2:0 gegen den FC Schalke 04 gleich ein voller Erfolg.

Allerdings müssen die Stuttgarter Fans in der ausverkauften Mercedes-Benz Arena lange zittern. Denn die Schalker sind über lange Zeit die aktivere Mannschaft. Erst trifft Jermaine Jones nur den Pfosten, dann scheitert Jefferson Farfan mit einem Elfmeter an Ex-Nationaltorhüter Jens Lehmann. Elf Minuten vor Spielende besorgt Jan Simak schließlich die Führung für die Stuttgarter, die Torjäger Mario Gomez wenig später ausbaut. „Bis auf eine Viertelstunde im ersten Durchgang haben wir so gespielt, wie ich mir das vorgestellt habe", sagt Babbel zufrieden. Aber er fügt hinzu: „Trotz allem liegt noch viel Arbeit vor uns."

Schalkes Trainer Fred Rutten ist nach der dritten Niederlage aus den letzten vier Begegnungen enttäuscht: „Es tut weh, dass man ein Spiel wie heute verliert. Wir hätten mehr verdient gehabt, als mit leeren Händen nach Hause zu fahren." Die „Königsblauen" haben jetzt sechs Punkte Rückstand auf einen Platz, der den Sprung auf die europäische Bühne bedeutet. Und die Differenz zur Tabellenspitze beträgt schon 13 Zähler. Auf Tuchfühlung nach ganz oben bleibt weiterhin Hertha BSC. Den Berlinern gelingt mit einem 2:1 gegen den 1. FC Köln schon der neunte „Dreier" in der laufenden Saison. Dafür sorgt der eingewechselte Marko Pantelic mit seinem vierten Saisontreffer.

DATEN & FAKTEN

Zuschauer gesamt	342.819
pro Spiel	38.091
Tore gesamt	26
Elfmeter	4
Eigentore	1
Gelbe Karten	31
Gelb-Rote Karten	0
Rote Karten	0

Hertha BSC Berlin – 1. FC Köln 2:1 (1:1)

Hertha BSC Berlin: Drobny - Chahed, A. Friedrich, Simunic, Stein - Dardai, Kacar - Nicu, Cicero (70. Pantelic) - Raffael (82. Ebert), Voronin (82. Domovchiyski)
1. FC Köln: Mondragon - Brecko, Geromel, Mohamad, Wome - Petit, Pezzoni - Broich, Ehret (78. Radu) - Chihi (74. Ishiaku), Novakovic
Tore: 1:0 Kacar (24.), 1:1 Novakovic (45.), 2:1 Pantelic (86.) **Ecken:** 8:4
Schiedsrichter: Wagner (Hofheim)
Zuschauer: 40.704 **Gelb:** Petit
Gelb-Rot: keine **Rot:** keine

Werder Bremen – Eintracht Frankfurt 5:0 (3:0)

Werder Bremen: Vander - Fritz, Mertesacker, Naldo, Tosic - Baumann (80. Husejinovic) - Frings (73. Vranjes), Diego, Hunt - Pizarro (67. Rosenberg), Almeida
Eintracht Frankfurt: Pröll - Ochs, Russ, Bellaid, Köhler - Steinhöfer, Fink, Inamoto, Toski - Liberopoulos - Fenin
Tore: 1:0 Pizarro (11.), 2:0 Pizarro (20.), 3:0 Diego (44., Foulelfmeter), 4:0 Pizarro (62.), 5:0 Hunt (75.) **Ecken:** 8:4
Schiedsrichter: Fleischer (Sigmertshausen) **Zuschauer:** 40.087
Gelb: Fritz - Inamoto, Fenin
Gelb-Rot: keine **Rot:** keine

Bayer 04 Leverkusen – FC Bayern München 0:2 (0:0)

Bayer 04 Leverkusen: Adler - Castro, M. Friedrich, Henrique, Kadlec - Rolfes - Augusto (83. Gekas), Vidal (46. Sarpei), Barnetta - Helmes, Kießling
FC Bayern München: Rensing - Oddo, Lucio, van Buyten, Lahm - Ottl, Zé Roberto - Schweinsteiger, Ribéry - Toni (75. Borowski), Klose
Tore: 0:1 Toni (59.), 0:2 Klose (82.)
Ecken: 7:7
Schiedsrichter: Fandel (Kyllburg)
Zuschauer: 21.100 (ausverkauft)
Gelb: Vidal, Henrique - Toni, Ottl
Gelb-Rot: keine **Rot:** keine

Hannover 96 – Karlsruher SC 3:2 (3:0)

Hannover 96: Fromlowitz - Cherundolo (46. B. Schulz), C. Schulz, Fahrenhorst, Rausch - Yankov - Balitsch, Bruggink (90+1. Eggimann), Huszti - Forssell (81. Pinto), Hanke
Karlsruher SC: Miller - Celozzi, Sebastian, Stoll, Eichner - Staffeldt (79. Buck), Mutzel - Stindl, da Silva - Freis (73. Kennedy), Kapllani (73. Timm)
Tore: 1:0 Hanke (12.), 2:0 Hanke (18.), 3:0 Forssell (44.), 3:1 da Silva (48., Foulelfmeter), 3:2 Stindl (87.) **Ecken:** 3:9
Schiedsrichter: Kircher (Rottenburg)
Zuschauer: 32.417 **Gelb:** Mutzel, Stindl
Gelb-Rot: keine **Rot:** keine

Der Karlsruher Michael Mutzel (links) kann auch mit energischem Einsatz nicht verhindern, dass Arnold Bruggink von Hannover 96 ihm mit dem Ball am Fuß enteilt.

Wieder voll im Geschäft ist auch der FC Bayern. Durch das 2:0 bei Bayer 04 Leverkusen sind die Münchner jetzt der direkte Verfolger von 1899 Hoffenheim. 22 Punkte hat der Deutsche Meister in den vergangenen acht Bundesliga-Begegnungen gesammelt, die beste Ausbeute aller Clubs. Leverkusen ist zwar in der ersten halben Stunde spielbestimmenc und kommt durch Henrique sogar zu einem Lattentreffer. Doch der FC Bayern stellt einmal mehr seine Kaltschnäuzigkeit unter Bewe s. Luca Toni und Miroslav Klose sorgen für einen schließlich ungefährdeten Erfolg des Rekordmeisters. „Wir haben einen holprigen Start in der Bundesliga hingelegt, auch bedingt durch die Vorbereitung, aber jetzt haben wir Fahrt aufgenommen", sagt Bayern-Trainer Jürgen Klinsmann.

Spitzenreiter 1899 Hoffenheim bewahrt auch im achten Heimspiel seine fast weiße Weste im eigenen Stadion. Durch den 3:0-Sieg gegen Arminia Bielefeld hat der Aufsteiger nun schon 22 Punkte im Mannheimer Carl-Benz-Stadion geholt. Das neuerliche Erfolgserlebnis und die insgesamt positive Entwicklung seiner jungen Mannschaft sorgt auch bei Trainer Ralf Rangnick für große Zufriedenheit: „Momentan haben wir eine richtig gute Konstanz."

DER TORSCHÜTZE DES SPIELTAGES

„Wenn man seine Leistungen in dieser Saison anschaut, kann man sehr zufrieden sein. Wir wissen, welchen großartigen Fußballer wir mit ihm in unseren Reihen haben." Größer kann das Lob von Werder Bremens Trainer Thomas Schaaf für seinen Torjäger Claudio Pizarro (30, Foto) kaum ausfallen. Gleich drei Tore steuert er zum 5:0 gegen Eintracht Frankfurt bei, bevor er in der 62. Minute ausgewechselt wird. Der Peruaner, den Werder bis Saisonende vom FC Chelsea ausgeliehen hat, wird für Bremen immer wichtiger. Bei nur zwölf Bundesliga-Einsätzen hat der Heimkehrer – Pizarro spielte bereits von 1999 bis 2001 für die Bremer – schon zehn Treffer erzielt. Geschäftsführer Klaus Allofs ist sich sicher: „Claudio wird noch eine Menge Tore für uns schießen."

15. SPIELTAG

RESULTATE

Freitag, 28.11.2008	Hertha BSC Berlin - 1. FC Köln	2:1	(1:1)
Samstag, 29.11.2008	Werder Bremen - Eintr. Frankfurt	5:0	(3:0)
	Bayer Leverkusen - Bayern München	0:2	(0:0)
	Hannover 96 - Karlsruher SC	3:2	(3:0)
	B. M'gladbach - FC Energie Cottbus	1:3	(0:1)
	1899 Hoffenheim - Arminia Bielefeld	3:0	(2:0)
Sonntag, 30.11.2008	VfB Stuttgart - FC Schalke 04	2:0	(0:0)
	VfL Bochum - Hamburger SV	1:1	(1:0)
	Borussia Dortmund - VfL Wolfsburg	0:0	

TORJÄGER

Vedad Ibisevic	1899 Hoffenheim	17
Patrick Helmes	Bayer 04 Leverkusen	11
Grafite	VfL Wolfsburg	11
Claudio Pizarro	Werder Bremen	10
Artur Wichniarek	DSC Arminia Bielefeld	9
Milivoje Novakovic	1. FC Köln	9
Diego	Werder Bremen	8
Mario Gomez	VfB Stuttgart	7
Luca Toni	FC Bayern München	7

PERSONALIEN

In seinem 250. Bundesliga-Spiel erzielt Nationalstürmer **Miroslav Klose** (30) vom FC Bayern München sein 113. Tor im „Oberhaus".

Nach 987 Tagen Pause gelingt **Francisco Copado** (34) für 1899 Hoffenheim per Strafstoß wieder ein Bundesliga-Tor – sein siebtes insgesamt. Zuletzt hat er in der Saison 2005/06 einen Treffer für Eintracht Frankfurt erzielt.

Aufgrund einer Mandeloperation fällt **Boubacar Sanogo** (25) bei Werder Bremen vorläufig aus.

TABELLE

Rang	Club	Sp.	g	u	v	Tore	Diff.	Pkt.	
1	1899 Hoffenheim	15	11	1	3	40:20	20	34	→
2	FC Bayern München	15	9	4	2	35:21	14	31	↗
3	Hertha BSC Berlin	15	9	3	3	23:19	4	30	↗
4	Bayer 04 Leverkusen	15	9	1	5	32:19	13	28	↘
5	Hamburger SV	15	8	3	4	23:23	0	27	→
6	Borussia Dortmund	15	6	7	2	25:18	7	25	→
7	Werder Bremen	15	6	5	4	37:26	11	23	↗
8	VfL Wolfsburg	15	6	5	4	32:22	10	23	→
9	FC Schalke 04	15	6	5	4	22:15	7	23	↘
10	VfB Stuttgart	15	6	3	6	21:21	0	21	↗
11	1. FC Köln	15	6	1	8	16:22	-6	19	↘
12	Eintracht Frankfurt	15	4	4	7	19:28	-9	16	→
13	Hannover 96	15	4	4	7	18:29	-11	16	→
14	DSC Arminia Bielefeld	15	2	6	7	14:26	-12	12	→
15	FC Energie Cottbus	15	3	3	9	11:25	-14	12	↗
16	VfL Bochum	15	1	8	6	18:24	-6	11	→
17	Bor. Mönchengladbach	15	3	2	10	16:30	-14	11	↘
18	Karlsruher SC	15	3	1	11	14:28	-14	10	↘

Borussia Mönchengladbach – FC Energie Cottbus 1:3 (0:1)

Borussia M'gladbach: Gospodarek - Gohouri, Paauwe, Daems, Voigt - Alberman (46. Jantschke), Bradley (70. Colautti) - Ndjeng (46. Matmour), Baumjohann, Marin - Friend
FC Energie Cottbus: Tremmel - Radeljic, Kukielka, Cagdas, Ziebig (83. Angelov) - T. Rost, Kurth - Sörensen, Skela, Iliev (60. Pavicevic) - Rangelov (72. Jula)
Tore: 0:1 Bradley (17., Eigentor), 0:2 Sörensen (51.), 1:2 Gohouri (59.), 1:3 Jula (85.) **Ecken:** 5:5
Schiedsrichter: Sippel (München)
Zuschauer: 36.454
Gelb: Baumjohann, Gohouri, Marin - Ziebig, Radeljic, Tremmel, Jula, Kurth
Gelb-Rot: keine **Rot:** keine

1899 Hoffenheim – DSC Arminia Bielefeld 3:0 (2:0)

1899 Hoffenheim: Haas - Beck, Jaissle, Compper, Ibertsberger - Vorsah - Weis, Eduardo (71. Copado) - Teber (84. Janker), Ibisevic (84. Wellington), Ba
DSC Arminia Bielefeld: Eilhoff - Lamey, Herzig, Kucera, Rau (76. Mijatovic) - Marx (63. Tesche), Kauf - Kirch, Halfar, Kamper (63. Katongo) - Wichniarek
Tore: 1:0 Ibisevic (5.), 2:0 Eduardo (11.), 3:0 Copado (89., Foulelfmeter)
Ecken: 9:3
Schiedsrichter: Weiner (Giesen)
Zuschauer: 26.000
Gelb: Compper - Marx, Herzig
Gelb-Rot: keine **Rot:** keine

VfB Stuttgart – FC Schalke 04 2:0 (0:0)

VfB Stuttgart: J. Lehmann - Osorio, Tasci, Boulahrouz, Boka - Pardo, Hitzlsperger (73. Simak) - Hilbert, Khedira (85. Träsch) - Gomez, Marica (57. Cacau)
FC Schalke 04: Neuer - Rafinha, Westermann, Bordon (37. Höwedes), Pander - Jones, Ernst, Engelaar - Farfan, Kuranyi, Halil Altintop (69. Asamoah)
Tore: 1:0 Simak (79.), 2:0 Gomez (83.)
Besonderes Vorkommnis: J. Lehmann hält Foulelfmeter von Farfan (16.)
Ecken: 6:1
Schiedsrichter: Stark (Ergolding)
Zuschauer: 55.800 (ausverkauft)
Gelb: Boulahrouz - Jones, Höwedes
Gelb-Rot: keine **Rot:** keine

VfL Bochum – Hamburger SV 1:1 (1:0)

VfL Bochum: Fernandes - Schröder, Maltritz, Yahia (41. Mavraj), C. Fuchs - Zdebel - Freier, Epalle, Dabrowski (73. Grote) - Mieciel (80. Azaouagh), Sestak
Hamburger SV: F. Rost - J. Boateng (58. Olic), Reinhardt, Mathijsen, Aogo - Jarolim, Alex Silva - Demel, Jansen (65. Neves) - Guerrero (85. Trochowski), Petric
Tore: 1:0 Sestak (39.), 1:1 Olic (70.)
Ecken: 5:8
Schiedsrichter: Brych (München)
Zuschauer: 23.157
Gelb: Dabrowski, Freier, Sestak
Gelb-Rot: keine **Rot:** keine

Borussia Dortmund – VfL Wolfsburg 0:0

Borussia Dortmund: Weidenfeller - Lee, Subotic, Hummels, Schmelzer - Tinga - Kringe, Hajnal, Sahin (71. Buckley) - Frei (77. Sadrijaj), Zidan (57. Blaszczykowski)
VfL Wolfsburg: Benaglio - Riether, Costa, Barzagli, Schäfer - Zaccardo, Josue - Dejagah (74. Hasebe), Misimovic, Gentner (57. Krzynowek, 90+3. Simunek) - Dzeko
Tore: keine **Ecken:** 3:8
Schiedsrichter: Gräfe (Berlin)
Zuschauer: 67.100
Gelb: Sahin, Kringe - Zaccardo, Dzeko
Gelb-Rot: keine **Rot:** keine

Topspiel in München als Werbung für die Bundesliga

Späte Entscheidung in München: Luca Toni feiert sein Tor zum 2:1 gegen 1899 Hoffenheim zusammen mit Zé Roberto und Mark van Bommel (von links) sowie mit Miroslav Klose, Massimo Oddo und Tim Borowski (von rechts).

Wer hätte das vor der Saison gedacht? Das Spiel zwischen dem Deutschen Meister und dem Klassenneuling wird zum absoluten Topspiel der Bundesliga. In der Münchner Allianz Arena kommt es zum Aufeinandertreffen von Verfolger FC Bayern und Tabellenführer 1899 Hoffenheim. Ein Spiel, das in 168 Länder weltweit im Fernsehen übertragen wird. Und ein Spitzenspiel, das den Namen wahrlich verdient hat – tolle Werbung für die Bundesliga. Die auf dem Papier eigentlich so ungleiche Paarung überstrahlt das restliche Programm – sogar den 3:1-Erfolg des Drittplatzierten Bayer 04 Leverkusen beim Tabellenletzten Borussia Mönchengladbach, bei dem Stefan Kießling zwei Tore selbst erzielt und den dritten Treffer durch Patrick Helmes vorbereitet.

„Hoffenheim ist die beste Mannschaft in der Bundesliga, die gegen uns gespielt hat", verneigt sich Bayern-Trainer Jürgen Klinsmann nach dem Aufeinandertreffen vor dem Aufsteiger. Denn das Sensationsteam hat dem Rekordmeister zuvor über neunzig Minuten alles abverlangt – und muss sich am Ende nur äußerst unglücklich geschlagen geben. Denn

Vedad Ibisevic trifft zum 1:0 für 1899 Hoffenheim. Torhüter Michael Rensing und Daniel van Buyten (5) sind chancenlos.

DATEN & FAKTEN

Zuschauer gesamt	359.420
pro Spiel	39.936
Tore gesamt	22
Elfmeter	2
Eigentore	1
Gelbe Karten	39
Gelb-Rote Karten	0
Rote Karten	3

FC Bayern München – 1899 Hoffenheim 2:1 (0:0)

FC Bayern München: Rensing - Oddo, Lucio, van Buyten, Lahm - van Bommel, Ze Roberto - Schweinsteiger (61. Borowski), Ribery - Toni, Klose
1899 Hoffenheim: Haas - Beck, Jaissle, Compper, Ibertsberger - Gustavo - Weis, Eduardo (90+2. Vorsah) - Obasi (74. Salihovic), Ibisevic, Ba
Tore: 0:1 Ibisevic (49.), 1:1 Lahm (60.), 2:1 Toni (90+2.) **Ecken:** 3:4
Schiedsrichter: Meyer (Burgdorf)
Zuschauer: 69.000 (ausverkauft)
Gelb: Ze Roberto, Rensing, Borowski - Ba, Obasi, Beck
Gelb-Rot: keine **Rot:** keine

FC Schalke 04 – Hertha BSC Berlin 1:0 (0:0)

FC Schalke 04: Neuer - Rafinha, Höwedes, Krstajic, Westermann - Ernst - Jones, Engelaar - Asamoah (90. Kobiashvili), Kuranyi (46. Halil Altintop), Farfan
Hertha BSC Berlin: Drobny - A. Friedrich, Kaka, Simunic, Stein (71. Pantelic) - Kacar, Dardai - Nicu, Cicero - Voronin (77. Chermiti), Raffael (63. Domovchiyski)
Tor: 1:0 Asamoah (65.) **Ecken:** 7:1
Schiedsrichter: Kempter (Sauldorf)
Zuschauer: 60.999 **Gelb:** Jones - Stein, Simunic, Cicero
Gelb-Rot: keine **Rot:** keine

Eintracht Frankfurt – VfL Bochum 4:0 (2:0)

Eintracht Frankfurt: Pröll - Ochs, Russ, Bellaid, Köhler - Fink, Inamoto (46. Mahdavikia), Steinhöfer (89. Krük) - Liberopoulos, Caio (87. Tsoumou) - Fenin
VfL Bochum: Fernandes - Schröder, Maltritz, Mavraj, C. Fuchs - Zdebel - Freier (67. Pfertzel), Epalle (6. Renno), Azaouagh (60. Grote) - Mieciel, Sestak
Tore: 1:0 Liberopoulos (7., Foulelfmeter), 2:0 Liberopoulos (43.), 3:0 Steinhöfer (62.), 4:0 Russ (64.) **Ecken:** 5:3
Schiedsrichter: Schmidt (Stuttgart)
Zuschauer: 39.400 **Gelb:** Fink, Steinhöfer - Zdebel, Azaouagh, Freier
Gelb-Rot: keine **Rot:** Fernandes (5.)

Karlsruher SC – Werder Bremen 1:0 (0:0)

Karlsruher SC: Miller - Celozzi (59. Görlitz), Stoll, Buck, Eichner - Aduobe - Staffeldt, Stindl (80. Porcello), da Silva - Freis, Kapllani (77. Kennedy)
Werder Bremen: Wiese - Fritz, Mertesacker, Naldo (46. Özil), Tosic (87. Prödl) - Baumann - Frings, Diego, Hunt - Pizarro, Almeida (34. Rosenberg)
Tor: 1:0 Buck (83.) **Ecken:** 5:5
Schiedsrichter: Winkmann (Kerken)
Zuschauer: 29.373
Gelb: da Silva, Kapllani, Stoll - Tosic
Gelb-Rot: keine **Rot:** Pizarro (90.)

Stefan Kießling von Bayer 04 Leverkusen trumpft groß auf, erzielt zwei Tore in Mönchengladbach. Auch der Borusse Patrick Paauwe (hinten) hat mit dem quicklebendigen Bayer-Stürmer seine liebe Mühe.

erst in der zweiten Minute der Nachspielzeit gelingt dem italienischen Weltmeister im Trikot des FCB, Luca Toni, der 2:1-Siegtreffer für die Münchner.

Davor sehen die 69.000 Zuschauer eine packende Auseinandersetzung auf technisch, spielerisch und kämpferisch höchstem Niveau, in der die Gäste zumindest zeitweise den Ton angeben. Schon vor der Halbzeit hat Torjäger Vedad Ibisevic zwei Mal die Führung auf dem Fuß. Nach dem Wechsel macht es der Bosnier besser und trifft zum 1:0 – schon sein 18. Saisontor.

Eine überragende Einzelleistung von Nationalspieler Philipp Lahm bringt den Ausgleich für den FC Bayern. Nach einem tollen Sololauf des Linksverteidigers fälscht Hoffenheims Marvin Compper den Schuss des 25-Jährigen unhaltbar für Torwart Daniel Haas zum 1:1-Ausgleich ab. Noch bitterer für die Hoffenheimer: Am Ende stehen sie trotz großer Leistung sogar mit ganz leeren Händen da, weil Toni eine unglückliche Aktion des Österreichers Andreas Ibertsberger eiskalt zum späten Siegtreffer nutzt.

Erstmals in dieser Saison unterliegt der Aufsteiger damit in einem Spiel, in dem er 1:0 geführt hat. „Wenn man das Spiel so verliert, ist das schon brutal", ärgert sich Trainer Ralf Rangnick. Zumal der Drei-Punkte-Vorsprung auf die Bayern, die bereits zum vierten Mal in dieser Saison ein 0:1 noch in einen Sieg verwandeln können, damit aufgebraucht ist. Immerhin: Dank der um vier Treffer besseren Tordifferenz bleiben die Hoffenheimer Spitzenreiter. Und sie werden mit Lob nur so überschüttet. „Diese Mannschaft steht nicht zu unrecht da oben", sagt Karl-Heinz Rummenigge, der Vorstandsvorsitzende des FC Bayern. „Hoffenheim wird bis zum Schluss oben dabeibleiben. Dieses Team hat Substanz, Konstanz und wird noch dazulernen."

DER SPIELER DES SPIELTAGES

Hinten souverän abgeräumt, nach vorne gekonnt die Bälle verteilt – und am Ende sogar noch selbst zum Endstand getroffen. Sami Khedira (21, Foto) ist beim 3:0-Sieg des VfB Stuttgart in Cottbus der überragende Spieler auf dem Platz. Immer mehr entwickelt sich das Stuttgarter Eigengewächs in seiner dritten Bundesliga-Saison zum wirkungsvollen Antreiber im Mittelfeld bei den Schwaben. Sportdirektor Horst Heldt lobt die „Allzweckwaffe", wie Khedira im Jahrbuch des Clubs genannt wird: „Er spielt eine große Rolle in unseren Plänen." Und hat schon eine lange Vergangenheit beim VfB, zu dem er 1995 vom TV Oeffingen gekommen und vor der Deutschen Meisterschaft 2007 auch schon Titelträger mit den B- und A-Junioren geworden war.

16. SPIELTAG

RESULTATE

Freitag, 05.12.2008	Bayern München - 1899 Hoffenheim	2:1	(0:0)
Samstag, 06.12.2008	FC Schalke 04 - Hertha BSC Berlin	1:0	(0:0)
	Eintracht Frankfurt - VfL Bochum	4:0	(2:0)
	Karlsruher SC - Werder Bremen	1:0	(0:0)
	FC Energie Cottbus - VfB Stuttgart	0:3	(0:1)
	Arminia Bielefeld - Bor. Dortmund	0:0	
	Bor. M'gladbach - Bayer Leverkusen	1:3	(0:2)
Sonntag, 07.12.2008	VfL Wolfsburg - Hannover 96	2:1	(1:0)
	1. FC Köln - Hamburger SV	1:2	(0:2)

TORJÄGER

Vedad Ibisevic	1899 Hoffenheim	18
Patrick Helmes	Bayer 04 Leverkusen	12
Grafite	VfL Wolfsburg	11
Claudio Pizarro	Werder Bremen	10
Milivoje Novakovic	1. FC Köln	10
Artur Wichniarek	DSC Arminia Bielefeld	9
Stefan Kießling	Bayer 04 Leverkusen	8
Diego	Werder Bremen	8
Luca Toni	FC Bayern München	8

PERSONALIEN

Nach einem Platzverweis für Torhüter Florian Fromlowitz („Notbremse") steht Feldspieler **Jan Rosenthal** (22) bei Hannover 96 zwischen den Pfosten, weil das Auswechselkontingent schon ausgeschöpft ist – und pariert sogleich den Foulelfmeter des Wolfsburgers Edin Dzeko.

Schon in der 5. Spielminute erhält Torhüter **Daniel Marcio Fernandez** (25) vom VfL Bochum wegen einer „Notbremse" gegen Martin Fenin im Spiel bei Eintracht Frankfurt die Rote Karte – der schnellste Platzverweis für einen Keeper in der Bundesliga-Geschichte.

TABELLE

Rang	Club	Sp.	g	u	v	Tore	Diff.	Pkt.	
1	1899 Hoffenheim	16	11	1	4	41:22	19	34	→
2	FC Bayern München	16	10	4	2	37:22	15	34	→
3	Bayer 04 Leverkusen	16	10	1	5	35:20	15	31	↗
4	Hertha BSC Berlin	16	9	3	4	23:20	3	30	↘
5	Hamburger SV	16	9	3	4	25:24	1	30	→
6	VfL Wolfsburg	16	7	5	4	34:23	11	26	↗
7	FC Schalke 04	16	7	5	4	23:15	8	26	↗
8	Borussia Dortmund	16	6	8	2	25:18	7	26	↘
9	VfB Stuttgart	16	7	3	6	24:21	3	24	↗
10	Werder Bremen	16	6	5	5	37:27	10	23	↘
11	Eintracht Frankfurt	16	5	4	7	23:28	-5	19	↗
12	1. FC Köln	16	6	1	9	17:24	-7	19	↘
13	Hannover 96	16	4	4	8	19:31	-12	16	→
14	DSC Arminia Bielefeld	16	2	7	7	14:26	-12	13	→
15	Karlsruher SC	16	4	1	11	15:28	-13	13	↗
16	FC Energie Cottbus	16	3	3	10	11:28	-17	12	↘
17	VfL Bochum	16	1	8	7	18:28	-10	11	↘
18	Bor. Mönchengladbach	16	3	2	11	17:33	-16	11	↘

FC Energie Cottbus – VfB Stuttgart 0:3 (0:1)

FC Energie Cottbus: Tremmel - Radeljic, Kukielka, Cagdas, Ziebig - T. Rost, Kurth (46. Angelov) - Sörensen (55. Jula), Skela, Iliev (81. Jelic) - Rangelov
VfB Stuttgart: J. Lehmann - Osorio, Tasci, Boulahrouz, Boka - Khedira, Hitzlsperger - Hilbert (87. Elson), Simak (67. Lanig) - Cacau, Marica (80. Schieber)
Tore: 0:1 Hilbert (4.), 0:2 Simak (63.), 0:3 Khedira (68.) **Ecken:** 9:2
Schiedsrichter: Drees (Münster-Sarmsheim)
Zuschauer: 13.527 **Gelb:** Kurth, T. Rost, Cagdas - Boka, Marica
Gelb-Rot: keine **Rot:** keine

DSC Arminia Bielefeld – Borussia Dortmund 0:0

DSC Arminia Bielefeld: Eilhoff - Lamey, Herzig (46. Bollmann), Mijatovic, Schuler - Kauf - Kirch (76. Katongo), Marx, Tesche (46. Kamper) - Wichniarek, Halfar
Borussia Dortmund: Weidenfeller - Owomoyela, F. Santana, Subotic, Lee - Hummels - Tinga, Hajnal, Kringe (79. Klimowicz) - Frei, Zidan (46. Blaszczykowski)
Tore: keine **Ecken:** 8:2
Schiedsrichter: Perl (München)
Zuschauer: 25.400
Gelb: Lamey - F. Santana, Owomoyela, Hummels
Gelb-Rot: keine **Rot:** keine

Borussia Mönchengladbach – Bayer 04 Leverkusen 1:3 (0:2)

Borussia M'gladbach: Heimeroth - Levels, Gohouri, Daems, Dorda - Jantschke - Alberman (46. Baumjohann), Marin, Paauwe (63. Bradley) - Friend (82. Matmour), Colautti
Bayer 04 Leverkusen: Adler - Castro, M. Friedrich, Henrique, Kadlec - Rolfes - Barnetta, Augusto (87. Hegeler), Dum (67. Djakpa) - Kießling, Helmes (87. Gekas)
Tore: 0:1 Kießling (25.), 0:2 Kießling (37.), 0:3 Helmes (54.), 1:3 Jantschke (61.) **Ecken:** 6:3
Schiedsrichter: Stark (Ergolding)
Zuschauer: 44.161 **Gelb:** Paauwe, Daems, Baumjohann - Kadlec
Gelb-Rot: keine **Rot:** keine

VfL Wolfsburg – Hannover 96 2:1 (1:0)

VfL Wolfsburg: Benaglio - Hasebe, Costa, Barzagli, Schäfer - Zaccardo, Josue - Dejagah (46. Saglik, 71. Krzynowek), Misimovic, Gentner (90+1. Madlung) - Dzeko
Hannover 96: Fromlowitz - Balitsch (46. B. Schulz), Fahrenhorst, C. Schulz, Rausch - Rosenthal, Yankov (41. Pinto) - Stajner, Huszti (79. Bruggink) - Forssell, Hanke
Tore: 1:0 Zaccardo (32.), 1:1 Stajner (59.), 2:1 Stajner (63., Eigentor)
Besonderes Vorkommnis: Rosenthal hält Foulelfmeter von Dzeko (82.)
Ecken: 8:3 **Schiedsrichter:** Kinhöfer (Herne) **Zuschauer:** 27.560
Gelb: Dejagah, Costa - Stajner, C. Schulz
Gelb-Rot: keine **Rot:** Fromlowitz (80.)

1. FC Köln – Hamburger SV 1:2 (0:2)

1. FC Köln: Mondragon - Brecko, Geromel, Mohamad, Wome - Petit, Pezzoni (46. Ishiaku) - Broich (80. Vucicevic), Antar, Ehret (71. Sanou) - Novakovic
Hamburger SV: F. Rost - J. Boateng, Demel, Mathijsen, Aogo - Alex Silva (3. Benjamin) - Jarolim, Trochowski, Jansen - Petric (78. Guerrero), Olic
Tore: 0:1 Petric (15.), 0:2 Petric (31.), 1:2 Novakovic (83.) **Ecken:** 9:5
Schiedsrichter: Gräfe (Berlin)
Zuschauer: 50.000 (ausverkauft)
Gelb: Petit - Benjamin, Demel
Gelb-Rot: keine **Rot:** keine

Hoffenheim ist Herbstmeister – Großer Schritt von Hertha BSC

Maskottchen „Hoffi" bekommt die Freude beim Neuling über die Herbstmeisterschaft zu spüren, wird fast erdrückt von den Spielern, die sich auf ihren T-Shirts bei den Fans im Ausweichquartier in Mannheim für die Unterstützung während der Hinrunde bedanken. Nach der Winterpause wird Hoffenheim in der neuen Rhein-Neckar-Arena zu Hause sein.

Als inoffizieller Herbstmeister geht 1899 Hoffenheim in die Winterpause. Der Mannschaft von Trainer Ralf Rangnick reicht ein 1:1 gegen den FC Schalke 04, um Platz eins vor dem FC Bayern München zu verteidigen und sich erst als zweiter Aufsteiger nach dem 1. FC Kaiserslautern 1997/98 die Herbstmeisterschaft zu sichern. Doch so spannend und ausgeglichen ist der Titelkampf in der Bundesliga selten gewesen. Denn Spitzenreiter Hoffenheim und den Tabellenfünften Bayer Leverkusen trennen nach Ende der Hinrunde gerade einmal drei Punkte.

Der Deutsche Meister FC Bayern verpasst nach seiner eindrucksvollen Aufholjagd mit zuletzt 25 Punkten in neun Spielen den Sprung an die Tabellenspitze nur knapp. Bis in die Nachspielzeit führen die Münchner beim VfB Stuttgart durch Tore von Tim Borowski und Luca Toni mit 2:1. Dann trifft Stuttgarts Sami Khedira nach einer Ecke doch noch zum Ausgleich. Der Mittelfeldspieler hat zuvor schon das 1:0 für die Schwaben erzielt – in der Nachspielzeit der ersten Hälfte.

Bayern-Trainer Jürgen Klinsmann ist dennoch zufrieden: „Meine Mannschaft hat mit einer großen Energieleistung das 0:1 gedreht. Nach dem 2:1 hatte ich das Gefühl, dass wir das Spiel nach Hause bringen. Was die Mannschaft die letzten drei Monate geleistet hat, war sensationell. Sie hat sich den Urlaub jetzt wohl verdient." Die Münchner bleiben damit punktgleich mit Hoffenheim Tabellenzweiter, weisen lediglich eine um vier Treffer schlechtere Tordifferenz auf.

In der Spitzengruppe kann sich auch der Hamburger SV behaupten. Stürmer Mladen Petric sichert den Hanseaten mit seinem 1:0 den Erfolg gegen Eintracht Frankfurt. Der aus Dortmund gekommene Stürmer erzielt damit zum fünften Mal in der laufenden Saison den Siegtreffer für den HSV. „Wir sind spielerisch nicht bei einhundert Prozent, aber das konnte auch keiner erwarten", sagt HSV-Trainer Martin Jol. Doch zumindest mit der Punktausbeute in der Hinrunde kann der im Sommer gekommene Coach sehr zufrieden sein: Der HSV hat einen Zähler mehr auf dem Konto als zum gleichen Zeitpunkt in der vergangenen Spielzeit. „Und das ohne Rafael van der Vaart, der vorige Saison an fast fünfzig Prozent aller Tore beteiligt war", betont Jol.

Den größten Schritt nach vorne hat aber Hertha BSC gemacht. Der Hauptstadtclub weist nach dem 4:0-Erfolg gegen den Karlsruher SC gleich 13 Punkte mehr auf als zur

DATEN & FAKTEN

Zuschauer gesamt	381.583
pro Spiel	42.398
Tore gesamt	24
Elfmeter	0
Eigentore	1
Gelbe Karten	25
Gelb-Rote Karten	5
Rote Karten	1

Borussia Dortmund – Bor. Mönchengladbach 2:1 (1:0)

Borussia Dortmund: Weidenfeller - Owomoyela, Subotic, Hummels, Lee - Tinga - Blaszczykowski, Hajnal, Kringe (83. F. Santana) - Frei (46. Sahin), Zidan (87. Klimowicz)
Borussia M'gladbach: Heimeroth - Levels, Gohouri, Brouwers, Dorda (67. van den Bergh) - Paauwe, Jantschke (45+5. Colautti) - Matmour, Bradley (59. Baumjohann), Marin - Friend
Tore: 1:0 Zidan (35.), 2:0 Sahin (56.), 2:1 van den Bergh (80.) **Ecken:** 4:4
Schiedsrichter: Kircher (Rottenburg)
Zuschauer: 79.700
Gelb: Kringe, Blaszczykowski - Marin, Bradley **Gelb-Rot:** Hajnal (38.)
Rot: keine

Werder Bremen – VfL Wolfsburg 2:1 (1:1)

Werder Bremen: Wiese - Fritz, Mertesacker, Prödl (81. Naldo), Boenisch - Frings - Vranjes (64. D. Jensen), Özil, Hunt - Rosenberg, Husejinovic (76. Niemeyer)
VfL Wolfsburg: Benaglio - Hasebe (46. Riether), Costa, Barzagli, Schäfer - Zaccardo (60. Madlung), Josue - Dejagah, Misimovic, Gentner (79. Saglik) - Dzeko
Tore: 0:1 Gentner (3.), 1:1 Mertesacker (27.), 2:1 Josue (63., Eigentor)
Ecken: 7:3
Schiedsrichter: Sippel (München)
Zuschauer: 40.008
Gelb: Boenisch - Dejagah
Gelb-Rot: keine **Rot:** keine

Hamburger SV – Eintracht Frankfurt 1:0 (0:0)

Hamburger SV: F. Rost - J. Boateng, Reinhardt, Mathijsen, Aogo - Benjamin - Jarolim, Trochowski, Jansen - Petric (88. Pitroipa), Olic (72. Guerrero)
Eintracht Frankfurt: Pröll - Ochs, Russ, Galindo, Köhler - Fink, Inamoto (71. Toski) - Mahdavikia (82. Caio), Liberopoulos, Steinhöfer - Fenin
Tor: 1:0 Petric (59.) **Ecken:** 8:5
Schiedsrichter: Seemann (Essen)
Zuschauer: 55.274
Gelb: Jarolim - Toski, Russ
Gelb-Rot: keine **Rot:** keine

VfB Stuttgart – FC Bayern München 2:2 (1:0)

VfB Stuttgart: J. Lehmann - Osorio, Tasci, Delpierre, Träsch - Khedira, Hitzlsperger - Hilbert (81. Schieber), Simak (76. Bastürk) - Marica (33. Gomez), Cacau
FC Bayern München: Rensing - Oddo, Lucio, Demichelis, Lahm - van Bommel, Ze Roberto - Schweinsteiger (73. Hamit Altintop), Borowski (76. Ottl) - Klose, Toni (88. van Buyten)
Tore: 1:0 Khedira (45+1.), 1:1 Borowski (48.), 1:2 Toni (66.), 2:2 Khedira (90.) **Ecken:** 5:1
Schiedsrichter: Kinhöfer (Herne)
Zuschauer: 55.000 (ausverkauft)
Gelb: Tasci, Delpierre - Lucio, van Bommel, Klose
Gelb-Rot: keine **Rot:** Oddo (85.)

Große Freude über den 1:1-Ausgleich des FC Bayern bei Mark van Bommel, Luca Toni, Torschütze Tim Borowski, Lucio und Martin Demichelis (von links). Am Ende lassen die Münchner in Stuttgart aber Punkte liegen.

Winterpause 2007/08 – und steht damit auf Platz drei der Tabelle. Gegen Karlsruhe bringt Maximilian Nicu die Berliner schon früh in Führung. Valerie Domovchiyski, Fabian Lustenberger und Raffael erhöhen in der Schlussviertelstunde noch auf 4:0. Trainer Lucien Favre sagt nach dem Spiel: „Ich bin sehr zufrieden, aber das Ergebnis ist zu hoch ausgefallen."

1:0 siegt der HSV gegen Frankfurt. Hier kämpfen Gästespieler Patrick Ochs (links) und Piotr Trochowski um den Ball.

DER TORSCHÜTZE DES SPIELTAGES

Der Kapitän steuert 1899 Hoffenheim sicher in den Hafen. Dank eines tollen Freistoßtors von Selim Teber (27, Foto) zum 1:1 gegen den FC Schalke 04 wird Hoffenheim Herbstmeister – als erst zweiter Aufsteiger nach dem 1. FC Kaiserslautern 1997/98. Ausgerechnet Teber, dem trotz seines Amtes als Spielführer bisher zumeist nur eine Reservistenrolle blieb. Zwar steht Teber im Laufe der Hinrunde 14 Mal auf dem Platz, zwölf Mal wird er dabei aber nur eingewechselt, zumeist erst in der letzten Viertelstunde. Doch von Resignation ist bei ihm keine Spur: „Wenn ich gebraucht werde, dann bin ich da." Gegen Schalke 04 hält er Wort und erzielt sein erstes Saisontor – obwohl er wieder nur als „Joker" aufgeboten wird, der aber vortrefflich sticht.

17. SPIELTAG

RESULTATE

Freitag, 12.12.2008	Borussia Dortmund - Bor. M'gladbach	2:1	(1:0)
Samstag, 13.12.2008	Werder Bremen - VfL Wolfsburg	2:1	(1:1)
	Hamburger SV - Eintracht Frankfurt	1:0	(0:0)
	VfB Stuttgart - FC Bayern München	2:2	(1:0)
	Bayer Leverkusen - Energie Cottbus	1:1	(0:0)
	Hannover 96 - Arminia Bielefeld	1:1	(1:0)
	Hertha BSC Berlin - Karlsruher SC	4:0	(1:0)
	VfL Bochum - 1. FC Köln	1:2	(0:1)
Sonntag, 14.12.2008	1899 Hoffenheim - FC Schalke 04	1:1	(0:1)

TORJÄGER

Vedad Ibisevic	1899 Hoffenheim	18
Patrick Helmes	Bayer 04 Leverkusen	12
Grafite	VfL Wolfsburg	11
Claudio Pizarro	Werder Bremen	10
Artur Wichniarek	DSC Arminia Bielefeld	10
Milivoje Novakovic	1. FC Köln	10
Luca Toni	FC Bayern München	9
Stefan Kießling	Bayer 04 Leverkusen	8
Mladen Petric	Hamburger SV	8

PERSONALIEN

Schon vor der Saisonhalbzeit verpflichtet 1899 Hoffenheim Torhüter **Timo Hildebrand** (29) vom FC Valencia, der nach dem Gewinn der Deutschen Meisterschaft mit dem VfB Stuttgart im Sommer 2007 nach Spanien in die Primera División gewechselt war. Der siebenmalige Nationalkeeper erhält einen Vertrag bis zum 30. Juni 2010 mit Option auf ein weiteres Jahr.

Torsten Frings (32) bestreitet gegen den VfL Wolfsburg sein 250. Bundesliga-Spiel für Werder Bremen, hat insgesamt nun – auch für Borussia Dortmund und den FC Bayern München – 326 Einsätze im „Oberhaus" absolviert.

Beim VfL Bochum kommt Torhüter **Philipp Heerwagen** (25), schon 2007 von der SpVgg Unterhaching ins Ruhrgebiet gekommen, gegen den 1. FC Köln zu seinem Bundesliga-Debüt.

TABELLE

Rang	Club	Sp.	g	u	v	Tore	Diff.	Pkt.	
1	1899 Hoffenheim	17	11	2	4	42:23	19	35	→
2	FC Bayern München	17	10	5	2	39:24	15	35	→
3	Hertha BSC Berlin	17	10	3	4	27:20	7	33	↗
4	Hamburger SV	17	10	3	4	26:24	2	33	↗
5	Bayer 04 Leverkusen	17	10	2	5	36:21	15	32	↘
6	Borussia Dortmund	17	7	8	2	27:19	8	29	↗
7	FC Schalke 04	17	7	6	4	24:16	8	27	→
8	Werder Bremen	17	7	5	5	39:28	11	26	↗
9	VfL Wolfsburg	17	7	5	5	35:25	10	26	↘
10	VfB Stuttgart	17	7	4	6	26:23	3	25	↘
11	1. FC Köln	17	7	1	9	19:25	-6	22	↗
12	Eintracht Frankfurt	17	5	4	8	23:29	-6	19	↘
13	Hannover 96	17	4	5	8	20:32	-12	17	→
14	DSC Arminia Bielefeld	17	2	8	7	15:27	-12	14	→
15	Karlsruher SC	17	4	1	12	15:32	-17	13	→
16	FC Energie Cottbus	17	3	4	10	12:29	-17	13	→
17	VfL Bochum	17	1	8	8	19:30	-11	11	→
18	Bor. Mönchengladbach	17	3	2	12	18:35	-17	11	→

Bayer 04 Leverkusen – FC Energie Cottbus 1:1 (0:0)

■ **Bayer 04 Leverkusen:** Adler - Castro (46. Vidal), M. Friedrich, Henrique, Kadlec - Rolfes - Barnetta, Augusto, Dum (64. Djakpa) - Helmes, Kießling
■ **FC Energie Cottbus:** Tremmel - Radeljic, Cagdas, Cvitanovic, Ziebig - Kurth (65. Angelov), Kukielka - Sörensen, Skela, Iliev (84. Shao) - Jelic (60. Jula)
Tore: 1:0 Rolfes (77.), 1:1 Shao (90+2.)
Ecken: 5:3
Schiedsrichter: Wagner (Hofheim)
Zuschauer: 20.000 (ausverkauft)
Gelb: Cagdas **Gelb-Rot:** keine
Rot: keine

Hannover 96 – DSC Arminia Bielefeld 1:1 (1:0)

■ **Hannover 96:** M. Jensen - Cherundolo, Fahrenhorst, C. Schulz (70. Eggimann), Rausch - B. Schulz - Rosenthal (80. Forssell), Bruggink, Huszti (69. Schlaudraff) - Stajner, Hanke
■ **DSC Arminia Bielefeld:** Eilhoff - Lamey, Bollmann, Mijatovic, Schuler - Kauf - Kirch, Marx, Tesche - Wichniarek, Halfar (83. Katongo)
Tore: 1:0 Stajner (32.), 1:1 Wichniarek (59.) **Ecken:** 4:6
Schiedsrichter: Fleischer (Sigmertshausen)
Zuschauer: 36.672
Gelb: Rausch - Schuler
Gelb-Rot: keine **Rot:** keine

Hertha BSC Berlin – Karlsruher SC 4:0 (1:0)

■ **Hertha BSC Berlin:** Drobny - von Bergen (70. Domovchiyski), A. Friedrich, Kaka, Stein - Kacar (68. Lustenberger), Dardai - Nicu, Cicero - Voronin (63. Raffael), Pantelic
■ **Karlsruher SC:** Miller - Görlitz, Stoll, Buck, Eichner - Staffeldt - Porcello (65. Timm), Stindl, da Silva - Freis (80. Iashvili), Kapllani (65. Kennedy)
Tore: 1:0 Nicu (8.), 2:0 Domovchiyski (74.), 3:0 Lustenberger (86.), 4:0 Raffael (88.) **Ecken:** 3:7
Schiedsrichter: Rafati (Hannover)
Zuschauer: 38.421
Gelb: Nicu, Pantelic **Gelb-Rot:** keine
Rot: keine

VfL Bochum – 1. FC Köln 1:2 (0:1)

■ **VfL Bochum:** Heerwagen - Pfertzel, Maltritz, Mavraj, Bönig (74. Grote) - Schröder - Freier, Epalle (78. D. Fuchs), Dabrowski - Mieciel (58. Kaloglu), Sestak
■ **1. FC Köln:** Mondragon - McKenna, Geromel, Mohamad, Brecko - M. Matip, Pezzoni - Radu (82. Ishiaku), Vucicevic (70. Ehret), Broich (90+2. Nickenig) - Novakovic
Tore: 0:1 McKenna (44.), 1:1 Dabrowski (58.), 1:2 Ishiaku (87.)
Ecken: 9:5
Schiedsrichter: Drees (Münster-Sarmsheim) **Zuschauer:** 30.208
Gelb: Maltritz **Gelb-Rot:** Geromel (83.), Novakovic (90.) **Rot:** keine

1899 Hoffenheim – FC Schalke 04 1:1 (0:1)

■ **1899 Hoffenheim:** Haas - Beck, Jaissle, Compper, Ibertsberger - Vorsah (46. Gustavo) - Weis, Salihovic - Obasi (49. Teber), Ibisevic, Ba (90. Wellington)
■ **FC Schalke 04:** Neuer - Rafinha, Höwedes, Krstajic, Westermann - Jones, Ernst, Engelaar - Farfan (90+3. Rakitic), Asamoah (63. Kobiashvili) - Halil Altintop (83. Bordon)
Tore: 0:1 Asamoah (40.), 1:1 Teber (72.) **Ecken:** 11:4
Schiedsrichter: Gagelmann (Bremen)
Zuschauer: 26.300 (ausverkauft)
Gelb: Teber, Gustavo - Ernst, Rafinha, Asamoah **Gelb-Rot:** Jones (57.), Engelaar (80.) **Rot:** keine

BUNDESLIGA

Elegant führt Bastian Schweinsteiger den Ball an seinem früheren Teamkollegen Marcell Jansen (7) vorbei, der das Spitzenspiel gegen den FC Bayern München aber mit dem Hamburger SV gewinnt.

Nord-Süd-Gipfel gewinnt HSV – 1899 Hoffenheim siegt weiter

Die Erfolgsserie von Aufsteiger 1899 Hoffenheim geht auch im neuen Jahr und im neuen Stadion weiter. Nachdem der Neuling in der Hinserie im Mannheimer Carl-Benz-Stadion gespielt hat, ist der Rückrundenstart gegen den FC Energie Cottbus nun die Premiere in der neu erbauten und mit 30.150 Zuschauern ausverkauften Rhein-Neckar-Arena in Sinsheim. Dank eines 2:0-Sieges gegen die Lausitzer und der gleichzeitigen 0:1-Niederlage des FC Bayern München beim Hamburger SV können die Hoffenheimer ihre Tabellenführung sogar ausbauen.

Dabei hat der Aufsteiger in der Winterpause einige Rückschläge hinnehmen müssen. Am schlimmsten: Stürmer Vedad Ibisevic, mit 18 Treffern bester Torschütze der Hinrunde, erleidet während der Vorbereitung im Trainingslager im spanischen La Manga einen Kreuzbandriss. Als Ersatz für

DATEN & FAKTEN

Zuschauer gesamt	395.364
pro Spiel	43.929
Tore gesamt	18
Elfmeter	1
Eigentore	0
Gelbe Karten	37
Gelb-Rote Karten	0
Rote Karten	0

Hamburger SV – FC Bayern München 1:0 (1:0)

Hamburger SV: F. Rost - Demel, Reinhardt (64. J. Boateng), Mathijsen, Jansen - Jarolim, Benjamin - Pitroipa, Trochowski - Petric, Guerrero
FC Bayern München: Rensing - Lell (65. Hamit Altintop), Lucio, Demichelis, Lahm - van Bommel, Zé Roberto (71. Borowski) - Schweinsteiger (77. Donovan), Ribéry - Klose, Toni
Tor: 1:0 Petric (44.) **Ecken:** 5:7
Schiedsrichter: Kircher (Rottenburg)
Zuschauer: 57.000 (ausverkauft)
Gelb: Benjamin, Pitroipa, J. Boateng, Demel - Demichelis, van Bommel
Gelb-Rot: keine **Rot:** keine

Hannover 96 – FC Schalke 04 1:0 (1:0)

Hannover 96: Enke - Pinto, Eggimann, Fahrenhorst, Rausch - Balitsch (70. B. Schulz), C. Schulz - Rosenthal, Huszti (84. Bruggink) - Stajner, Hanke (80. Forssell)
FC Schalke 04: Neuer - Rafinha (65. Krstajic), Höwedes, Bordon, Westermann - Ernst (49. Kuranyi) - Rakitic, Kobiashvili - Farfan, Halil Altintop, Asamoah
Tor: 1:0 Pinto (8.) **Ecken:** 5:7
Schiedsrichter: Brych (München)
Zuschauer: 45.667
Gelb: Pinto, Stajner
Gelb-Rot: keine **Rot:** keine

1. FC Köln – VfL Wolfsburg 1:1 (1:0)

1. FC Köln: Mondragon - Brecko, McKenna, Mohamad, M. Matip - Petit, Pezzoni - Yalcin (69. Broich), Ehret (76. D. Boateng) - Ishiaku, Radu
VfL Wolfsburg: Benaglio - Riether, Simunek, Barzagli, Schäfer - Josue - Zaccardo (46. Pekarik), Misimovic, Gentner (66. Okubo) - Dzeko, Grafite
Tore: 1:0 Radu (34.), 1:1 Grafite (73.)
Ecken: 5:14
Schiedsrichter: Gagelmann (Bremen)
Zuschauer: 49.000
Gelb: Ishiaku, Mohamad, Yalcin, D. Boateng - Gentner, Grafite
Gelb-Rot: keine **Rot:** keine

Borussia Dortmund – Bayer 04 Leverkusen 1:1 (1:0)

Borussia Dortmund: Weidenfeller - Owomoyela, F. Santana, Subotic, Lee - Tinga - K.P. Boateng, Sahin (70. Öztekin), Kringe - Zidan (71. Valdez), Frei
Bayer 04 Leverkusen: Adler - Castro, M. Friedrich, Sinkiewicz, Kadlec - Rolfes - Augusto, Vidal, Barnetta - Helmes, Kießling
Tore: 1:0 Frei (36.), 1:1 Helmes (63.)
Ecken: 4:3
Schiedsrichter: Meyer (Burgdorf)
Zuschauer: 73.700
Gelb: K.P. Boateng - Vidal
Gelb-Rot: keine **Rot:** keine

Ibisevic ist Stürmer Boubacar Sanogo von Werder Bremen gekommen – und der Nationalstürmer von der Elfenbeinküste trifft gleich bei seinem ersten Einsatz zum 2:0 gegen Cottbus. Trainer Ralf Rangnick kommentiert: „Mit der Art, wie wir aufgetreten sind, war ich sehr zufrieden. Es war kein Zauberfußball zu erwarten."

Große Euphorie herrscht indes in Hamburg nach dem 1:0-Sieg gegen den Deutschen Meister. „Das war das beste Spiel der Saison", jubelt HSV-Spielmacher Piotr Trochowski. Trainer Martin Jol stimmt zu: „Das war das Highlight meiner Hamburger Zeit." Dem HSV gelingt der dritte Sieg in Folge, mit dem die Hanseaten nach der Rückrundeneröffnung am Freitagabend für 19 Stunden sogar an die Tabellenspitze stürmen. Siegtorschütze ist einmal mehr Goalgetter Mladen Petric.

Für den FC Bayern München geht in Hamburg eine Serie mit elf Spielen ohne Niederlage zu Ende, in denen der Deutsche Meister 27 Punkte geholt hat. Trainer Jürgen Klinsmann gibt sich nach dem Nord-Süd-Gipfel trotz der Niederlage kämpferisch: „Wir müssen uns eben die Punkte in der nächsten Woche holen."

Gleich bei seinem Debüt für den VfL Bochum mit dem Tor zum 2:0-Endstand gegen den KSC erfolgreich: Diego Fernando Klimowicz.

Im Kampf gegen den Abstieg gelingt dem VfL Bochum ein wichtiger Erfolg gegen den direkten Konkurrenten Karlsruher SC. Für die Bochumer geht damit eine Serie von 13 sieglosen Spielen zu Ende, das 2:0 ist überhaupt erst der zweite Sieg in dieser Saison. Der Österreicher Christian Fuchs und der in der Winterpause vom Nachbarn Borussia Dortmund verpflichtete Argentinier Diego Fernando Klimowicz schießen den VfL damit aus der Abstiegszone. Karlsruhe rutscht hingegen auf Platz 16 ab. Trainer „Ede" Becker sieht dennoch gute Ansätze: „Wenn man die Mannschaft heute gesehen hat, wie sie doch alles versucht hat, um hier erfolgreich zu sein und zu punkten, dann gibt es für mich in der momentanen Situation keinen Anlass, die Flinte ins Korn zu werfen. Ich glaube nach wir vor, dass wir das gemeinsam meistern werden."

DAS COMEBACK DES SPIELTAGES

Nach 116 Tagen Verletzungspause wegen eines Kahnbeinbruchs in der linken Hand kehrt Nationaltorwart Robert Enke (31, Foto) wieder in das Tor von Hannover 96 zurück. Und dem Nationalkeeper gelingt gegen den FC Schalke 04 ein glänzendes Comeback. Mit mehreren tollen Paraden sichert Enke den Niedersachsen den 1:0-Sieg. „Was er gehalten hat, welche Ausstrahlung er hat – einfach klasse", lobt Mitspieler Christian Schulz den Kapitän. Auch Trainer Dieter Hecking freut sich über die starke Rückkehr seiner Nummer eins: „Jeder hat gesehen, was 96 und die Nationalelf an so einem Torwart haben." Im DFB-Team hat Enke aufgrund der langwierigen Verletzung seinen Stammplatz zwischen den Pfosten an René Adler von Bayer 04 Leverkusen verloren.

18. SPIELTAG

RESULTATE

Freitag, 30.01.2009	Hamburger SV - FC Bayern München	1:0	(1:0)
Samstag, 31.01.2009	Hannover 96 - FC Schalke 04	1:0	(1:0)
	1. FC Köln - VfL Wolfsburg	1:1	(1:0)
	Bor. Dortmund - Bayer 0Leverkusen	1:1	(1:0)
	Hertha BSC Berlin - Eintr. Frankfurt	2:1	(1:0)
	1899 Hoffenheim - Energie Cottbus	2:0	(1:0)
	VfB Stuttgart - Bor. M'gladbach	2:0	(0:0)
Sonntag, 01.02.2009	VfL Bochum - Karlsruher SC	2:0	(1:0)
	Werder Bremen - Arminia Bielefeld	1:2	(1:1)

TORJÄGER

Vedad Ibisevic	1899 Hoffenheim	18
Patrick Helmes	Bayer 04 Leverkusen	13
Grafite	VfL Wolfsburg	12
Artur Wichniarek	DSC Arminia Bielefeld	11
Claudio Pizarro	Werder Bremen	10
Milivoje Novakovic	1. FC Köln	10
Mladen Petric	Hamburger SV	9
Luca Toni	FC Bayern München	9

PERSONALIEN

Mittelfeldakteur **Sami Khedira** (21) vom VfB Stuttgart wird vor dem Spiel gegen Borussia Mönchengladbach als „Fußballer des Monats Dezember" ausgezeichnet.

U21-Naionalspieler **Toni Kroos** (19) wechselt auf Leihbasis vom FC Bayern München zu Bayer 04 Leverkusen.

TABELLE

Rang	Club	Sp.	g	u	v	Tore	Diff.	Pkt.	
1	1899 Hoffenheim	18	12	2	4	44:23	21	38	→
2	Hertha BSC Berlin	18	11	3	4	29:21	8	36	↗
3	Hamburger SV	18	11	3	4	27:24	3	36	↗
4	FC Bayern München	18	10	5	3	39:25	14	35	↘
5	Bayer 04 Leverkusen	18	10	3	5	37:22	15	33	→
6	Borussia Dortmund	18	7	9	2	28:20	8	30	→
7	VfB Stuttgart	18	8	4	6	28:23	5	28	↗
8	VfL Wolfsburg	18	7	6	5	36:26	10	27	↗
9	FC Schalke 04	18	7	6	5	24:17	7	27	↘
10	Werder Bremen	18	7	5	6	40:30	10	26	↘
11	1. FC Köln	18	7	2	9	20:26	-6	23	→
12	Hannover 96	18	5	5	8	21:32	-11	20	↗
13	Eintracht Frankfurt	18	5	4	9	24:31	-7	19	↘
14	DSC Arminia Bielefeld	18	3	8	7	17:28	-11	17	→
15	VfL Bochum	18	2	8	8	21:30	-9	14	↗
16	Karlsruher SC	18	4	1	13	15:34	-19	13	↘
17	FC Energie Cottbus	18	3	4	11	12:31	-19	13	↘
18	Bor. Mönchengladbach	18	3	2	13	18:37	-19	11	→

Hertha BSC Berlin – Eintracht Frankfurt 2:1 (1:0)

Hertha BSC Berlin: Drobny - von Bergen, A. Friedrich, Simunic, Stein - Nicu, Cicero - Ebert (86. Cufre), Raffael - Pantelic (84. Domovchiyski), Voronin (76. Babic)
Eintracht Frankfurt: Pröll (58. J. Zimmermann) - Ochs, Russ, Chris, Petkovic - Fink - Steinhöfer (63. Kweuke), Meier, Köhler - Fenin, Liberopoulos
Tore: 1:0 Pantelic (17.), 2:0 Pantelic (50.), 2:1 Köhler (52.)
Besonderes Vorkommnis: Pröll hält Foulelfmeter von Cicero (33.) **Ecken:** 4:5
Schiedsrichter: Kinhöfer (Herne)
Zuschauer: 39.847
Gelb: Nicu, A. Friedrich, Drobny - Pröll
Gelb-Rot: keine **Rot:** keine

1899 Hoffenheim – FC Energie Cottbus 2:0 (1:0)

1899 Hoffenheim: Hildebrand (60. Haas) - Beck, Jaissle, Compper, Ibertsberger - Gustavo - Weis, Teber (81. Vorsah), Salihovic - Sanogo (88. Terrazzino), Ba
FC Energie Cottbus: Tremmel - Radeljic, Cagdas, Cvitanovic, Ziebig - Rajnoch - Angelov, Skela (69. Rangelov), T. Rost - Jula, Sörensen (84. Iliev)
Tore: 1:0 Ba (28.), 2:0 Sanogo (63.)
Ecken: 7:1
Schiedsrichter: Gräfe (Berlin)
Zuschauer: 30.150 (ausverkauft)
Gelb: Weis, Gustavo, Teber, Sanogo - Jula, Tremmel
Gelb-Rot: keine **Rot:** keine

VfB Stuttgart – Bor. Mönchengladbach 2:0 (0:0)

VfB Stuttgart: J. Lehmann - Osorio, Tasci, Delpierre, Magnin - Khedira, Hitzlsperger (63. Elson) - Simak (81. Hilbert), Lanig - Gomez, Marica (87. Schieber)
Borussia M'gladbach: Bailly - Brouwers, Galasek (78. Colautti), Gohouri - Stalteri, Bradley, Daems - Paauwe (70. Neuville) - Matmour (74. Marin), Friend, Baumjohann
Tore: 1:0 Marica (67.), 2:0 Gomez (86.)
Ecken: 7:4
Schiedsrichter: Stark (Ergolding)
Zuschauer: 41.300
Gelb: Simak, Khedira
Gelb-Rot: keine **Rot:** keine

VfL Bochum – Karlsruher SC 2:0 (1:0)

VfL Bochum: Fernandes - Concha, Maltritz, Yahia, C. Fuchs - Imhof - Azaouagh, Epalle (78. Ono), Dabrowski (88. Grote) - Sestak (87. Hashemian), Klimowicz
Karlsruher SC: Miller - Görlitz (69. da Silva), Sebastian, Drpic, Celozzi - Engelhardt - Mutzel, Federico, Stindl - Timm, Freis (76. Kapllani)
Tore: 1:0 C. Fuchs (26.), 2:0 Klimowicz (65.) **Ecken:** 2:8
Schiedsrichter: Sippel (München)
Zuschauer: 20.148
Gelb: Bönig, C. Fuchs - Görlitz, Drpic, Stindl
Gelb-Rot: keine **Rot:** keine

Werder Bremen – DSC Arminia Bielefeld 1:2 (1:1)

Werder Bremen: Wiese - Fritz, Mertesacker, Niemeyer, Tosic (73. Boenisch) - Frings - Tziolis, Özil, Vranjes (46. D. Jensen) - Rosenberg (62. Harnik), Almeida
DSC Arminia Bielefeld: Eilhoff - Lamey, Mijatovic, Bollmann, Kucera - Marx, Kauf - Kirch (82. Tesche), Katongo, Munteanu (67. Halfar) - Wichniarek (90. Kamper)
Tore: 0:1 Marx (24.), 1:1 Almeida (44.), 1:2 Wichniarek (49.) **Ecken:** 14:1
Schiedsrichter: Rafati (Hannover)
Zuschauer: 38.552
Gelb: Niemeyer, Frings - Kucera, Halfar
Gelb-Rot: keine **Rot:** keine

FC Bayern als großer Gewinner – Konkurrenten lassen Federn

Nach seinem vorentscheidenden Tor zum 2:1 gegen Borussia Dortmund zeigt Bayern-Nationalstürmer Miroslav Klose seinen berühmten Salto – und lässt wenig später noch einen weiteren Treffer folgen.

Der Kampf um den Meistertitel wird immer spannender. Auch am 19. Spieltag gelingt es keinem Club, sich vorne entscheidend abzusetzen. Ganz im Gegenteil: Gleich vier der fünf Spitzenmannschaften bleiben ohne „Dreier". Einzig der FC Bayern München feiert mit dem 3:1 gegen Borussia Dortmund einen Sieg und macht sich damit wieder zum Verfolger Nummer eins von 1899 Hoffenheim.

„Die anderen haben für uns gespielt", freut sich Bayern-Trainer Jürgen Klinsmann über die Rückkehr auf Platz zwei. Darum muss seine Mannschaft gegen den BVB allerdings lange Zeit zittern. Denn obwohl die Münchner hoch überlegen sind und am Ende ein Chancenverhältnis von 16:5 gegen die Gäste aus Dortmund aufweisen, müssen sie bis zur 87. Minute auf die Erlösung warten. Dann trifft Nationalstürmer Miroslav Klose, der zuvor drei große Tormöglichkeiten vergeben hat, doch noch – gleich zwei Mal in vier Minuten.

Trotz zahlreicher ausgelassener Gelegenheiten ist Manager Uli Hoeneß unter dem Strich zufrieden: „So lange wir die Chancen haben, bin ich der Mannschaft nicht böse."

Jürgen Klinsmann lobt seine Mannschaft, die einen frühen Rückstand durch Nelson Valdez umgedreht hat: „Das Engagement war völlig in Ordnung. Wir wollen so schnell wie möglich oben an Hoffenheim vorbei oder wem auch immer."

Beim Hamburger SV herrscht nach der 2:3-Niederlage beim Karlsruher SC vor allem Unverständnis. Immerhin führen die Hanseaten eine Woche nach dem grandiosen Erfolg gegen den FC Bayern im Wildparkstadion durch die Tore von Paolo Guerrero und Collin Benjamin schon mit 2:0. Doch dann kommen die Badener zurück und dre-

DATEN & FAKTEN

Zuschauer gesamt	344.619
pro Spiel	38.291
Tore gesamt	30
Elfmeter	1
Eigentore	1
Gelbe Karten	40
Gelb-Rote Karten	3
Rote Karten	2

DSC Arminia Bielefeld – Hertha BSC Berlin 1:1 (1:1)

DSC Arminia Bielefeld: Eilhoff - Kucera, Mijatovic, Bollmann, Schuler - Marx, Kauf - Kirch (80. Halfar), Munteanu (46. Kamper) - Katongo, Wichniarek
Hertha BSC Berlin: Drobny - Cufre (46. Chermiti), von Bergen, Simunic, Kaka - Nicu, Cicero, Stein - Ebert (85. Domovchiyski), Raffael (64. Babic) - Voronin
Tore: 0:1 Voronin (13.), 1:1 Wichniarek (40.) **Ecken:** 7:2
Schiedsrichter: Weiner (Giesen)
Zuschauer: 20.700
Gelb: Kauf, Marx - Cicero
Gelb-Rot: keine **Rot:** keine

FC Schalke 04 – Werder Bremen 1:0 (0:0)

FC Schalke 04: Neuer - Rafinha, Höwedes, Bordon, Westermann - Jones - Rakitic (60. Engelaar), Kobiashvili - Farfan (83. Sanchez), Halil Altintop (46. Kuranyi), Asamoah
Werder Bremen: Wiese - Fritz, Mertesacker, Naldo (74. Niemeyer), Boenisch (66. Pasanen) - Baumann - Frings, Özil, Tziolis - Rosenberg (83. Harnik), Almeida
Tor: 1:0 Höwedes (48.) **Ecken:** 6:12
Schiedsrichter: Drees (Münster-Sarmsheim)
Zuschauer: 61.673 (ausverkauft)
Gelb: Kobiashvili, Jones, Westermann - Boenisch
Gelb-Rot: keine **Rot:** keine

Karlsruher SC – Hamburger SV 3:2 (0:1)

Karlsruher SC: Miller - Görlitz, Drpic, Sebastian, Celozzi - Engelhardt - Timm (77. Saglik), Federico (85. Staffeldt), da Silva (90. Porcello), Stindl - Freis
Hamburger SV: F. Rost - Demel, Gravgaard, Mathijsen, Jansen - Jarolim, Benjamin - Pitroipa, Trochowski - Petric, Guerrero (62. Streit)
Tore: 0:1 Guerrero (6.), 0:2 Benjamin (48.), 1:2 Freis (49.), 2:2 Federico (53.), 3:2 Freis (90+2.) **Ecken:** 2:5
Schiedsrichter: Kinhöfer (Herne)
Zuschauer: 28.368
Gelb: Sebastian, da Silva, Drpic - Trochowski, Jansen, Guerrero, Demel
Gelb-Rot: Engelhardt (82.)
Rot: Petric (76.)

Bayer 04 Leverkusen – VfB Stuttgart 2:4 (0:1)

Bayer 04 Leverkusen: Adler - Castro (66. Henrique), M. Friedrich, Sinkiewicz, Kadlec - Rolfes, Vidal - Augusto, Barnetta (66. Charisteas) - Helmes (82. Sukuta-Pasu), Kießling
VfB Stuttgart: J. Lehmann - Osorio, Tasci, Delpierre, Magnin - Khedira, Hitzlsperger - Lanig (66. Träsch), Simak (37. Hilbert) - Gomez, Marica (83. Schieber)
Tore: 0:1 Gomez (3.), 0:2 Hitzlsperger (51.), 1:2 Kießling (67.), 1:3 Gomez (75.), 1:4 Sinkiewicz (90., Eigentor), 2:4 Charisteas (90+2.) **Ecken:** 10:3
Schiedsrichter: Perl (München)
Zuschauer: 32.000 **Gelb:** Castro - Osorio, Hilbert, Delpierre, Khedira
Gelb-Rot: Vidal (49.) **Rot:** keine

Obwohl Thomas Hitzlsperger, der Kapitän des VfB Stuttgart, mit viel Einsatz zu Werke geht, lässt sich Gonzalo Castro (rechts) von Bayer 04 Leverkusen nicht stoppen.

hen das Spiel noch durch die Treffer von Giovanni Federico und zweimal Sebastian Freis, der in der Nachspielzeit für die Entscheidung und für neue Hoffnung beim KSC im Kampf um den Klassenerhalt sorgt. Es ist erst der zweite Karlsruher Sieg aus den zurückliegenden zwölf Spielen.

„Wenn man so gut anfängt wie wir, sogar noch das zweite Tor macht, ist es eigentlich unmöglich, noch drei Gegentore zu bekommen", ärgert sich HSV-Trainer Martin Jol. Der Niederländer stellt ernüchtert fest: „Wir haben uns selbst geschlagen – wir sind keine Spitzenmannschaft."

Als Topteam kann sich auch Bayer 04 Leverkusen gegen den VfB Stuttgart nicht präsentieren. Durch die 2:4-Niederlage gegen den Deutschen Meister von 2007 fällt die Werkself im Titelkampf noch weiter zurück, hat von den vergangenen sechs Spielen nur ein einziges gewonnen. Ganz anders die Schwaben: Seit Markus Babbel Teamchef beim VfB ist, sind die Stuttgarter noch ungeschlagen und haben aus fünf Spielen annähernd das maximal Mögliche von 13 Punkten geholt – auch dank Torjäger Mario Gomez, der immer besser in Form gerät und im Leverkusener Ausweichquartier für die gesamte Rückrunde, die LTU arena in Düsseldorf, seine Saisontreffer Nummer neun und zehn erzielt.

DER TORSCHÜTZE DES SPIELTAGES

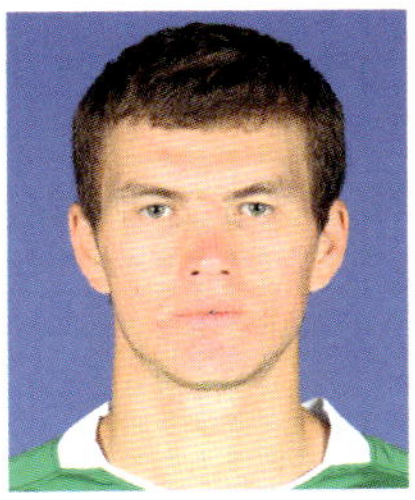

Als Edin Dzeko (22, Foto) im Sommer 2007 aus Tschechien von FK Teplice zum VfL Wolfsburg wechselte, war er hierzulande ein eher unbeschriebenes Blatt. 18 Monate später ist der Stürmer bei den „Wölfen" zu einem absoluten Leistungsträger herangewachsen. Beim 2:0-Sieg gegen den VfL Bochum trifft er gleich doppelt, hat damit in der laufenden Saison bereits sieben Tore erzielt, zudem noch sieben Vorlagen gegeben. Hinzu kommen noch vier Tore im UEFA-Cup und sechs Treffer im DFB-Pokal. „Ich bin froh, dass ich diesen Spieler habe", lobt Trainer Felix Magath den Bosnier, der bereits fast seine Vorjahresmarke von acht Saisontoren erreicht hat. Sein Traum: mit der Nationalmannschaft seines Heimatlandes ein großes Turnier zu spielen.

19. SPIELTAG

RESULTATE

Freitag, 06.02.2009	DSC Arminia Bielefeld - Hertha BSC	1:1	(1:1)
Samstag, 07.02.2009	FC Schalke 04 - Werder Bremen	1:0	(0:0)
	Karlsruher SC - Hamburger SV	3:2	(0:1)
	Bayer Leverkusen - VfB Stuttgart	2:4	(0:1)
	VfL Wolfsburg - VfL Bochum	2:0	(1:0)
	Bor. M'gladbach - 1899 Hoffenheim	1:1	(1:0)
	Eintracht Frankfurt - 1. FC Köln	2:2	(1:0)
Sonntag, 08.02.2009	FC Energie Cottbus - Hannover 96	3:1	(1:0)
	FC Bayern München - Bor. Dortmund	3:1	(1:1)

TORJÄGER

Vedad Ibisevic	1899 Hoffenheim	18
Patrick Helmes	Bayer 04 Leverkusen	13
Artur Wichniarek	DSC Arminia Bielefeld	12
Milivoje Novakovic	1. FC Köln	12
Grafite	VfL Wolfsburg	12
Claudio Pizarro	Werder Bremen	10
Mario Gomez	VfB Stuttgart	10
Stefan Kießling	Bayer 04 Leverkusen	9
Mladen Petric	Hamburger SV	9

PERSONALIEN

Bei Eintracht Frankfurt wird der Vertrag von Cheftrainer **Friedhelm Funkel** (55) nach einstimmigem Votum des Aufsichtsrats um ein weiteres Jahr bis zum 30. Jun i 2010 verlängert.

Mit seinem zwölften Saisontreffer, erzielt zum 1:1-Endstand beim Ex-Club Hertha BSC, stellt **Artur Wichniarek** (31) seinen persönlichen Torrekord aus der Spielzeit 2002/03 schon am 19. Spieltag ein

Mit seiner Einwechslung gegen den VfL Bochum in der 70. Minute kommt **Sebastian Schindzielorz** (30) zu seinem ersten Einsatz in der Bundesliga seit dem 13. Mai 2006. Zuvor hat der Mittelfeldspieler, der sonst im Wolfsburger Regionalliga-Team zum Einsatz kommt, auch beim VfL Bochum und beim 1. FC Köln und anschließend in Norwegen und Griechenland gespielt.

TABELLE

Rang	Club	Sp.	g	u	v	Tore	Diff.	Pkt.	
1	1899 Hoffenheim	19	12	3	4	45:24	21	39	→
2	FC Bayern München	19	11	5	3	42:26	16	38	↗
3	Hertha BSC Berlin	19	11	4	4	30:22	8	37	↘
4	Hamburger SV	19	11	3	5	29:27	2	36	↘
5	Bayer 04 Leverkusen	19	10	3	6	39:26	13	33	→
6	VfB Stuttgart	19	9	4	6	32:25	7	31	↗
7	VfL Wolfsburg	19	8	6	5	38:26	12	30	↗
8	FC Schalke 04	19	8	6	5	25:17	8	30	↗
9	Borussia Dortmund	19	7	9	3	29:23	6	30	↘
10	Werder Bremen	19	7	5	7	40:31	9	26	→
11	1. FC Köln	19	7	3	9	22:28	-6	24	→
12	Eintracht Frankfurt	19	5	5	9	26:33	-7	20	↗
13	Hannover 96	19	5	5	9	22:35	-13	20	↘
14	DSC Arminia Bielefeld	19	3	9	7	18:29	-11	18	→
15	FC Energie Cottbus	19	4	4	11	15:32	-17	16	↗
16	Karlsruher SC	19	5	1	13	18:36	-18	16	→
17	VfL Bochum	19	2	8	9	21:32	-11	14	↘
18	Bor. Mönchengladbach	19	3	3	13	19:38	-19	12	→

VfL Wolfsburg – VfL Bochum 2:0 (1:0)

VfL Wolfsburg: Benaglio - Pekarik, Simunek, Barzagli, Schäfer - Josue - Riether (87. Hasebe), Misimovic, Gentner (70. Schindzielorz) - Okubo (62. Caiuby), Dzeko
VfL Bochum: Fernandes - Concha, Maltritz (32. Pfertzel), Yahia (20. Mavraj), C. Fuchs - Imhof - Azaouagh (75. Kaloglu). Epalle, Dabrowski - Sestak, Klimowicz
Tore: 1:0 Dzeko (21.), 2:0 Dzeko (85.)
Ecken: 6:9
Schiedsrichter: Aytekin (Oberasbach)
Zuschauer: 26.177
Gelb: Barzagli, Caiuby - Dabrowski
Gelb-Rot: keine **Rot:** keine

Borussia Mönchengladbach – 1899 Hoffenheim 1:1 (1:0)

Borussia M'gladbach Bailly - Gohouri, Galasek, Daems - Stalteri, Bradley, Dorda - Marin (62. Neuville), Baumjohann (82. Paauwe), Matmour (90. Colautti) - Friend
1899 Hoffenheim: Haas - Beck, Jaissle, Compper, Ibertsberger (86. Wellington) - Gustavo - Weis (76. Terrazzino), Teber (62. Obasi), Salihovic - Sanogo, Ba
Tore: 1:0 Baumjohann (44.), 1:1 Wellington (89.) **Ecken:** 2:6
Schiedsrichter: Wagner (Hofheim)
Zuschauer: 42.421
Gelb: Friend, Bradley - Compper, Ibertsberger, Obasi, Jaissle
Gelb-Rot: keine **Rot:** keine

Eintracht Frankfurt – 1. FC Köln 2:2 (1:0)

Eintracht Frankfurt: Pröll - Ochs, Russ, Chris, Petkovic - Fink - Steinhöfer, Meier (76. Vasoski), Köhler - Fenin (84. Kweuke), Liberopoulos
1. FC Köln: Mondragon - Brecko, Geromel, Mohamad, M. Matip - Petit, Pezzoni - Vucicevic, Ehret (82. Chihi) - Radu (75. Ishiaku), Novakovic
Tore: 1:0 Russ (33.), 1:1 Novakovic (57.), 2:1 Fenin (62.), 2:2 Novakovic (74., Foulelfmeter) **Ecken:** 6:5
Schiedsrichter: Winkmann (Kerken)
Zuschauer: 51.300
Gelb: Köhler, Russ - Ehret, M. Matip
Gelb-Rot: keine **Rot:** Chris (72.)

FC Energie Cottbus – Hannover 96 3:1 (1:0)

FC Energie Cottbus: Tremmel - Radeljic, Cagdas, Cvitanovic, Ziebig - Angelov (74. Rajnoch), T. Rost - Skela, Iliev (70. Sörensen) - Rangelov (90. Jelic), Jula
Hannover 96: Enke - Pinto, Eggimann, Fahrenhorst, Rausch (58. Tarnat) - Balitsch, C. Schulz (58. Bruggink) - Andreasen, Krzynowek - Stajner, Hanke
Tore: 1:0 Rangelov (39.), 2:0 Rangelov (69.), 3:0 Angelov (73.), 3:1 Fahrenhorst (82.) **Ecken:** 7:7
Schiedsrichter: Gagelmann (Bremen)
Zuschauer: 12.980
Gelb: Angelov, Ziebig - Eggimann, C. Schulz
Gelb-Rot: Andreasen (67.) **Rot:** keine

FC Bayern München – Borussia Dortmund 3:1 (1:1)

FC Bayern München: Rensing - Lell, Lucio, Demichelis, Lahm - van Bommel, Zé Roberto - Schweinsteiger (72. Hamit Altintop), Ribéry - Klose (90+2. Borowski), Toni (72. Donovan)
Borussia Dortmund: Weidenfeller - Owomoyela, F. Santana, Subotic, Lee - Tinga (46. Sahin) - K.P. Boateng, Hajnal, Kringe (83. Kehl) - Frei (74. Zidan), Valdez
Tore: 0:1 Valdez (2.), 1:1 Zé Roberto (24.), 2:1 Klose (87.), 3:1 Klose (90+1.) **Ecken:** 11:2
Schiedsrichter: Kempter (Sauldorf)
Zuschauer: 69.000 (ausverkauft)
Gelb: Lell - Hajnal, Weidenfeller, K.P. Boateng
Gelb-Rot: keine **Rot:** keine

Schon der fünfte Spitzenreiter – Hertha BSC besiegt FC Bayern

Nach dem FC Schalke 04, dem Hamburger SV, 1899 Hoffenheim und Bayer 04 Leverkusen erobert mit Hertha BSC der fünfte Club in der laufenden Saison die Tabellenspitze. Insgesamt ist es bereits der zehnte Wechsel auf Platz eins – eine neue, spannende Bundesliga-Welt: Denn in der vorangegangenen Saison hatte den Spitzenplatz der FC Bayern vom 1. bis zum 34. Spieltag durchgehend belegt.

Die Berliner schaffen durch ihren 2:1-Sieg gegen die Münchner sogar noch ein Novum: Erstmals in der Bundesliga-Historie steht Hertha BSC in einer Rückrunde ganz oben in der Tabelle, nie zuvor war das nach dem 15. Spieltag gelungen. Doch die Mannschaft von Trainer Lucien Favre ist zu Recht Spitzenreiter. Mit dem FC Bayern schlagen die Hauptstädter nach dem HSV, Stuttgart, Hoffenheim und Leverkusen bereits die fünfte Topmannschaft in dieser Spielzeit. Bayern-Manager Uli Hoeneß zeigt sich angetan von der Qualität des neuen Tabellenführers: „Hertha spielt sehr klug und taktisch geschickt. Die Berliner machen aus ihren Möglichkeiten das Beste und gewinnen auch Spiele, in denen sie nicht die bessere Mannschaft sind."

Gerade gegen den Deutschen Meister aus München treffen genau diese Attribute

Neben dem zweifachen Torschützen Andrey Voronin und seinen jubelnden Mannschaftskollegen freut sich auch Maskottchen „Herthinho" über den Berliner 2:1-Erfolg gegen den FC Bayern München.

DATEN & FAKTEN

Zuschauer gesamt	410.650
pro Spiel	45.628
Tore gesamt	25
Elfmeter	4
Eigentore	0
Gelbe Karten	36
Gelb-Rote Karten	0
Rote Karten	1

1899 Hoffenheim – Bayer 04 Leverkusen 1:4 (1:3)

■ **1899 Hoffenheim:** Hildebrand - Beck, Jaissle, Nilsson (46. Vorsah), Ibertsberger - Gustavo - Weis (46. Obasi), Eduardo, Salihovic - Sanogo (69. Wellington), Ba
■ **Bayer 04 Leverkusen:** Adler - Castro, M. Friedrich, Henrique, Kadlec (65. Djakpa) - Zdebel, Rolfes - Augusto (65. Schwegler), Barnetta - Helmes (86. Charisteas), Kießling
Tore: 0:1 Helmes (3.), 0:2 Rolfes (12.), 1:2 Salihovic (31., Foulelfmeter), 1:3 Helmes (45+1.), 1:4 Castro (47.)
Ecken: 2:6 **Schiedsrichter:** Fleischer (Sigmertshausen)
Zuschauer: 30.150 (ausverkauft)
Gelb: Gustavo - Kadlec, Adler, Castro, Barnetta **Gelb-Rot:** keine **Rot:** keine

Hertha BSC Berlin – FC Bayern München 2:1 (1:0)

■ **Hertha BSC Berlin:** Drobny - Stein, A. Friedrich, Simunic, Rodnei (87. Cufre) - Dardai, Nicu - Ebert (90+2. Chermiti), Babic - Raffael, Voronin (90. Domovchiyski)
■ **FC Bayern München:** Rensing - Lell (58. Borowski), Lucio, Demichelis, Lahm - van Bommel, Ze Roberto - Schweinsteiger, Ribery - Klose, Toni (35. Donovan)
Tore: 1:0 Voronin (38.), 1:1 Klose (61.), 2:1 Voronin (77.) **Ecken:** 2:6
Schiedsrichter: Meyer (Burgdorf)
Zuschauer: 74.244 (ausverkauft)
Gelb: Raffael, Dardai
Gelb-Rot: keine **Rot:** keine

VfL Bochum – FC Schalke 04 2:1 (1:1)

■ **VfL Bochum:** Fernandes - Schröder, Pfertzel, Mavraj, C. Fuchs - Dabrowski, Imhof - Sestak (90+3. Fabian), Epalle, Azaouagh (73. Grote) - Klimowicz
■ **FC Schalke 04:** Neuer - Rafinha, Westermann, Krstajic, Kobiashvili (82. Latza) - Engelaar - Halil Altintop, Rakitic (71. Pander) - Farfan, Asamoah (71. Sanchez), Kuranyi
Tore: 0:1 Kuranyi (18.), 1:1 Azaouagh (44.), 2:1 Dabrowski (57.) **Ecken:** 13:4
Schiedsrichter: Kircher (Rottenburg)
Zuschauer: 30.605
Gelb: Sestak, Epalle, Mavraj, C. Fuchs - Rafinha, Halil Altintop
Gelb-Rot: keine **Rot:** keine

Eintracht Frankfurt – VfL Wolfsburg 0:2 (0:1)

■ **Eintracht Frankfurt:** Pröll - Ochs, Russ, Bellaid, Petkovic - Fink - Steinhöfer, Meier (46. Kweuke), Köhler - Fenin, Liberopoulos (63. Caio)
■ **VfL Wolfsburg:** Benaglio - Pekarik, Simunek, Barzagli, Schäfer - Schindzielorz, Josue - Hasebe (90+1. Caiuby), Misimovic, (87. Okubo), Gentner (77. Madlung) - Dzeko
Tore: 0:1 Dzeko (9.), 0:2 Misimovic (66., Handelfmeter) **Ecken:** 1:9
Schiedsrichter: Stark (Ergolding)
Zuschauer: 35.600
Gelb: Steinhöfer, Pröll, Ochs, Fink - Misimovic
Gelb-Rot: keine **Rot:** keine

DER TORHÜTER DES SPIELTAGES

Hans Meyer lobt nur selten Spieler in der Öffentlichkeit. Doch nach dieser sensationellen Leistung kann auch der Trainer von Borussia Mönchengladbach die Vorstellung seines Torhüters nur mit einem Prädikat kommentieren: „Weltklasse". Gleich zwölf Werder-Großchancen vereitelt Keeper Logan Bailly (23, Foto) beim 1:1 des Aufsteigers in Bremen. Die erst in der Winterpause von KRC Genk aus Belgien gekommene Nummer eins sorgt mit Paraden, Reflexen und Großtaten für den ganz wichtigen Punktgewinn der Borussia an der Weser. „Wir hatten einen Übermenschen im Tor", freut sich VfL-Sportdirektor Max Eberl. Bailly selbst spricht nur über die Mannschaft: „Dieser Punkt war ganz wichtig für unsere Moral. Ich bin überzeugt, dass wir in der Liga bleiben."

zu. Denn obwohl die Bayern 62 Prozent Ballbesitz und 7:4 Chancen zu ihren Gunsten aufweisen, ist Berlin am Ende der glückliche Gewinner. Vor allem dank Stürmer Andrey Voronin, der mit zwei Torschüssen zwei Treffer macht. Trainer Favre kommentiert humorvoll: „Ein Sieg gegen die Bayern – das genügt für heute." Und sein Münchner Kollege Jürgen Klinsmann nimmt die Niederlage gelassen: „Jetzt müssen wir es eben nochmals etwas aufschieben um ein paar Tage, bis wir Tabellenführer sind."

Profitiert hat Hertha BSC vor allem von der ersten Heimniederlage von 1899 Hoffenheim. Gegen Bayer 04 Leverkusen muss der Aufsteiger wie schon beim 2:5 im Hinspiel mit einem 1:4 nun daheim ebenfalls einen schweren Dämpfer hinnehmen. „Wir wussten, dass wir den Gegner in die Rückwärtsbewegung drängen müssen", erklärt Bayer-Trainer Bruno Labbadia sein Erfolgsrezept gegen den Neuling. Bedanken kann er sich aber vor allem bei Goalgetter Patrick Helmes, der seine Saisontore 14 und 15 erzielt, zudem das 2:0 durch Simon Rolfes vorbereitet.

Beim FC Schalke 04 herrscht nach einer 1:2-Niederlage beim VfL Bochum große Enttäuschung. Dabei führen die „Königsblauen" im rewirpowerSTADION zunächst durch ein Tor von Kevin Kuranyi mit 1:0. Doch mit enormem Engagement dreht das Bochumer Team von Trainer Marcel Koller das Spiel durch Treffer von Mimoun Azaouagh und Christoph Dabrowski noch und kommt zu einem wertvollen Sieg im Revierderby. Schalke-Stürmer Halil Altintop bemerkt nach dem Rückschlag für sein Team: „Einige waren sich nach dem 1:0 zu sicher. Doch die haben sich böse getäuscht."

Auf dem linken Foto stört Mark van Bommel vom FC Bayern den Berliner Marko Babic (rechts). Rechtes Bild: Leverkusens Stefan Kießling (links) und Hoffenheims Andreas Beck.

20. SPIELTAG

RESULTATE

Freitag, 13.02.2009	1899 Hoffenheim - B. Leverkusen	1:4	(1:3)
Samstag, 14.02.2009	Hertha BSC - FC Bayern München	2:1	(1:0)
	VfL Bochum - FC Schalke 04	2:1	(1:1)
	Eintracht Frankfurt - VfL Wolfsburg	0:2	(0:1)
	Hannover 96 - VfB Stuttgart	3:3	(2:2)
	1. FC Köln - Karlsruher SC	0:0	
	Werder Bremen - Bor. M'gladbach	1:1	(0:0)
Sonntag, 15.02.2009	Bor. Dortmund - FC Energie Cottbus	1:1	(1:1)
	Hamburger SV - Arminia Bielefeld	2:0	(1:0)

TORJÄGER

Vedad Ibisevic	1899 Hoffenheim	18
Patrick Helmes	Bayer 04 Leverkusen	15
Artur Wichniarek	DSC Arminia Bielefeld	12
Milivoje Novakovic	1. FC Köln	12
Grafite	VfL Wolfsburg	12
Claudio Pizarro	Werder Bremen	11
Mario Gomez	VfB Stuttgart	11
Miroslav Klose	FC Bayern München	9
Stefan Kießling	Bayer 04 Leverkusen	9

PERSONALIEN

Im Training erleidet Abwehrtalent **Mats Hummels** (20), dessen Wechsel auf Dauer vom FC Bayern München zu Borussia Dortmund mit einem Vertrag bis 2013 vollzogen worden ist, erneut eine Verletzung am rechten Sprunggelenk und muss operiert werden.

Bei Hertha BSC bestreitet der Brasilianer **Rodnei** (23), zum Saisonbeginn aus Polen von Jagiellonia Bialystok nach Berlin gekommen, sein Bundesliga-Debüt.

Der 1. FC Köln verpflichtet zur kommenden Saison Stürmer **Sebastian Freis** (23) vom Karlsruher SC.

TABELLE

Rang	Club	Sp.	g	u	v	Tore	Diff.	Pkt.	
1	Hertha BSC Berlin	20	12	4	4	32:23	9	40	↗
2	1899 Hoffenheim	20	12	3	5	46:28	18	39	↘
3	Hamburger SV	20	12	3	5	31:27	4	39	↗
4	FC Bayern München	20	11	5	4	43:28	15	38	↘
5	Bayer 04 Leverkusen	20	11	3	6	43:27	16	36	→
6	VfL Wolfsburg	20	9	6	5	40:26	14	33	↗
7	VfB Stuttgart	20	9	5	6	35:28	7	32	↘
8	Borussia Dortmund	20	7	10	3	30:24	6	31	↗
9	FC Schalke 04	20	8	6	6	26:19	7	30	↘
10	Werder Bremen	20	7	6	7	41:32	9	27	→
11	1. FC Köln	20	7	4	9	22:28	-6	25	→
12	Hannover 96	20	5	6	9	25:38	-13	21	↗
13	Eintracht Frankfurt	20	5	5	10	26:35	-9	20	↘
14	DSC Arminia Bielefeld	20	3	9	8	18:31	-13	18	→
15	VfL Bochum	20	3	8	9	23:33	-10	17	↗
16	FC Energie Cottbus	20	4	5	11	16:33	-17	17	↘
17	Karlsruher SC	20	5	2	13	18:36	-18	17	↘
18	Bor. Mönchengladbach	20	3	4	13	20:39	-19	13	→

Hannover 96 – VfB Stuttgart 3:3 (2:2)

Hannover 96: Enke - Pinto, Eggimann (34. Rosenthal), Fahrenhorst, Tarnat - Balitsch, C. Schulz - Stajner, Bruggink (86. B. Schulz), Krzynowek - Hanke (69. Forssell)
VfB Stuttgart: J. Lehmann - Träsch, Tasci, Boulahrouz, Magnin - Lanig, Hitzlsperger - Hilbert (69. Elson), Simak - Gomez, Marica (80. Cacau)
Tore: 0:1 Gomez (7.), 0:2 Lanig (22.), 1:2 Stajner (43.), 2:2 Krzynowek (45+2.), 3:2 Forssell (85.), 3:3 Hitzlsperger (87.) **Ecken:** 9:2
Schiedsrichter: Gräfe (Berlin)
Zuschauer: 31.127
Gelb: Pinto, Tarnat, Balitsch - Magnin, Marica, Hitzlsperger
Gelb-Rot: keine **Rot:** keine

1. FC Köln – Karlsruher SC 0:0

1. FC Köln: Mondragon - Brecko, Geromel, Mohamad, M. Matip (78. McKenna) - Petit, Pezzoni - Vucicevic, Ehret (70. Chihi) - Radu (59. Ishiaku), Novakovic
Karlsruher SC: Miller - Görlitz, Drpic, Sebastian, Celozzi (81. Kapllani) - Aduobe (46. Buck) - Timm, Federico, da Silva, Stindl - Freis (46. Eichner)
Tore: keine **Ecken:** 8:3
Schiedsrichter: Drees (Münster-Sarmsheim)
Zuschauer: 48.000
Gelb: Mohamad, Vucicevic - da Silva, Timm
Gelb-Rot: keine **Rot:** keine

Werder Bremen – Bor. Mönchengladbach 1:1 (0:0)

Werder Bremen: Wiese - Fritz, Mertesacker, Naldo, Boenisch - Baumann - Frings, Özil, Tziolis - Pizarro, Almeida (54. Rosenberg)
Borussia M'gladbach: Bailly - Gohouri, Galasek, Daems - Stalteri, Jantschke (40. Neuville), Dorda (67. Paauwe) - Matmour (75. Marin), Bradley, Baumjohann - Colautti
Tore: 1:0 Pizarro (76.), 1:1 Bradley (79.) **Ecken:** 19:2
Schiedsrichter: Schmidt (Stuttgart)
Zuschauer: 41.332 (ausverkauft)
Gelb: Tziolis, Naldo - Bradley
Gelb-Rot: keine **Rot:** keine

Borussia Dortmund – FC Energie Cottbus 1:1 (1:1)

Borussia Dortmund: Weidenfeller - Owomoyela, Subotic, F. Santana, Lee - Kehl - Tinga (64. Kringe), Hajnal (90. Kullmann), K.P. Boateng - Valdez (74. Zidan), Frei
FC Energie Cottbus: Tremmel - Radeljic, Cagdas, Cvitanovic, Ziebig - T. Rost - Angelov (80. Rajnoch), Skela (86. Pavicevic), Iliev (71. Sörensen) - Rangelov, Jula
Tore: 0:1 Cagdas (31.), 1:1 Frei (36., Foulelfmeter) **Ecken:** 9:3
Schiedsrichter: Sippel (München)
Zuschauer: 66.300
Gelb: Kehl, Tinga - Ziebig, Cagdas
Gelb-Rot: keine **Rot:** Lee (90+1.)

Hamburger SV – DSC Arminia Bielefeld 2:0 (1:0)

Hamburger SV: F. Rost - Demel, Gravgaard, Mathijsen, Aogo - Jarolim, Alex Silva - Trochowski (85. Streit), Jansen - Olic (82. Pitroipa), Guerrero
DSC Arminia Bielefeld: Eilhoff - Lamey, Herzig, Mijatovic, Rau - Kucera, Tesche (69. Munteanu) - Kirch (85. Sadik), Katongo, Kamper - Wichniarek
Tore: 1:0 Trochowski (32.), 2:0 Guerrero (60.)
Besonderes Vorkommnis: F. Rost hält Foulelfmeter von Wichniarek (55.)
Ecken: 9:5
Schiedsrichter: Brych (München)
Zuschauer: 53.292 **Gelb:** Alex Silva
Gelb-Rot: keine **Rot:** keine

BUNDESLIGA

Köln feiert beim FC Bayern – HSV wieder auf Platz eins

Sogar Torhüter René Adler (links) ist nach vorne gestürmt, um für Bayer 04 Leverkusen noch den Ausgleich zu erzwingen, doch sein Pendant Frank Rost im Tor des Hamburger SV ist Herr der Lage. Weiter im Bild: Rosts Teamkollegen Alex Silva und Joris Mathijsen (5) sowie Leverkusens griechischer Stürmer Angelos Charisteas (29).

Karnevalsstimmung beim 1. FC Köln. Während daheim in der Domstadt die Jecken die fünfte Jahreszeit begehen, gelingt dem FC erstmals seit elf Jahren wieder ein Sieg beim FC Bayern. Für Trainer Christoph Daum ist das 2:1 in seinem 150. Spiel als Kölner Trainer der persönlich erste Sieg im zehnten Anlauf (acht Niederlagen) beim FC Bayern. „Das war das Einzige, was mir in meiner Vita gefehlt hat. Danke an die Mannschaft", freut sich der Coach.

Während die Kölner damit seit fünf Spielen in Folge ungeschlagen sind und sich einen Platz im sicheren Mittelfeld erobert haben, herrscht beim FC Bayern nach der dritten Niederlage im vierten Rückrundenspiel Katerstimmung. „Wenn wir weiter so spielen, jetzt schon zu Hause verlieren und die anderen punkten, wird es schwer für uns", sagt Abwehrchef Lucio. Durch das 1:2 fallen die Bayern auf den vierten Tabellenplatz zurück und liegen nun vier Punkte hinter dem Spitzenreiter.

Der heißt mal wieder Hamburger SV. Die Hanseaten erobern durch einen 2:1-Erfolg bei Bayer 04 Leverkusen die Tabellenspitze, da Hertha BSC beim VfL Wolfsburg mit 1:2 unterliegt. Zum Matchwinner bei den Hamburgern wird ausgerechnet Marcell Jansen. Seit seinem Wechsel an die Elbe hat der Nationalspieler noch kein Tor erzielt, gegen die Leverkusener gelingen ihm gleich zwei, davon eins mit dem schwächeren Fuß. „Dass Marcell Jansen heute mit rechts getroffen hat, war sehr auffällig, das habe ich noch nicht einmal im Training bei ihm gesehen", sagt HSV-Trainer Martin Jol schmunzelnd. Seine Spieler glauben nach dem erneuten Sprung auf Platz eins nun sogar an den Meistertitel. „Ordnen sich bei uns jetzt alle dem Mannschaftsziel unter, können wir vielleicht am Ende gemeinsam feiern", sagt Torwart Frank Rost.

DATEN & FAKTEN

Zuschauer gesamt	352.742
pro Spiel	39.194
Tore gesamt	28
Elfmeter	1
Eigentore	0
Gelbe Karten	42
Gelb-Rote Karten	2
Rote Karten	0

FC Schalke 04 – Borussia Dortmund 1:1 (1:0)

FC Schalke 04: Neuer - Rafinha, Höwedes, Krstajic (10. Halil Altintop), Kobiashvili - Jones - Westermann, Engelaar - Farfan, Kuranyi, Asamoah
Borussia Dortmund: Weidenfeller - Owomoyela, Subotic, F. Santana, Schmelzer - Kehl - Kringe (75. Kullmann), K.P. Boateng (46. Zidan), Hajnal, Sahin - Frei (58. Valdez)
Tore: 1:0 Kuranyi (20.), 1:1 Zidan (81.)
Ecken: 10:1
Schiedsrichter: Stark (Ergolding)
Zuschauer: 61.673 (ausverkauft)
Gelb: Höwedes - K.P. Boateng, Schmelzer, Kehl, Valdez
Gelb-Rot: keine **Rot:** keine

FC Energie Cottbus – Werder Bremen 2:1 (0:0)

FC Energie Cottbus: Tremmel - Pavicevic, Burca, Cvitanovic, Radeljic - T. Rost - Angelov, Skela (81. Rivic) - Rangelov (90+2. Sörensen), Jula, Iliev (77. Rajnoch)
Werder Bremen: Vander - Fritz, Mertesacker, Naldo, Boenisch - Baumann - Frings, Diego, D. Jensen (67. Özil) - Rosenberg (71. Harnik), Almeida
Tore: 0:1 Almeida (46.), 1:1 Iliev (51.), 2:1 Rangelov (90.) **Ecken:** 7:6
Schiedsrichter: Seemann (Essen)
Zuschauer: 14.780 **Gelb:** Pavicevic - Baumann, Fritz, Boenisch, Almeida
Gelb-Rot: keine **Rot:** keine

Borussia Mönchengladbach – Hannover 96 3:2 (2:0)

Borussia M'gladbach: Bailly - Stalteri, Gohouri, Daems, Dorda (24. Levels) - Galasek - Bradley, Baumjohann - Matmour (89. Brouwers), Friend, Marin (71. Neuville)
Hannover 96: Enke - Pinto (86. Cherundolo), Fahrenhorst, C. Schulz, Tarnat - Balitsch (46. Schlaudraff), Andreasen - Stajner, Bruggink, Krzynowek (62. Zizzo) - Forssell
Tore: 1:0 Baumjohann (36.), 2:0 Marin (43.), 2:1 Pinto (53.), 2:2 C. Schulz (77.), 3:2 Neuville (83.) **Ecken:** 6:3
Schiedsrichter: Perl (München)
Zuschauer: 36.166
Gelb: Dorda, Galasek - Balitsch, Tarnat, Pinto **Gelb-Rot:** keine **Rot:** keine

Karlsruher SC – Eintracht Frankfurt 0:1 (0:0)

Karlsruher SC: Miller - Görlitz, Drpic, Buck, Celozzi - Engelhardt (79. Kapllani) - Timm (58. Saglik), da Silva, Stindl (76. Iashvili) - Federico, Freis
Eintracht Frankfurt: Pröll - Ochs, Russ, Bellaid, Petkovic (46. Caio) - Fink, Inamoto - Mahdavikia (75. Steinhöfer), Köhler, Fenin - Liberopoulos (89. Meier)
Tor: 0:1 Caio (54.) **Ecken:** 6:2
Schiedsrichter: Weiner (Giesen)
Zuschauer: 27.623
Gelb: da Silva, Saglik - Petkovic, Mahdavikia, Liberopoulos
Gelb-Rot: keine **Rot:** keine

Zweikampf im Mittelfeld zwischen dem Berliner Pal Dardai (rechts) und Josué, Kapitän und Defensivspezialist des VfL Wolfsburg, dessen Team beim 2:1-Sieg gegen Hertha BSC einen Rückstand wettmachen kann.

Für die Berliner Hertha wird der Ausflug auf Platz eins in Wolfsburg jäh beendet. Dabei führt der Hauptstadtclub bis zur 71. Minute mit 1:0. „Ein Punkt wäre klar verdient gewesen, drei Punkte waren möglich", sagt Trainer Lucien Favre. Doch Wolfsburgs Stürmer Edin Dzeko kann die Begegnung mit zwei Toren noch drehen und den dritten VfL-Sieg in Serie herausschießen.

Das Spiel des Tages findet aber in Stuttgart statt. Im Derby trennen sich der VfB Stuttgart und 1899 Hoffenheim nach grandiosen neunzig Minuten mit 3:3. Hoffenheims Stürmer Demba Ba rettet dem Neuling dabei mit drei Treffern ein glückliches Unentschieden – und Sejad Salihovic lässt in letzter Sekunde die große Chance auf den Sieg ungenutzt, schießt einen Strafstoß über das Tor. Star beim VfB ist Mario Gomez, der die Schwaben zwei Mal in Front schießt und zuletzt in vier Spielen sechs Tore erzielt hat. Trotzdem ist der Nationalstürmer unzufrieden mit dem Unentschieden: „Mit solchen krassen Fehlern kannst du nicht gewinnen."

DER TORSCHÜTZE DES SPIELTAGES

Viel Freude hatte Eintracht Frankfurt an seinem Brasilianer Caio (22, Foto) bisher nicht. Seit er im Januar 2008 an den Main gewechselt ist, hat er gerade einmal zwanzig Spiele bestritten, 16 Mal wurde er dabei nur eingewechselt. Vor allem sein Fitnesszustand hat für viel Kritik gesorgt. Zweimal muss Caio einen Laktattest frühzeitig abbrechen. Beim Karlsruher SC wird der Techniker jedoch zum Matchwinner für die Hessen. Mit einem wuchtigen 18-Meter-Schuss sorgt er für den 1:0-Sieg und beeindruckt damit sogar KSC-Torwart Markus Miller: „Wenn er es so gewollt hat, dann war es ein überragendes Tor." Lob gibt es auch vom Eintracht-Vorstandsvorsitzenden Heribert Bruchhagen: „Caio hat gezeigt, welche Möglichkeiten er haben kann." Für Frankfurt ist es der erste Sieg in der Rückrunde.

21. SPIELTAG

RESULTATE

Freitag, 20.02.2009	FC Schalke 04 - Borussia Dortmund	1:1	(1:0)
Samstag, 21.02.2009	Energie Cottbus - Werder Bremen	2:1	(0:0)
	Bor. M'gladbach - Hannover 96	3:2	(2:0)
	Karlsruher SC - Eintracht Frankfurt	0:1	(0:0)
	VfL Wolfsburg - Hertha BSC	2:1	(0:0)
	DSC Arminia Bielefeld - VfL Bochum	1:1	(0:1)
	VfB Stuttgart - 1899 Hoffenheim	3:3	(2:2)
	FC Bayern München - 1. FC Köln	1:2	(0:2)
Sonntag, 22.02.2009	Bayer Leverkusen - Hamburger SV	1:2	(1:1)

TORJÄGER

Vedad Ibisevic	1899 Hoffenheim	18
Patrick Helmes	Bayer 04 Leverkusen	16
Mario Gomez	VfB Stuttgart	13
Artur Wichniarek	DSC Arminia Bielefeld	12
Milivoje Novakovic	1. FC Köln	12
Grafite	VfL Wolfsburg	12
Claudio Pizarro	Werder Bremen	11
Demba Ba	1899 Hoffenheim	11

PERSONALIEN

Der Kontrollausschuss des Deutschen Fußball-Bundes (DFB) ermittelt gegen **Andreas Ibertsberger** (26) und **Christoph Janker** (23) von 1899 Hoffenheim. Die beiden Profis sollen nach dem Spiel bei Borussia Mönchengladbach am 7. Februar (1:1) verspätet zur Dopingkontrolle erschienen sein.

Oliver Neuville (35) erzielt sein erstes Bundesliga-Tor in der laufenden Saison. Das entscheidende 3:2 gegen Hannover 96 ist sein 91. Treffer insgesamt.

In seinem ersten Bundesliga-Spiel erzielt **Daniel Brosinski** (20) für den 1. FC Köln beim 2:1-Erfolg in München gegen den FC Bayern gleich ein Tor.

TABELLE

Rang	Club	Sp.	g	u	v	Tore	Diff.	Pkt.	
1	Hamburger SV	21	13	3	5	33:28	5	42	↗
2	1899 Hoffenheim	21	12	4	5	49:31	18	40	→
3	Hertha BSC Berlin	21	12	4	5	33:25	8	40	↘
4	FC Bayern München	21	11	5	5	44:30	14	38	→
5	Bayer 04 Leverkusen	21	11	3	7	44:29	15	36	→
6	VfL Wolfsburg	21	10	6	5	42:27	15	36	→
7	VfB Stuttgart	21	9	6	6	38:31	7	33	→
8	Borussia Dortmund	21	7	11	3	31:25	6	32	→
9	FC Schalke 04	21	8	7	6	27:20	7	31	→
10	1. FC Köln	21	8	4	9	24:29	-5	28	↗
11	Werder Bremen	21	7	6	8	42:34	8	27	↘
12	Eintracht Frankfurt	21	6	5	10	27:35	-8	23	↗
13	Hannover 96	21	5	6	10	27:41	-14	21	↘
14	FC Energie Cottbus	21	5	5	11	18:34	-16	20	↗
15	DSC Arminia Bielefeld	21	3	10	8	19:32	-13	19	↘
16	VfL Bochum	21	3	9	9	24:34	-10	18	↘
17	Karlsruher SC	21	5	2	14	18:37	-19	17	→
18	Bor. Mönchengladbach	21	4	4	13	23:41	-18	16	→

VfL Wolfsburg – Hertha BSC Berlin 2:1 (0:0)

■ **VfL Wolfsburg:** Lenz - Pekarik, Simunek, Barzagli, Karimow (61. Esswein) - Madlung (68. Okubo), Josue - Gentner, Misimovic (78. Hasebe), Schäfer - Dzeko
■ **Hertha BSC Berlin:** Drobny - Stein (87. Chermiti), A. Friedrich, Simunic, Rodnei - Dardai (87. Domovchiyski), Cicero - Ebert (72. Babic), Nicu - Voronin, Raffael
Tore: 0:1 Cicero (62.), 1:1 Dzeko (71.), 2:1 Dzeko (84.) **Ecken:** 8:5
Schiedsrichter: Kircher (Rottenburg)
Zuschauer: 29.300
Gelb: Misimovic - Rodnei, Ebert
Gelb-Rot: keine **Rot:** keine

DSC Arminia Bielefeld – VfL Bochum 1:1 (0:1)

■ **DSC Arminia Bielefeld:** Eilhoff - Lamey, Mijatovic, Kucera, Schuler - Kauf, Marx (78. Sadik) - Kirch (68. Munteanu), Katongo, Kamper - Wichniarek
■ **VfL Bochum:** Fernandes - Schröder, Pfertzel, Mavraj, C. Fuchs - Dabrowski, Imhof - Azaouagh (89. Fabian), Epalle (73. Ono), Grote (81. Freier) - Klimowicz
Tore: 0:1 Klimowicz (30.), 1:1 Mijatovic (83.) **Ecken:** 7:6
Schiedsrichter: Wagner (Hofheim)
Zuschauer: 20.200
Gelb: Kauf, Wichniarek - Dabrowski
Gelb-Rot: Klimowicz (86.) **Rot:** keine

VfB Stuttgart – 1899 Hoffenheim 3:3 (2:2)

■ **VfB Stuttgart:** J. Lehmann - Osorio, Tasci, Boulahrouz, Boka (30. Magnin) - Khedira, Hitzlsperger - Hilbert, Simak (71. Lanig) - Gomez, Cacau (83. Marica)
■ **1899 Hoffenheim:** Haas - Beck, Jaissle, Compper, Ibertsberger - Vorsah, Gustavo (68. Terrazzino) - Weis (68. Sanogo), Eduardo, Salihovic - Ba (77. Teber)
Tore: 0:1 Ba (24.), 1:1 Cacau (26.), 2:1 Gomez (31.), 2:2 Ba (45.), 3:2 Gomez (63.), 3:3 Ba (67.) **Besonderes Vorkommnis:** Salihovic verschießt Foulelfmeter (90+3.) **Ecken:** 3:4
Schiedsrichter: Kempter (Sauldorf)
Zuschauer: 54.000 **Gelb:** Magnin, Cacau, Lanig, Boulahrouz - Salihovic, Compper **Gelb-Rot:** keine **Rot:** keine

FC Bayern München – 1. FC Köln 1:2 (0:2)

■ **FC Bayern München:** Rensing - Oddo, van Buyten, Demichelis, Lahm - van Bommel, Ze Roberto (64. Borowski) - Schweinsteiger (46. Hamit Altintop), Ribery - Klose, Podolski (46. Donovan)
■ **1. FC Köln:** Mondragon - Brecko, Geromel, McKenna, M. Matip - Petit, Pezzoni - Brosinski (76. Sanou), Vucicevic (90. D. Boateng), Ehret (85. Broich) - Novakovic
Tore: 0:1 Ehret (22.), 0:2 Brosinski (34.), 1:2 van Buyten (84.) **Ecken:** 9:4
Schiedsrichter: Rafati (Hannover)
Zuschauer: 69.000 (ausverkauft)
Gelb: van Buyten, Oddo - Pezzoni, Brecko
Gelb-Rot: keine **Rot:** keine

Bayer 04 Leverkusen – Hamburger SV 1:2 (1:1)

■ **Bayer 04 Leverkusen:** Adler -Castro, M. Friedrich, Henrique, Kadlec - Rolfes - Augusto, Vidal (79. Charisteas), Barnetta (79. Dum) - Helmes, Kießling
■ **Hamburger SV:** F. Rost - Demel (60. J. Boateng), Gravgaard (45+1. Benjamin), Mathijsen, Aogo - Jarolim, Alex Silva - Trochowski, Jansen - Guerrero, Olic (88. Tavares)
Tore: 0:1 Jansen (18.), 1:1 Helmes (29.), 1:2 Jansen (67.) **Ecken:** 4:0
Schiedsrichter: Meyer (Burgdorf)
Zuschauer: 40.000
Gelb: Castro, Henrique, M. Friedrich, Vidal - Mathijsen, Benjamin
Gelb-Rot: J. Boateng (86.) **Rot:** keine

Wechselspiele gehen weiter – Hertha hat Nase wieder vorn

Kein Durchkommen für den Hamburger SV im Heimspiel in der HSH Nordbank Arena gegen den VfL Wolfsburg. Fast die komplette Mannschaft hat sich im eigenen Strafraum vor Torhüter André Lenz (verdeckt am Boden) versammelt, um eine Chance der Gastgeber zunichte zu machen.

Der VfL Wolfsburg wird langsam zum wahren Schreckgespenst für die Spitzenreiter der Liga. Bereits zum dritten Mal in dieser Saison stürzen die Niedersachsen den Tabellenführer. Diesmal muss sich der Hamburger SV zu Hause beim 1:3 überraschend geschlagen geben. Und plötzlich sind die Wolfsburger selbst mittendrin im Titelkampf. Als Vierter hat das Team von Felix Magath, Trainer und Sportdirektor in Personalunion, nur noch vier Punkte Rückstand auf den Ersten Hertha BSC.

Der VfL Wolfsburg kann mit dem Sieg beim HSV seine starke Serie weiter ausbauen. Es gelingt der vierte „Dreier" und der zweite Auswärtserfolg in Folge, mit 13 Punkten in fünf Spielen sind die Niedersachsen Spitzenreiter der Rückrunde. Möglich macht das erneut das Wolfsburger Stürmerduo Grafite und Edin Dzeko, das für alle drei Tore verantwortlich zeichnet. Zusammen haben sie nun schon 25 Treffer erzielt, Grafite allein 14 in nur 13 Einsätzen. Und der Brasilianer strotzt nur so vor Selbstvertrauen: „Die Meisterschaft wird schwer, aber sie ist möglich." Hamburgs Trainer Martin Jol ist nach dem Sturz von Platz eins verständlicherweise unzufrieden: „Meine Jungs haben mit Leidenschaft, aber nicht mit Verstand gespielt. Uns fehlte allerdings auch das Quäntchen Glück."

DATEN & FAKTEN

Zuschauer gesamt	405.126
pro Spiel	45.014
Tore gesamt	20
Elfmeter	3
Eigentore	0
Gelbe Karten	42
Gelb-Rote Karten	1
Rote Karten	2

1. FC Köln – DSC Arminia Bielefeld 1:1 (1:1)

1. FC Köln: Mondragon - Brecko, Geromel, McKenna, M. Matip - Petit (69. Broich), Pezzoni - Brosinski (67. Radu), Vucicevic, Ehret - Novakovic (46. Ishiaku)
DSC Arminia Bielefeld: Eilhoff - Bollmann, Mijatovic, Herzig, Schuler - Kucera, Marx - Kirch (75. Tesche), Katongo, Kamper (83. Munteanu) - Wichniarek (90. Sadik)
Tore: 1:0 Petit (14.), 1:1 Katongo (43.)
Ecken: 6:1
Schiedsrichter: Sippel (München)
Zuschauer: 47.500
Gelb: Kirch, Wichniarek
Gelb-Rot: keine **Rot:** keine

Eintracht Frankfurt – FC Schalke 04 1:2 (0:1)

Eintracht Frankfurt: Pröll - Ochs, Russ, Bellaid, Köhler - Fink, Chris - Caio (69. Steinhöfer), Meier, Fenin - Kweuke (60. Korkmaz)
FC Schalke 04: Neuer - Rafinha, Bordon, Krstajic, Kobiashvili - Jones - Westermann, Engelaar - Farfan (64. Halil Altintop), Kuranyi, Sanchez (80. Asamoah)
Tore: 0:1 Rafinha (39.), 1:1 Fink (81.), 1:2 Westermann (83.) **Ecken:** 4:8
Schiedsrichter: Meyer (Burgdorf)
Zuschauer: 51.500 (ausverkauft)
Gelb: Russ, Fenin, Köhler, Bellaid - Jones, Rafinha, Westermann, Krstajic
Gelb-Rot: keine **Rot:** keine

Hannover 96 – Bayer 04 Leverkusen 1:0 (1:0)

Hannover 96: Enke - Cherundolo, Fahrenhorst, C. Schulz, Tarnat - Andreasen, Balitsch - Stajner, Bruggink (90+2. B. Schulz), Krzynowek (85. Rosenthal) - Schlaudraff (90. Forssell)
Bayer 04 Leverkusen: Adler - Sarpei (61. Dum), M. Friedrich (77. Kroos), Sinkiewicz, Kadlec - Rolfes - Augusto, Vidal, Barnetta (86. Charisteas) - Helmes, Kießling
Tor: 1:0 Bruggink (33.) **Ecken:** 7:5
Schiedsrichter: Kinhöfer (Herne)
Zuschauer: 32.337 **Gelb:** C. Schulz, Andreasen - Kadlec, Kießling
Gelb-Rot: keine **Rot:** keine

VfL Bochum – FC Energie Cottbus 3:2 (1:1)

VfL Bochum: Fernandes - Schröder (46. Concha), Pfertzel, Mavraj, C. Fuchs - Dabrowski, Imhof - Sestak, Epalle, Azaouagh (77. Grote) - Hashemian (72. Kaloglu)
FC Energie Cottbus: Tremmel - Radeljic (84. Jelic), Cagdas, Cvitanovic, Ziebig - T. Rost (43. Rajnoch) - Angelov, Skela, Iliev - Rangelov, Jula (72. Sörensen)
Tore: 0:1 Iliev (2.), 1:1 Epalle (12.), 1:2 Jula (50.), 2:2 C. Fuchs (54.), 3:2 Pfertzel (79., Foulelfmeter) **Ecken:** 5:4
Schiedsrichter: Schmidt (Stuttgart)
Zuschauer: 18.103
Gelb: Sestak - Radeljic, Angelov, Cagdas, Skela **Gelb-Rot:** keine **Rot:** keine

DER SPIELER DES SPIELTAGES

Seit drei Spielen ist Christoph Dabrowski (30, Foto) Kapitän beim VfL Bochum, hat den verletzten Marcel Maltritz abgelöst und ist gleichzeitig von Trainer Marcel Koller ins zentrale defensive Mittelfeld berufen worden. Und plötzlich hat der VfL wieder Erfolg, eine bessere Bilanz hätte sich Dabrowski kaum wünschen können. Denn das 3:2 gegen den FC Energie Cottbus ist das dritte Spiel für den VfL in Folge ohne Niederlage. Durch diese sieben Punkte in Serie verbessern sich die Bochumer von Platz 17 auf 14. Am Erfolg gegen den direkten Konkurrenten aus der Lausitz hat Dabrowski auch selbst großen Anteil, denn er bereitet das 1:1 von Joel Epalle mit einem perfekten Pass vor. Auch danach treibt er die Mannschaft immer wieder an und führt sie zum wertvollen vierten Saisonsieg.

Das hat diesmal Hertha BSC Berlin beim 2:1-Sieg gegen Borussia Mönchengladbach. Zwar wirbeln die Berliner die Gäste im ersten Durchgang gehörig durcheinander und führen zur Pause durch die Tore von Andrey Voronin und Pal Dardai verdient mit 2:0. Doch nach dem Wechsel spielt praktisch nur noch Mönchengladbach. Zu mehr als dem Anschlusstreffer durch US-Nationalspieler Michael Bradley reicht es für den Tabellenletzten aber nicht mehr.

„Dieses Spiel muss man nicht unbedingt verlieren", sagt VfL-Trainer Hans Meyer enttäuscht. Hertha-Coach Lucien Favre stimmt zu: „Ich hätte vor dem Spiel dieses Ergebnis sofort unterschrieben." Für die Berliner ist es der neunte Heimsieg und die Rückkehr auf Platz eins.

Von dem ist der FC Bayern München weiterhin vier Punkte entfernt. Beim 0:0 bei Werder Bremen gelingt dem Deutschen Meister trotz 75 Minuten Überzahl nach dem Platzverweis für Bremens Abwehrspieler Naldo kein Tor. „Das ist das Problem in dieser Saison. In der vergangenen haben wir aus fünf Chancen drei Tore gemacht, in dieser Saison brauchen wir zu viele Chancen und treffen zu wenig", ärgert sich Bayern-Star Franck Ribéry. Trainer Jürgen Klinsmann sieht trotzdem weiter gute Chancen im Titelkampf: „Wenn man sich die Tabelle der Bundesliga anschaut, hat sich oben gar nicht so viel getan."

Auch die Bemühungen des eingewechselten US-Nationalspielers Landon Donovan (rechts) – hier gegen den Bremer Sebastian Bönisch – führen nicht zum Erfolg des FC Bayern.

22. SPIELTAG

RESULTATE

Freitag, 27.02.2009	1. FC Köln - DSC Arminia Bielefeld	1:1	(1:1)
Samstag, 28.02.2009	Eintracht Frankfurt - FC Schalke 04	1:2	(0:1)
	Hannover 96 - Bayer 04 Leverkusen	1:0	(1:0)
	VfL Bochum - FC Energie Cottbus	3:2	(1:1)
	Hertha BSC - Bor. Mönchengladbach	2:1	(2:0)
	Bor. Dortmund - 1899 Hoffenheim	0:0	
Sonntag, 01.03.2009	Werder Bremen - Bayern München	0:0	
	Hamburger SV - VfL Wolfsburg	1:3	(0:2)
	Karlsruher SC - VfB Stuttgart	0:2	(0:0)

TORJÄGER

Vedad Ibisevic	1899 Hoffenheim	18
Patrick Helmes	Bayer 04 Leverkusen	16
Grafite	VfL Wolfsburg	14
Mario Gomez	VfB Stuttgart	13
Artur Wichniarek	DSC Arminia Bielefeld	12
Milivoje Novakovic	1. FC Köln	12
Claudio Pizarro	Werder Bremen	11
Edin Dzeko	VfL Wolfsburg	11
Demba Ba	1899 Hoffenheim	11

PERSONALIEN

Mit seinem 118. Einsatz in der Begegnung beim VfL Bochum wird **Timo Rost** (30) neuer Bundesliga-Rekordspieler beim FC Energie Cottbus und löst Torhüter Tomislav Piplica ab.

Beim VfB Stuttgart geben beim Derby in Karlsruhe zwei Talente ihr Bundesliga-Debüt: **Timo Gebhart** (19), vom TSV 1860 München ebenso in der Winterpause gekommen wie **Georg Niedermeier** (23) vom FC Bayern München II.

TABELLE

Rang	Club	Sp.	g	u	v	Tore	Diff.	Pkt.	
1	Hertha BSC Berlin	22	13	4	5	35:26	9	43	↗
2	Hamburger SV	22	13	3	6	34:31	3	42	↘
3	1899 Hoffenheim	22	12	5	5	49:31	18	41	↘
4	VfL Wolfsburg	22	11	6	5	45:28	17	39	↗
5	FC Bayern München	22	11	6	5	44:30	14	39	↘
6	Bayer 04 Leverkusen	22	11	3	8	44:30	14	36	↘
7	VfB Stuttgart	22	10	6	6	40:31	9	36	→
8	FC Schalke 04	22	9	7	6	29:21	8	34	↗
9	Borussia Dortmund	22	7	12	3	31:25	6	33	↘
10	1. FC Köln	22	8	5	9	25:30	-5	29	→
11	Werder Bremen	22	7	7	8	42:34	8	28	→
12	Hannover 96	22	6	6	10	28:41	-13	24	↗
13	Eintracht Frankfurt	22	6	5	11	28:37	-9	23	↘
14	VfL Bochum	22	4	9	9	27:36	-9	21	↗
15	DSC Arminia Bielefeld	22	3	11	8	20:33	-13	20	→
16	FC Energie Cottbus	22	5	5	12	20:37	-17	20	↘
17	Karlsruher SC	22	5	2	15	18:39	-21	17	→
18	Bor. Mönchengladbach	22	4	4	14	24:43	-19	16	→

Hertha BSC Berlin – Bor. Mönchengladbach 2:1 (2:0)

Hertha BSC Berlin: Drobny - Stein, A. Friedrich, Simunic, Rodnei (64. von Bergen) - Dardai, Cicero - Ebert (85. Babic), Nicu - Raffael (88. Domovchiyski), Voronin
Borussia M'gladbach: Bailly - Stalteri, Gohouri, Daems, Levels - Bradley, Paauwe (61. Lamidi) - Marin, Baumjohann (78. Colautti), Matmour (46. Neuville) - Friend
Tore: 1:0 Voronin (28.), 2:0 Dardai (44.), 2:1 Bradley (69., Foulelfmeter)
Ecken: 8:7
Schiedsrichter: Gagelmann (Bremen)
Zuschauer: 48.534
Gelb: Baumjohann, Levels, Gohouri, Lamidi **Gelb-Rot:** keine **Rot:** keine

Borussia Dortmund – 1899 Hoffenheim 0:0

Borussia Dortmund: Weidenfeller - Owomoyela, Subotic, F. Santana, Schmelzer - Kehl - Tinga, Hajnal (79. Kringe), Sahin - Zidan (86. Kullmann), Valdez (68. Frei)
1899 Hoffenheim: Haas - Beck, Jaissle, Vorsah, Ibertsberger - Gustavo - Teber (46. Weis), Eduardo, Salihovic - Sanogo (64. Obasi), Ba (88. Wellington)
Tore: keine **Ecken:** 9:2
Schiedsrichter: Fandel (Kyllburg)
Zuschauer: 78.800
Gelb: Tinga - Vorsah, Teber, Gustavo, Beck **Gelb-Rot:** Kehl (77.) **Rot:** Weis (77.)

Werder Bremen – FC Bayern München 0:0

Werder Bremen: Vander - Fritz, Mertesacker, Naldo, Pasanen - Frings - Tziolis (70. D. Jensen), Diego, Özil - Pizarro (89. Rosenberg), Almeida (17. Boenisch)
FC Bayern München: Rensing - Oddo, Demichelis, Lucio, Zé Roberto - van Bommel, Borowski (78. Ottl) - Hamit Altintop (77. Donovan), Schweinsteiger (46. Podolski) - Klose, Ribéry
Tore: keine **Ecken:** 4:5
Schiedsrichter: Gräfe (Berlin)
Zuschauer: 42.100 (ausverkauft)
Gelb: Pasanen - van Bommel
Gelb-Rot: keine **Rot:** Naldo (15.)

Hamburger SV – VfL Wolfsburg 1:3 (0:2)

Hamburger SV: F. Rost - Demel (30. Streit), Gravgaard, Mathijsen, Aogo (46. Petric) - Jarolim, Alex Silva - Trochowski (71. Tavares), Jansen - Olic, Guerrero
VfL Wolfsburg: Lenz - Pekarik, Simunek, Barzagli, Schäfer - Schindzielorz (90+2. Hasebe), Josue - Dejagah (66. Madlung), Gentner - Dzeko, Grafite (49. Esswein)
Tore: 0:1 Grafite (12., Foulelfmeter), 0:2 Grafite (24.), 1:2 Guerrero (73.), 1:3 Dzeko (75.) **Ecken:** 4:2
Schiedsrichter: Winkmann (Kerken)
Zuschauer: 57.000 (ausverkauft)
Gelb: Mathijsen, Guerrero, Alex Silva - Josue, Schindzielorz, Lenz
Gelb-Rot: keine **Rot:** keine

Karlsruher SC – VfB Stuttgart 0:2 (0:0)

Karlsruher SC: Miller - Görlitz, Drpic, Langkamp, Eichner - Engelhardt (73. Mutzel) - Freis, da Silva, Federico, Stindl (67. Kapllani) - Saglik
VfB Stuttgart: J. Lehmann - Osorio, Tasci, Niedermeier, Magnin - Khedira, Lanig - Gebhart (60. Hilbert), Elson (84. Hitzlsperger) - Marica (64. Schieber), Gomez
Tore: 0:1 Elson (50.), 0:2 Khedira (88.)
Ecken: 3:3
Schiedsrichter: Brych (München)
Zuschauer: 29.252
Gelb: Drpic, Görlitz - Tasci, Elson, Marica, Lanig
Gelb-Rot: keine **Rot:** keine

BUNDES LIGA

Berlin in Partystimmung – FC Bayern mit Kantersieg

In luftiger Höhe begegnen sich der Kölner Milivoje Novakovic (rechts) und Marcelo Bordon vom FC Schalke 04. Links FC-Spieler Kevin McKenna.

Lukas Podolski beim 5:1 des FC Bayern mit Hannovers Steven Cherundolo (rechts).

Ganz Berlin jubelt – und sogar Dieter Hoeneß lässt sich zu einem Freudentänzchen hinreißen. Im Kreis der Mannschaft hüpft und springt der Vorsitzende der Geschäftsführung nach dem 3:1-Sieg von Hertha BSC beim FC Energie Cottbus unter dem Applaus seiner Spieler und der mitgereisten Fans.

Es ist Berlins vierter Sieg im sechsten Rückrundenspiel, der für die Hertha nicht nur die Verteidigung der Tabellenführung bedeutet, sondern sogar den Ausbau ihres Vorsprungs auf die Verfolger. Vier Punkte beträgt der Abstand zum punktgleichen Verfolgerquartett 1899 Hoffenheim, FC Bayern München, VfL Wolfsburg und Hamburger SV nun. Ein solches Polster konnte sich in dieser Saison noch kein Tabellenführer erarbeiten.

Zu verdanken haben die Herthaner den Sieg in der Lausitz vor allem ihrem Topstürmer Andrey Voronin. Der aus Liverpool ausgeliehene Ukrainer erzielt alle drei Berliner Tore. Für Voronin sind es die Saisontreffer acht bis zehn, allein in den zurückliegenden fünf Spielen hat er sieben Mal getroffen. Vom Meistertitel will in Berlin aber dennoch niemand reden. Voronin warnt: „Vor zwei Wochen war Hamburg vorn und sprach schon vom Titel. Jetzt haben sie zweimal verloren und sind vier Punkte hinter uns. So schnell kann es gehen."

Beim Hamburger SV herrscht dementsprechend sehr große Unzufriedenheit. Dem 1:3 gegen Wolfsburg vor Wochenfrist folgt ein 1:4 bei Borussia Mönchengladbach. „Wir schlagen uns ab und zu selber", sagt Martin Jol. Stürmer Mladen Petric wird deutlicher: „Wir haben den Gegner zu Toren eingeladen und kamen ständig einen Schritt zu spät." Lediglich bis kurz vor der Pause können die Hanseaten das Spiel offen gestalten. Dann marschiert die Borussia davon, schießt durch Tobias Levels, Roel Brouwers und den starken Marko Marin den höchsten VfL-Sieg in dieser Saison heraus. Mönchengladbach hat damit in der Rückrunde im heimischen

DATEN & FAKTEN

Zuschauer gesamt	361.305
pro Spiel	40.145
Tore gesamt	22
Elfmeter	2
Eigentore	0
Gelbe Karten	31
Gelb-Rote Karten	1
Rote Karten	0

FC Schalke 04 – 1. FC Köln 1:0 (1:0)

FC Schalke 04: Neuer - Rafinha, Höwedes, Krstajic, Kobiashvili - Jones - Westermann, Rakitic (72. Bordon) - Farfan, Kuranyi, Sanchez (82. Asamoah)
1. FC Köln: Mondragon - Brecko, Geromel, Mohamad, M. Matip - Petit, Pezzoni (82. Ishiaku) - Brosinski (63. Yalcin), Vucicevic (86. McKenna), Ehret - Novakovic
Tor: 1:0 Jones (28.) **Ecken:** 5:4
Schiedsrichter: Perl (München)
Zuschauer: 61.673 (ausverkauft)
Gelb: Farfan, Jones, Rafinha - Ehret, Petit **Gelb-Rot:** keine **Rot:** keine

1899 Hoffenheim – Werder Bremen 0:0

1899 Hoffenheim: Haas - Beck, Jaissle, Compper, Janker - Ibertsberger, Vorsah - Eduardo - Obasi (70. Terrazzino), Ba, Sanogo (81. Wellington)
Werder Bremen: Wiese - Boenisch, Mertesacker, Baumann, Pasanen (57. Prödl) - D. Jensen - Tziolis, Diego, Hunt (61. Niemeyer) - Pizarro, Almeida (78. Rosenberg)
Tore: keine **Ecken:** 8:7
Schiedsrichter: Weiner (Giesen)
Zuschauer: 30.150 (ausverkauft)
Gelb: Obasi - Pasanen, D. Jensen
Gelb-Rot: keine **Rot:** keine

Borussia Mönchengladbach – Hamburger SV 4:1 (2:1)

Borussia M'gladbach: Bailly - Stalteri, Gohouri (33. Brouwers), Daems, Levels - Bradley, Galasek - Matmour, Baumjohann, Marin (68. Neuville) - Friend (80. Colautti)
Hamburger SV: F. Rost - J. Boateng (85. Ndjeng), Alex Silva, Mathijsen, Aogo - Tavares - Jarolim (71. Benjamin), Trochowski (53. Pitroipa), Jansen - Petric, Olic
Tore: 1:0 Friend (24.), 1:1 Petric (29.), 2:1 Levels (42.), 3:1 Brouwers (54.), 4:1 Marin (65., Foulelfmeter) **Ecken:** 4:4
Schiedsrichter: Kempter (Sauldorf)
Zuschauer: 50.273
Gelb: Daems, Friend - Tavares, Mathijsen, Jarolim, F. Rost, Benjamin
Gelb-Rot: keine **Rot:** keine

FC Bayern München – Hannover 96 5:1 (3:1)

FC Bayern München: Rensing - Oddo, Lucio, van Buyten (76. Breno), Lahm - Demichelis, Zé Roberto - Hamit Altintop (65. Ottl), Schweinsteiger - Podolski (80. Donovan), Klose
Hannover 96: Enke - Cherundolo, Fahrenhorst, C. Schulz, Tarnat (46. Rausch) - Andreasen, Balitsch - Stajner, Bruggink (65. Forssell), Krzynowek (70. Rosenthal) - Schlaudraff
Tore: 0:1 Stajner (15.), 1:1 van Buyten (20.), 2:1 Klose (25.), 3:1 Hamit Altintop (34.), 4:1 Podolski (73.), 5:1 Demichelis (89.) **Ecken:** 10:6
Schiedsrichter: Drees (Münster-Sarmsheim)
Zuschauer: 69.000 (ausverkauft)
Gelb: Tarnat, Fahrenhorst
Gelb-Rot: keine **Rot:** keine

DER SPIELER DES SPIELTAGES

Zwei Spiele hatte Tim Wiese (27, Foto) zuletzt wegen eines Muskelfaserrisses im Oberschenkel pausieren müssen. Zum Gastspiel bei 1899 Hoffenheim kehrt der Nationaltorwart ins Gehäuse von Werder Bremen zurück – und wird beim torlosen Unentschieden zum gefeierten Rückhalt der Norddeutschen. Mit drei sensationellen Paraden gegen Boubacar Sanogo und zweimal Demba Ba rettet der Nationalkeeper den Bremern vor den Augen von Bundestrainer Joachim Löw einen Punkt. „Ich habe meine Sache zum 0:0 beigetragen", bleibt Wiese bescheiden. Denn nicht Wiese allein ist für Bremens Teilerfolg verantwortlich, sondern auch das Pech seines ehemaligen Mannschaftskollegen Sanogo. Der Hoffenheimer Stürmer trifft drei Mal nur den Pfosten – ein neuer Bundesliga-Rekord in dieser Hinsicht.

Stadion im BORUSSIA-PARK sieben Punkte aus drei Begegnungen geholt. „Wenn man die Ergebnisse der anderen Mannschaften sieht, hat es heute richtig gepasst", freut sich Borussen-Trainer Hans Meyer.

Den höchsten Saisonsieg feiert auch der FC Bayern München. Der Rekordmeister schießt sich drei Tage nach dem Ausscheiden im DFB-Pokal-Viertelfinale (2:4 bei Bayer Leverkusen) gegen Hannover 96 mit dem 5:1 den Frust von der Seele. Dabei führen die Niedersachsen nach 15 Minuten sogar noch durch ein Tor von Jiri Stajner. Doch bereits bis zur Pause liegen die Bayern 3:1 vorne, bauen die Führung nach dem Wechsel souverän aus. Trainer Jürgen Klinsmann glaubt wieder an den Titel: „Es ist unsere Pflicht, Meister zu werden."

Über Gladbachs 3:1 gegen den HSV freuen sich von links: Tobias Levels, Torschütze Roel Brouwers (verdeckt), Filip Daems (3), Alexander Baumjohann und Tomas Galasek.

23. SPIELTAG

RESULTATE

Freitag, 06.03.2009	FC Schalke 04 - 1. FC Köln	1:0	(1:0)
Samstag, 07.03.2009	1899 Hoffenheim - Werder Bremen	0:0	
	Bor. M'gladbach - Hamburger SV	4:1	(2:1)
	FC Bayern München - Hannover 96	5:1	(3:1)
	FC Energie Cottbus - Hertha BSC	1:3	(1:2)
	VfL Wolfsburg - Karlsruher SC	1:0	(1:0)
	VfB Stuttgart - Borussia Dortmund	2:1	(1:0)
Sonntag, 08.03.2009	Arminia Bielefeld - Eintr. Frankfurt	0:0	
	Bayer 04 Leverkusen - VfL Bochum	1:1	(0:1)

TORJÄGER

Vedad Ibisevic	1899 Hoffenheim	18
Patrick Helmes	Bayer 04 Leverkusen	17
Mario Gomez	VfB Stuttgart	14
Grafite	VfL Wolfsburg	14
Artur Wichniarek	DSC Arminia Bielefeld	12
Milivoje Novakovic	1. FC Köln	12
Edin Dzeko	VfL Wolfsburg	12
Claudio Pizarro	Werder Bremen	11
Demba Ba	1899 Hoffenheim	11

PERSONALIEN

Mario Gomez (23) ist „Fußballer des Monats Februar". Der Nationalspieler des VfB Stuttgart setzt sich bei der Wahl gegen zwei weitere Stürmer durch: Andrey Voronin von Hertha BSC und Demba Ba von 1899 Hoffenheim.

Nach einem Kreuzbandriss feiert **Dede** (30) beim 2:1-Erfolg von Borussia Dortmund gegen den VfB Stuttgart sein Comeback.

Andreas Ibertsberger (26) und **Christoph Janker** (23) werden für ihr verspätetes Erscheinen zur Dopingkontrolle beim Spiel am 7. Februar in Mönchengladbach (1:1) nicht bestraft.

Das Gastspiel von **Landon Donovan** (27) beim FC Bayern München ist nach sechs Einsätzen beendet. Der US-Nationalspieler kehrt wieder zurück in die Major League Soccer (MLS) zu Los Angeles Galaxy.

TABELLE

Rang	Club	Sp.	g	u	v	Tore	Diff.	Pkt.	
1	Hertha BSC Berlin	23	14	4	5	38:27	11	46	→
2	FC Bayern München	23	12	6	5	49:31	18	42	↗
	1899 Hoffenheim	23	12	6	5	49:31	18	42	↗
4	VfL Wolfsburg	23	12	6	5	46:28	18	42	→
5	Hamburger SV	23	13	3	7	35:35	0	42	↘
6	VfB Stuttgart	23	11	6	6	42:32	10	39	↗
7	Bayer 04 Leverkusen	23	11	4	8	45:31	14	37	↘
8	FC Schalke 04	23	10	7	6	30:21	9	37	↘
9	Borussia Dortmund	23	7	12	4	32:27	5	33	→
10	Werder Bremen	23	7	8	8	42:34	8	29	↗
11	1. FC Köln	23	8	5	10	25:31	-6	29	↘
12	Eintracht Frankfurt	23	6	6	11	28:37	-9	24	↗
13	Hannover 96	23	6	6	11	29:46	-17	24	↘
14	VfL Bochum	23	4	10	9	28:37	-9	22	→
15	DSC Arminia Bielefeld	23	3	12	8	20:33	-13	21	→
16	FC Energie Cottbus	23	5	5	13	21:40	-19	20	→
17	Bor. Mönchengladbach	23	5	4	14	28:44	-16	19	↗
18	Karlsruher SC	23	5	2	16	18:40	-22	17	↘

FC Energie Cottbus – Hertha BSC Berlin 1:3 (1:2)

FC Energie Cottbus: Tremmel - Radeljic (76. Jelic), Cagdas, Cvitanovic, Ziebig (62. Pavicevic) - Angelov, T. Rost - Skela (83. Rajnoch), Iliev - Rangelov, Jula
Hertha BSC Berlin: Drobny - Stein, A. Friedrich, Simunic, Rodnei - Dardai, Cicero - Ebert (80. Babic), Nicu - Raffael (84. Domovchiyski), Voronin (90. Pantelic)
Tore: 1:0 Cagdas (21.), 1:1 Voronin (34.), 1:2 Voronin (45.), 1:3 Voronin (88.)
Ecken: 5:3
Schiedsrichter: Fleischer (Sigmertshausen)
Zuschauer: 22.500 (ausverkauft)
Gelb: A. Friedrich
Gelb-Rot: keine **Rot:** keine

VfL Wolfsburg – Karlsruher SC 1:0 (1:0)

VfL Wolfsburg: Benaglio - Pekarik, Simunek, Barzagli, Schäfer - Josue - Hasebe, Misimovic (81. Esswein), Gentner (58. Dejagah) - Grafite (71. Madlung), Dzeko
Karlsruher SC: Miller (29. Kornetzky) - Görlitz, Drpic, Langkamp, Eichner - Mutzel, Engelhardt (74. Saglik) - Timm, Federico, da Silva (71. Stindl) - Freis
Tor: 1:0 Dzeko (38.) **Ecken:** 9:4
Schiedsrichter: Seemann (Essen)
Zuschauer: 24.459
Gelb: Hasebe, Madlung - Timm
Gelb-Rot: keine **Rot:** keine

VfB Stuttgart – Borussia Dortmund 2:1 (1:0)

VfB Stuttgart: J. Lehmann - Osorio, Tasci, Niedermeier (63. Boulahrouz), Träsch - Khedira, Hitzlsperger - Hilbert, Elson (57. Simak) - Gomez, Marica (46. Cacau)
Borussia Dortmund: Weidenfeller - Lee, Subotic, F. Santana, Dede - Sahin - Kringe (46. K.P. Boateng), Hajnal, Tinga - Valdez (78. Kullmann), Zidan (69. Frei)
Tore: 1:0 Elson (10.), 1:1 Valdez (52.), 2:1 Gomez (62.) **Ecken:** 4:6
Schiedsrichter: Meyer (Burgdorf)
Zuschauer: 55.750 (ausverkauft)
Gelb: Hitzlsperger, Tasci, Cacau - Valdez
Gelb-Rot: keine **Rot:** keine

DSC Arminia Bielefeld – Eintracht Frankfurt 0:0

DSC Arminia Bielefeld: Eilhoff - Kucera, Herzig, Bollmann, Schuler - Kauf, Marx - Kirch (70. Janjic), Halfar, Kamper (27. Sadik) - Katongo
Eintracht Frankfurt: Nikolov - Ochs (75. Jung), Chris, Bellaid, Petkovic - Fink, Inamoto (46. Korkmaz) - Steinhöfer, Meier, Köhler - Kweuke
Tore: keine **Ecken:** 5:3
Schiedsrichter: Aytekin (Oberasbach)
Zuschauer: 21.500
Gelb: Bollmann, Marx - Meier, Ochs
Gelb-Rot: keine **Rot:** keine

Bayer 04 Leverkusen – VfL Bochum 1:1 (0:1)

Bayer 04 Leverkusen: Adler - Castro, Henrique, Sinkiewicz, Kadlec - Rolfes - Augusto, Vidal (42. Kroos), Barnetta (86. Sukuta-Pasu) - Helmes, Kießling (78. Charisteas)
VfL Bochum: Fernandes - Concha, Pfertzel, Mavraj, C. Fuchs - Dabrowski, Imhof - Sestak (68. Fabian), Epalle, Azaouagh (84. Bönig) - Klimowicz (14. Kaloglu)
Tore: 0:1 Dabrowski (32.), 1:1 Helmes (66., Handelfmeter) **Ecken:** 7:3
Schiedsrichter: Stark (Ergolding)
Zuschauer: 26.000
Gelb: Castro, Kadlec
Gelb-Rot: Mavraj (65.) **Rot:** keine

Trainer Lucien Favre tanzt im Kreis seiner Spieler: Hertha BSC feiert im Berliner Olympiastadion den 1:0-Sieg gegen Bayer 04 Leverkusen und die Verteidigung der Tabellenführung mit weiterhin vier Punkten Vorsprung gegenüber den Verfolgern.

Hertha ein echter Titelanwärter – „Wölfe" setzen ihre Serie fort

Drei Siege in Folge, bereits der zehnte Heimerfolg in Serie und weiterhin vier Punkte Vorsprung auf Platz zwei – Hertha BSC Berlin entwickelt sich immer mehr zu einem erstzunehmenden Titelkandidaten. Nach dem 1:0-Erfolg gegen Verfolger Bayer 04 Leverkusen tanzt diesmal Trainer Lucien Favre – wie schon Dieter Hoeneß vor einer Woche – im Kreis der Mannschaft, eher untypisch für den ruhigen Schweizer: „Die Spieler wollten es, also konnte ich nicht ablehnen."

Gegen die Rheinländer ist es erneut Andrey Voronin, der den entscheidenden Treffer erzielt. Danach schaukelt Hertha BSC den Sieg souverän nach Hause. „Mit so einer Ruhe kann man Deutscher Meister werden", lobt sogar Leverkusens Trainer Bruno Labbadia die kompakten Berliner. Im Lager der Hertha wird der Glaube an die eigenen Stärken immer größer. Dieter Hoeneß stellt treffend fest: „Die Mannschaft spielt nicht spektakulär, aber intelligent. Und sie bleibt immer ruhig."

Noch weiter absetzen können sich die Berliner aber nicht. Denn bis auf 1899 Hoffenheim feiern auch die Verfolger Erfolgserlebnisse. Für den FC Bayern München bedeutet das 3:0 beim VfL Bochum den Abschluss einer tollen Woche mit drei Siegen und 15:2 Toren – nach dem 5:1 gegen Hannover 96 und dem 7:1 in der Champions League unter der Woche gegen Sporting Lissabon. In Bochum besiegeln Zé Roberto, Philipp Lahm und Martin Demichelis den letztlich lockeren Sieg und sorgen für neue

DATEN & FAKTEN

Zuschauer gesamt	384.595
pro Spiel	42.733
Tore gesamt	34
Elfmeter	5
Eigentore	0
Gelbe Karten	33
Gelb-Rote Karten	1
Rote Karten	1

VfL Wolfsburg – FC Schalke 04 4:3 (2:1)

■ **VfL Wolfsburg:** Benaglio - Pekarik, Simunek, Barzagli, Schäfer - Madlung, Josue, Gentner (71. Hasebe) - Misimovic (79. Dejagah) - Dzeko, Grafite (87. Okubo)
■ **FC Schalke 04:** Schober - Rafinha, Höwedes, Krstajic, Kobiashvili (52. Pander) - Westermann (46. Latza), Jones - Rakitic - Farfan, Kuranyi, Sanchez (77. Halil Altintop)
Tore: 0:1 Westermann (9.), 1:1 Grafite (25., Foulelfmeter), 2:1 Dzeko (44.), 3:1 Grafite (74.), 3:2 Jones (76.), 4:2 Grafite (84.), 4:3 Kuranyi (90+1.)
Ecken: 8:2
Schiedsrichter: Sippel (München)
Zuschauer: 30.000 (ausverkauft)
Gelb: Pekarik, Grafite - Kuranyi, Latz
Gelb-Rot: keine **Rot:** keine

VfL Bochum – FC Bayern München 0:3 (0:1)

■ **VfL Bochum:** Fernandes - Concha, Pfertzel, Fabian, C. Fuchs - Dabrowski, Imhof - Sestak (74. Grote), Epalle (85. Freier), Azaouagh - Mieciel (64. Hashemian)
■ **FC Bayern München:** Rensing - Lell, Lucio, van Buyten, Lahm - van Bommel, Demichelis - Schweinsteiger, Zé Roberto - Klose (30. Sosa), Podolski
Tore: 0:1 Ze Roberto (32.), 0:2 Lahm (60.), 0:3 Demichelis (90.) **Besonderes Vorkommnis:** Podolski verschießt Foulelfmeter (49.) **Ecken:** 0:5
Schiedsrichter: Weiner (Giesen)
Zuschauer: 31.328 (ausverkauft)
Gelb: Fabian - Podolski, Lahm, Zé Roberto
Gelb-Rot: keine **Rot:** Pfertzel (48.)

Hertha BSC Berlin – Bayer 04 Leverkusen 1:0 (0:0)

■ **Hertha BSC Berlin:** Drobny - Stein, A. Friedrich, Simunic, Rodnei - Dardai (88. Kacar), Cicero - Ebert (90. Babic), Nicu - Raffael (76. Domovchiyski), Voronin
■ **Bayer 04 Leverkusen:** Adler - Castro (87. Sukuta-Pasu), Sinkiewicz, Henrique, Kadlec - Rolfes - Augusto, Schwegler (78. Kroos), Barnetta (78. Dum) - Helmes, Kießling
Tor: 1:0 Voronin (50.) **Ecken:** 1:3
Schiedsrichter: Rafati (Hannover)
Zuschauer: 58.753
Gelb: Ebert, Dardai - Barnetta
Gelb-Rot: keine **Rot:** keine

Hannover 96 – Borussia Dortmund 4:4 (1:2)

■ **Hannover 96:** Enke - Pinto, Fahrenhorst (46. Rosenthal), C. Schulz, Tarnat (46. Rausch) - Andreasen, Balitsch - Stajner, Bruggink, Krzynowek (67. Hanke) - Forssell
■ **Borussia Dortmund:** Weidenfeller - Owomoyela, Subotic, F. Santana, Dede - Kehl - Tinga, Hajnal, Sahin (20. Kringe) - Frei (83. Zidan), Valdez (88. Kullmann)
Tore: 0:1 Frei (17., Foulelfmeter), 0:2 Kringe (27.), 1:2 Stajner (42.), 2:2 Bruggink (48.), 2:3 Kringe (62.), 2:4 Frei (65.), 3:4 Hanke (80.), 4:4 Forssell (83., Foulelfmeter) **Ecken:** 13:7
Schiedsrichter: Brych (München)
Zuschauer: 49.000 (ausverkauft)
Gelb: Tarnat, Bruggink, Pinto, C. Schulz - Hajnal
Gelb-Rot: keine **Rot:** keine

Die Entscheidung im Bochumer rewirpowerSTADION: Martin Demichelis dreht nach seinem Treffer zum 3:0 für den FC Bayern München jubelnd ab, während Torhüter Daniel Marcio Fernandes (links) und Christian Fuchs (rechts) niedergeschlagen sind.

Zuversicht in Reihen des Rekordmeisters. Manager Hoeneß kommentiert die Lage: „Unsere Ausgangsposition ist nicht schlecht. Wenn wir jetzt eine Serie starten, sieht es gut aus."

Eine solche Serie hat der VfL Wolfsburg schon vor Wochen gestartet. Die Niedersachsen feiern gegen den FC Schalke 04 beim 4:3-Sieg den bereits sechsten Sieg in Folge, sind mit 19 Punkten beste Mannschaft der Rückrunde. Gegen die Schalker entwickelt sich ein spannender Schlagabtausch. Nach Heiko Westermanns Führungstreffer für die „Knappen" drehen Edin Dzeko und Grafite mit drei Toren das Spiel. Jermaine Jones und Kevin Kuranyi können jeweils nur noch verkürzen. Wolfsburgs Trainer Felix Magath ist dennoch nicht ganz zufrieden: „Man hat gesehen, dass wir kein Titelkandidat sind."

Im Kampf gegen den Abstieg gelingt Borussia Mönchengladbach ein ganz wichtiger Erfolg. Die „Fohlen" siegen im rheinischen Derby beim 1. FC Köln 4:2 und verlassen damit die direkten Abstiegsplätze. Es ist der zweite Sieg in Folge und der dritte in den letzten vier Spielen für die Borussia. Passend zur gedrückten Stimmung: Schon vor dem Anpfiff hat Ümit Özat die Beendigung seiner Karriere aufgrund einer Herzmuskelentzündung bekannt gegeben.

DER PECHVOGEL DES SPIELTAGES

Heftiger Rückschlag für den FC Bayern München im Titelkampf. Beim 3:0-Sieg beim VfL Bochum erleidet Stürmer Miroslav Klose (30, Foto) ohne Fremdeinwirkung einen Riss der Sehnenführung im rechten Sprunggelenk. Der Nationalspieler muss operiert werden und fällt auf unbestimmte Zeit aus, steht für die anstehenden nationalen und internationalen Aufgaben nicht zur Verfügung. „Das ist ein herber Schlag für uns", sagt Trainer Jürgen Klinsmann. Schließlich ist Klose bisher der treffsicherste Bayern-Stürmer in der Rückrunde. In elf Pflichtspielen hat er sieben Mal getroffen, allein vier Mal in der Bundesliga. Bitter für den Rekordmeister: Auch Stürmerstar Luca Toni ist wegen einer Achillessehnenreizung noch nicht wieder fit; er hat zuletzt vier Spiele pausieren müssen.

24. SPIELTAG

RESULTATE

Freitag, 13.03.2009	VfL Wolfsburg - FC Schalke 04	4:3	(2:1)
Samstag, 14.03.2009	VfL Bochum - FC Bayern München	0:3	(0:1)
	Hertha BSC - Bayer 04 Leverkusen	1:0	(0:0)
	Hannover 96 - Borussia Dortmund	4:4	(1:2)
	Karlsruher SC - Arminia Bielefeld	0:1	(0:0)
	1. FC Köln - Borussia M'gladbach	2:4	(0:2)
	Eintr. Frankfurt - 1899 Hoffenheim	1:1	(0:1)
Sonntag, 15.03.2009	Werder Bremen - VfB Stuttgart	4:0	(1:0)
	Hamburger SV - FC Energie Cottbus	2:0	(2:0)

TORJÄGER

Vedad Ibisevic	1899 Hoffenheim	18
Patrick Helmes	Bayer 04 Leverkusen	17
Grafite	VfL Wolfsburg	17
Mario Gomez	VfB Stuttgart	14
Edin Dzeko	VfL Wolfsburg	13
Claudio Pizarro	Werder Bremen	12
Artur Wichniarek	DSC Arminia Bielefeld	12
Milivoje Novakovic	1. FC Köln	12

PERSONALIEN

Beim VfL Bochum feiert Abwehrspieler **Patrick Fabian** (21) gegen den FC Bayern München sein Bundesliga-Debüt.

Roda Antar (28) wechselt vom 1. FC Köln zu Chinas Meister Shandong Lenung FC.

Beim 4:2-Erfolg in Köln gelingen US-Nationalspieler **Michael Bradley** (21) von Borussia Mönchengladbach erstmals zwei Tore in einer Bundesliga-Begegnung.

TABELLE

Rang	Club	Sp.	g	u	v	Tore	Diff.	Pkt.	
1	Hertha BSC Berlin	24	15	4	5	39:27	12	49	→
2	FC Bayern München	24	13	6	5	52:31	21	45	→
3	VfL Wolfsburg	24	13	6	5	50:31	19	45	↗
4	Hamburger SV	24	14	3	7	37:35	2	45	↗
5	1899 Hoffenheim	24	12	7	5	50:32	18	43	↘
6	VfB Stuttgart	24	11	6	7	42:36	6	39	→
7	Bayer 04 Leverkusen	24	11	4	9	45:32	13	37	→
8	FC Schalke 04	24	10	7	7	33:25	8	37	→
9	Borussia Dortmund	24	7	13	4	36:31	5	34	→
10	Werder Bremen	24	8	8	8	46:34	12	32	→
11	1. FC Köln	24	8	5	11	27:35	-8	29	→
12	Eintracht Frankfurt	24	6	7	11	29:38	-9	25	→
13	Hannover 96	24	6	7	11	33:50	-17	25	→
14	DSC Arminia Bielefeld	24	4	12	8	21:33	-12	24	↗
15	VfL Bochum	24	4	10	10	28:40	-12	22	↘
16	Bor. Mönchengladbach	24	6	4	14	32:46	-14	22	↗
17	FC Energie Cottbus	24	5	5	14	21:42	-21	20	↘
18	Karlsruher SC	24	5	2	17	18:41	-23	17	→

Karlsruher SC
DSC Arminia Bielefeld 0:1 (0:0)

■ **Karlsruher SC:** Miller - Görlitz, Drpic, Langkamp, Eichner - Mutzel, Engelhardt (46. Stindl) - Federico (70. Saglik), da Silva (74. Iashvili) - Kapllani, Freis
■ **DSC Arminia Bielefeld:** Eilhoff - Kucera, Mijatovic, Herzig, Schuler - Kauf - Kirch (69. Halfar), Marx, Tesche - Wichniarek (84. Janjic), Katongo
Tor: 0:1 Janjic (86.) **Ecken:** 10:4
Schiedsrichter: Fleischer (Sigmertshausen)
Zuschauer: 24.621
Gelb: Federico - Kucera, Schuler
Gelb-Rot: Katongo (90.) **Rot:** keine

1. FC Köln
Bor. Mönchengladbach 2:4 (0:2)

■ **1. FC Köln:** Mondragon - Brecko, Geromel, Mohamad, M. Matip - Petit, Pezzoni - Sanou (46. Radu), Vucicevic (46. Ishiaku), Ehret (76. Broich) - Novakovic
■ **Borussia M'gladbach:** Bailly - Stalteri, Brouwers, Daems, Levels - Bradley, Galasek - Baumjohann (90. Kleine) - Matmour (68. Alberman), Friend, Marin (64. Neuville)
Tore: 0:1 Bradley (25.), 0:2 Matmour (44.), 1:2 Brecko (64.), 1:3 Friend (67.), 2:3 Brecko (82.), 2:4 Bradley (87., Foulelfmeter) **Ecken:** 9:1
Schiedsrichter: Kinhöfer (Herne)
Zuschauer: 50.000 (ausverkauft)
Gelb: Petit, Pezzoni - Levels, Galasek
Gelb-Rot: keine **Rot:** keine

Eintracht Frankfurt
1899 Hoffenheim 1:1 (0:1)

■ **Eintracht Frankfurt:** Nikolov (42. Pröll) - Jung, Russ, Bellaid, Petkovic - Chris, Fink - Steinhöfer, Meier, Köhler (63. Korkmaz) - Fenin
■ **1899 Hoffenheim:** Haas - Beck, Jaissle, Compper, Ibertsberger (88. Janker) - Vorsah (75. Teber) - Weis, Eduardo, Gustavo - Sanogo (72. Wellington), Ba
Tore: 0:1 Eduardo (10.), 1:1 Fink (47.)
Ecken: 4:7
Schiedsrichter: Gräfe (Berlin)
Zuschauer: 51.500 (ausverkauft)
Gelb: Russ, Steinhöfer, Korkmaz - Ibertsberger, Wellington
Gelb-Rot: keine **Rot:** keine

Werder Bremen
VfB Stuttgart 4:0 (1:0)

■ **Werder Bremen:** Wiese - Pasanen (22. Tosic), Prödl, Baumann (78. Vranjes), Boenisch - Frings - Niemeyer, Diego, Özil (71. Tziolis) - Pizarro, Rosenberg
■ **VfB Stuttgart:** J. Lehmann - Träsch, Boulahrouz, Osorio, Boka - Khedira, Hitzlsperger - Hilbert (46. Lanig), Elson (46. Gebhart) - Gomez, Marica (64. Schieber)
Tore: 1:0 Diego (34.), 2:0 Pizarro (53.), 3:0 Rosenberg (59.), 4:0 Rosenberg (74.) **Ecken:** 2:6
Schiedsrichter: Perl (München)
Zuschauer: 39.272
Gelb: Baumann, Özil, Rosenberg
Gelb-Rot: keine **Rot:** keine

Hamburger SV
FC Energie Cottbus 2:0 (2:0)

■ **Hamburger SV:** F. Rost - Benjamin, Alex Silva, Mathijsen, Jansen - Jarolim, Tavares - Streit (73. Aogo), Olic - Petric (29. Trochowski), Guerrero
■ **FC Energie Cottbus:** Tremmel - Pavicevic (64. Ziebig), Burca, Cagdas, Radeljic - Rajnoch, T. Rost - Angelov, Iliev (83. Jelic) - Rangelov, Sörensen (53. Jula)
Tore: 1:0 Olic (32.), 2:0 Trochowski (39.) **Ecken:** 3:8
Schiedsrichter: Aytekin (Oberasbach)
Zuschauer: 50.121
Gelb: Jarolim - Cagdas
Gelb-Rot: keine **Rot:** keine

Hertha-Polster wird dünner – VfB Stuttgart rückt auf

Der Kampf um den Meistertitel ist wieder spannender geworden. Zwar bleibt Hertha BSC auch weiterhin an der Tabellenspitze. Doch durch die 0:2-Niederlage der Berliner beim VfB Stuttgart ist der Vorsprung auf die Verfolger auf einen Zähler zusammengeschrumpft. Gleich drei Clubs stehen punktgleich hinter dem Team

DER TORJÄGER DES SPIELTAGES

Zwei Mal Doppeltorschütze, zwei Mal der Matchwinner – und das in nur vier Tagen: Paolo Guerrero (25, Foto) ist der Mann der Woche beim Hamburger SV. Erst erzielt er im Achtelfinal-Rückspiel des UEFA-Cups zwei Tore bei Galatasaray Istanbul, dreht dabei eine nach 0:2-Rückstand schon verloren geglaubte Begegnung noch zugunsten des HSV (3:2) und führt die Hanseaten damit in das Viertelfinale. Dann trifft der Peruaner auch im Bundesliga-Spiel beim FC Schalke 04 doppelt. Innerhalb von nur vier Minuten entscheidet Guerrero das Spiel und hält den HSV im Rennen um den Deutschen Meistertitel voll auf Kurs. Für den 2006 vom FC Bayern aus München gekommenen Angreifer sind es die Saisontore sieben und acht in der Bundesliga.

Im Parallellauf versuchen Serdar Tasci (links) vom VfB Stuttgart und Andrey Voronin von Hertha BSC eher am Ball zu sein als der Gegenspieler.

DATEN & FAKTEN

Zuschauer gesamt	403.455
pro Spiel	44.828
Tore gesamt	19
Elfmeter	3
Eigentore	0
Gelbe Karten	38
Gelb-Rote Karten	0
Rote Karten	0

Borussia Mönchengladbach – VfL Bochum 0:1 (0:1)

Borussia M'gladbach: Bailly - Stalteri, Brouwers, Daems, Levels (67. Dante) - Galasek (80. Colautti), Bradley - Matmour (71. Neuville), Baumjohann, Marin - Friend
VfL Bochum: Fernandes - Concha, Fabian, Mavraj, C. Fuchs - Dabrowski, Imhof - Azaouagh (89. Bönig), Epalle (69. Ono), Grote (72. Freier) - Klimowicz
Tor: 0:1 Grote (29.) **Ecken:** 11:6
Schiedsrichter: Gräfe (Berlin)
Zuschauer: 49.282
Gelb: Stalteri, Marin, Bradley - Dabrowski, Fernandes, C. Fuchs
Gelb-Rot: keine **Rot:** keine

Borussia Dortmund – Werder Bremen 1:0 (0:0)

Borussia Dortmund: Weidenfeller - Owomoyela, Subotic, F. Santana, Dede (86. Schmelzer) - Kehl - Tinga, Hajnal, Kringe (79. Blaszczykowski) - Valdez, Frei (79. Sahin)
Werder Bremen: Wiese - Prödl (77. Harnik), Mertesacker, Pasanen, Boenisch - Niemeyer (66. D. Jensen) - Tziolis (77. Hunt), Diego, Özil - Almeida, Pizarro
Tor: 1:0 Frei (64., Foulelfmeter)
Ecken: 6:7
Schiedsrichter: Kircher (Rottenburg)
Zuschauer: 75.500
Gelb: Tinga - D. Jensen, Wiese
Gelb-Rot: keine **Rot:** keine

DSC Arminia Bielefeld – VfL Wolfsburg 0:3 (0:1)

DSC Arminia Bielefeld: Eilhoff - Kucera (82. Bollmann), Mijatovic, Herzig, Schuler - Kauf, Marx - Tesche, Janjic (71. Sadik), Halfar (61. Munteanu) - Wichniarek
VfL Wolfsburg: Benaglio - Pekarik, Simunek, Barzagli, Schäfer - Josue - Riether (82. Madlung), Misimovic (67. Dejagah), Gentner - Dzeko, Grafite (90. Okubo)
Tore: 0:1 Gentner (19.), 0:2 Grafite (58.), 0:3 Dejagah (87.) **Ecken:** 6:4
Schiedsrichter: Kempter (Sauldorf)
Zuschauer: 20.200
Gelb: Kauf, Herzig - Simunek, Gentner
Gelb-Rot: keine **Rot:** keine

1899 Hoffenheim – Hannover 96 2:2 (1:1)

1899 Hoffenheim: Hildebrand - Beck, Jaissle (56. Fabricio), Compper, Ibertsberger (16. Terrazzino) - Vorsah - Weis (78. Wellington), Gustavo - Teber, Sanogo, Eduardo
Hannover 96: Enke - Pinto, Eggimann, Andreasen, Rausch - Balitsch, B. Schulz (90+1. Lala) - Stajner (90. Krzynowek), Bruggink, Rosenthal - Forssell (82. Hanke)
Tore: 1:0 Teber (20., Foulelfmeter), 1:1 Balitsch (22.), 1:2 Eggimann (74.), 2:2 Wellington (84.) **Ecken:** 7:3
Schiedsrichter: Stark (Ergolding)
Zuschauer: 30.150 (ausverkauft)
Gelb: Beck, Fabricio - Rausch, Balitsch
Gelb-Rot: keine **Rot:** keine

Während die Mönchengladbacher Filip Daems (links) und Michael Bradley (rechts) über den Gegentreffer enttäuscht sind, bejubeln Torschütze Philipp Bönig (24), Shinji Ono (verdeckt) und Mergim Mavraj das 1:0 des VfL Bochum.

von Trainer Lucien Favre in den Startblöcken, der FC Bayern München und der VfL Wolfsburg sind sogar exakt auf Augenhöhe: gleiche Anzahl an Siegen, Niederlagen und Unentschieden sowie auch die genau gleiche Tordifferenz von jeweils 53:31.

Nach drei Siegen in Folge und der souveränen Tabellenführung ist das 0:2 in Stuttgart für Hertha BSC ein herber Dämpfer. „Das war ein Rückfall in die Vergangenheit, mit so einer Leistung geht es nicht", sagt Lucien Favre. Nach ausgeglichener erster Halbzeit sorgen die Stuttgarter nach dem Wechsel innerhalb von vier Minuten für die Entscheidung. Cacau und Sami Khedira schießen den VfB auf Platz sechs und damit wieder in Reichweite der internationalen Ränge. Teamchef Markus Babbel zeigt sich dementsprechend sehr zufrieden: „Das war das bislang beste Spiel unter meiner Leitung." Sein Kollege Favre bewertet die Leistung seiner Elf hingegen sehr kritisch: „Wir sind kein Spitzenteam. Wenn wir nicht am Limit spielen, kommen wir nicht weiter."

Über alle Grenzen hinaus scheint es zurzeit für den VfL Wolfsburg zu gehen. Die erfolgreichste Mannschaft der Rückrunde feiert beim DSC Arminia Bielefeld den siebten Sieg in Folge und stellt damit einen neuen Vereinsrekord auf. Zudem schließt der brasilianische Goalgetter Grafite mit seinem 18. Saisontreffer zu dem verletzten Toptorjäger Vedad Ibisevic von 1899 Hoffenheim auf. Trainer Felix Magath tritt trotzdem auf die Euphoriebremse: „Vom Spielverlauf her waren wir sicher nicht besser als die Arminia. Wenn wir eine typische Spitzenmannschaft wären, hätten wir nicht so viele Torchancen zugelassen."

Der Deutsche Meister FC Bayern tut sich gegen Schlusslicht Karlsruher SC hingegen äußerst schwer. Wie schon im Hinspiel siegen die Münchner aber auch in der Allianz Arena mit 1:0 gegen die Badener, dank eines schönen Alleinganges von José Ernesto Sosa. „Für uns ist das Allerwichtigste, dass wir die drei Punkte eingefahren haben", sagt Trainer Jürgen Klinsmann.

Der große Sieger im Kampf um den Klassenerhalt ist der VfL Bochum. Bei Borussia Mönchengladbach feiert die Mannschaft von Chefcoach Marcel Koller ihren ersten Auswärtssieg in dieser Saison und bereits den vierten Erfolg in der Rückrunde. „Vielleicht etwas glücklich, aber extrem wichtig für uns", freut sich Koller, wie sein Berliner Kollege Favre Schweizer. Zumal die direkte Konkurrenz aus Bielefeld, Karlsruhe und Cottbus allesamt verliert und sich der VfL drei Punkte Luft auf den Relegationsplatz verschafft.

25. SPIELTAG

RESULTATE

Freitag, 20.03.2009	Borussia M'gladbach - VfL Bochum	0:1	(0:1)
Samstag, 21.03.2009	Bor. Dortmund - Werder Bremen	1:0	(0:0)
	Arminia Bielefeld - VfL Wolfsburg	0:3	(0:1)
	1899 Hoffenheim - Hannover 96	2:2	(1:1)
	Bayer Leverkusen - Eintr. Frankfurt	1:1	(1:1)
	VfB Stuttgart - Hertha BSC Berlin	2:0	(0:0)
	FC Bayern München - Karlsruher SC	1:0	(1:0)
	FC Energie Cottbus - 1. FC Köln	0:2	(0:0)
Sonntag, 22.03.2009	FC Schalke 04 - Hamburger SV	1:2	(0:0)

TORJÄGER

Vedad Ibisevic	1899 Hoffenheim	18
Grafite	VfL Wolfsburg	18
Patrick Helmes	Bayer 04 Leverkusen	17
Mario Gomez	VfB Stuttgart	14
Milivoje Novakovic	1. FC Köln	14
Edin Dzeko	VfL Wolfsburg	13
Claudio Pizarro	Werder Bremen	12
Artur Wichniarek	DSC Arminia Bielefeld	12

PERSONALIEN

In seinem 24. Bundesliga-Spiel gelingt **José Ernesto Sosa** (23) beim 1:0-Sieg des FC Bayern München gegen den Karlsruher SC sein erstes Tor.

Torjäger **Luca Toni** (31) fehlt dem FC Bayern München weiterhin wegen Achillessehnenbeschwerden.

Radim Kucera (35) vom DSC Arminia Bielefeld erleidet gegen den VfL Wolfsburg einen Jochbeinbruch.

TABELLE

Rang	Club	Sp.	g	u	v	Tore	Diff.	Pkt.	
1	Hertha BSC Berlin	25	15	4	6	39:29	10	49	→
2	FC Bayern München	25	14	6	5	53:31	22	48	→
	VfL Wolfsburg	25	14	6	5	53:31	22	48	↗
4	Hamburger SV	25	15	3	7	39:36	3	48	→
5	1899 Hoffenheim	25	12	8	5	52:34	18	44	→
6	VfB Stuttgart	25	12	6	7	44:36	8	42	→
7	Bayer 04 Leverkusen	25	11	5	9	46:33	13	38	→
8	FC Schalke 04	25	10	7	8	34:27	7	37	→
9	Borussia Dortmund	25	8	13	4	37:31	6	37	→
10	Werder Bremen	25	8	8	9	46:35	11	32	→
11	1. FC Köln	25	9	5	11	29:35	-6	32	→
12	Eintracht Frankfurt	25	6	8	11	30:39	-9	26	→
13	Hannover 96	25	6	8	11	35:52	-17	26	→
14	VfL Bochum	25	5	10	10	29:40	-11	25	↗
15	DSC Arminia Bielefeld	25	4	12	9	21:36	-15	24	↘
16	Bor. Mönchengladbach	25	6	4	15	32:47	-15	22	→
17	FC Energie Cottbus	25	5	5	15	21:44	-23	20	→
18	Karlsruher SC	25	5	2	18	18:42	-24	17	→

Bayer 04 Leverkusen – Eintracht Frankfurt 1:1 (1:1)

■ **Bayer 04 Leverkusen:** Adler - Schwegler, Sinkiewicz (68. Haggui), Henrique, Kadlec - Rolfes - Augusto, Zdebel (82. Dum), Barnetta - Helmes (77. Charisteas), Kießling
■ **Eintracht Frankfurt:** Pröll - Ochs, Russ, Bellaid, Köhler - Chris, Fink - Steinhöfer, Meier, Korkmaz (80. Caio) - Fenin (70. Kweuke, 88. Bajramovic)
Tore: 0:1 Meier (16.), 1:1 Kadlec (40.)
Ecken: 5:11
Schiedsrichter: Schmidt (Stuttgart)
Zuschauer: 32.000 **Gelb:** Henrique, Schwegler - Meier, Ochs, Chris
Gelb-Rot: keine **Rot:** keine

VfB Stuttgart – Hertha BSC Berlin 2:0 (0:0)

■ **VfB Stuttgart:** J. Lehmann - Träsch, Tasci, Boulahrouz, Magnin - Khedira, Hitzlsperger - Hilbert, Gebhart (90+1. Boka) - Cacau (88. Schieber), Gomez
■ **Hertha BSC Berlin:** Drobny - Stein, A. Friedrich (25. Kaka), Simunic, Rodnei - Dardai, Cicero - Nicu (62. Pantelic), Babic (46. Kacar) - Raffael, Voronin
Tore: 1:0 Cacau (47.), 2:0 Khedira (51.)
Ecken: 4:4
Schiedsrichter: Kinhöfer (Herne)
Zuschauer: 50.000
Gelb: Rodnei, Stein
Gelb-Rot: keine **Rot:** keine

FC Bayern München – Karlsruher SC 1:0 (1:0)

■ **FC Bayern München:** Rensing - Lell, Lucio, Demichelis, Lahm - van Bommel, Zé Roberto - Schweinsteiger, Sosa (72. Ottl), Ribéry - Podolski (83. van Buyten)
■ **Karlsruher SC:** Miller - Görlitz, Drpic, Langkamp, Eichner - Mutzel, Engelhardt (77. Federico) - Celozzi (66. Stindl), da Silva, Timm - Freis (77. Kapllani)
Tor: 1:0 Sosa (34.) **Ecken:** 6:7
Schiedsrichter: Winkmann (Kerken)
Zuschauer: 69.000 (ausverkauft)
Gelb: Ribéry, van Bommel, Demichelis, Rensing - Mutzel, Engelhardt, Miller
Gelb-Rot: keine **Rot:** keine

FC Energie Cottbus – 1. FC Köln 0:2 (0:0)

■ **FC Energie Cottbus:** Tremmel - Pavicevic, Cagdas (87. Adi Filho), Cvitanovic, Ziebig - Angelov (77. Rajnoch), T. Rost - Skela - Rangelov, Jula, Iliev (61. Rivic)
■ **1. FC Köln:** Mondragon - Brecko, Geromel, Mohamad, M. Matip - Petit, McKenna, Pezzoni (82. Yalcin) - Radu (79. Brosinski), Ehret (77. D. Boateng) - Novakovic
Tore: 0:1 Novakovic (51.), 0:2 Novakovic (56., Foulelfmeter)
Ecken: 7:3
Schiedsrichter: Brych (München)
Zuschauer: 15.650
Gelb: Cagdas - Petit, Brecko
Gelb-Rot: keine **Rot:** keine

FC Schalke 04 – Hamburger SV 1:2 (0:0)

■ **FC Schalke 04:** Neuer - Rafinha, Höwedes, Krstajic, Kobiashvili (78. Pander) - Jones - Westermann, Rakitic (60. Halil Altintop) - Farfan, Kuranyi, Sanchez
■ **Hamburger SV:** F. Rost - Demel (53. J. Boateng), Gravgaard, Mathijsen, Aogo - Tavares, Alex Silva (41. Benjamin) - Pitroipa, Jarolim, Jansen - Guerrero
Tore: 0:1 Guerrero (71.), 0:2 Guerrero (74.), 1:2 Farfan (80.) **Ecken:** 3:3
Schiedsrichter: Drees (Münster-Sarmsheim)
Zuschauer: 61.673(ausverkauft)
Gelb: Farfan, Jones - Aogo, F. Rost
Gelb-Rot: keine **Rot:** keine

Grandiose „Wölfe" lösen Hertha BSC an der Spitze ab

Die Regentschaft von Hertha BSC an der Tabellenspitze der Bundesliga ist nach vier Spielen wieder beendet. Das 1:3 gegen Borussia Dortmund bedeutet die zweite Niederlage in Folge, die Berliner fallen auf Platz drei zurück. Stattdessen übernimmt eine Mannschaft den „Platz an der Sonne", die seit Jahresbeginn einfach unschlagbar scheint: der VfL Wolfsburg. Acht Siege, ein Unentschieden, damit 25 von 27 mögliche Punkte in der Rückrunde, zudem mit 23 Toren mit Abstand die meisten geschossen, mit acht Gegentreffern die wenigsten kassiert: Die „Wölfe" sind auf einem guten Weg zur Mannschaft des Jahres 2009.

Und gegen den FC Bayern München setzt die Elf von Trainer Felix Magath ihrer beeindruckenden Serie die vorläufige Krone auf. 5:1 besiegen die „Wölfe" den Deutschen Meister, schießen im zweiten Durchgang vier Tore innerhalb von nur 14 Minuten. Für den Höhepunkt sorgt dabei Stürmer Grafite, der den Endstand nach sensationellem Solo per Hacke herstellt und damit die gesamte Bayern-Abwehr düpiert.

„Das war eines unserer besten Spiele in den vergangenen zwei Jahren", freut sich Doppeltorschütze Edin Dzeko. Sein Sturmkollege Grafite sagt sogar: „Jetzt wollen wir Platz eins behalten." Der ist für die Münchner nach der höchsten Auswärtsniederlage seit sieben Jahren wieder in weite Ferne gerückt.

Ein Highlight der Saison: Grafite schließt ein Solo mit der Hacke zum 5:1-Endstand für den VfL Wolfsburg gegen den FC Bayern ab. Die Münchner Michael Rensing, Breno, Andreas Ottl (verdeckt) und Christian Lell (von links) können das Traumtor nicht verhindern.

DATEN & FAKTEN

Zuschauer gesamt	379.342
pro Spiel	42.149
Tore gesamt	26
Elfmeter	4
Eigentore	0
Gelbe Karten	28
Gelb-Rote Karten	1
Rote Karten	0

DSC Arminia Bielefeld – FC Schalke 04 0:2 (0:1)

DSC Arminia Bielefeld: Eilhoff - Bollmann, Mijatovic, Herzig, Schuler - Kauf, Marx (81. Sadik) - Tesche (67. Janjic), Katongo, Munteanu 78. Halfar) - Wichniarek
FC Schalke 04: Neuer - Rafinha, Westermann, Bordon (78. Krstajic), Pander - Jones, Kobiashvili - Halil Altintop - Farfan (90+2. Engelaar), Kuranyi, Sanchez (84. Rakitic)
Tore: 0:1 Farfan (45.), 0:2 Kuranyi (90+3.) **Ecken:** 4:7
Schiedsrichter: Seemann (Essen)
Zuschauer: 27.300 (ausverkauft)
Gelb: Schuler, Bollmann - Rafinha
Gelb-Rot: keine **Rot:** keine

VfL Wolfsburg – FC Bayern München 5:1 (1:1)

VfL Wolfsburg: Benaglio (89. Lenz) - Pekarik (85. Dejagah), Simunek, Barzagli, Schäfer - Josue - Riether, Misimovic, Gentner - Dzeko, Grafite (85. Okubo)
FC Bayern München: Rensing - Lell, Lucio (66. Ottl), Breno, Lahm (80. Borowski) - van Bommel, Zé Roberto - Schweinsteiger (70. Sosa), Ribéry - Toni, Podolski
Tore: 1:0 Gentner (44.), 1:1 Toni (45.), 2:1 Dzeko (63.), 3:1 Dzeko (65.), 4:1 Grafite (74.), 5:1 Grafite (77.)
Ecken: 3:2
Schiedsrichter: Kinhöfer (Herne)
Zuschauer: 30.000 (ausverkauft)
Gelb: Josue - van Bommel, Lucio, Toni
Gelb-Rot: keine **Rot:** keine

VfL Bochum – VfB Stuttgart 1:2 (0:0)

VfL Bochum: Fernandes - Maltritz, Yahia, Mavraj, Bönig - Imhof, Dabrowski - Azaouagh (72. Freier), Epalle, Grote (68. Sestak) - Klimowicz (72. Kaloglu)
VfB Stuttgart: J. Lehmann - Träsch, Tasci, Delpierre, Magnin - Lanig, Hitzlsperger - Hilbert (88. Elson), Gebhart (79. Simak) - Gomez (82. Schieber), Cacau
Tore: 1:0 Epalle (48.), 1:1 Cacau (58.), 1:2 Tasci (89.) **Ecken:** 8:12
Schiedsrichter: Fleischer (Sigmertshausen) **Zuschauer:** 24.718
Gelb: Azaouagh - Cacau, Träsch
Gelb-Rot: keine **Rot:** keine

Hertha BSC Berlin – Borussia Dortmund 1:3 (0:1)

Hertha BSC Berlin: Drobny - von Bergen, A. Friedrich, Simunic, Rodnei - Dardai (67. Kacar), Cicero - Ebert (67. Pantelic), Nicu (67. Domovchiyski) - Raffael, Voronin
Borussia Dortmund: Weidenfeller - Owomoyela, Subotic, F. Santana, Dede - Kehl - Blaszczykowski (76. Lee), Hajnal, Sahin - Valdez (83. Kullmann), Frei (73. Zidan)
Tore: 0:1 Frei (25.), 1:1 Raffael (54.), 1:2 Kehl (63.), 1:3 Valdez (82.)
Ecken: 10:5
Schiedsrichter: Weiner (Giesen)
Zuschauer: 74.244 (ausverkauft)
Gelb: Voronin - Hajnal
Gelb/Rot: keine **Rot:** keine

Aus vollem Lauf kommt Dortmunds Nelson Valdez beim Sieg der Borussia bei Hertha BSC vor dem Berliner Steve van Bergen (rechts) zum Flanken.

„Was sich in der zweiten Halbzeit abgespielt hat, rechtfertigt viel Kritik", sagt Trainer Jürgen Klinsmann und spricht eine böse Vermutung aus: „Es könnte sein, dass wir am Schluss mit leeren Händen dastehen."

Ähnlich geht es Hertha BSC. Innerhalb von nur zwei Spielen ist der Vier-Punkte-Vorsprung der Berliner zu einem Rückstand mit zwei Zählern geworden. Die Dortmunder Alex Frei, Sebastian Kehl und Nelson Valdez holen die euphorisierten Fans in der Hauptstadt aus ihren Meisterträumen. „Wir haben eigentlich so ziemlich alles vermissen lassen, was uns sonst stark macht", sagt Hertha-Nationalspieler Arne Friedrich.

Bärenstark präsentiert sich hingegen der Hamburger SV gegen Herbstmeister 1899 Hoffenheim. Zwar gelingt den Hanseaten beim 1:0-Sieg nur ein Treffer durch Jonathan Pitroipa, doch zeigt der HSV erneut eine tolle Leistung und feiert den dritten Bundesliga-Sieg in Folge. „In den letzten zehn Minuten haben meine Spieler gekämpft wie die Löwen", sagt Trainer Martin Jol. Die Hamburger sind damit punktgleich mit Spitzenreiter VfL Wolfsburg Tabellenzweiter.

Seine beeindruckende Erfolgsserie baut auch der VfB Stuttgart aus. Die Schwaben holen mit dem 2:1 beim VfL Bochum den vierten Sieg aus den vergangenen fünf Spielen. Seit Teamchef Markus Babbel als Verantwortlicher im „Ländle" tätig ist, hat der VfB aus zwölf Spielen stattliche 27 Punkte verbucht.

DAS COMEBACK DES SPIELTAGES

Das Erfolgstrio Mike Büskens (Foto), Youri Mulder und Oliver Reck ist wieder da. Knapp zehn Monate nach ihrer positiven Serie beim FC Schalke 04 springen die drei erneut als Interimstrainerteam ein – und feiern beim 2:0 beim DSC Arminia Bielefeld gleich wieder einen Sieg. Im Vorjahr hatte das Gespann unter der Regie von Büskens nach der Trennung von Coach Mirko Slomka schon einmal Verantwortung übernommen und aus den letzten sechs Saisonspielen 16 von 18 möglichen Punkten geholt. Jetzt sollen Büskens, Mulder und Reck die Schalker nach der Beurlaubung von Trainer Fred Rutten erneut in die Erfolgsspur zurückführen. Der Anfang ist mit dem Sieg in Bielefeld gemacht. Kapitän Marcelo Bordon lobt: „Mike Büskens hat Riesenpotenzial, ein super Trainer zu werden."

26. SPIELTAG

RESULTATE

Freitag, 03.04.2009	Arminia Bielefeld - FC Schalke 04	0:2	(0:1)
Samstag, 04.04.2009	VfL Wolfsburg - FC Bayern München	5:1	(1:1)
	VfL Bochum - VfB Stuttgart	1:2	(0:0)
	Hertha BSC - Borussia Dortmund	1:3	(0:1)
	Eintr. Frankfurt - FC Energie Cottbus	2:1	(1:1)
	Hamburger SV - 1899 Hoffenheim	1:0	(1:0)
Sonntag, 05.04.2009	1. FC Köln - Bayer 04 Leverkusen	0:2	(0:0)
	Werder Bremen - Hannover 96	4:1	(1:0)
	Karlsruher SC - Borussia M'gladbach	0:0	

TORJÄGER

Grafite	VfL Wolfsburg	20
Patrick Helmes	Bayer 04 Leverkusen	18
Vedad Ibisevic	1899 Hoffenheim	18
Claudio Pizarro	Werder Bremen	15
Edin Dzeko	VfL Wolfsburg	15
Mario Gomez	VfB Stuttgart	14
Milivoje Novakovic	1. FC Köln	14
Artur Wichniarek	DSC Arminia Bielefeld	12

PERSONALIEN

Grafite (30) vom VfL Wolfsburg wird „Fußballer des Monats" März vor Andrey Voronin von Hertha BSC und Alexander Baumjohann von Borussia Mönchengladbach.

Torhüter **Jens Lehmann** (39) hat seinen Vertrag beim VfB Stuttgart um ein Jahr bis zum 30. Juni 2010 verlängert.

Ersatzkeeper **André Lenz** (35) bleibt für eine weitere Spielzeit beim VfL Wolfsburg.

TABELLE

Rang	Club	Sp.	g	u	v	Tore	Diff.	Pkt.	
1	VfL Wolfsburg	26	15	6	5	58:32	26	51	↗
2	Hamburger SV	26	16	3	7	40:36	4	51	↗
3	Hertha BSC Berlin	26	15	4	7	40:32	8	49	↘
4	FC Bayern München	26	14	6	6	54:36	18	48	↘
5	VfB Stuttgart	26	13	6	7	46:37	9	45	↗
6	1899 Hoffenheim	26	12	8	6	52:35	17	44	↘
7	Bayer 04 Leverkusen	26	12	5	9	48:33	15	41	→
8	FC Schalke 04	26	11	7	8	36:27	9	40	→
9	Borussia Dortmund	26	9	13	4	40:32	8	40	→
10	Werder Bremen	26	9	8	9	50:36	14	35	→
11	1. FC Köln	26	9	5	12	29:37	-8	32	→
12	Eintracht Frankfurt	26	7	8	11	32:40	-8	29	→
13	Hannover 96	26	6	8	12	36:56	-20	26	→
14	VfL Bochum	26	5	10	11	30:42	-12	25	→
15	DSC Arminia Bielefeld	26	4	12	10	21:38	-17	24	→
16	Bor. Mönchengladbach	26	6	5	15	32:47	-15	23	→
17	FC Energie Cottbus	26	5	5	16	22:46	-24	20	→
18	Karlsruher SC	26	5	3	18	18:42	-24	18	→

Eintracht Frankfurt – FC Energie Cottbus 2:1 (1:1)

■ **Eintracht Frankfurt:** Nikolov - Ochs, Russ, Bellaid, Köhler - Fink, Chris - Steinhöfer (84. Bajramovic), Meier, Korkmaz (52. Caio) - Liberopoulos (90+3. Inamoto)
■ **FC Energie Cottbus:** Tremmel - Pavicevic, Cagdas, Cvitanovic, Ziebig - T. Rost - Angelov (70. Sörensen), Vasiljevic (46. Rajnoch), Iliev - Rangelov, Jula (79. Jelic)
Tore: 0:1 Rangelov (11., Foulelfmeter), 1:1 Liberopoulos (15., Handelfmeter), 2:1 Steinhöfer (51.) **Ecken:** 10:1
Schiedsrichter: Gagelmann (Bremen)
Zuschauer: 44.800
Gelb: Chris - Ziebig, Angelov, Cagdas, Sörensen
Gelb-Rot: keine **Rot:** keine

Hamburger SV – 1899 Hoffenheim 1:0 (1:0)

■ **Hamburger SV:** F. Rost - Benjamin (46. J. Boateng), Gravgaard, Mathijsen, Aogo - Jarolim, Tavares - Pitroipa (87. Rincon), Guerrero (13. Trochowski), Jansen - Olic
■ **1899 Hoffenheim:** Hildebrand - Beck, Nilsson, Compper, Janker (84. Fabricio) - Salihovic - Teber (77. Terrazzino), Eduardo - Obasi, Sanogo (68. Wellington), Ba
Tor: 1:0 Pitroipa (28.) **Ecken:** 4:10
Schiedsrichter: Meyer (Burgdorf)
Zuschauer: 57.000 (ausverkauft)
Gelb: F. Rost - Salihovic, Janker, Obasi
Gelb-Rot: Jarolim (85.) **Rot:** keine

1. FC Köln – Bayer 04 Leverkusen 0:2 (0:0)

■ **1. FC Köln:** Mondragon - Brecko, Geromel, Mohamad, McKenna - Petit, D. Boateng (82. Yalcin), Pezzoni (73. Chihi) - Brosinski, Ehret (73. Vucicevic) - Novakovic
■ **Bayer 04 Leverkusen:** Adler - Henrique, Sinkiewicz, M. Friedrich, Kadlec - Zdebel - Vidal (64. Augusto), Rolfes, Barnetta (64. Kroos) - Helmes (90. Charisteas), Kießling
Tore: 0:1 Kießling (66.), 0:2 Helmes (76., Foulelfmeter) **Ecken:** 6:6
Schiedsrichter: Sippel (München)
Zuschauer: 49.800
Gelb: Petit, Novakovic, Scherz - Sinkiewicz
Gelb-Rot: keine **Rot:** keine

Werder Bremen – Hannover 96 4:1 (1:0)

■ **Werder Bremen:** Wiese - Prödl (74. Fritz), Mertesacker, Naldo, Boenisch - Frings - Niemeyer (74. Tziolis), Diego, Özil - Pizarro, Rosenberg (46. Almeida)
■ **Hannover 96:** Enke - Pinto (69. Hanke), Eggimann, C. Schulz, Rausch - Balitsch, Andreasen - Rosenthal (58. Krzynowek), Bruggink, Stajner - Forssell (74. Lala)
Tore: 1:0 Pizarro (41.), 1:1 Krzynowek (69.), 2:1 Diego (77.), 3:1 Pizarro (80.), 4:1 Pizarro (84.) Enke hält Foulelfmeter von Diego (61.) **Ecken:** 3:3
Schiedsrichter: Winkmann (Kerken)
Zuschauer: 42.100 (ausverkauft)
Gelb: Pinto, Andreasen
Gelb-Rot: keine **Rot:** keine

Karlsruher SC – Bor. Mönchengladbach 0:0

■ **Karlsruher SC:** Miller - Görlitz (68. Celozzi), Drpic, Langkamp, Eichner - Aduobe - Federico, Mutzel (68. Stindl), da Silva - Kapllani, Freis (70. Saglik)
■ **Borussia M'gladbach:** Bailly - Stalteri, Brouwers, Dante, Daems - Galasek, Bradley - Matmour, Baumjohann (84. Lamidi), Neuville (75. Paauwe) - Colautti
Tore: keine **Ecken:** 7
Schiedsrichter: Stark (Ergolding)
Zuschauer: 29.380
Gelb: Stindl
Gelb-Rot: keine **Rot:** keine

FC Bayern meldet sich zurück – VfB Stuttgart nun im Titelkampf

Der FC Bayern meldet sich im Kampf um den Meistertitel zurück. Nach zwei herben Niederlagen binnen einer Woche – erst das 1:5 beim VfL Wolfsburg in der Bundesliga, dann das 0:4 beim FC Barcelona in der UEFA Champions League – zeigen Franck Ribéry, Luca Toni und Co. ein ganz anderes Gesicht. Locker gewinnen die Münchner mit 4:0 gegen Eintracht Frankfurt und halten sich damit alle Chancen auf eine erfolgreiche Titelverteidigung offen.

Ribéry sorgt mit dem ersten Schuss im Spiel für das frühe 1:0. Toni, Lucio und Bastian Schweinsteiger stellen schon bis zur 48. Minute den glatten Erfolg in einer einseitigen Begegnung sicher. Die Frankfurter besitzen in neunzig Minuten überhaupt nur eine einzige richtige Torchance. „Wir waren verärgert nach Barcelona und haben heute ein gutes Spiel geliefert. Die Höhe war wichtig für uns und für die Fans." So das Resümee von Nationalspieler Schweinsteiger. Überraschend nimmt Trainer Jürgen Klinsmann auch gegen Frankfurt einen Torwartwechsel vor. Wie schon gegen Barcelona steht erneut Jörg Butt anstelle des bisherigen Stammkeepers Michael Rensing beim Deutschen Meister zwischen den Pfosten.

Die Bayern sichern sich durch den Sieg wieder Platz zwei vor dem punktgleichen Hamburger SV, der nach zuletzt drei Siegen in Folge beim VfB Stuttgart 0:1 verliert. Allerdings äußerst unglücklich, denn Stuttgarts Torjäger Mario Gomez gelingt erst in der zweiten Minute der Nachspielzeit das „Goldene Tor". HSV-Trainer Martin Jol hatte offenbar befürchtet, dass sein Team in aussichtsreicher Position erneut einen Rückschlag würde hinnehmen müssen: „Ich wusste, dass das passieren kann, denn ich kenne meine Mannschaft."

Die Stuttgarter sind durch den Sieg plötzlich selbst ein echter Anwärter auf die Deutsche Meisterschaft. Als zweitbeste Mann-

Eine Pyramide der Freude bauen die Spieler des FC Bayern München: Luca Toni, Torschütze zum 2:0 gegen Eintracht Frankfurt in der Allianz Arena, ist mittendrin, als Franck Ribéry (obenauf), Bastian Schweinsteiger (rechts) und Martin Demichelis zur Gratulation antreten. Kleines Foto oben: Jörg Butt ist die neue Nummer eins im Tor des FC Bayern.

DATEN & FAKTEN

Zuschauer gesamt	454.188
pro Spiel	50.465
Tore gesamt	24
Elfmeter	0
Eigentore	1
Gelbe Karten	24
Gelb-Rote Karten	0
Rote Karten	3

Borussia Mönchengladbach – VfL Wolfsburg 1:2 (0:1)

Borussia M'gladbach: Bailly - Stalteri, Brouwers, Dante, Daems - Galasek (59. Alberman) - Bradley, Baumjohann (69. Neuville) - Matmour (79. Gohouri), Colautti, Marin
VfL Wolfsburg: Benaglio - Pekarik, Simunek, Barzagli, Schäfer - Josue - Riether (88. Madlung), Misimovic, Gentner (62. Dejagah) - Grafite (90+1. Esswein), Dzeko
Tore: 0:1 Dzeko (20.), 1:1 Dante (79.), 1:2 Riether (85.) **Ecken:** 6:10
Schiedsrichter: Kircher (Rottenburg)
Zuschauer: 49.152
Gelb: Pekarik, Simunek, Dejagah, Josue **Gelb-Rot:** keine **Rot:** keine

FC Bayern München – Eintracht Frankfurt 4:0 (3:0)

FC Bayern München: Butt - Lell (46. Oddo), Lucio (64. Breno), Demichelis, Zé Roberto - van Bommel, Ottl - Sosa, Schweinsteiger - Toni, Ribéry (64. Podolski)
Eintracht Frankfurt: Nikolov - Ochs, Russ, Bellaid, Köhler - Fink, Chris - Steinhöfer (73. Mahdavikia), Meier (64. Bajramovic), Korkmaz (64. Caio) - Liberopoulos
Tore: 1:0 Ribéry (3.), 2:0 Toni (17.), 3:0 Lucio (36.), 4:0 Schweinsteiger (48.)
Ecken: 5:2
Schiedsrichter: Drees (Münster-Sarmsheim)
Zuschauer: 69.000 (ausverkauft)
Gelb: Lell - Ochs
Gelb-Rot: keine **Rot:** keine

Hannover 96 – Hertha BSC Berlin 2:0 (1:0)

Hannover 96: Enke - Pinto (74. B. Schulz), Eggimann, C. Schulz, Rausch - Andreasen, Balitsch (33. Rosenthal) - Stajner (82. Lala), Bruggink, Krzynowek - Hanke
Hertha BSC Berlin: Drobny - Stein, von Bergen, Simunic, Rodnei - Dardai (65. Piszczek), Cicero - Ebert (62. Domovchiyski), Nicu (62. Kacar) - Raffael, Voronin
Tore: 1:0 Hanke (29.), 2:0 Bruggink (62.) **Ecken:** 6:5
Schiedsrichter: Kempter (Sauldorf)
Zuschauer: 47.187
Gelb: C. Schulz, Bruggink - Dardai, Ebert, Raffael, Cicero
Gelb-Rot: keine **Rot:** Voronin (89.)

FC Schalke 04 – Karlsruher SC 2:0 (1:0)

FC Schalke 04: Neuer - Latza, Westermann, Krstajic, Pander - Jones, Kobiashvili (72. Engelaar) - Halil Altintop (74. Rakitic) - Farfan (88. Kenia), Kuranyi, Sanchez
Karlsruher SC: Miller - Celozzi, Drpic, Langkamp, Eichner - Mutzel (86. Kapllani), Aduobe - Timm (71. Federico), da Silva, Stindl - Freis (66. Saglik)
Tore: 1:0 Kuranyi (24.), 2:0 Farfan (80.) **Ecken:** 4:6
Schiedsrichter: Gräfe (Berlin)
Zuschauer: 61.397
Gelb: keine **Gelb-Rot:** keine **Rot:** keine

schaft der Rückrunde haben sich die Schwaben seit der Winterpause von Platz zehn auf den fünften Rang verbessert. „Wir holen jetzt die Punkte, die wir in der Hinrunde verschenkt haben", erklärt VfB-Torhüter Jens Lehmann die Erfolgsserie.

Ähnlich glücklich fällt auch der 2:1-Sieg von Spitzenreiter VfL Wolfsburg bei Borussia Mönchengladbach aus. Edin Dzekos Treffer zur Halbzeitführung der Niedersachsen gleicht Gladbachs Dante elf Minuten vor Schluss aus. Doch die „Wölfe" kommen postwendend zurück: das 2:1 in der 85. Minute durch Sascha Riether bringt den neunten Triumph in Folge.

Hertha BSC hat sich aus dem Titelrennen hingegen möglicherweise verabschiedet. Das 0:2 bei Hannover 96 ist schon die dritte Niederlage hintereinander. Zudem sieht Torjäger Andrey Voronin die Rote Karte – die Tätlichkeit des Nationalstürmers aus der Ukraine ist ebenso bitter wie die Niederlage in der AWD-Arena.

Alexander Baumjohann von Borussia Mönchengladbach schirmt den Ball geschickt gegen den brasilianischen Kapitän des VfL Wolfsburg, Josue, ab.

Stuttgarts Torhüter Jens Lehmann zeigt seine Freude über das späte 1:0 des VfB.

DER TORSCHÜTZE DES SPIELTAGES

Gestern noch ein Ersatzmann, nun schon der „König von Bochum". Zwei Mal in Folge hat Stanislav Sestak (26, Foto) beim VfL zuletzt nur auf der Bank gesessen. Bei 1899 Hoffenheim darf der Stürmer, zuvor 791 Minuten ohne Treffer, wieder ran – und er bedankt sich mit drei Toren für das Vertrauen. Zum Einsatz ist Sestak auch durch den Ausfall von Diego Fernando Klimowicz gekommen. „Zum ersten Mal in meinem Leben drei Tore", verrät der Slowake. Sestak sorgt damit im Alleingang für den 3:0-Erfolg in Hoffenheim. Für die Westfalen ist es der fünfte Sieg in der Rückrunde, für Sestak eine Fortsetzung seiner aktuellen Erfolgsstory. Denn in der WM-Qualifikation ist ihm gegen den „großen Bruder" Tschechien das Tor zum 2:1 für sein Heimatland gelungen.

27. SPIELTAG

RESULTATE

Samstag, 11.04.2009	Bor. M'gladbach - VfL Wolfsburg	1:2	(0:1)
	Bayern München - Eintr. Frankfurt	4:0	(3:0)
	Hannover 96 - Hertha BSC	2:0	(1:0)
	FC Schalke 04 - Karlsruher SC	2:0	(1:0)
	1899 Hoffenheim - VfL Bochum	0:3	(0:1)
	Energie Cottbus - Arminia Bielefeld	2:1	(1:0)
	Borussia Dortmund - 1. FC Köln	3:1	(1:1)
Sonntag, 12.04.2009	Bayer Leverkusen - Werder Bremen	1:1	(1:1)
	VfB Stuttgart - Hamburger SV	1:0	(0:0)

TORJÄGER

Grafite	VfL Wolfsburg	20
Patrick Helmes	Bayer 04 Leverkusen	18
Vedad Ibisevic	1899 Hoffenheim	18
Claudio Pizarro	Werder Bremen	16
Edin Dzeko	VfL Wolfsburg	16
Mario Gomez	VfB Stuttgart	15
Milivoje Novakovic	1. FC Köln	14
Artur Wichniarek	DSC Arminia Bielefeld	12

PERSONALIEN

Nationalspieler **Arne Friedrich** (29) fällt nach einer Knieoperation vorläufig aus.

Mit seinem 100. Bundesliga-Spiel für Borussia Mönchengladbach kommt **Oliver Neuville** (35, früher F.C. Hansa Rostock, Bayer 04 Leverkusen) auf insgesamt 315 Spiele (91 Tore) in der höchsten Spielklasse.

Seinen Vertrag beim VfB Stuttgart verlängert der brasilianische Mittelfeldakteur **Elson** (27) um zwei Jahre bis zum 30. Juni 2011.

TABELLE

Rang	Club	Sp.	g	u	v	Tore	Diff.	Pkt.	
1	VfL Wolfsburg	27	16	6	5	60:33	27	54	→
2	FC Bayern München	27	15	6	6	58:36	22	51	↗
3	Hamburger SV	27	16	3	8	40:37	3	51	↘
4	Hertha BSC Berlin	27	15	4	8	40:34	6	49	↘
5	VfB Stuttgart	27	14	6	7	47:37	10	48	→
6	1899 Hoffenheim	27	12	8	7	52:38	14	44	→
7	FC Schalke 04	27	12	7	8	38:27	11	43	↗
8	Borussia Dortmund	27	10	13	4	43:33	10	43	↗
9	Bayer 04 Leverkusen	27	12	6	9	49:34	15	42	↘
10	Werder Bremen	27	9	9	9	51:37	14	36	→
11	1. FC Köln	27	9	5	13	30:40	-10	32	→
12	Eintracht Frankfurt	27	7	8	12	32:44	-12	29	→
13	Hannover 96	27	7	8	12	38:56	-18	29	→
14	VfL Bochum	27	6	10	11	33:42	-9	28	→
15	DSC Arminia Bielefeld	27	4	12	11	22:40	-18	24	→
16	Bor. Mönchengladbach	27	6	5	16	33:49	-16	23	→
17	FC Energie Cottbus	27	6	5	16	24:47	-23	23	→
18	Karlsruher SC	27	5	3	19	18:44	-26	18	→

1899 Hoffenheim – VfL Bochum 0:3 (0:1)

1899 Hoffenheim: Haas - Beck, Nilsson (62. Özcan), Compper, Janker - Vorsah (46. Weis) - Eduardo, Salihovic - Obasi, Wellington (60. Terrazzino), Ba
VfL Bochum: Fernandes - Concha, Maltritz, Mavraj, Yahia - Dabrowski, Imhof - Epalle (10. Freier), Ono (64. Pfertzel), Bönig (77. Grote) - Sestak
Tore: 0:1 Sestak (42.), 0:2 Sestak (55.), 0:3 Sestak (69.) **Ecken:** 10:3
Schiedsrichter: Rafati (Hannover)
Zuschauer: 30.150 (ausverkauft)
Gelb: Janker - Ono, Imhof
Gelb-Rot: keine
Rot: Eduardo (59.), Haas (61.)

FC Energie Cottbus – DSC Arminia Bielefeld 2:1 (1:0)

FC Energie Cottbus: Tremmel - Radeljic, Cagdas, Cvitanovic, Ziebig - T. Rost - Angelov (90+1. Pavicevic), Skela, Iliev (75. Kukielka) - Rangelov, Jula (84. Shao)
DSC Arminia Bielefeld: Eilhoff - Lamey (77. Janjic), Mijatovic, Bollmann, Schuler - Kauf, Marx - Tesche (63. Kirch), Munteanu - Katongo (63. Halfar), Wichniarek
Tore: 1:0 Rangelov (43.), 1:1 Munteanu (48.), 2:1 Angelov (59.)
Ecken: 6:1
Schiedsrichter: Wagner (Hofheim)
Zuschauer: 17.150
Gelb: Cvitanovic, Ziebig, Angelov, Rangelov - Lamey, Tesche
Gelb-Rot: keine **Rot:** keine

Borussia Dortmund – 1. FC Köln 3:1 (1:1)

Borussia Dortmund: Weidenfeller - Owomoyela, Subotic, F. Santana, Dede - Kehl - Blaszczykowski (70. Tinga), Hajnal, Sahin - Frei (86. Zidan), Valdez (80. K.P. Boateng)
1. FC Köln: Mondragon - Brecko, Geromel, Mohamad, McKenna - Petit, D. Boateng - Brosinski (63. Yalcin), Vucicevic, Ehret (65. Chihi) - Novakovic
Tore: 0:1 Vucicevic (10.), 1:1 Subotic (29.), 2:1 Hajnal (49.), 3:1 Geromel (81., Eigentor) **Ecken:** 6:4
Schiedsrichter: Perl (München)
Zuschauer: 80.552 (ausverkauft)
Gelb: Dede - Yalcin
Gelb-Rot: keine **Rot:** keine

Bayer 04 Leverkusen – Werder Bremen 1:1 (1:1)

Bayer 04 Leverkusen: Adler - Henrique, M. Friedrich, Sinkiewicz, Kadlec - Zdebel (62. Vidal), Rolfes - Kroos, Barnetta (77. Augusto) - Helmes, Kießling (84. Charisteas)
Werder Bremen: Wiese - Fritz, Mertesacker, Naldo, Boenisch - Baumann (76. Tziolis) - Frings, Özil, Hunt - Pizarro, Almeida
Tore: 1:0 Barnetta (11.), 1:1 Pizarro (32.) **Ecken:** 7:3
Schiedsrichter: Fleischer (Sigmertshausen)
Zuschauer: 43.900
Gelb: keine **Gelb-Rot:** keine **Rot:** keine

VfB Stuttgart – Hamburger SV 1:0 (0:0)

VfB Stuttgart: J. Lehmann - Träsch, Tasci, Delpierre, Magnin - Lanig, Hitzlsperger - Hilbert, Gebhart (66. Simak) - Gomez, Marica (46. Schieber)
Hamburger SV: F. Rost - J. Boateng, Gravgaard, Mathijsen, Jansen - Tavares, Aogo - Pitroipa (80. Streit), Trochowski - Guerrero, Olic (76. Petric)
Tor: 1:0 Gomez (90+2.) **Ecken:** 4:5
Schiedsrichter: Stark (Ergolding)
Zuschauer: 55.700 (ausverkauft)
Gelb: Mathijsen
Gelb-Rot: keine **Rot:** keine

Hürde genommen: Wolfsburgs Christian Gentner setzt sich über den am Boden liegenden Arturo Vidal von Bayer 04 Leverkusen hinweg.

„Wölfe" schreiben Geschichte – Erleichterung beim FC Bayern

Der VfL Wolfsburg schreibt sich in die Geschichtsbücher der Bundesliga. Mit dem 2:1 gegen Bayer 04 Leverkusen egalisiert die Mannschaft von Trainer Felix Magath einen 22 Jahre alten Rekord: Es ist Wolfsburgs zehnter Sieg in Folge, nie gewann eine Mannschaft in einer Saison öfter hintereinander. Das gleiche Kunststück ist zuvor allein Borussia Mönchengladbach in der Saison 1986/87 gelungen.

Einmal mehr ist es Stürmerstar Grafite, der die Wolfsburger auf die Siegerstraße bringt. Zunächst verwandelt der Brasilianer einen Foulelfmeter zum 1:0. Nach dem Ausgleich durch Toni Kroos ist Grafite fünf Minuten vor Abpfiff nach einem Traumpass von Spielmacher Zvjezdan Misimovic erneut zur Stelle. Es sind seine Saisontore Nummer 21 und 22, womit der athletische Stürmer mit vier Treffern Vorsprung vor dem Leverkusener Patrick Helmes, Mario Gomez (VfB Stuttgart) und dem verletzten Vedad Ibisevic (1899 Hoffenheim) die Rangliste der Goalgetter anführt.

Der VfL Wolfsburg bleibt durch den erneuten Triumph weiterhin Tabellenführer. Ihren

DATEN & FAKTEN

Zuschauer gesamt	403.573
pro Spiel	44.841
Tore gesamt	28
Elfmeter	4
Eigentore	0
Gelbe Karten	30
Gelb-Rote Karten	1
Rote Karten	0

FC Schalke 04 – FC Energie Cottbus 4:0 (2:0)

■ **FC Schalke 04:** Neuer - Rafinha, Westermann, Krstajic (78. Höwedes), Pander (72. Engelaar) - Jones, Kobiashvili - Halil Altintop - Farfan (81. Asamoah), Kuranyi, Sanchez
■ **FC Energie Cottbus:** Tremmel - Radeljic, Cagdas, Cvitanovic, Ziebig (41. Pavicevic) - Vasiljevic, Kukielka (76. Rajnoch) - Rangelov, Skela, Iliev - Jula (84. Jelic)
Tore: 1:0 Pander (4.), 2:0 Halil Altintop (23.), 3:0 Jones (60.), 4:0 Kuranyi (88.)
Ecken: 4:1
Schiedsrichter: Weiner (Giesen)
Zuschauer: 60.315
Gelb: Vasiljevic
Gelb-Rot: keine **Rot:** keine

DSC Arminia Bielefeld – FC Bayern München 0:1 (0:0)

■ **DSC Arminia Bielefeld:** Eilhoff - Lamey, Mijatovic, Bollmann, Schuler - Kauf, Marx - Katongo, Tesche (79. Janjic), Munteanu (79. Halfar) - Wichniarek
■ **FC Bayern München:** Butt - Lell, Lucio, Demichelis, Lahm - van Bommel, Ottl - Sosa (58. Hamit Altintop), Schweinsteiger (83. Borowski) - Toni (90+4. Müller), Ribéry
Tor: 0:1 Toni (64.) **Ecken:** 2:11
Schiedsrichter: Meyer (Burgdorf)
Zuschauer: 27.300 (ausverkauft)
Gelb: Schuler, Bollmann, Lamey, Mijatovic - van Bommel, Toni, Demichelis
Gelb-Rot: keine **Rot:** keine

1. FC Köln – VfB Stuttgart 0:3 (0:1)

■ **1. FC Köln:** Mondragon - Brecko, Geromel, Mohamad, McKenna - Petit (82. Pezzoni), D. Boateng - Radu (64. Sanou), Vucicevic (70. Ishiaku), Ehret - Novakovic
■ **VfB Stuttgart:** J. Lehmann - Träsch, Tasci, Delpierre, Magnin - Lanig, Hitzlsperger (81. Simak) - Hilbert, Gebhart (46. Khedira) - Gomez (81. Marica), Cacau
Tore: 0:1 Gomez (16.), 0:2 Gomez (55.), 0:3 Gomez (71.) **Ecken:** 4:5
Schiedsrichter: Gagelmann (Bremen)
Zuschauer: 50.000 (ausverkauft)
Gelb: Brecko, McKenna - Hitzlsperger
Gelb-Rot: keine **Rot:** keine

VfL Wolfsburg – Bayer 04 Leverkusen 2:1 (1:0)

■ **VfL Wolfsburg:** Benaglio - Pekarik (59. Dejagah), Simunek, Barzagli, Schäfer - Josue - Riether, Misimovic, Gentner (88. Madlung) - Grafite, Dzeko
■ **Bayer 04 Leverkusen:** Adler - Henrique, M. Friedrich, Sinkiewicz (90. Castro), Kadlec - Rolfes - Augusto, Vidal (90. Dum), Kroos - Kießling, Helmes (78. Charisteas)
Tore: 1:0 Grafite (23., Foulelfmeter), 1:1 Kroos (53.), 2:1 Grafite (85.)
Ecken: 5:5
Schiedsrichter: Drees (Münster-Sarmsheim)
Zuschauer: 29.500
Gelb: Riether - M. Friedrich, Kadlec, Castro **Gelb-Rot:** keine **Rot:** keine

DER SPIELER DES SPIELTAGES

Was würde der VfB Stuttgart nur ohne Mario Gomez (23, Foto) machen? Der Stürmer bleibt der Torgarant schlechthin im „Ländle". Beim 1. FC Köln trifft Gomez gleich drei Mal und sorgt praktisch im Alleingang für den Erfolg der Schwaben. Häufiger als Gomez hat in dieser Saison kein Spieler in Deutschland getroffen. Zwar rangiert er mit 18 Bundesliga-Toren „nur" auf Platz zwei der Bundesliga-Torjägerliste hinter Grafite (22) vom VfL Wolfsburg. Doch kommt der Nationalspieler inklusive DFB-Pokal und UEFA-Cup auf insgesamt schon dreißig Pflichtspieltore in 41 Begegnungen – eine super Quote. Allein in der Rückrunde hat Gomez nun schon elf Mal in zwölf Spielen zugeschlagen – und den zuletzt vier Mal in Folge siegreichen VfB damit zu einem Meisterschaftsanwärter gemacht.

Vorsprung auf die Konkurrenz ausbauen können die „Wölfe" aber nicht, weil sämtliche Verfolger ebenfalls dreifach punkten. Felix Magath will sich auch nach diesem weiteren Erfolg unverändert nicht zum Meisterschaftsfavoriten machen lassen. Er sagt vielmehr: „Natürlich wird der FC Bayern München noch souveräner Meister."

Der Deutsche Meister bleibt den Wolfsburgern dank eines knappen 1:0-Erfolgs beim DSC Arminia Bielefeld auf den Fersen. Luca Toni erzielt das „Goldene Tor" für die Münchner nach einer Flanke von Franck Ribéry in der 64. Minute. Nach den turbulenten Wochen an der Säbener Straße sagt Trainer Jürgen Klinsmann erleichtert: „Der Erfolg nimmt etwas den Druck bei uns raus." Und Manager Uli Hoeneß geht gleich wieder in die Offensive: „Unsere Chancen auf den Titel sind etwas gestiegen, da wir noch vier Heimspiele haben, Wolfsburg nur noch drei." Der FC Bayern liegt drei Punkte hinter dem Spitzenreiter.

Der Hamburger SV hat sich von der 0:1-Niederlage vor Wochenfrist beim VfB Stuttgart gut erholt und fährt mit dem 2:1 gegen Hannover 96 den vierten Sieg aus den letzten fünf Spielen ein. Torjäger Mladen Petric macht mit seinen Saisontoren Nummer elf und zwölf den Erfolg schon früh perfekt, Hannovers Mikael Forssell kann nur noch verkürzen. Und auch Hertha BSC gewinnt wieder. Nach drei Niederlagen in Folge gelingt den Berlinern gegen Werder Bremen ein Sieg. Bei acht Punkten Rückstand auf den Spitzenreiter geht es für das Team von Trainer Lucien Favre aber wohl nur noch um die internationalen Plätze.

Luca Toni strahlt nach seinem entscheidenden Tor für den FC Bayern München bei Arminia Bielefeld.

Piotr Trochowski vom Hamburger SV und Gaetan Krebs (rechts) von Hannover 96.

28. SPIELTAG

RESULTATE

Freitag, 17.04.2009	FC Schalke 04 - FC Energie Cottbus	4:0	(2:0)
Samstag, 18.04.2009	Arminia Bielefeld - Bayern München	0:1	(0:0)
	1. FC Köln - VfB Stuttgart	0:3	(0:1)
	VfL Wolfsburg - Bayer Leverkusen	2:1	(1:0)
	VfL Bochum - Borussia Dortmund	0:2	(0:1)
	Eintr. Frankfurt - Bor. M'gladbach	4:1	(1:0)
	Karlsruher SC - 1899 Hoffenheim	2:2	(1:1)
Sonntag, 19.04.2009	Hertha BSC Berlin - Werder Bremen	2:1	(0:1)
	Hamburger SV - Hannover 96	2:1	(1:0)

TORJÄGER

Grafite	VfL Wolfsburg	22
Mario Gomez	VfB Stuttgart	18
Patrick Helmes	Bayer 04 Leverkusen	18
Vedad Ibisevic	1899 Hoffenheim	18
Claudio Pizarro	Werder Bremen	16
Edin Dzeko	VfL Wolfsburg	16
Milivoje Novakovic	1. FC Köln	14
Artur Wichniarek	DSC Arminia Bielefeld	12
Kevin Kuranyi	FC Schalke 04	12

PERSONALIEN

Als Spieler und Trainer ist **Thomas Schaaf** (47) bei Werder Bremen zum 600. Mal im Einsatz.

In seinem 25. Bundesliga-Spiel kommt **Toni Kroos** (19) von Bayer 04 Leverkusen zu seinem ersten Tor.

Der kolumbianische Torhüter **Faryd Mondragon** (37) ist einer von elf ausländischen Spielern aus zehn Nationen, mit denen der 1. FC Köln die Begegnung mit dem VfB Stuttgart beginnt.

TABELLE

Rang	Club	Sp.	g	u	v	Tore	Diff.	Pkt.	
1	VfL Wolfsburg	28	17	6	5	62:34	28	57	→
2	FC Bayern München	28	16	6	6	59:36	23	54	→
3	Hamburger SV	28	17	3	8	42:38	4	54	→
4	Hertha BSC Berlin	28	16	4	8	42:35	7	52	→
5	VfB Stuttgart	28	15	6	7	50:37	13	51	→
6	FC Schalke 04	28	13	7	8	42:27	15	46	↗
7	Borussia Dortmund	28	11	13	4	45:33	12	46	↗
8	1899 Hoffenheim	28	12	9	7	54:40	14	45	↘
9	Bayer 04 Leverkusen	28	12	6	10	50:36	14	42	→
10	Werder Bremen	28	9	9	10	52:39	13	36	→
11	Eintracht Frankfurt	28	8	8	12	36:45	-9	32	↗
12	1. FC Köln	28	9	5	14	30:43	-13	32	↘
13	Hannover 96	28	7	8	13	39:58	-19	29	→
14	VfL Bochum	28	6	10	12	33:44	-11	28	→
15	DSC Arminia Bielefeld	28	4	12	12	22:41	-19	24	→
16	Bor. Mönchengladbach	28	6	5	17	34:53	-19	23	→
17	FC Energie Cottbus	28	6	5	17	24:51	-27	23	→
18	Karlsruher SC	28	5	4	19	20:46	-26	19	→

VfL Bochum – Borussia Dortmund 0:2 (0:1)

VfL Bochum: Fernandes - Concha, Maltritz, Mavraj, Yahia - Dabrowski (84. Vogt), Imhof - Sestak, Ono (53. Freier), Bönig (57. Grote) - Klimowicz
Borussia Dortmund: Weidenfeller - Owomoyela, Subotic, F. Santana, Dede - Kehl - Blaszczykowski (71. Tinga), Hajnal, Sahin - Valdez (85. K.P. Boateng), Frei (78. Zidan)
Tore: 0:1 Owomoyela (11.), 0:2 Valdez (54.) **Ecken:** 7:6
Schiedsrichter: Sippel (München)
Zuschauer: 31.328 (ausverkauft)
Gelb: Klimowicz
Gelb-Rot: keine **Rot:** keine

Eintracht Frankfurt – Bor. Mönchengladbach 4:1 (1:0)

Eintracht Frankfurt: Pröll - Ochs, Russ, Chris, Spycher - Fink, Inamoto - Steinhöfer (69. Korkmaz), Meier, Fenin (84. Bajramovic, 90. Caio) - Liberopoulos
Borussia M'gladbach: Bailly - Stalteri, Brouwers, Dante (82. Kleine), Daems - Bradley, Galasek - Marin, Baumjohann (54. Lamidi), Matmour (65. Neuville) - Colautti
Tore: 1:0 Meier (40.), 2:0 Liberopoulos (47.), 2:1 Daems (75., Foulelfmeter), 3:1 Russ (80.), 4:1 Fink (88.)
Besonderes Vorkommnis: Pröll hält Foulelfmeter von Bradley (65.) **Ecken:** 8:3
Schiedsrichter: Brych (München)
Zuschauer: 51.500 (ausverkauft)
Gelb: Chris, Russ - Baumjohann
Gelb-Rot: keine **Rot:** keine

Karlsruher SC – 1899 Hoffenheim 2:2 (1:1)

Karlsruher SC: Miller - Celozzi, Drpic, Langkamp, Eichner - Mutzel (77. Franz), Aduobe (63. Iashvili) - Federico, Stindl - Freis, Kennedy
1899 Hoffenheim: Özcan - Beck, Nilsson, Compper, Janker - Gustavo - Weis (72. Sanogo), Teber, Salihovic - Obasi, Ba (79. Wellington)
Tore: 0:1 Salihovic (28.), 1:1 Freis (33.), 1:2 Teber (48.), 2:2 Federico (65.)
Ecken: 4:5
Schiedsrichter: Kinhöfer (Herne)
Zuschauer: 29.054
Gelb: Eichner, Mutzel, Franz - Weis, Salihovic, Teber
Gelb-Rot: Gustavo (89.) **Rot:** keine

Hertha BSC Berlin – Werder Bremen 2:1 (0:1)

Hertha BSC Berlin: Drobny - Stein (66. Chermiti), von Bergen, Simunic, Cufre - Kacar, Dardai - Nicu (57. Piszczek), Raffael, Cicero - Pantelic (61. Domovchiyski)
Werder Bremen: Wiese - Prödl, Mertesacker, Naldo, Fritz - Frings, Baumann - Tziolis, Hunt (46. Niemeyer) - Rosenberg (66. Almeida), Pizarro
Tore: 0:1 Mertesacker (43.), 1:1 Simunic (71.), 2:1 Raffael (87.)
Ecken: 5:10
Schiedsrichter: Rafati (Hannover)
Zuschauer: 68.022
Gelb: Drobny, Dardai, Kacar
Gelb-Rot: keine **Rot:** keine

Hamburger SV – Hannover 96 2:1 (1:0)

Hamburger SV: F. Rost - J. Boateng (46. Demel), Gravgaard, Alex Silva, Jansen - Tavares, Jarolim - Pitroipa (85. Ndjeng), Trochowski - Guerrero (75. Olic), Petric
Hannover 96: Enke - Pinto, Eggimann, C. Schulz, Rausch - Balitsch, Andreasen (55. Forssell) - Stajner (85. Balogun), Bruggink, Krebs (85. Zizzo) - Hanke
Tore: 1:0 Petric (2.), 2:0 Petric (52.), 2:1 Forssell (70., Handelfmeter)
Ecken: 3:1
Schiedsrichter: Schmidt (Stuttgart)
Zuschauer: 56.554
Gelb: Guerrero - Stajner
Gelb-Rot: keine **Rot:** keine

„Wölfe" stolpern in Cottbus – Hochspannung im Titelkampf

Torschütze Halil Altintop (rechts) vom FC Schalke 04 setzt sich im Zweikampf gegen Bayern Münchens Innenverteidiger Lucio durch. Kleines Foto: Jürgen Klinsmann muss mit ansehen, wie der Rekordmeister mit 0:1 verliert – es soll sein letzter Auftritt als Trainer des Titelverteidigers sein.

Spannender kann der Kampf um den Deutschen Meistertitel kaum noch werden: Das Führungstrio strauchelt, die Verfolger gewinnen. Und plötzlich trennen Spitzenreiter VfL Wolfsburg wieder nur noch drei Punkte von Platz fünf.

Dabei haben die Wolfsburger die Möglichkeit, einen entscheidenden Schritt in Richtung des ersten Meisterschaftsgewinns in der Vereinsgeschichte zu machen. Denn nachdem der FC Bayern München mit 0:1 gegen den FC Schalke 04 und der Hamburger SV mit 0:2 bei Borussia Dortmund verloren haben, könnten die Niedersachsen mit einem Sieg beim FC Energie Cottbus den Vorsprung auf Platz zwei auf fünf Punkte ausbauen. Alles andere wäre eine Überraschung.

Doch genau diese tritt ein. Denn auch die „Wölfe" verlieren und müssen in der Lausitz eine 0:2-Niederlage hinnehmen. „Für uns geht es um den fünften Platz, und da sehen wir noch gut aus", kommentiert Cheftrainer Felix Magath. Seine Spieler reagieren enttäuscht. „Wir haben eine große Chance nicht genutzt", sagt Stürmer Grafite. Nach zehn Siegen in Folge, darunter vier Auswärtserfolgen in Serie, geht der VfL nach sehr langer Zeit wieder als Verlierer vom Platz. Auch, weil Wolfsburg zum ersten Mal seit 13 Spielen kein Tor erzielt. Ganz anders die Gemütslage beim Sieger. In Cottbus herrscht nach den Toren von Dimitar Rangelov und Ervin Skela Jubelstimmung über drei ganz wichtige Punkte im Kampf um den Klassenerhalt.

Einen ausgefallenen Jubel zeigt auch Schalkes Torhüter Manuel Neuer. Nach dem 1:0-Sieg der „Knappen" beim FC Bayern rennt der Nationalkeeper zur Seitenlinie, wirft sich auf den Rücken und streckt die Eckfahne in die Höhe – genauso wie einst Bayern-Keeper Oliver Kahn 2001, als die Münchner in letzter Sekunde Schalke 04 die Meisterschale weggeschnappt hatten.

DATEN & FAKTEN

Zuschauer gesamt	410.571
pro Spiel	45.619
Tore gesamt	19
Elfmeter	1
Eigentore	0
Gelbe Karten	31
Gelb-Rote Karten	2
Rote Karten	0

1899 Hoffenheim – Hertha BSC Berlin 0:1 (0:1)

■ **1899 Hoffenheim:** Hildebrand - Beck, Nilsson, Compper (84. Terrazzino), Janker - Vorsah - Weis (46. Wellington), Teber (76. Sanogo), Salihovic - Obasi, Ba
■ **Hertha BSC Berlin:** Drobny - Stein, von Bergen, Simunic, Cufre (16. Nicu) - Kacar, Cicero - Ebert, Raffael, Piszczek (78. Rodnei) - Pantelic (87. Chermiti)
Tor: 0:1 Ebert (40.) **Ecken:** 15:2
Schiedsrichter: Stark (Ergolding)
Zuschauer: 30.150 (ausverkauft)
Gelb: Drobny
Gelb-Rot: keine **Rot:** keine

FC Bayern München – FC Schalke 04 0:1 (0:1)

■ **FC Bayern München:** Butt - Lell (74. Borowski), Lucio, Demichelis, Lahm - van Bommel, Ottl (46. Podolski) - Sosa (69. Hamit Altintop), Zé Roberto - Toni, Ribéry
■ **FC Schalke 04:** Neuer - Rafinha, Westermann, Krstajic, Pander (71. Engelaar) - Jones, Kobiashvili - Halil Altintop (66. Höwedes) - Farfan, Kuranyi, Sanchez (89. Asamoah)
Tor: 0:1 Halil Altintop (21.)
Ecken: 15:5
Schiedsrichter: Fandel (Kyllburg)
Zuschauer: 69.000 (ausverkauft)
Gelb: van Bommel, Borowski - Krstajic, Rafinha, Sanchez
Gelb-Rot: Ribéry (76.) - Jones (70.)
Rot: keine

Borussia Dortmund – Hamburger SV 2:0 (1:0)

■ **Borussia Dortmund:** Weidenfeller - Owomoyela, Subotic, F. Santana, Dede - Kehl - Blaszczykowski (66. Tinga), Hajnal (68. K.P. Boateng), Sahin - Valdez (78. Zidan), Frei
■ **Hamburger SV:** F. Rost - J. Boateng (81. Demel), Gravgaard, Mathijsen, Aogo - Benjamin (46. Olic), Tavares - Pitroipa (68. Streit), Jarolim, Trochowski - Guerrero **Tore:** 1:0 Kehl (32.), 2:0 Frei (90., Foulelfmeter)
Ecken: 4:5
Schiedsrichter: Kempter (Sauldorf)
Zuschauer: 80.552 (ausverkauft)
Gelb: Jarolim, J. Boateng, Olic, Mathijsen
Gelb-Rot: keine **Rot:** keine

VfB Stuttgart – Eintracht Frankfurt 2:0 (1:0)

■ **VfB Stuttgart:** J. Lehmann - Träsch, Tasci (46. Boulahrouz), Delpierre, Magnin - Khedira, Lanig - Hilbert, Gebhart (66. Elson) - Cacau, Gomez (88. Schieber)
■ **Eintracht Frankfurt:** Pröll - Ochs, Russ, Chris (84. Bellaid), Spycher - Fink, Inamoto (46. Bajramovic) - Steinhöfer (61. Korkmaz), Meier, Fenin - Liberopoulos
Tore: 1:0 Cacau (33.), 2:0 Gomez (48.)
Ecken: 2:4
Schiedsrichter: Winkmann (Kerken)
Zuschauer: 55.000
Gelb: Hilbert - Ochs, Fink
Gelb-Rot: keine **Rot:** keine

DER TORSCHÜTZE DES SPIELTAGES

Beabsichtigt ist es nicht – dafür umso schöner. Sebastian Langkamp (21, Foto) schießt im Auswärtsspiel bei Bayer 04 Leverkusen das ungewöhnlichste Tor der Saison für den Karlsruher SC. Eigentlich will der junge Abwehrspieler an der Mittellinie gegen Leverkusens Renato Augusto nur retten und den Ball per Befreiungsschlag wegschlagen. Doch aus der Rettungsaktion wird der 1:0-Siegtreffer für den KSC. Denn der Ball fliegt in hohem Bogen über Nationaltorwart René Adler hinweg in das Leverkusener Tor – aus 46,5 Metern. „Ich wollte klären, dachte der Ball geht ins Aus oder auf die Tribüne", sagt Langkamp überrascht. Stattdessen bringt sein erstes Bundesliga-Tor dem KSC wieder ein Stück Hoffnung im Kampf um den Klassenerhalt.

Diesmal siegt der FC Schalke. Für den FC Bayern ist es ein herber Rückschlag beim Versuch, den Meistertitel zu verteidigen. „Im Moment brauchen wir sicherlich nicht über Platz eins zu reden", sagt Nationalverteidiger Philipp Lahm. Es ist bereits die dritte Heimniederlage, die siebte insgesamt für den deutschen Rekordmeister, der nun Platz drei einnimmt.

Der Hamburger SV fällt sogar auf den fünften Platz zurück. Sebastian Kehl und Alexander Frei treffen für Borussia Dortmund und bringen die Westfalen so wieder nahe an die internationalen Plätze heran. HSV-Trainer Martin Jol fürchtet nun sogar um die Teilnahme an der künftigen Europa League: „Wir müssen Platz fünf sichern."

Ein solches Abschneiden hat mittlerweile der VfB Stuttgart nach fünf Siegen in Folge vor Augen. Durch den 2:0-Erfolg gegen Eintracht Frankfurt rückt der Deutsche Meister von 2007 sogar auf zwei Punkte an Platz zwei und Hertha BSC heran. Der Schweizer Verteidiger Ludovic Magnin meint: „Wir können alles erreichen – aber auch alles verpassen."

Familienduelle: Kevin Prince Boateng (links) von Borussia Dortmund, und sein Halbbruder Jerome Boateng im Trikot des Hamburger SV.

29. SPIELTAG

RESULTATE

Freitag, 24.04.2009	1899 Hoffenheim - Hertha BSC	0:1	(0:1)
Samstag, 25.04.2009	FC Bayern München - FC Schalke 04	0:1	(0:1)
	Borussia Dortmund - Hamburger SV	2:0	(1:0)
	VfB Stuttgart - Eintracht Frankfurt	2:0	(1:0)
	Bayer Leverkusen - Karlsruher SC	0:1	(0:0)
	Werder Bremen - VfL Bochum	3:2	(0:2)
	Hannover 96 - 1. FC Köln	2:1	(2:0)
Sonntag, 26.04.2009	FC Energie Cottbus - VfL Wolfsburg	2:0	(0:0)
	Bor. M'gladbach - Arminia Bielefeld	1:1	(1:1)

TORJÄGER

Grafite	VfL Wolfsburg	22
Mario Gomez	VfB Stuttgart	19
Patrick Helmes	Bayer 04 Leverkusen	18
Vedad Ibisevic	1899 Hoffenheim	18
Claudio Pizarro	Werder Bremen	16
Edin Dzeko	VfL Wolfsburg	16
Milivoje Novakovic	1. FC Köln	15
Artur Wichniarek	DSC Arminia Bielefeld	12
Kevin Kuranyi	FC Schalke 04	12

PERSONALIEN

Nationalspieler **Serdar Tasci** (22) muss zur Halbzeit des Spiels gegen Eintracht Frankfurt passen und fällt bis auf Weiteres aus.

Beim 2:1-Erfolg gegen den 1. FC Köln gelingen dem in der Winterpause vom FC Fulham zu Hannover 96 gekommenen Dänen **Leon Andreasen** (26) zum ersten Mal zwei Tore in einem Bundesliga-Spiel.

TABELLE

Rang	Club	Sp.	g	u	v	Tore	Diff.	Pkt.	
1	VfL Wolfsburg	29	17	6	6	62:36	26	57	→
2	Hertha BSC Berlin	29	17	4	8	43:35	8	55	↗
3	FC Bayern München	29	16	6	7	59:37	22	54	↘
4	VfB Stuttgart	29	16	6	7	52:37	15	54	↗
5	Hamburger SV	29	17	3	9	42:40	2	54	↘
6	FC Schalke 04	29	14	7	8	43:27	16	49	→
7	Borussia Dortmund	29	12	13	4	47:33	14	49	→
8	1899 Hoffenheim	29	12	9	8	54:41	13	45	→
9	Bayer 04 Leverkusen	29	12	6	11	50:37	13	42	→
10	Werder Bremen	29	10	9	10	55:41	14	39	→
11	Eintracht Frankfurt	29	8	8	13	36:47	-11	32	→
12	1. FC Köln	29	9	5	15	31:45	-14	32	→
13	Hannover 96	29	8	8	13	41:59	-18	32	→
14	VfL Bochum	29	6	10	13	35:47	-12	28	→
15	FC Energie Cottbus	29	7	5	17	26:51	-25	26	↗
16	DSC Arminia Bielefeld	29	4	13	12	23:42	-19	25	↘
17	Bor. Mönchengladbach	29	6	6	17	35:54	-19	24	↘
18	Karlsruher SC	29	6	4	19	21:46	-25	22	→

Bayer 04 Leverkusen – Karlsruher SC 0:1 (0:0)

■ **Bayer 04 Leverkusen:** Adler - Henrique, M. Friedrich, Haggui, Djakpa (75. Dum) - Rolfes - Augusto, Vidal (45. Castro), Barnetta - Kießling, Helmes (46. Charisteas)
■ **Karlsruher SC:** Miller - Celozzi (46. Görlitz), Drpic, Langkamp, Eichner - Mutzel, Aduobe (78. Engelhardt) - Federico, da Silva (67. Iashvili) - Freis, Kennedy
Tor: 0:1 Langkamp (72.) **Ecken:** 11:3
Schiedsrichter: Aytekin (Oberasbach)
Zuschauer: 23.500
Gelb: Vidal, Barnetta
Gelb-Rot: keine **Rot:** keine

Werder Bremen – VfL Bochum 3:2 (0:2)

■ **Werder Bremen:** Wiese - Prödl (69. Fritz), Mertesacker, Naldo, Tosic - Frings (46. Özil) - Tziolis, Diego, Niemeyer - Almeida, Rosenberg (62. Pizarro)
■ **VfL Bochum:** Fernandes - Concha, Maltritz, Mavraj, Yahia - Dabrowski, Imhof - Freier (82. Grote), Pfertzel (66. Epalle), Bönig (82. Azaouagh) - Sestak
Tore: 0:1 Sestak (16.), 0:2 Sestak (44.), 1:2 Almeida (54.), 2:2 Naldo (70.), 3:2 Diego (79.) **Ecken:** 10:2
Schiedsrichter: Perl (München)
Zuschauer: 39.303
Gelb: Frings, Prödl, Diego
Gelb-Rot: keine **Rot:** keine

Hannover 96 – 1. FC Köln 2:1 (2:0)

■ **Hannover 96:** Enke - Pinto, Eggimann, C. Schulz, Rausch (75. B. Schulz) - Balitsch, Andreasen - Stajner (90+1. Forssell), Bruggink, Krebs (68. Schlaudraff) - Hanke
■ **1. FC Köln:** Mondragon - Brecko, Geromel, Mohamad, Wome - Petit, Pezzoni - Brosinski (46. Vucicevic), Sanou (84. Yalcin), Ehret (80. Ishiaku) - Novakovic
Tore: 1:0 Andreasen (19.), 2:0 Andreasen (32.), 2:1 Novakovic (47.)
Ecken: 3:5
Schiedsrichter: Wagner (Hofheim)
Zuschauer: 47.208
Gelb: Pinto - Wome, Petit, Geromel
Gelb-Rot: keine **Rot:** keine

FC Energie Cottbus – VfL Wolfsburg 2:0 (0:0)

■ **FC Energie Cottbus:** Tremmel - Pavicevic, Burca, Cagdas, Ziebig - Kukielka, T. Rost - Angelov (75. Sörensen), Skela (88. Radeljic), Iliev (85. Jula) - Rangelov
■ **VfL Wolfsburg:** Benaglio - Pekarik (85. Madlung), Simunek, Barzagli, Schäfer - Josue - Riether (46. Zaccardo), Misimovic, Gentner (46. Dejagah) - Dzeko, Grafite
Tore: 1:0 Rangelov (72.), 2:0 Skela (86.) **Ecken:** 5:6
Schiedsrichter: Fleischer (Sigmertshausen)
Zuschauer: 15.750
Gelb: Ziebig - Grafite, Dejagah
Gelb-Rot: keine **Rot:** keine

Borussia Mönchengladbach – DSC Arminia Bielefeld 1:1 (1:1)

■ **Borussia M'gladbach:** Bailly - Stalteri, Brouwers, Dante, Daems - Paauwe (53. Lamidi), Galasek - Baumjohann, Bradley (69. Neuville), Marin - Matmour (77. Colautti)
■ **DSC Arminia Bielefeld:** Eilhoff - Lamey, Mijatovic, Bollmann, Schuler - Kauf (75. Kucera), Marx - Kirch, Tesche (90. Janjic), Munteanu (75. Halfar) - Katongo
Tore: 1:0 Matmour (12.), 1:1 Tesche (32.) **Ecken:** 3:6
Schiedsrichter: Gräfe (Berlin)
Zuschauer: 50.108
Gelb: Stalteri, Baumjohann - Kauf, Lamey, Marx, Halfar
Gelb-Rot: keine **Rot:** keine

Comeback von Jupp Heynckes – Felix Magath spricht vom Titel

Gespannt schaut die Fußballgemeinde nach München. Fünf Tage nach der Trennung von Coach Jürgen Klinsmann sitzt beim FC Bayern erstmals der neue, alte Trainer auf der Bank: Jupp Heynckes. Der Erfolgscoach, der die Münchner 1989 und 1990 zwei Mal zur Deutschen Meisterschaft geführt und mit Real Madrid 1998 die UEFA Champions League gewonnen hat, soll den Rekordmeister bis zum Saisonende als Interimstrainer betreuen.

Sein Debüt feiert Heynckes ausgerechnet gegen Borussia Mönchengladbach, seinen früheren Club, mit dem er als Spieler vier Mal Deutscher Meister geworden ist. Und die Premiere gelingt. Durch Tore von Bastian Schweinsteiger und Hamit Altintop siegen die Bayern 2:1, bleiben Tabellenführer VfL Wolfsburg damit auf den Fersen. Heynckes ist mit der Leistung seiner Mannschaft aber noch nicht zufrieden: „Man hat gesehen, dass es an vielen Dingen noch hakt." Trotz nur drei Punkten Rückstand auf den Spitzenreiter will Heynckes auch die Ziele nicht zu hoch stecken, spricht von der „direkten Qualifikation für die Champions League".

Beim Tabellenführer VfL Wolfsburg redet hingegen nach dem starken Auftritt beim 4:0-Sieg gegen 1899 Hoffenheim erstmals sogar auch Trainer Felix Magath vom Titel: „Jetzt gilt es, den ersten Tabellenplatz zu verteidigen und die Meisterschaft nach Wolfsburg zu holen." Dabei braucht das beste Rückrundenteam gegen den Neuling und Herbstmeister allerdings recht lange Zeit, um Fahrt aufzunehmen. Erst in der 65. Minute kommen die „Wölfe" richtig in Schwung. Und dann sind sie nicht mehr aufzuhalten, vor allem Stürmer Edin Dzeko nicht. Innerhalb von nur 13 Minuten erzielt der Bosnier einen Hattrick – den 90. in der Geschichte der Bundesliga – und verbessert seine Torbilanz damit auf 19 Treffer und rückt auf Platz zwei der Torjägerliste vor. Besonders beeindruckend: Dzeko hat in 13 Rückrundenspielen 14 Mal getroffen. Stürmerkollege Grafite erhöht noch auf 4:0, der 23. Saisontreffer des Brasilianers.

Zurück auf der Bank beim FC Bayern: Jupp Heynckes zusammen mit seinem Assistenten Hermann Gerland und Manager Uli Hoeneß sowie mit Torwarttrainer Walter Junghans (von rechts). Für die fünf noch ausstehenden Spiele in der Bundesliga-Saison hat der frühere Torjäger die Aufgabe in München übernommen.

DATEN & FAKTEN

Zuschauer gesamt	397.845
pro Spiel	44.205
Tore gesamt	21
Elfmeter	3
Eigentore	1
Gelbe Karten	41
Gelb-Rote Karten	1
Rote Karten	0

VfL Bochum – Hannover 96 0:2 (0:2)

VfL Bochum: Fernandes - Pfertzel, Maltritz, Yahia, Bönig - Dabrowski, Imhof - Freier (42. Hashemian), Azaouagh (87. Kaloglu), Grote (62. Epalle) - Sestak
Hannover 96: Enke - Pinto, Eggimann, C. Schulz, Rausch - Balitsch, Andreasen - Stajner (46. Schlaudraff), Bruggink, Krzynowek (74. Krebs) - Hanke (83. Forssell)
Tore: 0:1 Bruggink (12.), 0:2 Balitsch (32.) **Ecken:** 10:5
Schiedsrichter: Kircher (Rottenburg)
Zuschauer: 26.072
Gelb: Grote, Dabrowski, Sestak - Balitsch
Gelb-Rot: keine **Rot:** keine

DSC Arminia Bielefeld – VfB Stuttgart 2:2 (1:2)

DSC Arminia Bielefeld: Eilhoff - Kucera, Mijatovic, Bollmann, Schuler - Kauf, Marx - Kirch, Halfar (67. Munteanu) - Tesche, Katongo
VfB Stuttgart: J. Lehmann - Träsch, Boulahrouz, Delpierre, Magnin - Khedira, Hitzlsperger (85. Elson) - Hilbert (60. Simak), Lanig - Gomez, Cacau (76. Marica)
Tore: 0:1 Delpierre (4.), 1:1 Katongo (30.), 1:2 Hitzlsperger (35.), 2:2 Munteanu (68., Foulelfmeter)
Ecken: 4:7
Schiedsrichter: Brych (München)
Zuschauer: 25.800
Gelb: Halfar - Delpierre, Hilbert, Magnin
Gelb-Rot: keine **Rot:** keine

FC Schalke 04 – Bayer 04 Leverkusen 1:2 (0:2)

FC Schalke 04: Neuer - Rafinha, Westermann, Krstajic, Pander (40. Engelaar) - Höwedes, Kobiashvili - Halil Altintop (70. Rakitic) - Farfan (70. Asamoah), Kuranyi, Sanchez
Bayer 04 Leverkusen: Adler - Castro, M. Friedrich, Haggui, Kadlec - Rolfes - Augusto (90. Sinkiewicz), Vidal, Kroos (67. Barnetta) - Kießling, Helmes (86. Charisteas)
Tore: 0:1 Helmes (9.), 0:2 Augusto (26.), 1:2 Kuranyi (87.) **Ecken:** 10:2
Schiedsrichter: Meyer (Burgdorf)
Zuschauer: 61.162
Gelb: Krstajic, Rafinha, Sanchez, Rakitic - Kroos, Vidal
Gelb-Rot: keine **Rot:** keine

Eintracht Frankfurt – Borussia Dortmund 0:2 (0:0)

Eintracht Frankfurt: Pröll - Jung, Bellaid, Russ, Spycher - Chris - Mahdavikia (83. Steinhöfer), Liberopoulos, Meier - Fenin, Korkmaz (62. Bajramovic)
Borussia Dortmund: Weidenfeller - Owomoyela, Subotic, F. Santana, Dede - Kehl - Blaszczykowski (67. Kringe), Hajnal, Sahin - Valdez (85. Tinga), Frei (74. Zidan)
Tore: 0:1 Zidan (79.), 0:2 Bellaid (84., Eigentor) **Ecken:** 4:6
Schiedsrichter: Gräfe (Berlin)
Zuschauer: 51.500 (ausverkauft)
Gelb: Bellaid, Bajramovic, Chris, Fenin - F. Santana
Gelb/Rot: keine **Rot:** keine

DER TORSCHÜTZE DES SPIELTAGES

Einiges an Kritik hatte sich Christopher Katongo (26, Foto) zuletzt anhören müssen, vor allem seine mangelnde Torgefahr wurde ihm vorgeworfen. Doch gegen den VfB Stuttgart straft der Sambier im Trikot des DSC Arminia Bielefeld alle Kritiker Lügen. Ein wunderschönes Tor zum 1:1, dazu viele tolle Aktionen gerade in der zweiten Halbzeit. Trainer Michael Frontzeck lobt seinen fleißigen Stürmer: „Auf ‚Chris' lasse ich nichts kommen. Seine Wertigkeit messe ich nicht an Toren." Zu mehr als einem 2:2 reicht es für die Arminia gegen die Schwaben allerdings nicht – trotz des starken Auftritts von Katongo, der im vergangenen Sommer von Bröndby Kopenhagen in Dänemark nach Bielefeld gekommen ist.

Allen Grund zur ausgelassenen Freude hat der Serbe Gojko Kacar nach seinem Traumtor, das er zum 1:1 für Hertha BSC beim Hamburger SV erzielt hat.

Keinen Sieger gibt es im Spitzenspiel des Tages. Nach der Niederlage gegen Borussia Dortmund in der Vorwoche kommt der Hamburger SV gegen den Mitkonkurrenten Hertha BSC zu einem 1:1. Die Hanseaten fallen damit auf Platz fünf zurück, liegen nun schon fünf Punkte hinter der Tabellenspitze. Die Berliner bleiben bei vier Punkten Rückstand Dritter. „Für mich ist das Thema Meisterschaft eigentlich erledigt", sagt Hamburgs Spielmacher Piotr Trochowski. Und er fügt hinzu: „Wir müssen sehen, dass wir einen internationalen Startplatz sichern und möglichst in die Champions League einziehen."

Völlig auf den Ball fixiert sind hier Zvjezdan Misimovic (links), Regisseur des VfL Wolfsburg, und Nationalspieler Marvin Compper von 1899 Hoffenheim.

30. SPIELTAG

RESULTATE

Freitag, 01.05.2009	VfL Bochum - Hannover 96	0:2	(0:2)
Samstag, 02.05.2009	Arminia Bielefeld - VfB Stuttgart	2:2	(1:2)
	FC Schalke 04 - Bayer Leverkusen	1:2	(0:2)
	Eintr. Frankfurt - Borussia Dortmund	0:2	(0:0)
	Karlsruher SC - FC Energie Cottbus	0:0	
	Bayern München - Bor. M'gladbach	2:1	(2:1)
	VfL Wolfsburg - 1899 Hoffenheim	4:0	(0:0)
Sonntag, 03.05.2009	1. FC Köln - Werder Bremen	1:0	(0:0)
	Hamburger SV - Hertha BSC Berlin	1:1	(1:0)

TORJÄGER

Grafite	VfL Wolfsburg	23
Mario Gomez	VfB Stuttgart	19
Patrick Helmes	Bayer 04 Leverkusen	19
Edin Dzeko	VfL Wolfsburg	19
Vedad Ibisevic	1899 Hoffenheim	18
Claudio Pizarro	Werder Bremen	16
Milivoje Novakovic	1. FC Köln	16
Kevin Kuranyi	FC Schalke 04	13

PERSONALIEN

Kapitän **Selim Teber** (28) fällt wegen einer Verletzung am Unterschenkel bei 1899 Hoffenheim vorläufig aus.

Seinen 100. Bundesliga-Einsatz für den FC Bayern München absolviert gegen Borussia Mönchengladbach Nationalspieler **Philipp Lahm** (25).

TABELLE

Rang	Club	Sp.	g	u	v	Tore	Diff.	Pkt.	
1	VfL Wolfsburg	30	18	6	6	66:36	30	60	→
2	FC Bayern München	30	17	6	7	61:38	23	57	↗
3	Hertha BSC Berlin	30	17	5	8	44:36	8	56	↘
4	VfB Stuttgart	30	16	7	7	54:39	15	55	→
5	Hamburger SV	30	17	4	9	43:41	2	55	→
6	Borussia Dortmund	30	13	13	4	49:33	16	52	↗
7	FC Schalke 04	30	14	7	9	44:29	15	49	↘
8	Bayer 04 Leverkusen	30	13	6	11	52:38	14	45	↗
9	1899 Hoffenheim	30	12	9	9	54:45	9	45	↘
10	Werder Bremen	30	10	9	11	55:42	13	39	→
11	1. FC Köln	30	10	5	15	32:45	-13	35	↗
12	Hannover 96	30	9	8	13	43:59	-16	35	↗
13	Eintracht Frankfurt	30	8	8	14	36:49	-13	32	↘
14	VfL Bochum	30	6	10	14	35:49	-14	28	→
15	FC Energie Cottbus	30	7	6	17	26:51	-25	27	→
16	DSC Arminia Bielefeld	30	4	14	12	25:44	-19	26	→
17	Bor. Mönchengladbach	30	6	6	18	36:56	-20	24	→
18	Karlsruher SC	30	6	5	19	21:46	-25	23	→

Karlsruher SC – FC Energie Cottbus 0:0

Karlsruher SC: Miller - Celozzi (46. Görlitz), Drpic, Franz, Eichner - Aduobe (81. Stindl), Mutzel (61. Iashvili) - Federico, da Silva - Freis, Kennedy
FC Energie Cottbus: Tremmel - Pavicevic, Burca, Cvitanovic, Ziebig - Kukielka, T. Rost - Angelov, Skela (90. Radeljic), Jula (73. Sörensen) - Rangelov (90+2. Jelic)
Tore: keine **Ecken:** 10:1
Schiedsrichter: Winkmann (Kerken)
Zuschauer: 27.311
Gelb: Mutzel, da Silva, Drpic - Rangelov, T. Rost, Kukielka, Sörensen, Tremmel
Gelb-Rot: keine **Rot:** keine

FC Bayern München – Bor. Mönchengladbach 2:1 (2:1)

FC Bayern München: Butt - Lell (46. Oddo), Lucio, Demichelis, Lahm - van Bommel - Hamit Altintop (81. Ottl), Ze Roberto, Schweinsteiger - Toni, Podolski (78. Müller)
Borussia M'gladbach: Bailly - Stalteri, Brouwers, Dante, Daems - Callsen-Bracker (74. Marin), Galasek, Bradley - Levels (80. Neuville), Paauwe (65. Colautti) - Matmour
Tore: 1:0 Schweinsteiger (33.), 1:1 Daems (38., Foulelfmeter), 2:1 Hamit Altintop (42.) **Ecken:** 6:2
Schiedsrichter: Rafati (Hannover)
Zuschauer: 69.000 (ausverkauft)
Gelb: Brouwers, Stalteri, Matmour
Gelb-Rot: keine **Rot:** keine

VfL Wolfsburg – 1899 Hoffenheim 4:0 (0:0)

VfL Wolfsburg: Benaglio (90+1. Lenz) - Pekarik (34. Dejagah), Simunek, Barzagli, Schäfer - Josue (83. Zaccardo) - Riether, Misimovic, Gentner - Grafite, Dzeko
1899 Hoffenheim: Hildebrand - Beck, Compper (79. Fabricio), Vorsah, Janker - Gustavo - Weis (73. Wellington), Salihovic - Obasi (89. Groß), Ba, Sanogo
Tore: 1:0 Dzeko (65.), 2:0 Dzeko (74.), 3:0 Dzeko (78.), 4:0 Grafite (89., Foulelfmeter) **Ecken:** 11:7
Schiedsrichter: Gagelmann (Bremen)
Zuschauer: 30.000 (ausverkauft)
Gelb: Simunek, Gentner, Barzagli - Janker, Ba, Wellington
Gelb-Rot: Beck (88.) **Rot:** keine

1. FC Köln – Werder Bremen 1:0 (0:0)

1. FC Köln: Mondragon - Brecko, McKenna, Mohamad, Wome - M. Matip, Pezzoni - Sanou (85. Brosinski), Vucicevic (90. D. Boateng), Ehret (88. Yalcin) - Novakovic
Werder Bremen: Wiese - Prödl (46. Harnik), Mertesacker, Naldo, Boenisch - Baumann - Niemeyer (72. Perthel), Tziolis, Vranjes (22. Fritz) - Rosenberg, Pizarro
Tor: 1:0 Novakovic (61.) **Ecken:** 1:4
Schiedsrichter: Weiner (Giesen)
Zuschauer: 50.000 (ausverkauft)
Gelb: Prödl, Fritz, Boenisch
Gelb-Rot: keine **Rot:** keine

Hamburger SV – Hertha BSC Berlin 1:1 (1:0)

Hamburger SV: F. Rost - Demel, Gravgaard, Mathijsen, Aogo - Jarolim, Tavares - Trochowski, Guerrero (61. Pitroipa), Jansen (74. Streit) - Olic
Hertha BSC Berlin: Drobny - Piszczek, von Bergen, Simunic, Stein - Dardai, Kacar - Ebert, Raffael (85. Chermiti), Cicero - Pantelic (79. Domovchiyski)
Tore: 1:0 Jansen (8.), 1:1 Kacar (66.)
Ecken: 8:5
Schiedsrichter: Kinhöfer (Herne)
Zuschauer: 57.000 (ausverkauft)
Gelb: Cicero, Kacar
Gelb-Rot: keine **Rot:** keine

Vier Titelkandidaten sorgen für knisternde Spannung

Beifall für den Anhang, der den vierfachen Torschützen Mario Gomez nach dem 4:1-Erfolg des VfB Stuttgart gegen Tabellenführer VfL Wolfsburg in der Mercedes-Benz Arena feiert.

Spannender kann es im Titelkampf kaum noch zugehen. Durch die deutliche 1:4-Niederlage von Spitzenreiter VfL Wolfsburg beim VfB Stuttgart haben drei Spieltage vor Schluss gleich vier Mannschaften noch große Chancen auf den Gewinn der Deutschen Meisterschaft. Tabellenführer VfL Wolfsburg trennen ganze zwei Zähler vom VfB Stuttgart auf Platz vier. Der FC Bayern München ist, wie schon am 17. Spieltag nach Abschluss der Hinrunde, punktgleich mit dem Tabellenersten, hat nur noch zwei Tore Rückstand. Und Hertha BSC lauert mit einem Punkt weniger auf Platz drei.

Beim VfB Stuttgart finden regelrechte Mario-Gomez-Festspiele statt. Der von den Fans gefeierte Nationalstürmer besiegt den Spitzenreiter fast im Alleingang, erzielt alle vier Tore gegen die „Wölfe", wird dabei allerdings von seinen Mitspielern auch glänzend bedient. Für den Nationalstürmer sind es die Tore Nummer 20 bis 23, womit er einen neuen Vereinsrekord beim VfB aufstellt. Bisher war Fritz Walter mit 22 Treffern in der Saison 1991/92 bester Stuttgarter Goalgetter aller Zeiten in der Bundesliga. Für die bei sechs Siegen seit sieben Spielen ungeschlagenen Schwaben ist es der fünfte Heimerfolg in Folge. In der Rückrundentabelle ist Stuttgart (33) damit nur einen Punkt hinter Wolfsburg (34) zweitbeste Mannschaft.

VfB-Teamchef Markus Babbel schaut dennoch weiterhin mehr nach hinten als auf den Meistertitel: „Wir wollten und wollen nicht eingeholt werden." Schließlich liegen die Stuttgarter auch nur drei Punkte vor Platz sechs und dem damit verbundenen Verpassen eines internationalen Wettbewerbs. In Wolfsburg herrscht nach der zweiten Rückrundenniederlage hingegen Jetzt-erst-recht-Stimmung: „Wenn wir unsere drei Spiele gewinnen, werden wir trotzdem Meister", sagt Stürmer Grafite.

Zum Greifen nahe ist die Schale auch für den FC Bayern. Durch Tore von José Ernesto

Hamit Altintop enteilt mit dem Ball Gegenspieler Siven Rivic (links) vom FC Energie Cottbus und gewinnt mit dem FC Bayern in der Lausitz 3:1.

DATEN & FAKTEN

Zuschauer gesamt	423.973
pro Spiel	47.108
Tore gesamt	26
Elfmeter	3
Eigentore	1
Gelbe Karten	30
Gelb-Rote Karten	0
Rote Karten	1

Bayer 04 Leverkusen – DSC Arminia Bielefeld 2:2 (1:2)

Bayer 04 Leverkusen: Adler - Castro, M. Friedrich, Haggui, Kadlec - Rolfes - Augusto, Vidal (68. Charisteas), Kroos (77. Barnetta) - Kießling, Helmes
DSC Arminia Bielefeld: Eilhoff - Kucera, Mijatovic, Bollmann, Schuler - Kauf - Tesche (87. Lamey), Kirch, Marx, Munteanu (76. Wichniarek) - Katongo (90+2. Janjic)
Tore: 1:0 Kießling (21.), 1:1 M. Friedrich (22., Eigentor), 1:2 Tesche (39.), 2:2 Helmes (79.) **Ecken:** 11:5
Schiedsrichter: Schmidt (Stuttgart)
Zuschauer: 23.150
Gelb: Castro - Marx, Tesche
Gelb-Rot: keine **Rot:** keine

FC Energie Cottbus – FC Bayern München 1:3 (1:1)

FC Energie Cottbus: Tremmel - Pavicevic, Burca, Cagdas, Ziebig - Kukielka, T. Rost - Angelov (78. Rivic), Skela, Iliev (70. Sörensen) - Rangelov (46. Jula)
FC Bayern München: Butt - Oddo (56. Ribery), Lucio, Demichelis, Lahm - van Bommel - Hamit Altintop, Sosa, Schweinsteiger - Toni (85. van Buyten), Podolski (85. Müller)
Tore: 0:1 Sosa (23.), 1:1 Iliev (44.), 1:2 Demichelis (62.), 1:3 Podolski (66.)
Besonderes Vorkommnis: Tremmel hält Foulelfmeter von Ribery (90.)
Ecken: 2:7
Schiedsrichter: Kircher (Rottenburg)
Zuschauer: 22.528 (ausverkauft)
Gelb: T. Rost, Cagdas - Oddo
Gelb-Rot: keine **Rot:** keine

VfB Stuttgart – VfL Wolfsburg 4:1 (2:1)

VfB Stuttgart: J. Lehmann - Träsch, Boulahrouz, Niedermeier, Magnin - Khedira (83. Simak), Hitzlsperger - Hilbert, Gebhart (46. Lanig) - Gomez (78. Marica), Cacau
VfL Wolfsburg: Benaglio - Pekarik (73. Okubo), Simunek, Barzagli, Schäfer - Josue - Riether (39. Zaccardo), Misimovic (37. Dejagah), Gentner - Dzeko, Grafite
Tore: 1:0 Gomez (1.), 2:0 Gomez (20.), 2:1 Dzeko (36.), 3:1 Gomez (63.), 4:1 Gomez (77.) **Ecken:** 4:10
Schiedsrichter: Kinhöfer (Herne)
Zuschauer: 55.700 (ausverkauft)
Gelb: Niedermeier - Dzeko
Gelb-Rot: keine **Rot:** keine

Hannover 96 – Eintracht Frankfurt 1:1 (1:1)

Hannover 96: Enke - Pinto, Eggimann, C. Schulz, Rausch - B. Schulz (85. Zizzo), Balitsch - Schlaudraff (68. Krebs), Bruggink, Krzynowek (85. Fahrenhorst) - Forssell
Eintracht Frankfurt: Pröll - Ochs, Russ, Bellaid, Spycher - Inamoto - Mahdavikia (68. Steinhöfer), Fink, Meier, Korkmaz (78. Liberopoulos) - Fenin
Tore: 1:0 Bruggink (9.), 1:1 Korkmaz (42.) **Ecken:** 4:4
Schiedsrichter: Perl (München)
Zuschauer: 44.855
Gelb: Bruggink, B. Schulz - Inamoto
Gelb/Rot: keine **Rot:** keine

Marko Pantelic bringt Hertha BSC mit seinem Tor 1:0 in Führung. Kapitän Marcel Maltritz (rechts) und sein Bochumer Teamkollege Anthar Yahia (25) haben das Nachsehen.

Sosa, Martin Demichelis und Lukas Podolski feiert der Rekordmeister mit einem 3:1 beim FC Energie Cottbus den zweiten Sieg im zweiten Spiel unter der Regie von Trainer Jupp Heynckes. Bei Hertha BSC spricht Verteidiger Josip Simunic sogar von der „größten Chance in unserer Karriere". Die Berliner erhöhen mit dem 2:0-Sieg gegen den VfL Bochum ihr Konto auf zehn Zähler aus den letzten vier Spielen.

Verabschiedet aus dem Meisterrennen hat sich hingegen der Hamburger SV. Nach dem Scheitern im DFB-Pokal und im UEFA-Cup am Werder, verlieren die Hanseaten gegen den Nachbarn in Bremen auch im Punktspiel (0:2). Die „Rothosen" fallen damit auf den sechsten Platz zurück und werden von Borussia Dortmund überholt. Die Westfalen hingegen sind die Mannschaft der Stunde, feiern mit einem 4:0 gegen den Karlsruher SC den siebten Sieg in Folge. Damit stellt das Team von Trainer Jürgen Klopp einen neuen Vereinsrekord auf.

DER AUFREGER DES SPIELTAGES

Das hat es in 46 Jahren Bundesliga so auch noch nicht gegeben: Wegen eines Brandes in der Düsseldorfer U-Bahn muss der Beginn des Spiels zwischen Bayer 04 Leverkusen und dem DSC Arminia Bielefeld verschoben werden. Der Anpfiff durch Schiedsrichter Markus Schmidt aus Stuttgart kann erst mit dreißigminütiger Verspätung erfolgen. Weil die Bremse eines Zuges in Brand gerät, müssen in der nordrhein-westfälischen Landeshauptstadt, wo Bayer 04 in der Rückrunde seine Heimspiele austrägt, gleich mehrere Bahnhöfe gesperrt werden. Verletzt wird erfreulicherweise niemand bei dem Vorfall. Doch viele Fans kommen deshalb nicht rechtzeitig zur LTU arena (Foto). Aufgrund der zeitlichen Verschiebung verpasst aber kaum ein Zuschauer auch nur eine Minute.

31. SPIELTAG

RESULTATE

Freitag, 08.05.2009	Bayer Leverkusen - Arminia Bielefeld	2:2	(1:2)
Samstag, 09.05.2009	Energie Cottbus - Bayern München	1:3	(1:1)
	VfB Stuttgart - VfL Wolfsburg	4:1	(2:1)
	Hannover 96 - Eintracht Frankfurt	1:1	(1:1)
	Borussia Dortmund - Karlsruher SC	4:0	(1:0)
	Hertha BSC Berlin - VfL Bochum	2:0	(1:0)
	1899 Hoffenheim - 1. FC Köln	2:0	(0:0)
Sonntag, 10.05.2009	Borussia M'gladbach - FC Schalke 04	1:0	(0:0)
	Werder Bremen - Hamburger SV	2:0	(1:0)

TORJÄGER

Mario Gomez	VfB Stuttgart	23
Grafite	VfL Wolfsburg	23
Patrick Helmes	Bayer 04 Leverkusen	20
Edin Dzeko	VfL Wolfsburg	20
Vedad Ibisevic	1899 Hoffenheim	18
Claudio Pizarro	Werder Bremen	16
Milivoje Novakovic	1. FC Köln	16
Kevin Kuranyi	FC Schalke 04	13

PERSONALIEN

Genau seit zehn Jahren ist **Thomas Schaaf** (48) am Tag des Spiels gegen den Hamburger SV als Cheftrainer bei Werder Bremen tätig.

Wegen eines im Training erlittenen Muskelfaserrisses muss **Diego** (24) bei Werder Bremen im vierten Aufeinandertreffen mit dem Hamburger SV in 19 Tagen passen.

Beim VfL Bochum fällt **Stanislav Sestak** (26) wegen Leistenbeschwerden aus und muss operiert werden.

TABELLE

Rang	Club	Sp.	g	u	v	Tore	Diff.	Pkt.	
1	VfL Wolfsburg	31	18	6	7	67:40	27	60	→
2	FC Bayern München	31	18	6	7	64:39	25	60	→
3	Hertha BSC Berlin	31	18	5	8	46:36	10	59	→
4	VfB Stuttgart	31	17	7	7	58:40	18	58	→
5	Borussia Dortmund	31	14	13	4	53:33	20	55	↗
6	Hamburger SV	31	17	4	10	43:43	0	55	↘
7	FC Schalke 04	31	14	7	10	44:30	14	49	→
8	1899 Hoffenheim	31	13	9	9	56:45	11	48	↗
9	Bayer 04 Leverkusen	31	13	7	11	54:40	14	46	↘
10	Werder Bremen	31	11	9	11	57:42	15	42	→
11	Hannover 96	31	9	9	13	44:60	-16	36	↗
12	1. FC Köln	31	10	5	16	32:47	-15	35	↘
13	Eintracht Frankfurt	31	8	9	14	37:50	-13	33	→
14	VfL Bochum	31	6	10	15	35:51	-16	28	→
15	Bor. Mönchengladbach	31	7	6	18	37:56	-19	27	↗
16	DSC Arminia Bielefeld	31	4	15	12	27:46	-19	27	→
17	FC Energie Cottbus	31	7	6	18	27:54	-27	27	↘
18	Karlsruher SC	31	6	5	20	21:50	-29	23	→

Borussia Dortmund – Karlsruher SC 4:0 (1:0)

■ **Borussia Dortmund:** Weidenfeller - Owomoyela, Subotic, F. Santana, Dede - Kehl - Blaszczykowski (74. Kringe), Hajnal (68. K.P. Boateng), Sahin - Valdez (75. Zidan), Frei
■ **Karlsruher SC:** Miller - Görlitz, Drpic, Franz, Eichner - Aduobe (61. Stindl), Engelhardt - Federico (61. Timm), Iashvili, Freis - Kennedy
Tore: 1:0 Blaszczykowski (25.), 2:0 Sahin (62.), 3:0 F. Santana (71.), 4:0 Frei (80.) **Ecken:** 5:5
Schiedsrichter: Stark (Ergolding)
Zuschauer: 80.100
Gelb: Aduobe, Engelhardt, Görlitz
Gelb-Rot: keine **Rot:** keine

Hertha BSC Berlin – VfL Bochum 2:0 (1:0)

■ **Hertha BSC Berlin:** Drobny - Piszczek, von Bergen, Simunic, Stein - Dardai, Cicero - Ebert, Raffael (80. Lucio) - Voronin (71. Domovchiyski), Pantelic (74. Chermiti)
■ **VfL Bochum:** Fernandes - Pfertzel (79. Concha), Maltritz, Yahia - Dabrowski, Mavraj, Imhof - Freier (86. Kaloglu), Azaouagh, Bönig (68. Epalle) - Hashemian
Tore: 1:0 Pantelic (39.), 2:0 Raffael (50.) **Ecken:** 6:2
Schiedsrichter: Fleischer (Sigmertshausen)
Zuschauer: 71.323
Gelb: Piszczek - Bönig, Hashemian, Azaouagh
Gelb-Rot: keine **Rot:** keine

1899 Hoffenheim – 1. FC Köln 2:0 (0:0)

■ **1899 Hoffenheim:** Hildebrand - Janker, Nilsson, Vorsah, Fabricio (46. Sanogo) - Gustavo - Weis (89. Terrazzino), Salihovic - Ba (90. Groß), Wellington, Obasi
■ **1. FC Köln:** Mondragon - Brecko, Geromel, Mohamad, Wome - M. Matip (70. Yalcin), Pezzoni - Vucicevic, Petit (81. McKenna), Ehret (70. Chihi) - Novakovic
Tore: 1:0 Salihovic (58.), 2:0 Ba (68.)
Besonderes Vorkommnis: Sanogo verschießt Foulelfmeter (79.) **Ecken:** 4:4
Schiedsrichter: Kempter (Sauldorf)
Zuschauer: 30.150 (ausverkauft)
Gelb: Salihovic - Pezzoni, Novakovic, M. Matip
Gelb-Rot: keine **Rot:** Mohamad (78.)

Borussia Mönchengladbach – FC Schalke 04 1:0 (0:0)

■ **Borussia M'gladbach:** Bailly - Stalteri, Brouwers (84. Callsen-Bracker), Dante, Daems - Bradley, Galasek - Marin, Baumjohann (62. Neuville), van den Bergh (39. Colautti) - Matmour
■ **FC Schalke 04:** Neuer - Rafinha, Westermann, Krstajic, Pander (16. Kobiashvili, 59. Höwedes) - Jones, Engelaar - Halil Altintop - Farfan (89. Asamoah), Kuranyi, Sanchez
Tor: 1:0 Colautti (90.)
Besonderes Vorkommnis: Neuer hält Foulelfmeter von Marin (23.)
Ecken: 6:12
Schiedsrichter: Sippel (München)
Zuschauer: 54.067 (ausverkauft)
Gelb: van den Bergh, Marin - Rafinha, Kuranyi **Gelb-Rot:** keine **Rot:** keine

Werder Bremen – Hamburger SV 2:0 (1:0)

■ **Werder Bremen:** Wiese - Harnik, Prödl, Naldo, Tosic - Baumann - Frings (83. Tziolis), Özil, Niemeyer - Rosenberg (46. Pizarro), Almeida (68. Oehrl)
■ **Hamburger SV:** F. Rost - J. Boateng, Gravgaard, Mathijsen, Aogo - Jarolim (82. Demel), Tavares - Pitroipa, Trochowski (56. Streit), Jansen (56. Olic) - Guerrero
Tore: 1:0 Almeida (34.), 2:0 Almeida (49.) **Ecken:** 2:6
Schiedsrichter: Meyer (Burgdorf)
Zuschauer: 42.100 (ausverkauft)
Gelb: Niemeyer - Jarolim, J. Boateng, Demel
Gelb-Rot: keine **Rot:** keine

In der Schlussphase der Saison und kurz vor seiner Rückkehr zum 1. FC Köln läuft Lukas Podolski (links) zu großer Form auf. Hier erzielt er gegen Bayer 04 Leverkusen mit Torwart René Adler (1) und Gonzalo Castro (verdeckt) das Tor zum 3:0 und damit zum Endstand für den FC Bayern München. Mit im Bild Franck Ribéry.

Weiter Vierkampf um den Titel – „Wer unentschieden spielt, ist weg"

Im Meisterrennen nichts Neues: Der Vierkampf um den Titel geht ungebremst weiter. Weil die vier Topclubs allesamt gewinnen, verändert sich an der Spitze überhaupt nichts. Zwei Spieltage vor Schluss ist damit klar: Die Bundesliga wird eine der spannendsten Titelentscheidungen überhaupt erleben! Schließlich sind der VfL Wolfsburg als Tabellenführer und der auf Rang vier liegende VfB Stuttgart nur durch zwei Punkte getrennt. „Der Nächste, der nur unentschieden spielt, ist weg", prophezeit Stuttgarts Sportdirektor Horst Heldt.

Die „Wölfe" marschieren unbeirrt ihrem ersten Meistertitel entgegen. Auch die herbe 1:4-Niederlage aus der Vorwoche in Stuttgart hat die Niedersachsen offenbar nicht nervös gemacht. Gegen Borussia Dortmund, das immerhin mit der Empfehlung von sieben Siegen in Serie nach Wolfsburg reist, gewinnt die Mannschaft von Trainer Felix Magath souverän mit 3:0. Und dabei sorgt erneut das geniale Sturm-Duo des VfL für den Sieg: Edin Dzeko trifft doppelt, erzielt seine Saisontore Nummer 21 und 22, Grafite legt seinen 24. Treffer obendrauf. „Das war meisterlich", befindet Felix Magath. Die Wolfsburger haben damit in der Volkswagen Arena 46 von 48 möglichen Punkten geholt.

Der Abstand zum hartnäckigsten Verfolger FC Bayern bleibt jedoch unverändert. Denn auch die Münchner siegen mit 3:0 und liefern sich weiterhin ein Kopf-an-Kopf-Rennen mit den Wolfsburgern, sind punktgleich und nur um zwei Tore schlechter. Bayer 04 Leverkusen kann dem Deutschen Meister nur eine Hälfte lang Paroli bieten. Nach der Pause dreht bei den Münchnern dann vor allem Lukas Podolski auf. Der Nationalstürmer, der unter Trainer Jürgen Klinsmann kaum noch zum Einsatz gekommen war, bereitet die beiden Tore von Luca Toni und Franck Ribéry vor und markiert den Treffer zum Endstand selbst. Es ist der dritte Sieg im dritten Spiel unter Trainer Jupp Heynckes. „Für uns ist alles möglich, der Titel genauso wie Platz vier", sagt Manager Uli Hoeneß.

Gleiches gilt auch für den Club von Hoeneß-Bruder Dieter, Hertha BSC. Die Berliner feiern mit dem 2:1 beim 1. FC Köln den vierten Sieg. Dank der Tore von Cicero und Patrick Ebert hat die Hertha damit schon jetzt ihr ursprünglich ausgegebenes Saisonziel erreicht, bei sieben Punkten Vorsprung

DATEN & FAKTEN

Zuschauer gesamt	377.995
pro Spiel	41.999
Tore gesamt	29
Elfmeter	2
Eigentore	0
Gelbe Karten	34
Gelb-Rote Karten	1
Rote Karten	2

FC Bayern München – Bayer 04 Leverkusen 3:0 (0:0)

FC Bayern München: Butt - Lucio, van Buyten, Demichelis, Lahm - van Bommel - Sosa (70. Zé Roberto), Schweinsteiger (86. Ottl), Ribéry - Toni (86. Klose), Podolski
Bayer 04 Leverkusen: Adler - Castro, M. Friedrich, Sinkiewicz, Kadlec - Rolfes - Augusto, Vidal (70. Barnetta), Kroos (90. Schwegler) - Helmes, Kießling
Tore: 1:0 Toni (47.), 2:0 Ribéry (58.), 3:0 Podolski (71.) **Ecken:** 9:3
Schiedsrichter: Kinhöfer (Herne)
Zuschauer: 69.000 (ausverkauft)
Gelb: Ribéry - Kadlec, Castro, M. Friedrich, Sinkiewicz, Vidal
Gelb-Rot: keine **Rot:** keine

Karlsruher SC – Hannover 96 2:3 (2:2)

Karlsruher SC: Miller - Görlitz, Drpic, Franz, Eichner - Aduobe - Engelhardt (77. Kapllani), Stindl - Freis, Kennedy, Iashvili
Hannover 96: Enke - Pinto (85. Stajner), Eggimann, C. Schulz, Rausch - Balitsch, B. Schulz (57. Fahrenhorst) - Schlaudraff (33. Herrmann), Bruggink, Krzynowek - Forssell
Tore: 1:0 Iashvili (11.), 2:0 Stindl (32.), 2:1 Pinto (42.), 2:2 Forssell (45.), 2:3 Balitsch (64.) **Ecken:** 8:1
Schiedsrichter: Gräfe (Berlin)
Zuschauer: 23.930
Gelb: Görlitz, Drpic, Franz - Pinto
Gelb-Rot: keine **Rot:** keine

1. FC Köln – Hertha BSC Berlin 1:2 (0:1)

1. FC Köln: Kessler - Brecko (82. Chihi), McKenna, Geromel, Wome (82. Yalcin) - D. Boateng, Petit - Sanou, Vucicevic, Ehret - Ishiaku
Hertha BSC Berlin: Drobny - Piszczek, von Bergen, Simunic, Stein - Dardai, Kacar - Ebert (78. A. Friedrich), Cicero - Raffael (74. Domovchiyski), Pantelic (71. Voronin)
Tore: 0:1 Cicero (42.), 0:2 Ebert (53.), 1:2 Chihi (90.) **Ecken:** 4:5
Schiedsrichter: Kircher (Rottenburg)
Zuschauer: 48.000
Gelb: Wome
Gelb-Rot: keine **Rot:** keine

VfL Wolfsburg – Borussia Dortmund 3:0 (1:0)

VfL Wolfsburg: Benaglio - Hasebe (80. Pekarik), Madlung, Barzagli, Schäfer - Josue - Riether, Misimovic (74. Schindzielorz), Gentner - Grafite, Dzeko
Borussia Dortmund: Weidenfeller - Owomoyela, F. Santana, Subotic, Dede - Kehl - Blaszczykowski (77. Kringe), Hajnal (66. K.P. Boateng), Sahin - Valdez (67. Zidan), Frei
Tore: 1:0 Dzeko (15.), 2:0 Grafite (47.), 3:0 Dzeko (85.) **Ecken:** 1:5
Schiedsrichter: Wagner (Hofheim)
Zuschauer: 30.000 (ausverkauft)
Gelb: Dzeko, Josue - Subotic, Zidan
Gelb-Rot: keine **Rot:** K.P. Boateng (75.)

Energischer Einsatz bei Wolfsburgs Makoto Hasebe (links) und Dortmunds Alexander Frei.

auf den Sechsten den fünften Platz sicher und damit die Qualifikation für die künftige Europa League erreicht. Pal Dardai träumt von mehr: „Zufrieden sind wir noch nicht. Wenn man einen Punkt Rückstand auf die Spitze hat, will man doch das ganz Große erreichen."

Auf einen solchen Coup darf auch der VfB Stuttgart hoffen. Beim FC Schalke 04 siegen die Schwaben in der VELTINS-Arena mit 2:1 – und das, obwohl Torjäger Mario Gomez verletzt fehlt.

Hertha-Torschütze Patrick Ebert hat gegen Kölns Fabrice Ehret (rechts) die Nase vorn.

DER TORSCHÜTZE DES SPIELTAGES

Ist das schon der Klassenerhalt? Zum zweiten Mal in Folge siegt der VfL Borussia Mönchengladbach durch ein Tor in letzter Sekunde. Nachdem vor drei Tagen Roberto Colautti in der 90. Minute das 1:0 gegen den FC Schalke 04 geschossen hat, trifft diesmal beim FC Energie Cottbus Innenverteidiger Dante (25, Foto) sogar erst in der Nachspielzeit zur Entscheidung. Nach Ecke von Marko Marin köpft der Brasilianer aus Salvador de Bahia den Ball an die Unterkante der Latte, von wo er ins Tor springt: Dantes zweites Saisontor. In der Winterpause ist der 1,88 Meter große Abwehrspieler aus Belgien von Standard Lüttich an den Niederrhein gekommen. Auch in Frankreich – bei OSC Lille – hat der Lockenkopf zuvor schon gespielt.

32. SPIELTAG

RESULTATE

Dienstag, 12.05.2009	Bayern München - Bayer Leverkusen	3:0	(0:0)
	Karlsruher SC - Hannover 96	2:3	(2:2)
	1. FC Köln - Hertha BSC Berlin	1:2	(0:1)
	VfL Wolfsburg - Borussia Dortmund	3:0	(1:0)
Mittwoch, 13.05.2009	Eintr. Frankfurt - Werder Bremen	0:5	(0:0)
	FC Schalke 04 - VfB Stuttgart	1:2	(1:1)
	Hamburger SV - VfL Bochum	3:1	(2:0)
	Energie Cottbus - Bor. M'gladbach	0:1	(0:0)
	Arm.inia Bielefeld - 1899 Hoffenheim	0:2	(0:1)

TORJÄGER

Grafite	VfL Wolfsburg	24
Mario Gomez	VfB Stuttgart	23
Edin Dzeko	VfL Wolfsburg	22
Patrick Helmes	Bayer 04 Leverkusen	20
Vedad Ibisevic	1899 Hoffenheim	18
Claudio Pizarro	Werder Bremen	17
Milivoje Novakovic	1. FC Köln	16
Kevin Kuranyi	FC Schalke 04	13
Luca Toni	FC Bayern München	13

PERSONALIEN

Louis van Gaal (57), der in der niederländischen Ehrendivision mit dem AZ Alkmaar die Meisterschaft 2009 gewonnen hat, wird neuer Trainer des FC Bayern München und erhält einen Zweijahresvertrag bis 2011.

Uli Hoeneß (57), Stellvertretender Vorstandsvorsitzender des FC Bayern München, erhält für sein sportliches Lebenswerk, seine Verdienste um das Ansehen des deutschen Fußballs und für sein soziales Engagement die „Goldene Sportpyramide" der Stiftung Deutsche Sporthilfe. Gleichzeitig wird der Bayern-Manager als 44. Mitglied in die „Hall of Fame" des deutschen Sports aufgenommen.

Beim 1. FC Köln feiert Torhüter **Thomas Kessler** (23) als Vertreter des angeschlagenen Faryd Mondragon gegen Hertha BSC sein Bundesliga-Debüt.

TABELLE

Rang	Club	Sp.	g	u	v	Tore	Diff.	Pkt.	
1	VfL Wolfsburg	32	19	6	7	70:40	30	63	→
2	FC Bayern München	32	19	6	7	67:39	28	63	→
3	Hertha BSC Berlin	32	19	5	8	48:37	11	62	→
4	VfB Stuttgart	32	18	7	7	60:41	19	61	→
5	Hamburger SV	32	18	4	10	46:44	2	58	↗
6	Borussia Dortmund	32	14	13	5	53:36	17	55	↘
7	1899 Hoffenheim	32	14	9	9	58:45	13	51	↗
8	FC Schalke 04	32	14	7	11	45:32	13	49	↘
9	Bayer 04 Leverkusen	32	13	7	12	54:43	11	46	→
10	Werder Bremen	32	12	9	11	62:42	20	45	→
11	Hannover 96	32	10	9	13	47:62	-15	39	→
12	1. FC Köln	32	10	5	17	33:49	-16	35	→
13	Eintracht Frankfurt	32	8	9	15	37:55	-18	33	→
14	Bor. Mönchengladbach	32	8	6	18	38:56	-18	30	↗
15	VfL Bochum	32	6	10	16	36:54	-18	28	↘
16	DSC Arminia Bielefeld	32	4	15	13	27:48	-21	27	→
17	FC Energie Cottbus	32	7	6	19	27:55	-28	27	→
18	Karlsruher SC	32	6	5	21	23:53	-30	23	→

Eintracht Frankfurt – Werder Bremen 0:5 (0:0)

■ **Eintracht Frankfurt:** Pröll - Ochs, Russ, Bellaid, Spycher - Chris, Inamoto (79. Fink) - Mahdavikia, Meier, Fenin - Liberopoulos (63. Jung)
■ **Werder Bremen:** Wiese - Fritz, Prödl, Baumann (76. Andersen), Boenisch - Frings (59. Vranjes) - Tziolis, Özil, Niemeyer - Rosenberg, Pizarro (63. Almeida)
Tore: 0:1 Frings (51., Foulelfmeter), 0:2 Frings (56.), 0:3 Tziolis (60.), 0:4 Pizarro (62.), 0:5 Almeida (77.)
Ecken: 2:2
Schiedsrichter: Sippel (München)
Zuschauer: 51.400
Gelb: Chris, Bellaid - Almeida
Gelb-Rot: keine **Rot:** Ochs (50.)

FC Schalke 04 – VfB Stuttgart 1:2 (1:1)

■ **FC Schalke 04:** Neuer - Rafinha, Höwedes, Krstajic, Kobiashvili (69. Halil Altintop) - Engelaar - Westermann, Jones - Rakitic, Kuranyi, Farfan (84. Asamoah)
■ **VfB Stuttgart:** J. Lehmann - Träsch, Boulahrouz, Delpierre, Magnin - Khedira, Hitzlsperger - Hilbert, Gebhart (68. Lanig) - Cacau (81. Schieber), Marica (88. Niedermeier)
Tore: 0:1 Cacau (15.), 1:1 Rakitic (39.), 1:2 Marica (57.) **Ecken:** 9:5
Schiedsrichter: Kempter (Sauldorf)
Zuschauer: 61.673 (ausverkauft)
Gelb: Höwedes - Träsch, Boulahrouz, Khedira, Cacau
Gelb-Rot: keine **Rot:** keine

Hamburger SV – VfL Bochum 3:1 (2:0)

■ **Hamburger SV:** F. Rost - Benjamin, Demel, Mathijsen, Atouba (82. Pitroipa) - Tavares, Aogo - Streit (74. Trochowski), Jansen - Guerrero (64. Petric), Olic
■ **VfL Bochum:** Fernandes - Maltritz, Mavraj, Yahia (46. Hashemian) - Concha, Dabrowski (59. Freier), Bönig - Epalle, Pfertzel, Grote (64. Imhof) - Klimowicz
Tore: 1:0 Guerrero (15.), 2:0 Olic (33.), 3:0 Olic (58.), 3:1 Freier (71.)
Ecken: 8:7
Schiedsrichter: Stark (Ergolding)
Zuschauer: 47.942
Gelb: Klimowicz, Hashemian, Pfertzel
Gelb-Rot: keine **Rot:** keine

FC Energie Cottbus – Bor. Mönchengladbach 0:1 (0:0)

■ **FC Energie Cottbus:** Tremmel - Pavicevic, Burca (71. Shao), Cvitanovic, Ziebig - Kukielka, T. Rost - Angelov (69. Rivic), Skela, Sörensen (80. Vasiljevic) - Jelic
■ **Borussia M'gladbach:** Bailly - Stalteri, Brouwers, Dante, Daems - Paauwe - Levels, Bradley - Matmour (90+4. Kleine), Colautti (90. Neuville), Baumjohann (68. Marin)
Tor: 0:1 Dante (90+1.) **Ecken:** 5:4
Schiedsrichter: Meyer (Burgdorf)
Zuschauer: 20.850
Gelb: Angelov, T. Rost, Vasiljevic, Kukielka - Levels, Dante
Gelb-Rot: keine **Rot:** keine

DSC Arminia Bielefeld – 1899 Hoffenheim 0:2 (0:1)

■ **DSC Arminia Bielefeld:** Eilhoff - Lamey (58. Munteanu), Mijatovic, Bollmann, Kucera - Kirch, Kauf, Marx (66. Halfar) - Tesche, Katongo - Wichniarek
■ **1899 Hoffenheim:** Hildebrand - Janker, Nilsson, Vorsah, Gustavo - Weis - Obasi (87. Terrazzino), Salihovic (88. Groß) - Sanogo, Wellington (74. Ibertsberger), Ba
Tore: 0:1 Wellington (25.), 0:2 Salihovic (82., Foulelfmeter)
Ecken: 5:5
Schiedsrichter: Rafati (Hannover)
Zuschauer: 25.200
Gelb: Nilsson, Janker
Gelb-Rot: Mijatovic (82.) **Rot:** keine

BUNDES LIGA

Alles spricht für die „Wölfe" – Spannung auch im Tabellenkeller

Jetzt haben es die „Wölfe" komplett selbst in der Hand. Weil der FC Bayern mit dem 2:2 bei 1899 Hoffenheim Punkte liegen lässt, geht der VfL Wolfsburg als Tabellenführer mit einem Polster in den letzten Spieltag der Saison 2008/09. Zwei Punkte und sieben beziehungsweise 14 Tore Vorsprung hat das Team von Felix Magath auf die Verfolger aus München und Stuttgart. Gegen Werder Bremen würde nun wohl schon ein Unentschieden zum Gewinn der ersten Deutschen Meisterschaft genügen. Doch Trainer Magath warnt: „Wir haben einen vorentscheidenden Schritt gemacht, aber von entscheidend kann noch nicht die Rede sein."

Dennoch ist es beeindruckend, wie stark sich der Spitzenreiter im Niedersachsen-Derby bei Hannover 96 präsentiert. Zuletzt hat Wolfsburg auswärts zweimal in Folge verloren. Doch mit dem Nachbarn machen die Wolfsburger kurzen Prozess, führen bereits nach 36 Minute mit 3:0, siegen schließlich sogar 5:0 – vor allem dank ihres umwerfenden Sturm-Duos. Drei Tore erzielt der Bosnier Edin Dzeko, zwei der Brasilianer Grafite. Zusammen haben die beiden damit 51 Treffer erzielt.

Der FC Bayern kann da nicht ganz Schritt halten. In einem vor allem in der ersten Hälf-

Mit seinem 1:0 hat Edin Dzeko (9) den VfL Wolfsburg bei Hannover 96 auf Erfolgskurs gebracht. Grafite (23) und Sascha Riether (20) eilen zur Gratulation. Mittendrin der enttäuschte Michael Tarnat.

DATEN & FAKTEN

Zuschauer gesamt	458.633
pro Spiel	50.959
Tore gesamt	29
Elfmeter	1
Eigentore	1
Gelbe Karten	29
Gelb-Rote Karten	0
Rote Karten	0

1899 Hoffenheim – FC Bayern München 2:2 (2:2)

1899 Hoffenheim: Hildebrand - Ibertsberger (46. Janker), Vorsah, Compper, Gustavo - Weis, Salihovic - Eduardo (84. Terrazzino) - Ba, Wellington (46. Fabricio), Obasi
FC Bayern München: Butt - Lucio, van Buyten, Demichelis, Lahm - van Bommel - Sosa (62. Zé Roberto), Schweinsteiger (86. Borowski), Ribéry - Toni, Podolski (80. Klose)
Tore: 0:1 Ribéry (16.), 1:1 Ba (21.), 2:1 Eduardo (28.), 2:2 Toni (44.) **Ecken:** 4:6
Schiedsrichter: Weiner (Giesen)
Zuschauer: 30.150 (ausverkauft)
Gelb: Gustavo, Salihovic - Schweinsteiger, Lahm, Demichelis
Gelb-Rot: keine **Rot:** keine

Hertha BSC Berlin – FC Schalke 04 0:0

Hertha BSC Berlin: Drobny - Piszczek, von Bergen, Simunic, Stein - Dardai, Kacar (71. Domovchiyski) - Ebert (59. Voronin), Cicero - Pantelic (82. Chermiti), Raffael
FC Schalke 04: Neuer - Rafinha, Höwedes, Westermann, Kobiashvili - Jones, Engelaar - Halil Altintop, Rakitic - Kuranyi, Farfan (81. Sanchez)
Tore: keine **Ecken:** 4:3
Schiedsrichter: Gagelmann (Bremen)
Zuschauer: 74.244 (ausverkauft)
Gelb: Dardai, Cicero - Sanchez
Gelb-Rot: keine **Rot:** keine

Hannover 96 – VfL Wolfsburg 0:5 (0:3)

Hannover 96: Enke - Herrmann (50. B. Schulz), Eggimann, Fahrenhorst (18. Vinicius), Tarnat (58. Rausch) - Pinto, Balitsch - Stajner, Bruggink, Krzynowek - Forssell
VfL Wolfsburg: Benaglio - Hasebe, Madlung, Barzagli, Schäfer - Schindzielorz - Riether, Misimovic (74. Okubo), Gentner (65. Dejagah) - Grafite (81. Simunek), Dzeko
Tore: 0:1 Dzeko (14.), 0:2 Grafite (33.), 0:3 Grafite (36.), 0:4 Dzeko (54.), 0:5 Dzeko (79.) **Ecken:** 3:9
Schiedsrichter: Fandel (Kyllburg)
Zuschauer: 49.000 (ausverkauft)
Gelb: Balitsch, Fahrenhorst, Vinicius - Schindzielorz
Gelb-Rot: keine **Rot:** keine

VfL Bochum – Eintracht Frankfurt 2:0 (1:0)

VfL Bochum: Heerwagen - Concha, Maltritz, Mavraj, Bönig (74. Yahia) - Imhof - Pfertzel (60. Freier), Epalle, Azaouagh - Klimowicz, Hashemian (81. Dabrowski)
Eintracht Frankfurt: Pröll - Jung, Chris, Russ, Spycher (69. Caio) - Fink, Inamoto (46. Liberopoulos) - Mahdavikia, Meier, Steinhöfer - Fenin (79. Amanatidis)
Tore: 1:0 Hashemian (26.), 2:0 Klimowicz (72.) **Ecken:** 9:13
Schiedsrichter: Brych (München)
Zuschauer: 30.420
Gelb: Maltritz, Mavraj - Russ, Liberopoulos
Gelb-Rot: keine **Rot:** keine

Einen abgeprallten Ball verwertet Carlos Eduardo (33) zum 2:1 für 1899 Hoffenheim gegen den FC Bayern. Torwart Jörg Butt kommt zu spät, Daniel van Buyten und Bastian Schweinsteiger (31) sind nur Zuschauer.

te berauschenden Spiel bei Herbstmeister 1899 Hoffenheim reicht es für den Rekordmeister nur zu einem 2:2. Die Verteidigung des Titels ist damit nicht mehr aus eigener Kraft möglich, die Münchner sind auf Bremer Hilfe angewiesen. Immerhin: Mit einem Sieg gegen den VfB Stuttgart im letzten Spiel können sie zumindest den zweiten Platz und damit die direkte Qualifikation zur Champions League sichern.

Doch diesen Platz möchten auch die Schwaben haben. 2:0 gewinnt der VfB Stuttgart gegen den FC Energie Cottbus, obwohl Stürmerstar Mario Gomez erneut verletzt fehlt. Nach ihrer beeindruckenden Aufholjagd mit 46 von 57 möglichen Punkten in 19 Spielen unter Teamchef Markus Babbel wollen die Stuttgarter direkt in die „Königsklasse" einziehen. „Wir gewinnen mit 2:1 in München", kündigt Gomez selbstbewusst an.

Hertha BSC hat die ganz große Chance auf die direkte Qualifikation für die Champions League zunächst verpasst. Das 0:0 im Olympiastadion gegen den FC Schalke 04 ist zu wenig. Jetzt müssen die Berliner auf ein Unentschieden zwischen dem FC Bayern und dem VfB Stuttgart hoffen, einen eigenen Sieg beim Karlsruher SC zum Saisonfinale vorausgesetzt. Meister können die Berliner bei drei Punkten und 24 Toren Rückstand nicht mehr werden.

Während sich der VfL Bochum 1848 durch seinen 2:0-Sieg gegen Eintracht Frankfurt gerettet hat, darf plötzlich auch der KSC wieder vom Klassenerhalt träumen. Das überraschende 3:1 bei Werder Bremen bringt die Badener bis auf einen Punkt an den Sechzehnten, DSC Arminia Bielefeld, heran. Zumindest die Relegation ist damit für das Schlusslicht noch drin – und somit Spannung pur wie ganz oben auch im Tabellenkeller garantiert.

DAS COMEBACK DES SPIELTAGES

398 Tage Warten mit intensivem Reha-Training sind vorbei: Nach 13 Monaten Pause wegen einer Halswirbelverletzung kehrt Bernd Schneider (35), Kapitän von Bayer 04 Leverkusen und Publikumsliebling, auf den Platz zurück. Im Spiel gegen Borussia Mönchengladbach (5:0) wird der Mittelfeldakteur in der 73. Minute unter dem Jubel der 43.000 Zuschauer in der Düsseldorfer LTU arena eingewechselt. Und „Schnix" zeigt gleich wieder seine berühmte Genialität, bereitet das 4:0 durch Michal Kadlec mit einem perfekten Direktzuspiel vor. „Es war Gänsehaut pur, ein bewegender Moment für mich", sagt der Vize-Weltmeister von 2002. „Das war der Moment, für den ich mich geschunden habe. Ich liebe den Fußball. Deshalb habe ich nie aufgegeben."

33. SPIELTAG

RESULTATE

Samstag, 16.05.2009	1899 Hoffenheim - Bayern München	2:2	(2:2)
	Hertha BSC Berlin - FC Schalke 04	0:0	
	Hannover 96 - VfL Wolfsburg	0:5	(0:3)
	VfL Bochum - Eintracht Frankfurt	2:0	(1:0)
	Werder Bremen - Karlsruher SC	1:3	(0:2)
	VfB Stuttgart - FC Energie Cottbus	2:0	(1:0)
	Bor. Dortmund - Arminia Bielefeld	6:0	(1:0)
	Bayer Leverkusen - Bor. M'gladbach	5:0	(2:0)
	Hamburger SV - 1. FC Köln	0:1	(0:1)

TORJÄGER

Grafite	VfL Wolfsburg	26
Edin Dzeko	VfL Wolfsburg	25
Mario Gomez	VfB Stuttgart	23
Patrick Helmes	Bayer 04 Leverkusen	21
Vedad Ibisevic	1899 Hoffenheim	18
Claudio Pizarro	Werder Bremen	17
Milivoje Novakovic	1. FC Köln	16
Luca Toni	FC Bayern München	14

PERSONALIEN

Am Tag nach der 0:6-Niederlage bei Borussia Dortmund trennt sich der DSC Arminia Bielefeld von Trainer **Michael Frontzeck** (45).

Zum dritten Mal wird **Mario Gomez** (23) zum „Fußballer des Monats" gewählt und erhält die Auszeichnung für April vor dem Spiel gegen den FC Energie Cottbus. Der Torjäger des VfB Stuttgart hat sich gegen Sebastian Kehl (Borussia Dortmund) und Grafite (VfL Wolfsburg) durchgesetzt.

Bei 1899 Hoffenheim wird vor dem Spiel gegen den FC Bayern München der verletzte Kapitän **Selim Teber** (28) verabschiedet, der den Neuling verlässt, seinen neuen Club aber noch nicht nennt.

Zum ersten Mal seit sieben Monaten nach einer Knieoperation kommt Eintracht Frankfurts Kapitän **Ioannis Amanatidis** (27) beim VfL Bochum wieder zum Einsatz.

TABELLE

Rang	Club	Sp.	g	u	v	Tore	Diff.	Pkt.	
1	VfL Wolfsburg	33	20	6	7	75:40	35	66	→
2	FC Bayern München	33	19	7	7	69:41	28	64	→
3	VfB Stuttgart	33	19	7	7	62:41	21	64	↗
4	Hertha BSC Berlin	33	19	6	8	48:37	11	63	↘
5	Borussia Dortmund	33	15	13	5	59:36	23	58	↗
6	Hamburger SV	33	18	4	11	46:45	1	58	↘
7	1899 Hoffenheim	33	14	10	9	60:47	13	52	→
8	FC Schalke 04	33	14	8	11	45:32	13	50	→
9	Bayer 04 Leverkusen	33	14	7	12	59:43	16	49	→
10	Werder Bremen	33	12	9	12	63:45	18	45	→
11	Hannover 96	33	10	9	14	47:67	-20	39	→
12	1. FC Köln	33	11	5	17	34:49	-15	38	→
13	Eintracht Frankfurt	33	8	9	16	37:57	-20	33	→
14	VfL Bochum	33	7	10	16	38:54	-16	31	↗
15	Bor. Mönchengladbach	33	8	6	19	38:61	-23	30	↘
16	DSC Arminia Bielefeld	33	4	15	14	27:54	-27	27	→
17	FC Energie Cottbus	33	7	6	20	27:57	-30	27	→
18	Karlsruher SC	33	7	5	21	26:54	-28	26	→

Werder Bremen – Karlsruher SC 1:3 (0:2)

Werder Bremen: Wiese - Pasanen, Prödl, Baumann (59. Fritz), Tosic - Tziolis - Frings (46. Niemeyer), Diego, Vranjes (59. Özil) - Harnik, Almeida
Karlsruher SC: Miller - Celozzi, Langkamp, Franz (46. Sebastian), Eichner - Aduobe - Freis (73. Mutzel), Engelhardt, Stindl, Iashvili - Kennedy (84. Timm)
Tore: 0:1 Stindl (28.), 0:2 Stindl (39.), 0:3 Iashvili (55.), 1:3 Almeida (73.)
Besonderes Vorkommnis: Wiese hält Foulelfmeter von Engelhardt (3.)
Ecken: 8:2
Schiedsrichter: Kempter (Sauldorf)
Zuschauer: 39.119
Gelb: Niemeyer, Tziolis - Aduobe, Franz, Langkamp, Engelhardt
Gelb-Rot: keine **Rot:** keine

VfB Stuttgart – FC Energie Cottbus 2:0 (1:0)

VfB Stuttgart: J. Lehmann - Träsch, Boulahrouz, Delpierre, Magnin - Lanig, Hitzlsperger - Hilbert (86. Elson), Gebhart (72. Simak) - Marica (68. Gomez), Cacau
FC Energie Cottbus: Tremmel - Angelov (67. V. da Silva), Cvitanovic, Cagdas (46. Radeljic), Ziebig - Skela, Kukielka, T. Rost - Sörensen, Shao - Jula (60. Rivic)
Tore: 1:0 Hitzlsperger (19.), 2:0 Cacau (78.) **Ecken:** 6:5
Schiedsrichter: Aytekin (Oberasbach)
Zuschauer: 55.500 (ausverkauft)
Gelb: Cvitanovic, Rivic
Gelb-Rot: keine **Rot:** keine

Borussia Dortmund – DSC Arminia Bielefeld 6:0 (1:0)

Borussia Dortmund: Weidenfeller - Owomoyela, Subotic, F. Santana, Dede - Kehl (74. Kringe) - Blaszczykowski, Hajnal (74. Tinga), Sahin - Valdez (71. Zidan), Frei
DSC Arminia Bielefeld: Eilhoff - Lamey, Herzig, Kucera, Schuler - Kirch, Kauf, Tesche - Katongo, Munteanu (84. Halfar) - Wichniarek (72. Kamper)
Tore: 1:0 Kehl (43.), 2:0 Hajnal (53.), 3:0 Valdez (69.), 4:0 Kehl (72.), 5:0 Tinga (84.), 6:0 Zidan (87.)
Ecken: 5:5
Schiedsrichter: Fleischer (Sigmertshausen)
Zuschauer: 80.200
Gelb: Subotic
Gelb-Rot: keine **Rot:** keine

Bayer 04 Leverkusen – Bor. Mönchengladbach 5:0 (2:0)

Bayer 04 Leverkusen: Adler - Castro, M. Friedrich, Haggui, Kadlec - Sinkiewicz (86. Charisteas) - Augusto, Kroos (73. Schneider), Barnetta (82. Schwegler) - Kießling, Helmes
Borussia M'gladbach: Bailly - Levels, Brouwers, Dante, Daems - Galasek, Bradley - Baumjohann (46. Marin), Paauwe (46. Schachten), Matmour - Colautti (73. Neuville)
Tore: 1:0 Kießling (31.), 2:0 Helmes (44.), 3:0 Castro (68.), 4:0 Kadlec (79.), 5:0 Dante (86., Eigentor)
Ecken: 3:4
Schiedsrichter: Perl (München)
Zuschauer: 43.000
Gelb: Galasek, Schachten
Gelb-Rot: keine **Rot:** keine

Hamburger SV – 1. FC Köln 0:1 (0:1)

Hamburger SV: F. Rost - Benjamin, Demel (72. Gravgaard), Mathijsen, Atouba (46. Trochowski) - Jarolim, Aogo - Streit (61. Pitroipa), Jansen - Guerrero, Olic
1. FC Köln: Kessler - Brecko, McKenna, Geromel, M. Matip - D. Boateng, Petit (81. Pezzoni) - Vucicevic, Yalcin (83. Brosinski), Ehret - Ishiaku (72. Chihi)
Tor: 0:1 Ehret (9.) **Ecken:** 9:3
Schiedsrichter: Rafati (Hannover)
Zuschauer: 57.000 (ausverkauft)
Gelb: Trochowski - McKenna
Gelb-Rot: keine **Rot:** keine

Meisterstück des VfL Wolfsburg – FC Bayern sichert zweiten Platz

Zvjezdan „Zwetschge" Misimovic ist nicht mehr zu bremsen, der Japaner Makoto Hasebe (13) ist ebenfalls völlig losgelöst, weil der VfL Wolfsburg gegen Werder Bremen mit 1:0 in Führung gegangen ist. Links Referee Thorsten Kinhöfer und Petri Pasanen (3).

Die Bundesliga hat ihren zwölften Deutschen Meister. Und eine Stadt, in der noch nie ein vergleichbarer Fußballtitel gefeiert werden durfte, steht Kopf! Mit dem VfL Wolfsburg holt sich erstmals seit Borussia Dortmund 1995 ein Club den „Platz an der Sonne", der noch nie seit Bundesliga-Gründung Deutscher Meister war. Die Mannschaft von Felix Magath, der sich mit diesem Triumph zum FC Schalke 04 verabschiedet, gewinnt im letzten Saisonspiel souverän mit 5:1 gegen Werder Bremen und sichert sich den Titel damit aus eigener Kraft.

„Das ist ein Traum, der in Erfüllung gegangen ist, wir sind verdient Meister geworden", sagt Magath. Die Wolfsburger lassen gegen müde Bremer, denen drei Tage nach dem 1:2 in der Verlängerung im UEFA-Cup-Finale in Istanbul gegen Schachtjor Donetzk die Kräfte zu fehlen scheinen, von Beginn an nichts anbrennen. Frühzeitig trifft Zvjezdan Misimovic zum 1:0, Stürmerstar Grafite erhöht auf 2:0, ein Eigentor des Bremers Sebastian Prödl entscheidet die Begegnung schon nach einer knappen halben Stunde. Daran ändert auch Diegos Ehrentreffer nichts, denn Grafite und Edin Dzeko legen nach dem Wechsel noch zum 5:1 nach. Grafite wird mit 28 Treffern Torschützenkönig vor Dzeko mit 26

DATEN & FAKTEN

Zuschauer gesamt	394.280
pro Spiel	43.809
Tore gesamt	32
Elfmeter	2
Eigentore	4
Gelbe Karten	28
Gelb-Rote Karten	1
Rote Karten	0

VfL Wolfsburg – Werder Bremen 5:1 (3:1)

■ **VfL Wolfsburg:** Benaglio - Riether (83. Schindzielorz), Madlung (72. Simunek), Barzagli, Schäfer - Josue - Hasebe (55. Pekarik), Misimovic, Gentner - Grafite, Dzeko
■ **Werder Bremen:** Wiese - Fritz, Prödl, Naldo, Pasanen (61. Boenisch) - Baumann (72. Niemeyer) - Frings, Diego, Hunt (62. Özil) - Pizarro, Almeida
Tore: 1:0 Misimovic (6.), 2:0 Grafite (15.), 3:0 Prödl (26., Eigentor), 3:1 Diego (31.), 4:1 Grafite (56.), 5:1 Dzeko (74.) **Ecken:** 5:2
Schiedsrichter: Kinhöfer (Herne)
Zuschauer: 30.000 (ausverkauft)
Gelb: keine **Gelb-Rot:** keine **Rot:** keine

Eintracht Frankfurt – Hamburger SV 2:3 (0:1)

■ **Eintracht Frankfurt:** Pröll - Ochs, Chris, Russ, Spycher - Jung, Fink - Caio, Meier, Korkmaz (46. Amanatidis) - Fenin
■ **Hamburger SV:** F. Rost - Demel, J. Boateng, Mathijsen, Aogo - Benjamin, Jarolim - Pitroipa, Guerrero (70. Trochowski), Olic - Petric
Tore: 0:1 Jarolim (22.), 0:2 Olic (58.), 1:2 Meier (61.), 2:2 Caio (63.), 2:3 Trochowski (90+1.) **Ecken:** 6:8
Schiedsrichter: Aytekin (Oberasbach)
Zuschauer: 51.500 (ausverkauft)
Gelb: Ochs, Amanatidis, Chris, Fink - Aogo, Mathijsen, Benjamin, J. Boateng, Trochowski
Gelb-Rot: keine **Rot:** keine

FC Bayern München – VfB Stuttgart 2:1 (1:0)

■ **FC Bayern München:** Butt - Lucio, van Buyten, Demichelis, Lahm - van Bommel, Schweinsteiger (77. Ottl) - Sosa, Ribery - Toni (79. Klose), Podolski (88. Borowski)
■ **VfB Stuttgart:** J. Lehmann - Träsch (69. Schieber), Boulahrouz, Niedermeier, Magnin - Khedira, Hitzlsperger (84. Marica) - Hilbert, Gebhart (60. Elson) - Gomez, Cacau
Tore: 1:0 Boulahrouz (15., Eigentor), 2:0 van Bommel (59.), 2:1 Gomez (63.)
Ecken: 5:4
Schiedsrichter: Meyer (Burgdorf)
Zuschauer: 69.000 (ausverkauft)
Gelb: van Bommel - Hitzlsperger
Gelb-Rot: keine **Rot:** keine

FC Energie Cottbus – Bayer 04 Leverkusen 3:0 (0:0)

■ **FC Energie Cottbus:** Tremmel - Angelov (75. Burca), Radeljic, Cagdas, Ziebig - Kukielka (50. Pavicevic), T. Rost - Rivic (84. Petersen), Skela, Shao - Jula
■ **Bayer 04 Leverkusen:** Adler - Castro, M. Friedrich, Haggui, Kadlec - Rolfes, Vidal - Schwegler (73. Sinkiewicz), Barnetta - Kießling, Helmes
Tore: 1:0 Jula (50.), 2:0 Rivic (64.), 3:0 Jula (69.) **Besonderes Vorkommnis:** Skela verschießt Foulelfmeter (90.)
Ecken: 3:7
Schiedsrichter: Stark (Ergolding)
Zuschauer: 20.140
Gelb: Rivic - Barnetta, M. Friedrich, Castro
Gelb-Rot: Vidal (45.) **Rot:** keine

DIE REKORDZAHL DES SPIELTAGES

Das bis zuletzt offene Rennen um die Meisterschaft beschert der Bundesliga am letzten Spieltag erneut einen Spitzenwert bei der TV-Reichweite: Die Spiele VfL Wolfsburg gegen Werder Bremen und FC Bayern München gegen den VfB Stuttgart werden von Fußballfans in jeweils 172 Ländern live verfolgt. Dieser Spitzenwert ist bisher nur einmal erreicht worden: beim Eröffnungsspiel der Saison 2008/09 zwischen Titelverteidiger FC Bayern München und dem Hamburger SV. Zahlreiche internationale Sender haben darüber hinaus für das Saisonfinale eigene Reporterteams in Wolfsburg und München angemeldet, um zusätzliche Eindrücke und Interviews einzufangen.

Toren. Die beiden sind mit 54 Toren das erfolgreichste Sturmduo aller Bundesliga-Zeiten. Nie zuvor erzielten gleich zwei Spieler eines Clubs mehr als zwanzig Treffer.

Für den ersten Wolfsburger Meistertitel überhaupt gibt es auch Lob von der Konkurrenz. „Der VfL ist verdient Deutscher Meister geworden, hat vor allem in der Rückrunde den besten Fußball gespielt", sagt Jupp Heynckes, Trainer des FC Bayern München. Seine Mannschaft sichert sich mit einem 2:1-Sieg gegen den VfB Stuttgart den zweiten Platz und damit die Champions-League-Teilnahme. Der VfB landet auf Platz drei und darf somit in der Qualifikation zur „Königsklasse" antreten.

Vor allem, weil Hertha BSC die große Chance nicht nutzt, mit einem Sieg an den Schwaben vorbeizuziehen: Die Berliner verlieren beim Karlsruher SC mit 0:4 und bleiben auf Platz vier. Zweite deutsche Mannschaft in der neuen UEFA Europa League (UEL) ist der Hamburger SV, der bei Eintracht Frankfurt mit 3:2 gewinnt und damit Borussia Dortmund, das beim VfL Borussia Mönchengladbach nur 1:1 spielt, noch überholt. Mehrfach hat sich in diesem spannenden Fernduell die Lage verändert – wie auch im Kampf um den Klassenerhalt.

Die Gladbacher, die in der Rückrunde zwanzig Punkte geholt haben, schaffen durch das 1:1 doch noch den Klassenerhalt. Karlsruhe nutzt der zweite Sieg in Folge indes nichts. Zwar überholen die Badener noch den DSC Arminia Bielefeld, das unter der Regie des kurzfristig für Michael Frontzeck engagierten Trainers Jörg Berger gegen Hannover 96 2:2 spielt, aber weil der FC Energie Cottbus gegen Bayer 04 Leverkusen 3:0 gewinnt, steigt der KSC ebenfalls ab. Cottbus darf in der Relegation noch auf die Rettung hoffen. Energie-Trainer Bojan Prasnikar ist froh über diese zweite Chance: „Es war ein hartes Stück Arbeit. Aber die Mannschaft hat sich für ihren unbändigen Willen und ihre große Laufbereitschaft ein großes Kompliment verdient."

Szene mit Münchens Luca Toni und Stuttgarts Georg Niedermeier, bis zum Winter noch bei FC Bayern II.

34. SPIELTAG

RESULTATE

Samstag, 23.05.2009	VfL Wolfsburg - Werder Bremen	5:1	(3:1)
	Eintracht Frankfurt - Hamburger SV	2:3	(0:1)
	FC Bayern München - VfB Stuttgart	2:1	(1:0)
	Energie Cottbus - Bayer Leverkusen	3:0	(0:0)
	Arminia Bielefeld - Hannover 96	2:2	(1:0)
	Karlsruher SC - Hertha BSC Berlin	4:0	(2:0)
	1. FC Köln - VfL Bochum	1:1	(1:1)
	Bor. M'gladbach - Bor. Dortmund	1:1	(0:0)
	FC Schalke 04 - 1899 Hoffenheim	2:3	(2:1)

TORJÄGER

Grafite	VfL Wolfsburg	28
Edin Dzeko	VfL Wolfsburg	26
Mario Gomez	VfB Stuttgart	24
Patrick Helmes	Bayer 04 Leverkusen	21
Vedad Ibisevic	1899 Hoffenheim	18
Claudio Pizarro	Werder Bremen	17
Milivoje Novakovic	1. FC Köln	16
Luca Toni	FC Bayern München	14
Demba Ba	1899 Hoffenheim	14

PERSONALIEN

Mit einer Risswunde am Kopf, unglücklich zugefügt durch den eigenen Teamkollegen Mario Eggimann, muss Nationaltorhüter **Robert Enke** (31) von Hannover 96 im Spiel beim DSC Arminia Bielefeld schon vor der Halbzeit ausgetauscht und durch Florian Fromlowitz ersetzt werden.

Unmittelbar nach Saisonende wird Kapitän **Sebastian Kehl** (29) von Borussia Dortmund an beiden Leisten operiert.

TABELLE

Rang	Club	Sp.	g	u	v	Tore	Diff.	Pkt.	
1	VfL Wolfsburg	34	21	6	7	80:41	39	69	→
2	FC Bayern München	34	20	7	7	71:42	29	67	→
3	VfB Stuttgart	34	19	7	8	63:43	20	64	→
4	Hertha BSC Berlin	34	19	6	9	48:41	7	63	→
5	Hamburger SV	34	19	4	11	49:47	2	61	↗
6	Borussia Dortmund	34	15	14	5	60:37	23	59	↘
7	1899 Hoffenheim	34	15	10	9	63:49	14	55	→
8	FC Schalke 04	34	14	8	12	47:35	12	50	→
9	Bayer 04 Leverkusen	34	14	7	13	59:46	13	49	→
10	Werder Bremen	34	12	9	13	64:50	14	45	→
11	Hannover 96	34	10	10	14	49:69	-20	40	→
12	1. FC Köln	34	11	6	17	35:50	-15	39	→
13	Eintracht Frankfurt	34	8	9	17	39:60	-21	33	→
14	VfL Bochum	34	7	11	16	39:55	-16	32	→
15	Bor. Mönchengladbach	34	8	7	19	39:62	-23	31	→
16	FC Energie Cottbus	34	8	6	20	30:57	-27	30	↗
17	Karlsruher SC	34	8	5	21	30:54	-24	29	↗
18	DSC Arminia Bielefeld	34	4	16	14	29:56	-27	28	↘

DSC Arminia Bielefeld – Hannover 96 2:2 (1:0)

DSC Arminia Bielefeld: Eilhoff - Kucera, Herzig, Mijatovic, Schuler - Kauf (82. Janjic) - Kirch, Tesche (71. Kamper), Munteanu - Katongo, Wichniarek
Hannover 96: Enke (37. Fromlowitz) - Herrmann, Eggimann, Vinicius, C. Schulz (56. Hanke) - B. Schulz - Pinto, Bruggink, Krzynowek - Stajner, Forssell (72. Schlaudraff)
Tore: 1:0 Eggimann (2., Eigentor), 1:1 Stajner (57.), 1:2 Pinto (84.) 2:2 Wichniarek (90.) **Ecken:** 10:7
Schiedsrichter: Kempter (Sauldorf)
Zuschauer: 27.300 (ausverkauft)
Gelb: Kauf, Herzig
Gelb-Rot: keine **Rot:** keine

Karlsruher SC – Hertha BSC Berlin 4:0 (2:0)

Karlsruher SC: Miller - Celozzi, Langkamp, Franz, Eichner - Mutzel (86. Staffeldt), Aduobe (63. Drpic) - Freis, Iashvili, Stindl (84. Federico) - Kennedy
Hertha BSC Berlin: Drobny - Piszczek, von Bergen, Simunic, Stein - Dardai, Kacar - Ebert, Cicero (46. Voronin) - Pantelic, Raffael (68. Lucio)
Tore: 1:0 Freis (33.), 2:0 Franz (40.), 3:0 Kennedy (62.), 4:0 Kennedy (72.)
Ecken: 8:7
Schiedsrichter: Weiner (Giesen)
Zuschauer: 30.600 (ausverkauft)
Gelb: Eichner - Drobny, Simunic, Cicero
Gelb-Rot: keine **Rot:** keine

1. FC Köln – VfL Bochum 1:1 (1:1)

1. FC Köln: Kessler - Brecko, Geromel, Mohamad, Wome D. Boateng, Pezzoni - Vucicevic (85. Brosinski), Yalcin, Ehret (46. Scherz) - Chihi (59. Broich)
VfL Bochum: Heerwagen - Concha, Maltritz, Mavraj, Yahia - Imhof - Pfertzel (75. Schröder), Epalle, Azaouagh (46. Freier) - Hashemian, Klimowicz (62. Mieciel)
Tore: 0:1 Klimowicz (18.), 1:1 Yahia (24., Eigentor) **Ecken:** 7:5
Schiedsrichter: Gagelmann (Bremen)
Zuschauer: 50.000 (ausverkauft)
Gelb: Yalcin - Mavraj
Gelb-Rot: keine **Rot:** keine

Borussia Mönchengladbach – Borussia Dortmund 1:1 (0:0)

Borussia M'gladbach: Bailly - Stalteri, Brouwers (29. Kleine), Dante, Daems - Galasek, Levels - Bradley - Baumjohann (70. Neuville), Colautti (75. Marin), Matmour
Borussia Dortmund: Weidenfeller - Owomoyela, Hünemeier, F. Santana, Dede - Kehl - Blaszczykowski (71. Zidan), Hajnal (86. Tinga), Sahin - Valdez (78. Kullmann), Frei
Tore: 1:0 Dante (57.), 1:1 Blaszczykowski (64.) **Ecken:** 3:6
Schiedsrichter: Brych (München)
Zuschauer: 54.067 (ausverkauft)
Gelb: Galasek
Gelb-Rot: keine **Rot:** keine

FC Schalke 04 – 1899 Hoffenheim 2:3 (2:1)

FC Schalke 04: Neuer - Rafinha, Höwedes, Krstajic, Westermann - Jones, Engelaar (54. Kobiashvili) - Halil Altintop (68. Sanchez), Rakitic, Farfan - Kuranyi (85. Asamoah)
1899 Hoffenheim: Hildebrand - Beck, Vorsah, Compper, Ibertsberger - Gustavo - Weis, Groß (46. Fabricio) - Eduardo, Ba (79. Wellington), Vukcevic (86. Janker)
Tore: 0:1 Ba (26.), 1:1 Krstajic (30.), 2:1 Farfan (34.), 2:2 Eduardo (49.), 2:3 Eduardo (89., Foulelfmeter)
Ecken: 8:2
Schiedsrichter: Schmidt (Stuttgart)
Zuschauer: 61.673 (ausverkauft)
Gelb: Jones - Fabricio, Beck, Weis
Gelb-Rot: keine **Rot:** keine

Entscheidung durch Mesut Özil

Auch bei der 25. Austragung erlebte Berlin, seit 1985 fester Schauplatz des DFB-Pokalfinales, ein Fußballfest in einem großartigen und fairen Rahmen. Und mit einem 1:0-Erfolg gegen Bayer 04 Leverkusen gewann Werder Bremen den „Pott" schon zum sechsten Mal.

Es ging an diesem Samstagabend am Pfingstwochenende nicht allein um die 52 Zentimeter hohe Trophäe mit einem Fassungsvermögen von acht Litern und einem materiellen Wert von mindestens 100.000 Euro. Das Finale um den DFB-Pokal im Berliner Olympiastadion zwischen Werder Bremen und Bayer 04 Leverkusen am 30. Mai 2009 war gleichzeitig ein Endspiel um den letzten freien Platz in der künftigen Europa League für einen Bundesligisten. Und diese Qualifikation schafften die Bremer, weil Jung-Nationalspieler Mesut Özil in der 58. Minute mit einem von Manuel Friedrich abgefälschten Schuss das entscheidende Tor zum 1:0-Erfolg für Werder gelang. Die Hanseaten machten damit das halbe Dutzend an Erfolgen in diesem Wettbewerb voll, während die Leverkusener ihr zweites Erfolgserlebnis nach 1993 knapp verpassten. „Für den zweiten Platz können wir uns nichts kaufen", meinte Bayer-Torhüter René Adler. „Das ist einfach nur bitter." Und Chefcoach Bruno Labbadia ergänzte: „Natürlich ist die Enttäu-

Diego hebt den Schützen des „Goldenen Tores", Mesut Özil (rechts), in die Höhe. Links freut sich Hogo Almeida mit seinen beiden Teamkollegen über das 1:0 für Werder Bremen im DFB-Pokalfinale gegen Bayer 04 Leverkusen. Nach fünf Jahren ohne Titel wieder ein Triumph für die Hanseaten, die nach der Übergabe der Trophäe an Kapitän Frank Baumann überglücklich feiern.

Bayer 04 Leverkusen - Werder Bremen 0:1 (0:0)

Bayer 04 Leverkusen: R. Adler - Castro (85. Charisteas), M. Friedrich, Sinkiewicz, Kadlec - Augusto, Vidal (85. T. Kroos), Rolfes, Barnetta - Helmes, Kießling
Werder Bremen: Wiese - C. Fritz, Prödl, Naldo, Boenisch - F. Baumann (59. P. Niemeyer) - Frings, Diego, Özil (87. Tziolis) - Pizarro, Almeida (90. Rosenberg)
Tor: 0:1 Özil (58.) **Ecken:** 3:4
Schiedsrichter: Fleischer (Sigmertshausen)
Zuschauer: 74.244 (ausverkauft) **Gelb:** Vidal, Kießling - Prödl, P. Niemeyer, Frings, Wiese **Gelb-Rot:** keine **Rot:** keine

schung groß. Wir haben phasenweise richtig gut gespielt."

Hängende Köpfe hier, riesige Freude dort: Als die Werder-Delegation nach einer ausgelassenen Feier im Hotel Maritim in der Hauptstadt mit dem entsprechend dekorierten „Pokalexpress", einem Sonderzug ihres Mobilitätspartners Deutsche Bahn, auf Gleis 8 des Bremer Hauptbahnhofs ankam, wurden Trainer Thomas Schaaf und seine Mannschaft dort begeistert empfangen.

Mit vereinten Kräften gegen den Leverkusener Renato Augusto: Sebastian Boenisch (Mitte) und Naldo (links) versuchen, den Mittelfeldakteur im DFB-Pokalfinale zu stoppen.

Toller Abschied für Diego, der zu Juventus Turin nach Italien wechselt – beschenkt mit einem Bild und einer Eckfahne.

Viele tausend Fans jubelten dem Team auch während eines Autokorsos und am Rathaus zu, wo sich der DFB-Pokalsieger in das Goldene Buch der Freien Hansestadt eintrug.

Nach dem zehn Tage zuvor in Istanbul gegen Schachtjor Donezk aus der Ulraine verlorenen UEFA-Cup-Endspiel hatten die Bremer in ihrem 55. Pflichtspiel der Saison 2008/09 noch einmal alles in die Waagschale geworfen. „Mit einem starken Willen", wie Cheftrainer Thomas Schaaf hervorhob. „Zwei Endspiele und am Ende ein Titel sind nicht so schlecht", meinte Nationalspieler Torsten Frings. Und Klaus Allofs, Werder-Geschäftsführer Profifußball, brachte mit seinem Fazit die Dinge auf den Punkt: „Bis heute war es eine gute Saison. Jetzt ist es eine sehr gute."

Kaum schöner hätte der Abschied gleich für zwei Spieler ausfallen können: Für Kapitän Frank Baumann, der zum Abschied seiner erfolgreichen Karriere den „Pott" noch einmal in Empfang nehmen durfte, wegen Achillessehnenbeschwerden den Rasen allerdings schon nach einer Stunde verlassen musste. Und für Diego, der zu Juventus Turin wechselt und über den Baumann sagte: „Es war eine große Ehre für mich, mit solch einem Fußballer zusammenspielen zu dürfen." Solche und andere Komplimente wurden auch verteilt, als Klaus Allofs die gesamte Mannschaft nachts gegen 1.00 Uhr auf die Bühne des Festsaals bat. „Lebenslang Grün-Weiß" war nur ein Werder-Lied, das die Bremer Profis dort lautstark zum Besten gaben.

DFB-POKAL 2008/09: ALLE ERGEBNISSE AUF EINEN BLICK

1. HAUPTRUNDE	
SV Niederauerbach - 1. FC Köln	1:5 (1:3)
Preußen Münster - VfL Bochum	0:0 n.V., 5:6 im 11-m-Schießen
Eintracht Trier - Hertha BSC Berlin	1:3 (1:1)
Eintracht Nordhorn - Werder Bremen	3:9 (1:4)
Rot-Weiss Essen - Borussia Dortmund	1:3 (1:1)
Hallescher FC - Hannover 96	0:5 (0:1)
VfB Fichte Bielefeld - Bor. Mönchengladbach	1:8 (0:7)
FC Ingolstadt 04 - Hamburger SV	1:3 (1:0)
FC 08 Homburg - FC Schalke 04	0:3 (0:1)
SC Pfullendorf - Eintracht Frankfurt	0:3 (0:2)
Tennis Borussia Berlin - FC Energie Cottbus	0:3 (0:2)
SpVgg Ansbach - Karlsruher SC	0:5 (0:3)
1. FC Heidenheim - VfL Wolfsburg	0:3 (0:0)
ASV Durlach - DSC Arminia Bielefeld	1:2 (0:1)
Rot-Weiß Oberhausen - Bayer 04 Leverkusen	2:3 (1:1, 0:0) n.V.
Chemnitzer FC - 1899 Hoffenheim	0:1 (0:0)
FC Hansa Lüneburg - VfB Stuttgart	0:5 (0:2)
Rot-Weiß Erfurt - FC Bayern München	3:4 (1:2)
FSV Frankfurt - VfL Osnabrück	2:0 (1:0)
Rot Weiss Ahlen - 1. FC Nürnberg	0:0 n. V., 3:4 im 11-m-Schießen
SpVgg Unterhaching - SC Freiburg	0:2 (0:1)
Erzgebirge Aue - FC St. Pauli	0:0 n.V., 5:4 im 11-m-Schießen
Kickers Offenbach - SpVgg Greuther Fürth	1:0 (1:0)
Holstein Kiel - F.C. Hansa Rostock	0:2 (0:1)
SV Babelsberg 03 - 1. FSV Mainz 05	1:2 (1:1, 0:0) n.V.
FC Wegberg-Beeck - Alemannia Aachen	1:4 (1:1)
FC Carl Zeiss Jena - 1. FC Kaiserslautern	2:1 (0:0)
SC Paderborn 07 - FC Augsburg	1:1 (0:0) n.V., 1:3 im 11-m-Schießen
ASV Bergedorf 85 - MSV Duisburg	1:5 (0:1)
TSG Neustrelitz - TSV 1860 München	0:2 (0:2)
FC Oberneuland - TuS Koblenz	1:1 (1:1, 0:0) n.V., 5:4 im 11-m-Schießen
SV Darmstadt 98 - SV Wehen Wiesbaden	0:2 (0:0)
2. HAUPTRUNDE	
FC Energie Cottbus - Bor. Mönchengladbach	3:0 (1:0)
FC Schalke 04 - Hannover 96	2:0 (0:0)
Hamburger SV - VfL Bochum	2:0 (1:0)
Borussia Dortmund - Hertha BSC Berlin	2:1 (1:1, 1:1) n.V.
VfB Stuttgart - DSC Arminia Bielefeld	2:0 (1:0)
1. FSV Mainz 05 - 1. FC Köln	3:1 (0:0)
Eintracht Frankfurt - F.C. Hansa Rostock	1:2 (1:1, 1:0) n.V.
FC Augsburg - Bayer 04 Leverkusen	0:2 (0:1)
FC Bayern München - 1. FC Nürnberg	2:0 (1:0)
SC Freiburg - 1899 Hoffenheim	3:1 (0:1)
TSV 1860 München - MSV Duisburg	0:0 n.V., 5:4 im 11-m-Schießen
SV Wehen Wiesbaden - Alemannia Aachen	1:0 (0:0)
Erzgebirge Aue - Werder Bremen	1:2 (1:1)
Kickers Offenbach - Karlsruher SC	0:2 (0:1)
FC Oberneuland - VfL Wolfsburg	0:7 (0:3)
FC Carl Zeiss Jena - FSV Frankfurt	1:0 (1:0)
ACHTELFINALE	
VfB Stuttgart - FC Bayern München	1:5 (0:3)
Bayer 04 Leverkusen - FC Energie Cottbus	3:1 (3:0)
Borussia Dortmund - Werder Bremen	1:2 (1:0)
Hamburger SV - TSV 1860 München	3:1 (1:0)
Karlsruher SC - SV Wehen Wiesbaden	0:1 (0:0)
VfL Wolfsburg - F.C. Hansa Rostock	5:1 (0:0)
FC Carl Zeiss Jena - FC Schalke 04	1:4 (0:1)
SC Freiburg - 1. FSV Mainz 05	1:3 (0:0)
VIERTELFINALE	
VfL Wolfsburg - Werder Bremen	2:5 (2:2)
Bayer 04 Leverkusen - FC Bayern München	4:2 (0:0)
1. FSV Mainz 05 - FC Schalke 04	1:0 (0:0)
Hamburger SV - SV Wehen Wiesbaden	2:1 (2:0)
HALBFINALE	
Hamburger SV - Werder Bremen	1:1 (1:1, 0:1) n.V., 1:3 im 11-m-Schießen
Bayer 04 Leverkusen - 1. FSV Mainz 05	4:1 (1:1, 0:0) n.V.
FINALE	
Bayer 04 Leverkusen - Werder Bremen	0:1 (0:0)

Co-Trainer Peter Hermann und Chefcoach Michael Oenning (von links) feiern mit ihrem Team ausgelassen die Rückkehr des 1. FC Nürnberg in die Bundesliga. Nach dem 3:0 im ersten Vergleich hat der „Club" das Rückspiel gegen den FC Energie Cottbus ebenfalls gewonnen (2:0).

„Club" nutzt zweite Chance

Zum ersten Mal seit 1991 wurde der letzte freie Platz in der Bundesliga wieder durch Relegationsspiele vergeben. Mit dem 1. FC Nürnberg setzte sich gegen den FC Energie Cottbus zum vierten Mal der Vertreter aus dem Fußball-„Unterhaus" durch.

Alle Experten waren von einer engen Entscheidung ausgegangen, als die Paarung für die erste Relegation zwischen Bundesliga und 2. Bundesliga nach 18 Jahren Unterbrechung feststand. FC Energie Cottbus gegen den 1. FC Nürnberg, der 16. aus dem Fußball-„Oberhaus" gegen den drittbesten Zweitligisten – das sah nach viel Spannung über 180 Minuten aus, vielleicht sogar garniert mit einem Elfmeterschießen am Ende der zweiten Begegnung.

Doch es kam – wie so häufig im Fußball – alles wieder einmal ganz anders. Als der „Club" das Hinspiel auswärts im Stadion der Freundschaft völlig überraschend und deutlich mit 3:0 zu seinen Gunsten gestaltet hatte, war der letzte noch freie Platz in der Bundesliga schon so gut wie vergeben. Selbst die Cottbuser wollten nicht mehr recht an eine Chance glauben. „Die Hoffnung stirbt zuletzt", mochte Torhüter Gerhard Tremmel noch nicht resignieren, aber er wusste: „Das wird unheimlich schwer."

Ein weiteres Plus für die Nürnberger: Anders als bei den Relegationsspielen bis 1991 würde – falls erforderlich – in der Neuauflage die aus den Europapokalwettbewerben bekannte Arithmetik angewandt. Sprich: Bei

FC Energie Cottbus – 1. FC Nürnberg 0:3 (0:1)

FC Energie Cottbus: Tremmel - Angelov (76. Kurth), Radeljic, Cagdas, Ziebig - Kukielka (61. Pavicevic), Rost - Rivic, Skela, Shao - Jula (34. Iliev)
1. FC Nürnberg: Schäfer - Diekmeier, Reinartz, Pinola, Bieler - Mnari - Kluge (76. Frantz), Mintal, Gygax (71. Judt) - Eigler (86. Vidosic), Boakye
Tore: 0:1 Boakye (13.), 0:2 Eigler (55.), 0:3 Boakye (89.)
Ecken: 11:1
Schiedsrichter: Meyer (Burgdorf)
Zuschauer: 22.528
Gelb: Ziebig, Cagdas
Gelb-Rot: keine **Rot:** keine

1. FC Nürnberg – FC Energie Cottbus 2:0 (2:0)

1. FC Nürnberg: Schäfer (87. Klewer) - Diekmeier, Reinartz, Pinola, Bieler - Mnari - Kluge, Mintal (73. Risse), Gygax (63. Frantz) - Boakye, Eigler
FC Energie Cottbus: Tremmel - Pavicevic (84. da Silva), Cagdas, Cvitanovic, Radeljic (46. Burca) - Kurth, Rost - Rivic, Skela, Shao (62. Sörensen) - Petersen
Tore: 1:0 Eigler (29.), 2:0 Mintal (37.)
Ecken: 5:9
Schiedsrichter: Kinhöfer (Herne)
Zuschauer: 46.780 (ausverkauft)
Gelb: Boakye - Cagdas, Burca
Gelb-Rot: keine **Rot:** keine

Große Zuversicht herrschte bei den „Club"-Fans durch das komfortable 3:0-Polster aus dem Hinspiel in Cottbus schon vor der zweiten Auflage im restlos ausverkauften easyCredit-Stadion in Nürnberg, wie diese Choreografie vor dem Anpfiff deutlich macht.

Gleichheit von Punkten und Toren könnte auch die Anzahl der auswärts erzielten Treffer den Ausschlag geben. Und in dieser Hinsicht hatte der Traditionsclub aus Franken durch Isaac Boakye (2) und Christian Eigler ordentlich vorgelegt.

Während bekannt wurde, dass Energie-Cheftrainer Bojan Prasnikar beim Rückspiel in Nürnberg zum letzten Mal auf der Cottbuser Bank sitzen würde, musste sein „Club"-Kollege Michael Oenning bei aller Freude über das unerwartet komfortable Polster insbesondere darauf achten, dass der siebte Bundesliga-Aufstieg im Umfeld nicht schon vor dem Anpfiff als klare Sache behandelt würde. Doch nach einigen nervösen Anfangsminuten mit Tor-Chancen für die Gäste sorgte Oennings Team bereits bis zur Halbzeit tatsächlich für die Entscheidung. Erneut Eigler mit einem sehenswerten Treffer in den Winkel und der Slowake Marek Mintal mit einem ebenso platzierten Flachschuss brachten die Nürnberger mit 2:0 und damit im Gesamtergebnis mit 5:0 uneinholbar in Front. Zum vierten Mal in der Geschichte der Relegationsspiele hatte sich der Vertreter aus der 2. Bundesliga durchgesetzt – nach Bayer 05 Uerdingen gegen den FC Schalke 04 (1983), dem 1. FC Saarbrücken gegen den DSC Arminia Bielefeld (1985) und den Stuttgarter Kickers gegen den FC St. Pauli (1991).

Und dieses Resultat hatte auch noch beim Abpfiff Bestand, nachdem die Tore geöffnet wurden und der „Club"-Anhang jubelnd den Rasen des easy-Credit-Stadions stürmte und Trainer Oenning seinen Dank ziemlich eindeutig formulierte: „Eines ist klar, ohne die Fans wären wir sicherlich nicht hier." Es war der Beginn einer großen Sause in Nürnberg, und auf der Videowand konnte man im Rückblick auf den bitteren Abstieg im Jahr zuvor lesen: „Wir waren nur mal kurz weg..."

NEUAUFLAGE NACH 18 JAHREN PAUSE

1982: KICKERS OFFENBACH – BAYER 04 LEVERKUSEN	0:1, 1:2
1983: BAYER 05 UERDINGEN – FC SCHALKE 04	3:1, 1:1
1984: MSV DUISBURG – EINTRACHT FRANKFURT	0:5, 1:1
1985: 1. FC SAARBRÜCKEN – DSC ARMINIA BIELEFELD	2:0, 1:1
1986: FORTUNA KÖLN – BORUSSIA DORTMUND	2:0, 1:3, 0:8
1987: FC HOMBURG – FC ST. PAULI	3:1, 1:2
1988: SV DARMSTADT 98 – SV WALDHOF MANNHEIM	3:2, 1:2, 0:0 n. V. (4:5 i. E.)
1989: EINTRACHT FRANKFURT – 1. FC SAARBRÜCKEN	2:0, 1:2
1990: 1. FC SAARBRÜCKEN – VFL BOCHUM	0:1, 1:1
1991: FC ST. PAULI – STUTTGARTER KICKERS	1:1, 1:1, 1:3
2009: FC ENERGIE COTTBUS – 1. FC NÜRNBERG	0:3, 0:2

Viele Probleme für die Abwehr des FC Energie in beiden Begegnungen durch den zweifachen Torschützen aus dem Hinspiel in Cottbus, „Club"-Stürmer Isaac Boakye, hier gegen Jiayi Shao (Mitte) und Marco Kurth (links).

Die kleine Schwester

Zusätzlicher Anreiz, Anerkennung für die Spielklasse als Topmarke: Mit dem SC Freiburg hat erstmals der Meister der 2. Bundesliga eine neu geschaffene Trophäe bekommen.

Für die ganz besonderen Momente im Fußballerleben: Die neue Schale ist am 24. Mai 2009 zum ersten Mal an den SC Freiburg als Meister der 2. Bundesliga überreicht worden.

Der Gold- und Silberschmiedemeister Adolf Kunesch hat die neue Trophäe für den Meister der 2. Bundesliga gefertigt.

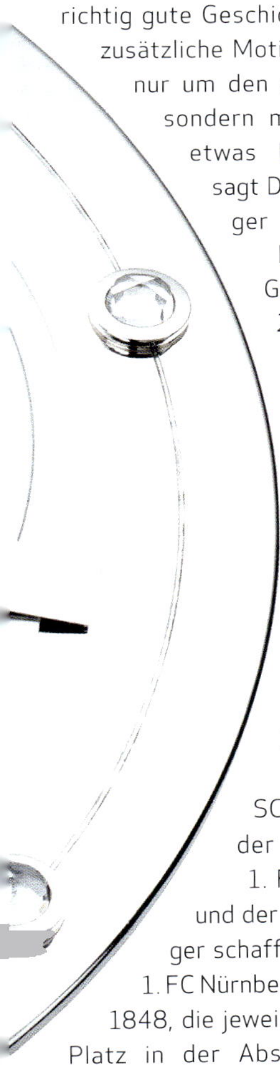

Der Stolz war ihm anzusehen. Als Freiburgs Kapitän Heiko Butscher am 24. Mai als Erster die neue Schale für den Zweitliga-Meister in die Höhe stemmen durfte, war es der verdiente Lohn der Mühen des Sportclubs. „Die Schale ist eine richtig gute Geschichte und war für uns zusätzliche Motivation, dass es nicht nur um den Aufstiegsplatz geht, sondern man als Erster auch etwas Besonderes kriegt", sagt Dirk Dufner, der Manager des SC Freiburg. Der Sportclub, 1981 Gründungsmitglied der 2. Bundesliga, wird nun mit entsprechender Gravur auf der Schale verewigt. Dort steht der Name „Freiburg" allerdings schon: Denn auf sieben Gravurplatten finden sich alle Meister der eingleisigen 2. Bundesliga seit 1982.

Zweimal taucht der SC Freiburg auf, ebenso der Karlsruher SC, der 1. FC Köln, Hannover 96 und der FC Schalke 04. Häufiger schafften es bislang nur der 1. FC Nürnberg und der VfL Bochum 1848, die jeweils drei Mal den ersten Platz in der Abschlusstabelle belegt haben.

Die neue Trophäe sieht aus wie die kleine Schwester der Meisterschale, die seit 1949 dem Deutschen Fußballmeister verliehen wird. „Sie hat aber ihre eigene Symbolik", betont Adolf Kunesch. Der Gold- und Silberschmiedemeister aus dem hessischen Rodenbach hat die Schale entworfen und hergestellt. Ihr Versicherungswert beträgt 30.000 Euro. Ein siebenstrahliger Stern ist das Grundmotiv der Schale, die einen Durchmesser von fünfzig Zentimetern hat, aus poliertem 925 Sterling Silber gefertigt ist und 8,5 Kilogramm wiegt. Mittelpunkt des Sterns ist ein Bergkristall, der sieben Strahlen aussendet.

Sieben Strahlen für die sieben Tugenden, die der Meister aus Rodenbach einem Fußballmeister zuschreibt. „Leidenschaft, Teamgeist, Siegeswille, Nervenstärke, Durchsetzungsvermögen, Technik und Taktik", zählt Kunesch auf. Weit über zweihundert Arbeitsstunden hat der Künstler in seiner Werkstatt geschraubt und gesägt, gefeilt und geschliffen; zwischen dem Auftrag und der Auslieferung lag ein knappes Jahr.

Natürlich in Handarbeit und in einem sehr aufwändigen Verfahren ist die Schale im hessischen Rodenbach entstanden.

Eine an die Meisterschale der Bundesliga angelehnte, aber doch eigenständige Trophäe mit einer klaren Symbolkraft – von dieser Ausgangslage hat Adolf Kunesch ein modernes Kunstwerk geschaffen, das sich wohltuend von konventionellen Pokalen abhebt. Die Nähe zur Meisterschale der Bundesliga ist natürlich gewollt, denn die Trophäe hat sich in den vergangenen Jahren zu einem bei allen Fans bekannten Symbol für Ehrgeiz und Erfolg entwickelt.

Kapitän Heiko Butscher vom Zweitliga-Meister mit der Schale, die Freiburgs früherer Torhüter Richard Golz (heller Anzug) überreicht hat. SCF-Trainer Robin Dutt und Sportdirektor Dirk Dufner (Fünfter und Sechster von rechts) jubeln mit ihrem Team. Vorne links auf dem Podium die beiden DFL-Geschäftsführer Holger Hieronymus (rechts) und Christian Müller.

„Wir sind dann mal oben…"

2. Bundesliga in Zahlen

ABSCHLUSSTABELLE

Rang	Club	Sp.	g	u	v	Tore	Diff.	Pkt.
1	SC Freiburg	34	21	5	8	60:36	24	68
2	1. FSV Mainz 05	34	18	9	7	62:37	25	63
3	1. FC Nürnberg	34	16	12	6	51:29	22	60
4	Alemannia Aachen	34	16	8	10	58:38	20	56
5	SpVgg Greuther Fürth	34	16	8	10	60:46	14	56
6	MSV Duisburg	34	14	13	7	56:36	20	55
7	1. FC Kaiserslautern	34	15	7	12	53:48	5	52
8	FC St. Pauli	34	14	6	14	52:59	-7	48
9	Rot-Weiß Oberhausen	34	11	9	14	35:54	-19	42
10	Rot Weiss Ahlen	34	11	8	15	38:57	-19	41
11	FC Augsburg	34	10	10	14	43:46	-3	40
12	TSV 1860 München	34	9	12	13	44:46	-2	39
13	F.C. Hansa Rostock	34	8	14	12	52:53	-1	38
14	TuS Koblenz	34	11	8	15	47:57	-10	38
15	FSV Frankfurt	34	9	11	14	34:47	-13	38
16	VfL Osnabrück	34	8	12	14	41:60	-19	36
17	FC Ingolstadt 04	34	7	10	17	38:54	-16	31
18	SV Wehen Wiesbaden	34	5	12	17	28:49	-21	27

TuS Koblenz wurden drei Punkte abgezogen.

DIE BESTEN TORSCHÜTZEN

Name	Club	Tore	11er
Benjamin Auer	Alemannia Aachen	16	0
Cedrick Makiadi	MSV Duisburg	16	0
Marek Mintal	1. FC Nürnberg	16	1
Sami Allagui	SpVgg Greuther Fürth	15	0
Benjamin Lauth	TSV 1860 München	15	0
Aristide Bance	1. FSV Mainz 05	14	0
Erik Jendrisek	1. FC Kaiserslautern	14	0
Dorge Kouemaha	MSV Duisburg	14	0
Michael Thurk	FC Augsburg	14	4
Mohamadou Idrissou	SC Freiburg	13	0
Lars Toborg	Rot Weiss Ahlen	13	2
Srdjan Lakic	1. FC Kaiserslautern	12	1
Stefan Reisinger	SpVgg Greuther Fürth	12	0
Srdjan Baljak	1. FSV Mainz 05	11	0
Enrico Kern	F.C. Hansa Rostock	11	2
Marius Ebbers	FC St. Pauli	10	0
Alexander Ludwig	FC St. Pauli	10	3
Ersin Demir	FC Ingolstadt 04	9	0
Isaac Boakye	1. FC Nürnberg	8	0
Matias Cenci	FSV Frankfurt	8	2
Christian Eigler	1. FC Nürnberg	8	0
Mario Fillinger	F.C. Hansa Rostock	8	0
Lewis Holtby	Alemannia Aachen	8	0
Emmanuel Krontiris	TuS Koblenz	8	0

ZUSCHAUER

Club	gesamt	Schnitt
1. FC Kaiserslautern	585.222	34.425
1. FC Nürnberg	570.312	33.548
TSV 1860 München	478.300	28.135
FC St. Pauli	380.226	22.366
1. FSV Mainz 05	331.900	19.524
Alemannia Aachen	328.773	19.340
SC Freiburg	279.751	16.456
FC Augsburg	264.810	15.577
F.C. Hansa Rostock	251.800	14.812
MSV Duisburg	250.922	14.760
VfL Osnabrück	241.106	14.183
TuS Koblenz	163.475	9.616
SpVgg Greuther Fürth	140.570	8.269
SV Wehen Wiesbaden	132.439	7.791
FSV Frankfurt	122.768	7.222
SC Rot-Weiß Oberhausen	116.318	6.842
FC Ingolstadt 04	94.014	5.530
Rot Weiss Ahlen	78.150	4.597

Ein herausragender Spieler der 2. Bundesliga: Julian Schuster (rechts) vom SC Freiburg, hier mit Ivica Banovic und Gegenspieler Björn Brunnemann (Mitte) vom FC St. Pauli.

Auch die 2. Bundesliga 2008/09 hat die Fans wieder in ihren Bann gezogen und fasziniert. Vor allem das Rennen um den Bundesliga-Aufstieg war lange Zeit offen – vom dominierenden SC Freiburg als Meister der abgelaufenen Saison einmal abgesehen.

Witzig, ohne überheblich zu wirken, ist der Aufdruck auf den Aufsteiger-T-Shirts des Sportclub Freiburg, der zum vierten Mal seit 1993 den Sprung in die Erstklassigkeit geschafft hat: „Wir sind dann mal oben." Erstmals gab es für den Titelträger der 2. Bundesliga eine Meisterschale, überreicht hat sie vor dem letzten Saisonspiel gegen den 1. FC Kaiserslautern der frühere Freiburger Torhüter Richard Golz. „Richie" ist auch Jahre nach seinem Abschied Kult an der Dreisam. Wahre Helden kennen kein Verfallsdatum.

Im Jahr zwei nach Volker Finke, dem Trainer-Dauerbrenner, hat der SC Freiburg die Rückkehr in die Bundesliga geschafft. Die Mannschaft ging mit klarem Kurs ihrem Ziel entgegen, sie setzte sich souverän, ent-

Der Meistertrainer: Robin Dutt ist aus dem Schatten seines Vorgängers Volker Finke endgültig herausgetreten.

Der Autor: **Horst Konzok** ist seit 1994 Ressortleiter Sport der Tageszeitung „Die Rheinpfalz" und ein profunder Kenner des deutschen Profifußballs.

Fassenachts-Stimmung im Stadion am Bruchweg: Der 1. FSV Mainz 05 ist nach einer aufregenden Saison wieder erstklassig.

schlossen und unaufgeregt durch: daheim eine Macht, auswärts auch mal abgezockt. Die Mannschaft, die Trainer Robin Dutt innerhalb von zwei Jahren formte, verstand sich auch auf Ergebnisfußball. Beispielsweise beim wegweisenden Erfolg im Schlagerspiel am Mainzer Bruchweg. Der Sportclub überzeugte stets als Team mit starken Individualisten, war aber nicht komplett von einzelnen Spielern abhängig.

„Eindrucksvoll", nennt Achim Stocker, 74 Jahre alt und erfahrener Vorsitzender des Clubvorstands, die von Dutt mit seinem Trainerteam vollbrachte Leistung. Der Coach ist 44, war mit Note 1,4 Lehrgangsbester bei der Trainerausbildung in Köln.

Heiko Butscher:

„Diese Meisterschaft hat Klasse und Charakter."

Seither kennen – und schätzen – sich Dutt und Damir Buric. Der einstige Profi arbeitete auch schon unter Finke als Co-Trainer und würdigt Dutts Qualitäten: „Robin ist ein großartiger Mensch, integer. Ein absoluter Fachmann. Uns verbindet eine Spielphilosophie. Er ist ein Teamarbeiter."

So machte der Coach sein Meisterstück. „Diese Mannschaft zeichnet sich durch Lernwillen aus, aber auch durch eine Mischung von Typen, die passen", sagt der Trainer, der die Ableger des SC-Internats zu nutzen versteht.

Mit konzeptioneller Arbeit trat Dutt aus dem weiten Schatten des populären Vorgängers, er hielt sich nicht ewig mit nervenden Vergleichen auf, er ging und geht seinen Weg selbstbewusst und gradlinig. Robin Dutt befreite sein Team vom Etikett der Breisgau-Brasilianer und prägte mit verändertem Kollektiv einen neuen Spielstil.

So geht ein kämpfender Kapitän voran, dessen Sieger-Gen ihn gerade auch Luftkämpfe – offensiv wie defensiv – erfolgreich bestehen lässt: Heiko Butscher. „Diese Mannschaft hat Klasse, diese Mannschaft zeigt Charakter, diese Mannschaft lebte aber auch von ihrer Harmonie", schwärmt der 28-Jährige, der als linker Verteidiger zu einer Säule im meisterlichen Gefüge geworden ist. Getragen wird es auch von Typen, die es vor dem Stilwandel so im Breisgau nicht gab: Mohamadou Idrissou (29) ist ein solcher. Modellathlet mit Draufgängerqualitäten, durchaus auch mal rustikal, ein Balleroberer. Einer, der sich als stürmender Arbeiter versteht.

Einfach Klasse, wie es Robin Dutt zudem gelungen ist, junge Talente einzu-

„Wir sind wieder da": Trainer Jörn Andersen als erfolgreicher Nachfolger von Jürgen Klopp.

Tim Hoogland (6), Chadli Amri (22), Florian Heller (rechts), Miroslav Karhan (verdeckt) und Milorad Pekovic sind obenauf.

Marek Mintal, das „Phantom" – auch in der 2. Bundesliga ein ungemein wichtiger Offensivspieler in den Reihen des 1. FC Nürnberg.

gliedern. Bis zu fünf Eigengewächse standen in der SC-Elf. Omer Toprak (19) gehört zu den großen Verteidigerhoffnungen im Lande. Aus dem Talentschuppen des VfB Stuttgart holte Dutt Julian Schuster (24) zum SC Freiburg. Ein guter Griff, denn nicht zuletzt mit seinen Standards wurde Schuster zu einem wirklichen Gewinn für die Breisgauer, bei denen Dirk Dufner (früher TSV 1860 München) als Sportdirektor wirkt. Er ist am Ende der Ära Finke als Nachfolger von Andreas Bornemann (jetzt Alemannia Aachen) angeheuert worden. Und auch das passt.

Der Vorsitzende des Clubvorstands Achim Stocker, der den Sportclub gemeinsam mit seinem Stellvertreter und Schatzmeister Dr. Heinrich Breit wirtschaftlich konsolidierte, durfte zufrieden feststellen, dass das Zusammenspiel in der sportlichen Leitung funktionierte – trotz der

Den Aufstieg des 1. FC Nürnberg feiern Andreas Wolf, Dominic Maroh, Dennis Diekmeier, Pascal Bieler und Stefan Reinartz (von links).

Neuling als Cheftrainer und auf Anhieb sehr erfolgreich: „Club"-Coach Michael Oenning.

gegebenen überschaubaren finanziellen Möglichkeiten.

Das sind sie auch in der rheinland-pfälzischen Landeshauptstadt – doch wenn die neue Coface Arena fertig ist, werden sich die Voraussetzungen für den 1. FSV Mainz 05 erheblich verbessern. Sportlich passte schon jetzt alles am Bruchweg. Nach 2004 feierten die „Nullfünfer" nun nach einem spannenden Kopf-an-Kopf-Rennen den zweiten Aufstieg der Vereinsgeschichte in die Bundesliga.

Für Jörn Andersen (46), den Trainer, ist es ein großartiger Triumph. Er kam vom Absteiger Kickers Offenbach, um das große Erbe Jürgen Klopps anzutreten. Der Norweger blieb trotz einer Heimschwäche mit seinem Team immer oben dran. „Du hast super Fans, eine super Stimmung, aber du verlierst", vermochte Andersen die Heimmisere auch nicht zu erklären. Gut, dass der souveräne Präsident Harald Strutz und Manager Christian Heidel die Ruhe bewahrten und an den Erfolg der

2. BUNDESLIGA

	Alemannia Aachen	Rot Weiss Ahlen	FC Augsburg	MSV Duisburg	FSV Frankfurt	SC Freiburg	SpVgg Greuther Fürth	FC Ingolstadt 04	1. FC Kaiserslautern	TuS Koblenz	1. FSV Mainz 05	TSV München 1860	1. FC Nürnberg	Rot-Weiß Oberhausen	VfL Osnabrück	F.C. Hansa Rostock	FC St. Pauli	SV Wehen Wiesbaden
Alemannia Aachen	-	0:2	4:0	1:2	2:0	1:0	1:0	1:0	1:0	2:0	2:0	2:0	6:2	2:2	3:1	3:3	1:3	2:1
Rot Weiss Ahlen	0:2	-	2:1	0:2	2:1	0:3	2:4	3:0	0:1	1:1	0:2	2:1	1:1	1:3	1:2	2:2	1:0	1:0
FC Augsburg	3:1	3:0	-	1:1	2:2	1:3	1:1	1:1	1:0	0:2	0:2	3:0	0:0	1:2	3:0	2:0	3:2	1:1
MSV Duisburg	3:2	0:1	2:0	-	0:0	2:0	2:0	6:1	0:0	2:3	0:1	4:1	2:2	1:1	4:1	2:2	1:2	2:1
FSV Frankfurt	0:3	4:0	2:1	0:0	-	1:2	1:1	1:1	1:0	0:0	1:4	0:3	2:1	3:1	1:0	0:0	1:0	2:1
SC Freiburg	2:1	1:1	1:0	2:0	4:1	-	0:0	3:2	4:3	1:1	0:1	2:1	0:1	2:1	4:1	1:0	2:0	5:0
SpVgg Greuther Fürth	1:1	3:0	2:1	4:3	0:0	1:1	-	6:1	0:1	4:3	0:2	1:0	1:1	3:1	4:2	0:1	5:2	1:1
FC Ingolstadt 04	0:0	0:2	1:2	0:0	1:1	4:0	3:2	-	1:3	4:0	3:4	2:3	0:3	0:0	2:1	4:2	0:1	0:0
1. FC Kaiserslautern	1:1	4:1	1:0	3:5	2:1	2:0	1:2	2:0	-	2:1	1:1	0:0	2:1	1:1	2:0	6:0	4:1	1:0
TuS Koblenz	0:2	4:1	2:1	1:1	1:3	2:5	3:0	0:1	5:0	-	0:3	3:2	1:1	3:0	3:0	1:1	2:1	0:0
1. FSV Mainz 05	1:4	0:0	1:1	0:0	2:1	1:2	0:1	0:3	3:3	2:0	-	2:2	2:0	4:0	4:2	3:1	2:2	5:0
TSV München 1860	1:1	2:1	0:1	2:0	1:1	0:2	3:1	1:1	1:1	1:0	1:2	-	1:1	0:1	1:1	3:3	5:1	3:3
1. FC Nürnberg	2:2	4:0	2:1	0:1	0:0	2:0	2:1	1:0	3:0	2:0	0:0	2:1	-	2:1	2:0	4:0	2:0	1:0
Rot-Weiß Oberhausen	1:1	1:3	2:1	0:3	2:0	1:0	0:4	2:1	2:1	0:0	2:1	1:1	0:3	-	0:0	1:0	3:2	0:1
VfL Osnabrück	2:1	2:2	1:1	1:1	3:2	2:2	5:1	1:0	0:2	1:0	1:3	0:2	1:1	2:1	-	0:0	2:2	1:1
F.C. Hansa Rostock	1:0	0:0	3:3	0:1	2:0	1:3	1:2	1:1	5:1	9:0	2:2	0:1	0:0	3:1	2:2	-	3:0	1:0
FC St. Pauli	3:2	2:2	1:1	2:2	2:0	1:2	0:3	1:0	2:0	3:2	2:0	1:0	1:0	4:1	2:2	3:2	-	2:0
SV Wehen Wiesbaden	1:0	1:3	1:2	1:1	3:1	0:1	0:1	0:0	4:2	1:3	0:2	0:0	2:2	0:0	0:1	1:1	3:1	-

Aus der waagrechten Reihe lassen sich die sämtliche Heimresultate der Saison 2008/09 in der 2. Bundesliga ablesen, jeweils senkrecht sind alle Auswärtsergebnisse zu ersehen.

Corporate Publishing in Sports
SPORTVERLAG
EUROPA
SPORTVERLAG EUROPA MEDIEN AG
Der Spezialist für Sport-Publikationen
www.sportverlageuropa.com

Topwert bei den Zuschauerzahlen im Fritz-Walter-Stadion auf dem Betzenberg für den wiedererstarkten 1. FC Kaiserslautern.

Mannschaft glaubten. Dank der Erfolgsserie in den Auswärtsspielen setzten sich die Mainzer vom 1. FC Nürnberg ab, der als Zweitliga-Dritter in die Relegation ging.

Der „Club" hatte nach dem Abstieg aus dem „Oberhaus" Startschwierigkeiten. Nach nur zwei Spieltagen wurde die Trennung von Thomas von Heesen vollzogen. Co-Trainer Michael Oenning (43) trat in die Verantwortung und brachte die Franken in die Erfolgsspur zurück. Nach der Winterpause wurde Oennings Handschrift immer deutlicher. Talente wie Dennis Diekmeier und Stefan Reinartz, in der Winterpause geholt, brachte er voran. Asse wie Javier Pinola und Marek Mintal, das „Phantom", fanden nach und nach wieder ihre Form. Der große Rückhalt der Mannschaft aber war „Heimkehrer" Raphael Schäfer im Tor. Oennings Vertrag wurde entsprechend verlängert. „Das ist ein Zeichen unseres Vertrauens, wir waren überzeugt, dass er den 1. FC Nürnberg wieder dahin führt, wo dieser Verein auch hingehört – in die Bundesliga", erklärte Sportdirektor Martin Bader.

Wieder einmal ist der SpVgg Greuther Fürth auf der Zielgeraden die Luft ausgegangen. „Ich bin wahnsinnig enttäuscht", gestand Benno Möhlmann, zum dritten Mal in seiner Karriere Trainer des „Kleeblatts". Mangelnde Konstanz ließ Alemannia Aachen trotz der 16 Tore von Benjamin Auer und der Klasse des überragenden Ausnahmetalents Lewis Holtby im Aufstiegskampf scheitern, bevor der Weg nun vom altehrwürdigen Tivoli in das neue, gleichnamige Stadion führt.

Die Aufstiegshoffnungen erfüllten sich auch für den MSV Duisburg nicht. Schon früh in der Saison ließ der MSV wertvolle

Nach einer durchwachsenen Saison froh über den Klassenerhalt: Geschäftsführer Andreas Rettig vom FC Augsburg.

SC Paderborn 07
VfL Osnabrück 1:0 (0:0)

SC Paderborn 07: Jensen - Wachsmuth, Mohr, Holst, Gonther - Krösche - Guie-Mien (90. Brandy), Alushi, Brückner - Damjanovic (57. Güvenisik), Krause (69. Löning)
VfL Osnabrück: Berbig - Schuon, Cichon, Omodiagbe, Schäfer - Surmann, Heidrich, Geißler (85. Reichenberger) - Frommer (76. Peitz), Sykora, Grieneisen
Tor: 1:0 Löning (78.)
Schiedsrichter: Stark (Ergolding)
Zuschauer: 15.000 **Gelb:** Alushi, Krösche, Mohr Omodiagbe, Geißler, Peitz **Gelb-Rot:** keine **Rot:** keine

VfL Osnabrück
SC Paderborn 07 0:1 (0:0)

VfL Osnabrück: Berbig - Engel, Cichon, Omodiagbe, Schäfer - Heidrich - Surmann (65. Grieneisen), Frommer (46. Braun), Geißler (46. Peitz) - Reichenberger, Sykora
SC Paderborn 07: Jensen - Wachsmuth, Mohr, Holst, Gonther - Krösche - Guie-Mien (56. Brandy), Alushi, Brückner (87. Strohdiek) - Damjanovic (36. Güvenisik), Löning
Tor: 0:1 Löning (63.) **Besonderes Vorkommnis:** Jensen hält Foulelfmeter von Cichon (47.)
Schiedsrichter: Brych (München)
Zuschauer: 16.250 **Gelb:** Damjanovic, Holst, Guie-Mien, Wachsmuth **Gelb-Rot:** keine **Rot:** keine

Die Entscheidung in der osnatel Arena: Frank Löning erzielt das 1:0 für den SC Paderborn 07 im Rückspiel der Relegation beim VfL Osnabrück. Thomas Cichon (links), der zuvor einen Elfmeter vergeben hat, kann ebensowenig eingreifen wie Torhüter Tino Berbig.

Punkte liegen. Peter Neururer hatte Rudi Bommer als Trainer abgelöst, eine Aufholjagd eingeläutet – nach der Heimniederlage gegen die Mainzer kam jedoch das entscheidende Tief. Die „Zebras" werden in der kommenden Saison einen neuen Anlauf nehmen.

Der 1. FC Kaiserslautern, nach der Hinrunde noch gleichauf mit Herbstmeister 1. FSV Mainz 05 und knapp vor dem SC

Abschied vom altehrwürdigen Tivoli für Alemannia Aachen und Umzug zur kommenden Saison in die neue Spielstätte mit gleichem Namen.

Nach einer Zittersaison doch noch den Klassenerhalt geschafft – auch durch die Unterstützung der Fans für den F.C. Hansa Rostock.

Freiburg, konnte dieses hohe Niveau in der Rückrunde nicht halten. Die Mannschaft holte auswärts deutlich weniger Punkte als zu Hause und verlor entsprechend den Anschluss. Vier Spieltage vor Schluss wurde der vor einem Jahr als Retter gefeierte Trainer Milan Sasic schließlich beurlaubt. „Unter dem Strich war es trotzdem eine sehr gute Saison für den FCK", würdigte Vereinschef Stefan Kuntz. Fast 600.000 Zuschauer waren zu den 17 Heimspielen in das Fritz-Walter-Stadion gepilgert. „Ja, da herrscht Bundesliga-Atmosphäre", attestierte MSV-Coach Neururer.

Absteigen müssen der in der Vorsaison so starke SV Wehen Wiesbaden und Neuling FC Ingolstadt 04. Nach Christian Hock und Wolfgang Frank konnte bei den Hessen auch das Duo Sandro Schwarz/Hans-Werner Moser die Talfahrt nicht bremsen. Ingolstadt erlebte nach famoser Hinserie einen deutlichen Leistungseinbruch. Man trennte sich von Trainer Thorsten Fink, Alt-Meister Horst Köppel konnte aber keine Kurskorrektur mehr herbeiführen.

Neben dem SV Wehen Wiesbaden und dem FC Ingolstadt 04 verpasste auch der VfL Osnabrück den Klassenerhalt. In der Relegation gegen den Drittliga-Dritten SC Paderborn 07 zog der Traditionsclub gleich zwei Mal mit 0:1 den Kürzeren. Während die Paderborner ein Jahr nach ihrem Abschied aus dem „Unterhaus" umgehend wieder zurückkehren, hat der Aufenthalt der Osnabrücker in der 2. Bundesliga seit dem Aufstieg von 2007 nur zwei Jahre gedauert.

Stefan Kuntz:
„Es war trotzdem eine sehr gute Saison."

Während Trainer Claus-Dieter „Pele" Wollitz am Pfingstmontag mit seinem VfL diesen so bitteren Weg antreten musste, feierte der F.C. Hansa Rostock zum dritten Mal Trainer Andreas Zachhuber als Retter. Geschafft haben es nach einer Zittersaison auch der FSV Frankfurt und die TuS Koblenz. Aufsteiger FSV spielte eine imponierende Rückrunde. Koblenz, mit der Hypothek der drei abgezogenen Punkte am Ball, hatte viele Verletzungsprobleme, bewies aber letztlich auch eiserne Nerven. Rot Weiss Ahlen und Rot-Weiß Oberhausen schafften als Neulinge den Klassenerhalt.

Von einem verlorenen Jahr muss der TSV 1860 München sprechen. Nach Marco Kurz und Uwe Wolf soll nun Ewald Lienen als Trainer für eine neue „Löwen"-Blüte sorgen. Gelungen ist die Saison dem FC St. Pauli. Wäre er in der Fremde so stark wie am Millerntor, Holger Stanislawskis Team hätte vielleicht sogar um Platz drei mitspielen können.

Neben dem SC Paderborn 07 kommen mit dem 1. FC Union Berlin und Fortuna Düsseldorf als Direktaufsteiger aus der neuen 3. Liga zwei Traditionsclubs mit Ambitionen nach oben.

Der Jubilar

Schon zwanzig Jahre Präsident des 1. FSV Mainz 05: Harald Strutz mit einem Dokument zum Jubiläum nach der Mitgliederversammlung im Herbst 2008. An seiner Seite die langjährigen Vizepräsidenten Peter Arens (rechts neben Strutz) und Jürgen Doetz (3. von links).

Damals, vor nunmehr zwei Jahrzehnten, wurde Harald Strutz von seiner Wahl zum Präsidenten selbst völlig überrascht. Als „ein Umsturz ohne Anlauf" wird heute das genannt, was seinerzeit im „Elzer Hof" passierte, wo rund 200 Mitglieder zur Jahreshauptversammlung des 1. FSV Mainz 05 zusammengekommen waren. Nicht Amtsinhaber Bodo Hertlein wurde bei dem Club, der gerade wieder in die 2. Bundesliga zurückgekehrt war, bestätigt, sondern der gerade einmal 37-jährige Strutz zum Präsidenten gekürt.

Zwanzig Präsidentenjahre später weiß der Rechtsanwalt das ganz genau: Es ist zwar eine Menge Arbeit, aber überwiegend auch Freude, es gibt sehr viele prägende Erlebnisse – und erfolgreiche Zeiten. Mit dem Wiederaufstieg von 1990, dem anfangs immer wieder schwer erkämpften Ziel des Klassenerhalts, dem gleich drei Mal nur hauchdünn verpassten Sprung in die Bundesliga, der 2004 schließlich doch gelang, mit der Erfahrung einer UEFA-Pokalteilnahme, die der 1. FSV Mainz 05 über den Weg der Fairplay-Wertung erreichte. Und nun die Bundesliga-Rückkehr zur kommenden Saison 2009/10.

„Die Wahl zum Präsidenten von Mainz 05 hat mein Leben völlig verändert", sagt Strutz, der bei der Mitgliederversammlung am 16. September 2008 schon zum zehnten Mal als ehrenamtlicher Clubchef bestätigt wurde. „Im Verlauf der Jahre haben wir uns das Vertrauen der Wirtschaft und der Kommunalpolitik erarbeitet und bis heute einen wirtschaftlich topseriösen Verein aufgebaut."

Harald Strutz:

„Die neue Arena ist überlebenswichtig und sichert uns nachhaltig Konkurrenzfähigkeit."

Längst sind weitere Ämter hinzugekommen: Vizepräsident des Ligaverbandes, Präsidiumsmitglied des Deutschen Fußball-Bundes (DFB), Mitglied des Mainzer Stadtparlaments. Gerade diese hohe Belastung setzt perfekt funktionierendes Teamwork voraus, das Strutz als die Basis des erfolgreichen Wegs bewertet: „Vor allem hervorheben muss ich die große Fachkompetenz unseres Managers Christian Heidel und die akribische Arbeit unseres Finanzchefs Friedhelm Andres, ohne die wir diese Entwicklung nicht genommen hätten." Große Unterstützung fand Strutz in seinen Vorstandskollegen, neben Heidel und Andres noch Peter Arens, Jürgen Doetz, Bernhard Geitel, Karl-Heinz Elsäßer, Manfred Thöne und Hubert Friedrich. Schon seit 13 Jahren arbeitet der Vorstand nun in dieser Zusammensetzung. Erwähnung finden im Rückblick von Strutz natürlich auch der jetzige Dortmunder Trainer Jürgen Klopp und die Fans.

Und ein weiteres bedeutsames Kapitel haben Strutz und seine 05er schon vor Augen: den Umzug in die neue Coface Arena am Mainzer Standrand. „Sie ist überlebenswichtig und sichert uns nachhaltig die wirtschaftliche Konkurrenzfähigkeit im Profifußball."

Der Klassenprimus

Holger Stanislawski gibt den Profis des FC St. Pauli am Spielfeldrand klare taktische Anweisungen.

Gleich 24 neue Fußballlehrer sind nach ihrer erfolgreichen Teilnahme an dem entsprechenden Lehrgang im Frühjahr 2009 an der Hennes-Weisweiler-Akademie in Köln von Matthias Sammer, dem Sportdirektor des Deutschen Fußball-Bundes (DFB), und von Ausbildungsleiter Frank Wormuth ausgezeichnet worden. Mit der Gesamtbestnote schloss dabei Holger Stanislawski (40), Trainer des FC St. Pauli, die Ausbildung ab, die neu strukturiert und mit elfmonatiger Dauer zudem die bislang längste war.

Stanislawski ist dem Club lange verbunden, war Abwehrspieler mit unter anderem 80 Bundesliga-Einsätzen (vier Tore), später auch Vizepräsident und Manager, bevor er Ende 2006 gemeinsam mit Co-Trainer André Trulsen die sportliche Betreuung des Teams übernahm. Mit Christian Hock (SV Wehen Wiesbaden) und Christian Wück (Rot Weiss Ahlen) absolvierten zusammen mit Stanislawski jetzt zwei weitere Trainer den Fußballlehrer-Lehrgang, die in der Saison 2008/2009 Clubs der 2. Bundesliga trainierten.

Der TV-Experte

Premiere-Kommentator Marcel Reif schätzt seine Meinung ganz besonders, was die Bewertung von Fußball angeht. Reif pflegt zu Michael Oenning (43), den Trainer des 1. FC Nürnberg, ein freundschaftliches Verhältnis. Denn der in Coesfeld im Münsterland geborene Coach war auch einmal als Assistent des TV-Reporters tätig, saß während der Berichterstattung neben Reif auf der Tribüne und vermittelte somit indirekt auch seine Fachkompetenz an die Fans am Bildschirm.

Jetzt steht Oenning selbst oft Rede und Antwort vor der Kamera. Anfang September 2008 wurde er – zuvor Co-Trainer beim „Club" wie auch schon bei Borussia Mönchengladbach und beim VfL Wolfsburg – Nachfolger von Thomas von Heesen beim 1. FC Nürnberg und führte die Mannschaft auf den dritten Platz der Abschlusstabelle in der 2. Bundesliga. Für Oenning war zunächst eine Rolle als Interimstrainer vorgesehen. Doch schon bald wurde seine Aufgabe bei dem fränkischen Traditionsclub bis zum Jahr 2011 mit einem Vertrag als Chefcoach fixiert.

Den Chefcoach hält es nicht auf seinem Sitzplatz: Stehend verfolgt „Club"-Coach Michael Oenning das Spiel. Neben ihm der von Bayer 04 Leverkusen gekommene Co-Trainer Peter Hermann.

Der Rückkehrer

Nach Wochen des nervenaufreibenden Rennens um den Klassenerhalt ein erleichtertes Lächeln: Andreas Zachhuber, Trainer von Hansa Rostock.

Er war aus dem Blickfeld der Öffentlichkeit verschwunden, arbeitete seit Sommer 2006 als Trainer beim Greifswalder SV in der Oberliga Nordost, Staffel Nord. Aber dann rief sein Ex-Club, der F.C. Hansa Rostock – und zwar in großer Not. Denn der Club von der Ostsee war in den Abstiegsstrudel geraten. Frank Pagelsdorf war von Dieter Eilts abgelöst worden. Der Europameister von 1996 hatte bei seinem Engagement jedoch kein Glück. Die Wende sollte Zachhuber schaffen. Als Chefcoach hatte „Zacher" 1999 in Bochum und 2000 „auf Schalke" den Abstieg am letzten Spieltag verhindern können. Und auch jetzt war die Rettung erst nach dem Saisonfinale sicher – nach einer imponierenden Serie von elf Spielen ohne Niederlage. Und er bleibt weiterhin in Rostock tätig. „Ich bin mit Leib und Seele Hanseat!" So formuliert Zachhuber seine besondere Beziehung zu Club und Region. Beim F.C. Hansa hat der in Wismar geborene Linksaußen von 1975 bis 1986 selbst gespielt.

COTTBUS

STILL-NO-1

BAYERN
MÜNCHEN

Hanno
96

1. FC KÖLN

EIMSIEG
Krombacher